EPICURO
OS DEUSES, A RELIGIÃO E A REFORMA MORAL

Editora Appris Ltda.
1.ª Edição - Copyright© 2024 do autor
Direitos de Edição Reservados à Editora Appris Ltda.

Nenhuma parte desta obra poderá ser utilizada indevidamente, sem estar de acordo com a Lei nº 9.610/98. Se incorreções forem encontradas, serão de exclusiva responsabilidade de seus organizadores. Foi realizado o Depósito Legal na Fundação Biblioteca Nacional, de acordo com as Leis nos 10.994, de 14/12/2004, e 12.192, de 14/01/2010.

Catalogação na Fonte
Elaborado por: Dayanne Leal Souza
Bibliotecária CRB 9/2162

S757e
2024
	Spinelli, Miguel
	    Epicuro: os deuses, a religião e a reforma moral / Miguel Spinelli. – 1. ed.
	– Curitiba: Appris, 2024.
	    313 p. ; 23 cm. – (Coleção Ciências Sociais).
	
	    Inclui referências.
	    ISBN 978-65-250-6887-9
	
	    1. Epicuro. 2. Deuses. 3. Religião. 4. Ética. 5. Helenismo. I. Spinelli, Miguel. II. Título. III. Série.
	
	                                                                              CDD – 200

Livro de acordo com a normalização técnica da ABNT

Editora e Livraria Appris Ltda.
Av. Manoel Ribas, 2265 – Mercês
Curitiba/PR – CEP: 80810-002
Tel. (41) 3156 - 4731
www.editoraappris.com.br

Printed in Brazil
Impresso no Brasil

Miguel Spinelli

EPICURO
OS DEUSES, A RELIGIÃO E A REFORMA MORAL

Appris
editora

Curitiba, PR
2024

FICHA TÉCNICA

EDITORIAL	Augusto Coelho
	Sara C. de Andrade Coelho
COMITÊ EDITORIAL	Ana El Achkar (Universo/RJ)
	Andréa Barbosa Gouveia (UFPR)
	Antonio Evangelista de Souza Netto (PUC-SP)
	Belinda Cunha (UFPB)
	Délton Winter de Carvalho (FMP)
	Edson da Silva (UFVJM)
	Eliete Correia dos Santos (UEPB)
	Erineu Foerste (Ufes)
	Fabiano Santos (UERJ-IESP)
	Francinete Fernandes de Sousa (UEPB)
	Francisco Carlos Duarte (PUCPR)
	Francisco de Assis (Fiam-Faam-SP-Brasil)
	Gláucia Figueiredo (UNIPAMPA/ UDELAR)
	Jacques de Lima Ferreira (UNOESC)
	Jean Carlos Gonçalves (UFPR)
	José Wálter Nunes (UnB)
	Junia de Vilhena (PUC-RIO)
	Lucas Mesquita (UNILA)
	Márcia Gonçalves (Unitau)
	Maria Aparecida Barbosa (USP)
	Maria Margarida de Andrade (Umack)
	Marilda A. Behrens (PUCPR)
	Marília Andrade Torales Campos (UFPR)
	Marli Caetano
	Patrícia L. Torres (PUCPR)
	Paula Costa Mosca Macedo (UNIFESP)
	Ramon Blanco (UNILA)
	Roberta Ecleide Kelly (NEPE)
	Roque Ismael da Costa Güllich (UFFS)
	Sergio Gomes (UFRJ)
	Tiago Gagliano Pinto Alberto (PUCPR)
	Toni Reis (UP)
	Valdomiro de Oliveira (UFPR)
SUPERVISORA EDITORIAL	Renata C. Lopes
PRODUÇÃO EDITORIAL	Adrielli de Almeida
REVISÃO	José A. Ramos Junior
DIAGRAMAÇÃO	Andrezza Libel
CAPA	Lucielli Trevizan
REVISÃO DE PROVA	Jibril Keddeh

COMITÊ CIENTÍFICO DA COLEÇÃO CIÊNCIAS SOCIAIS

DIREÇÃO CIENTÍFICA	Fabiano Santos (UERJ-IESP)
CONSULTORES	Alícia Ferreira Gonçalves (UFPB)
	Artur Perrusi (UFPB)
	Carlos Xavier de Azevedo Netto (UFPB)
	Charles Pessanha (UFRJ)
	Flávio Munhoz Sofiati (UFG)
	Elisandro Pires Frigo (UFPR-Palotina)
	Gabriel Augusto Miranda Setti (UnB)
	Helcimara de Souza Telles (UFMG)
	Iraneide Soares da Silva (UFC-UFPI)
	João Feres Junior (Uerj)
	Jordão Horta Nunes (UFG)
	José Henrique Artigas de Godoy (UFPB)
	Josilene Pinheiro Mariz (UFCG)
	Leticia Andrade (UEMS)
	Luiz Gonzaga Teixeira (USP)
	Marcelo Almeida Peloggio (UFC)
	Maurício Novaes Souza (IF Sudeste-MG)
	Michelle Sato Frigo (UFPR-Palotina)
	Revalino Freitas (UFG)
	Simone Wolff (UEL)

APRESENTAÇÃO

Nada melhor do que palavras de Epicuro para dimensionar o teor de sua reflexão filosófica. Eis duas máximas proferidas por ele, uma a respeito de Deus e outra da Religião. Elas apresentam, em síntese, o seu modo de pensar forjado dentro de uma mentalidade grega e politeísta:

"Um Deus, que é um ser bem-aventurado e imortal, não se perturba com nada e não perturba ninguém; ele não sofre de sentimentos de cólera nem de complacência, porque tais sentimentos denunciam uma instabilidade de ânimo que não condiz com um ser divino" (*Máximas principais*, I).

"O irreligioso (*asebés*) não é aquele que renega os deuses reverenciados pela maioria, e sim aquele que, dotado de alguma ilustração, cultiva a respeito dos deuses as mesmas opiniões precárias da maioria, como se ele próprio não tivesse ilustração" (*Carta a Meneceu*, §123).

SUMÁRIO

PRÓLOGO 11

CAPÍTULO I
OS DEUSES DE EPICURO 21
   1 – Seres naturais gerados, mas não mortais, e o tema da *eusébeia*..................21
      1.1 – A proposta moral de Epicuro 21
      1.2 – O modo de ser dos deuses epicureus 26
      1.3 – O tema da *eusébeia* e a questão teológica 31
   2 – Vínculos ancestrais entre filosofia e religião 37
      2.1 – Religião e educação filosófica 37
      2.2 – O devoto, o irreligioso e o ateu..41
      2.3 – Os deuses e o todo cósmico 45
   3 – O conhecimento, a existência e a eternidade dos deuses....................... 49
      3.1 – Modos de conhecer os deuses 49
      3.2 – O conceito de *evidência* referido aos deuses............................... 53
      3.3 – A natureza e a morada *metacósmica* dos deuses 57
      3.4 – Os deuses de Epicuro não são etéreos nem abstratos..........................61
   4 – O deus *leitourgós*, reverso do *demiurgo*, e a obra cósmica...................... 65
      4.1 – A natureza cósmica e a humana... 65
      4.2 – A natureza imperturbável dos deuses de Epicuro............................ 69
   5 – Epicuro e o consuetudinário da religiosidade grega 74
      5.1 – Nem Epicuro nem Lucrécio foram descrentes e ateus........................ 74
      5.2 – A *deisidaimonía* de Epicuro... 79
      5.3 – Os deuses ausentes na tarefa do governo humano........................... 83
   6 – Os deuses de Epicuro e os da tradição ancestral 88
      6.1 – Os deuses de Epicuro e os do consuetudinário cívico dos gregos 88
      6.2 – De como os deuses são seres virtuosos, imortais e felizes 90
      6.3 – Cícero, Dante Alighieri e a religiosidade de Epicuro 93
   7 – A desumanização conceitual dos deuses e a divinização do sábio 98
      7.1 – O antropomorfismo e o tema das *prólepseis* de Epicuro..................... 98
      7.2 – *Prolépseis*, *hypólepseis* e a morada dos deuses 103
      7.3 – Os deuses de Epicuro de nada carecem 108
   8 – O que é devido aos deuses e o que nos é devido perante eles 111
      8.1 – A pedagogia reformadora da teologia de Epicuro........................... 111

    8.2 – A religião grega sob o resguardo da lei...116
9 – O conceito grego de ἄ-θεος e sua ressignificação na posteridade cristã...... 120
    9.1 – Eram os gregos ateus?... 120
    9.2 – Por que os filósofos gregos findavam considerados ateus?................125
    9.3 – A ascensão do cristianismo e a ressignificação do conceito de ateu...... 129
    9.4 – A religião submetida às normas do Direito e do Estado.................. 134
10 – O *ateísmo* de Epicuro: qual ateísmo, dos crentes ou dos descrentes?..........141
    10.1 – A máxima de Píndaro: é devido ser homem não um Deus.................141
    10.2 – Algumas máximas de Epicuro a respeito dos deuses.................... 145
    10.3 – Conceitos fundamentais da teologia de Epicuro........................ 150
    10.4 – Epicuro: um crente à margem das crenças gregas.......................155

CAPÍTULO II
A RELIGIÃO E A REFORMA MORAL.. 163
1 – Vínculos da teologia de Epicuro com o consuetudinário grego................ 163
    1.1 – Compromissos de Epicuro com as crenças e as tradições gregas.......... 163
    1.2 – Epicuro e a tradição teológica desde Xenófanes 171
    1.3 – Os deuses e a constituição material do cosmos 175
2 – Epicuro, o consueto latino e as indecisões de Cícero no *De natura deorum*.... 179
    2.1 – Mal-entendidos de Cícero sobre Epicuro................................ 179
    2.2 – Se os deuses existem, que atributos de existência podemos lhes conceder? ...185
    2.3 – Os deuses hiperativos de Cícero e os inativos de Epicuro................. 193
3 – Cícero e a defesa da religiosidade estatal romana contra Epicuro............200
    3.1 – Cícero e as vozes da elite intelectual patrícia romana.....................200
    3.2 – De como a natureza dos deuses estatais romanos é distinta dos de Epicuro.. 204
    3.3 – "O que, afinal, devemos a deuses que nada nos dão?" 208
    3.4 – A natureza única dos deuses e a natureza uma/múltipla dos humanos ...215
4 – Os deuses existem, mas não ao modo como a maioria acredita 221
    4.1 – É mais plausível afirmar do que negar que os deuses existem 221
    4.2 – Os deuses não se incomodam com nada e não incomodam ninguém 226
    4.3 – De como o *comum*, entre os deuses, é real, entre os humanos, abstrato ...231
5 – Os *liturgos*, a santidade dos deuses e os encargos da religião.................. 234
    5.1 – Nada contra os deuses do mito, mas contra os mitos a respeito dos deuses 234
    5.2 – As insurgências de Epicuro em busca de uma religiosidade civilizatória . 239
    5.3 – Não é da essência da religião se submeter aos caprichos do mito........ 245
6 – "Dos deuses temos uma noção comum gravada (*hypegráphē*) na mente" 250
    6.1 – O que Epicuro quis dizer com "noção comum gravada na mente"........ 250
    6.2 – Sobre os conceitos de "noção comum" e "evidência em nós"............. 253

7 – *Prólepsis* e *hypólepsis*: sobre a existência real e conceitual dos deuses 260

7.1 – A prova da existência dos deuses: uma pseudo questão para os gregos .. 260

7.2 – De Xenófanes a Epicuro: convergências entre o filosófico e o religioso ... 264

7.3 – As projeções (filosóficas) da mente e as suposições do senso comum 268

8 – De como as noções comuns (*he koinè... nóesis*) são *subscritas* na mente 275

8.1 – Tudo, na natureza, se constitui em um arranjo harmonioso 275

8.2 – Os conceitos de *syggenikós* (natural) e de *sýmphytos* (nascido com) 278

9 – A abrangência enunciativa das *prolépseis* e a reforma moral 283

9.1 – *Prolépsis* e *hypolépsis*: dois conceitos que se complementam em Epicuro.. 283

9.2 – A reforma moral enquanto proposição educadora do bem viver 290

9.3 – O *asebés* (o irreligioso) e o crente da teologia de Epicuro 294

9.4 – A instrução religiosa não dispensa a educação do intelecto 298

REFERÊNCIAS 303

a) Edições e traduções referentes a Epicuro 303

b) Demais fontes e referências bibliográficas 304

c) Dicionários e Léxicos 312

PRÓLOGO

Epicuro foi um dos últimos filósofos genuinamente grego, e um dos mais valiosos. Mesmo tendo sido criado em Samos, era um cidadão ateniense. Foi por volta de em 306 a. C., aos 35 anos de idade, que ele retornou em definitivo para Atenas, onde fundou uma próspera escola filosófica pelos seus conterrâneos carinhosamente chamada de Casa do Jardim (*kêpos oikía*). Ela assim foi chamada por força dos cuidados que recebia. Sediada em uma chácara nos arredores de Atenas, a chamada Casa do Jardim se constituía em uma típica granja (*agroikía*) grega de subsistência familiar. Dela, os residentes da escola retiravam o próprio alimento e o principal sustento de que careciam; lá, naquele ambiente liderado por Epicuro, administraram o que entre eles denominavam de uma Comunidade de Amigos.

Distinto dos filósofos tradicionais, Epicuro presumiu a necessidade de levar a filosofia à vida prática, sob o pressuposto de que não é aceitável qualificar a mente (cultivar o intelecto), sem fazer a vivência acompanhá-la. Não basta apenas dizer que é função da filosofia ensinar a saber viver e a saber morrer sem tomar alguma atitude plausível nesse sentido. Foi pensando assim que Epicuro concebeu a sua filosofia: como um corpo teórico produtor de *ciência* (nos termos de um saber) que atendesse os dois amplos setores da concepção filosófica grega: o da Física e o da Ética. Por Física, os gregos concebiam os estudos a respeito do todo cósmico dentro do qual os seres e as coisas estão inseridas, e dele participam como fenômeno; por Ética, concebiam os estudos a respeito do mundo humano, da compreensão de si mesmo, quer na relação consigo mesmo (por Epicuro denominado de *microcosmos*) quer com os demais (com o *macrocosmos*) enquanto fenômeno.

Para o estudo da Física de Epicuro, bem como para o da Ética, dedicamos estudos específicos. Este também se ocupa com o setor da Ética, porém, de um modo tangencial, visto que trata dos dois mais salientes setores da cultura e do consuetudinário grego: *os Deuses e a Religião*. Foi sobre eles que Epicuro assentou o seu projeto cívico-educador a título de uma *reforma moral* do modo grego de ser e de pensar a si próprio (o *microcosmos*) e o todo (o *macrocosmos*) dos quais os deuses da concepção grega também participam. Os *Deuses* e a *Religião* não são questões da Ética, mas nela incidem diretamente à medida que Epicuro a concebe como "a ciência dos modos de vida", *ciência* que os latinos, na posteridade, denominaram de *filosofia moral* ou *filosofia dos costumes* porque tinha justamente os usos e os costumes como objeto de investigação e estudo. Cícero concebeu assim o éthos dos gregos:

> O que os gregos denominam de éthos diz respeito aos costumes, e faz parte da filosofia que, entre nós, denominamos de filosofia dos costumes; mas, na medida em que nos cabe ampliar a língua latina, deveríamos denominá-la de filosofia moral.[1]

Sobre a Ética propriamente dita de Epicuro, dedicamos três outros estudos que compõem um só conjunto, porém desmembrados em livros distintos, menores e mais acessíveis: 1) "Principais temas da ética de Epicuro"; 2) "Epicuro: os fármacos do bem viver, a terapia da morte, e as noções de democracia e justiça"; 3) "Epicuro: o tema da amizade e os pactos de civilidade". O presente estudo sobre os *Deuses, a Religião e a Reforma Moral* trata de questões relacionadas e que dão sustento à Ética ao modo como os epicureus a conceberam, sem, entretanto, coincidir com a tratativa ética propriamente dita. Neste livro, o que está em foco são as relações humanas de reverência aos deuses (eivadas de medo e de temor) e o culto religioso, caracterizado por grandes dádivas, grandes oferendas e inúmeros sacrifícios, tal como os gregos o concebiam. Foi nesta direção que Epicuro dirigiu a sua presumida *reforma moral* assentada na seguinte máxima: de que é preciso se desfazer dos medos e dos temores que nublam a mente humana. A sua máxima promove a seguinte compreensão: dos deuses nada temos a temer, porque eles próprios vivem de modo tranquilo, sereno e felizes; da religião é devido esperar ilustração e sabedoria, e, da junção de ambos, do culto dos deuses e da prática religiosa, a *vida bela* (kal*ō*s z*ê*n), a *vida prazerosa* (h*e*déos z*ê*n) e a *vida feliz* (makarí*o*s zên).

Epicuro se deu como tarefa uma questão que, na posteridade, se apresentou como polêmica, mesmo que fundamental: reformar o conceito dos deuses e promover um novo modo de reverenciá-los no culto, na manifestação da piedade e no labor educativo e filosófico. É aqui, na reforma conceitual dos deuses e da religião, e não no tão mal-entendido *hedonismo* de Epicuro (ao qual dedicamos um estudo à parte), que está a

---

[1] "Quia pertinet ad mores, quod *ethos* illi vocant, nos eam partem philosophiae de moribus appellare solemus, sed decet augentem linguam Latinam nominare moralem" (CÍCERO. *De fato*, I – Introduzione, traduzione e note di Francesca Antonini, testo latino a fronte. Milano: BUR, 1994).

grande razão que fez dele o filósofo mais criticado e combatido da antiguidade. Do chamado *hedonismo* de Epicuro esta é principal máxima: é impossível levar uma vida prazerosa sem uma vida prudente, assim como é impossível alcançar a vida prudente sem a vida prazerosa, uma vez que ambas, conjuntamente, só se efetivam como vida *bela* (sábia) e justa dentro de medidas reguladoras do bem viver. Do éthos epicureu, esta é a máxima: não se vive bem nem na carência nem no excesso, e sim no equilíbrio de uma justa medida entre ambos.

Foi, pois, nestes dois binômios — prazer e prudência *versus* sabedoria e justiça (no sentido de medida justa e de *equilíbrio* entre a carência e o excesso) — que a dita *reforma moral* de Epicuro se assentou. Por *moral*, cabe entender o que os gregos conceberam por *éthos*,[2] e, os latinos, por *mos/moris*. Ambos os termos, o grego e o latino, comportam o sentido de uma maneira de se portar dentro de um certo modo de vida, razão pela qual dizem respeito a um modo vivencial de proceder, cívica e moralmente regulado, não, a rigor, pela lei, e sim pelos usos e costumes regidos fundamentalmente pela tradição consuetudinária. Assim se dá em Epicuro, porém, a questão principal não se refere a uma *reforma* em termos de preceitos, regras ou normas estatutárias, e sim de comportamentos ou de condutas derivadas não rigorosamente de leis ou de estatutos estabelecidos. Aqui é preciso ter em conta que os gregos não dispunham, como os latinos, de uma religião oficial do Estado, e sim apenas de deuses ou deusas padroeiras da *pólis* aos quais prestavam reverência e culto.

Não existiam, entre os gregos, estatutos devocionais preestabelecidos, ou alguma canônica a título de regras reguladoras de comportamentos ditos *virtuosos* por força do cumprimento de algum estatuto religioso, e sim cívico, imerso no qual o religioso (enquanto manifestação de reverência, de culto e de respeito pelos deuses devocionais familiares e da *pólis*) entrava a tomar parte. Não era, então, da religião que o cidadão retirava a virtude, como se fosse restrita a um certo comportamento resplandecente de uma norma ou regra religiosa exteriorizada, a não ser do requerido pelo estatuto cívico e pelo consuetudinário portador da sabedoria ancestral. Daí que o *comportamento* (o éthos da referida *reforma*) não veio a atingir regras, mas apenas atitudes, especificadamente a da reverência, do culto e da piedade: *atitudes* que, entretanto, dizem respeito a um comportamento *virtuoso* essencialmente interno, e não externo ao sujeito cívico. Sendo assim, ou

---

[2] "Sobre as diferenças entre éthos com épsilon e *gthos* com eta". *Revista Transformação*, 32, 2, 2009, p. 9-44, disponível em: https://revistas.marilia.unesp.br/index.php/transformacao/article/view/1005/906.

seja, por ser um comportamento interno e não externo, a questão fundamental da reforma presumida por Epicuro queria atingir diretamente o cidadão, enquanto ser humano, porém subjetivamente considerado, e não alguma instituição ou corporação ou mesmo sequer o estatuto cívico, tampouco *se desfazer* dos usos e costumes consuetudinários regentes da vida familiar e da *pólis* grega.

Isso posto, eis em qual direção Epicuro conduz as suas proposições teóricas concernentes à reverência, à piedade e ao culto aos deuses. Sendo ele o filósofo que presume a *boa vida* como um fruir prazeroso e feliz, que, ademais, o bem viver carece necessariamente de ser pacífico, não temeroso, e, tampouco, ansioso, então, presumiu como premente necessidade da *vida feliz* uma reforma do éthos comportamental concernente às relações do cidadão consigo mesmo, com os demais, e, sobretudo, com os deuses (tidos como protetores de cada um, da família e guardiões da *pólis*). Dado, além disso, que a vida feliz não nos advém mediante conceitos, doutrinas ou filosofias, mas por meio de *atitudes* práticas a partir de conceitos, é nessa direção que Epicuro presume a referida *reforma* moral. Ele a assenta no pressuposto segundo o qual cabe, em última instância, a cada indivíduo, com autonomia, se dar regras compatíveis com razões objetivas e subjetivas consideradas a partir da própria natureza humana e em favor da vida feliz.

***

O projeto filosófico de Epicuro foi concebido antes de ele fundar a sua primeira comunidade filosófica em Mitilene, na ilha de Lesbos. Até por volta dos 33/34 anos, ele se dedicou (na cidade de Cólofon, terra de Xenófanes), a exemplo de seu pai, ao ofício de mestre-escola: foi professor das primeiras letras e das disciplinas básicas da escolaridade grega. Nos anos de 323 a 320, ele cumpriu o serviço militar em Atenas, se exercitando no que denominavam de *lexiárchikon*:[3] nos estudos derradeiros e fundamentais da prática da cidadania a serviço da *pólis*. Foi depois de seu retorno, por volta dos 20 anos de idade, que ele iniciou o ofício de professor; foi também nesse período que ele construiu o seu projeto filosófico dirigido ao grande público e não a uma comunidade ou academia filosófica específica. Dos 20 até por volta dos 34 anos, ele viveu em Cólofon, depois se mudou para Mitilene (na Ilha de Lesbos), onde permaneceu por breve

---

[3] *Os caminhos de Epicuro*, p. 19ss.

tempo; logo depois, por volta dos 35 anos, ele se mudou para Atenas, em cuja cidade faleceu aos 72 anos (269/270 a.C.). Também Aristóteles viveu e lecionou, entre os anos de 347 e 343 a.C., primeiro em Assos, depois em Mitilene, onde conheceu o jovem Teofrasto.

Epicuro não era um filósofo da elite aristocrática, mas da periferia, vinculado ao projeto colonizador ateniense na Jônia, onde vivia em meio ao povo, e lecionava para os filhos de povo, e se interessou, sobretudo, em reformar a mente desse mesmo povo. Era uma época em que o conhecimento estava restrito a poucos, em que o saber da maioria se limitava aos ensinamentos gerados pelos divulgadores dos mitos narrados pelas *teogonias* tradicionais. É uma ilusão pensar que naquela ocasião *grande parte* dos gregos se deleitava lendo os poetas (Homero, Hesíodo, Ésquilo, Sófocles etc.) ou os filósofos (Heráclito, Parmênides, Demócrito, Platão, Aristóteles). Poucos sabiam ler, tampouco escrever, de modo que o saber da maioria advinha do *aedos*, do ensino oral dos poetas e cantores, menestréis e trovadores que perambulavam pelos mercados e praças, e pelas cercanias dos templos. Com eles aprendiam o que era possível ouvir gratuitamente na Praça, cuja preleção ali tinha por finalidade atrair os que podiam pagar pelo ensino particular.

Foi lá na região da Jônia que Epicuro concebeu o seu projeto educador e filosófico, e não na comunidade filosófica que fundou, e foi, entretanto, dentro dela, na exercitação da vida prática em comum, que o aprimorou. Mas não sozinho, e sim com ajuda de alguns discípulos: de Metrodoro, Colotes, Polieno, Hermarco, e também de Leontion, da ilustre esposa de Metrodoro, por Cícero reconhecida como uma escritora habilidosa, versada no ático e muito astuciosa.[4] As mulheres (Themista, Leontion, Mamarion, Hedéia, Erótion, Nikídion, Demélata) tiveram uma presença marcante na comunidade filosófica de Epicuro. Tanto o pai quanto a mãe dele exerceram grande influência em sua trajetória filosófica, o que fez dele um filósofo humanamente completo. Todo o ser gerado sob o consórcio das sementes encontra em si mesmo, por natureza, uma síntese da alma feminina e da masculina; quem em si desenvolve apenas uma dimensão da qual foi gerado, em detrimento da outra, cresce e se desenvolve feito uma natureza de alma manca! A alma não tem sexo. Um ser humano completo vivencia em si mesmo uma alma humana eivada de complexidades, do

---

[4] "[...] Leontium [...] illa quidem sermone et attico, sed tamen" (*De natura deorum*, I, XXXIII, 93 – With an english translation by H. Rackham. Cambridge: Harvard University Press, 2000).

mesmo modo como vivencia, em um só ato, a título de uma única vida, a criança, o adolescente, o jovem, o adulto e o velho arranjados em uma só, mesmo que aparenta ser várias vidas experimentadas no ciclo do tempo.

Epicuro se dirigia a todos, tanto que esta veio a ser uma das principais máximas de sua *protréptica* (exaltação, convite) ao filosofar:

> Que o jovem e o velho não tardem a filosofar, porque nunca é cedo nem tarde demais para garantir a saúde da mente. Quando o jovem diz que o tempo de filosofar para ele não chegou e, o velho, que o tempo dele já passou, é como se dissessem que não chegou ou que já passou a hora de ser feliz.[5]

Epicuro não filosofa só para os cidadãos, e sim para todos os membros da *pólis*. Ele não vende o seu saber, tampouco seus escritos; ao contrário, pede aos discípulos que os repliquem gratuita e amplamente. Seu principal objetivo, a título de uma *reforma moral*, consistia, por um lado, em aliviar a mente humana do governo *teoc*rático dos mentores dos mitos; por outro, deslocar esse governo para a *autarquia*, ou seja, para o gerenciamento de si por si. É na capacitação em termos de "cuidar de si mesmo", de se governar, que Epicuro concebe o bom uso do intelecto humano, cuja causa consiste em cada um se pôr livre de jugos que não são seus. Daí que a sua exortação (*protrética*), seu convite à filosofia, fundamentalmente consistia em levar a todos, no sentido de cada um, a se encontrar consigo mesmo, a conhecer o universo das pulsões e desejos atiçados no copo e na alma (duas dimensões, que, em Epicuro, são inseparáveis) vivenciados em uma só unidade: em um só organismo. Do ponto de vista dele, somente quem, nas vivências e experiências no ciclo tempo, se empenha em saber de si, de seus limites e de suas possibilidades, de suas complexidades e circunstâncias naturais, é efetivamente capaz, com autonomia e eficiência, de se governar e de se cuidar.

Nesse ponto Epicuro se ocupou, enquanto busca por uma *reforma moral*, em imergir seu projeto dentro da cultura consuetudinária, e assim vincular a religiosidade, a chamada *deisidaimonía* dos gregos, ao seu empenho filosófico e *didaskálico* reformador. Seu objetivo, ao vincular "filosofia e religião", tinha por meta fazer com que o sentimento religioso viesse a ser leve, libertador e não opressor; que o crente se sentisse estimulado, pela virtude da coragem, a se cuidar, e a se portar perante os deuses com senhor de si e não como escravo. Epicuro presumia, ademais, que a Religião

---

[5] *Carta a Meneceu*, § 122. *Cf.* Referências bibliográficas.

(o Templo) proporcionasse luz, não escuridão, promovesse sabedoria e não ignorância. Aliando-se, nesse aspecto, a Platão, Epicuro presumiu a necessidade de que a educação não deve se restringir apenas à infância e à juventude, mas igualmente se estender para os templos, em favor dos que para lá se dirigem em busca de um viver confiante, sem medos, tranquilo e pacífico perante deuses, que, por serem *deuses*, só poderiam deter em si mesmos os *atributos* próprios da natureza de um Deus, coincidentes com o que é excelente, belo, bom e justo. Tendo em vista esse ideal reformador, Epicuro se mirou em Platão, de cuja filosofia, em Samos[6], por meio de Pânfilo de Samos, sorveu as primeiras lições.

Foi, então, o projeto filosófico educador, desenvolvido por Platão a partir de Sócrates, que despertou em Epicuro (nas preleções do platônico Pânfilo) a consciência segundo a qual não é possível uma educação, com espectro *popular*, sem promover o mesmo que fizeram os antigos sábios: levar a sabedoria para dentro do templo. Numa época em que não existiam propriamente escolas, que a educação acadêmica era bem restrita, os templos exerciam uma eficiente função civilizatória e educadora com o que a antiguidade podia contar. Foi para o templo, como registrou Platão, no *Protágoras*, que os sábios levaram o seu legado: "reunindo-se, ofereceram conjuntamente a Apolo as primícias de sua sabedoria e fizeram gravar no templo de Delfos essas máximas que estão em todas as bocas: '*Conhece-te a ti mesmo*' e '*Nada em demasia*'".[7]

Também Sócrates, que nos intervalos entre uma guerra e outra saía a perambular desocupado pelas ruas e ginásios de Atenas, ainda jovem, buscou no templo, justamente no de Apolo, em Delfos, um outro projeto de vida com o qual se ocupar: o da investigação filosófica.[8] A sua principal ocupação consistia no ofício de ser soldado e de lutar nas guerras, para o que tinha por obrigação se manter em forma, cumprir os exercícios físicos obrigatórios do soldado, treinar a habilidade no ataque e na defesa. Afinal, ele era um soldado hoplita (de infantaria) que tinha por função se pôr ao lado, bem armado, a fim de defender o cavalo e o (soldado) cavaleiro.

Sócrates era um assíduo frequentador dos templos. Platão, por usa vez, fez algo inusitado: levou, segundo relato de Pausânias, o templo para dentro da Academia, onde, na entrada, mandou construir um altar dedi-

---

[6] CÍCERO. *De natura deorum*, I, XXVI, 73.
[7] *Protagoras*, 343a-b (consultamos também as traduções de Carlos Alberto *Nunes*, Belém, U.F.P., 1980, e a de Eleazar Magalhães *Teixeira*, Fortaleza, 1986).
[8] PLATÃO. *Apologia de Sócrates*, 21 a.

cado a *Eros*[9]. De modo semelhante, Epicuro também trouxe a religião, sob o conceito da piedade, do culto e da reverência aos deuses para dentro de seu projeto educador e filosófico. Nele, Epicuro promoveu um encontro dialogante entre "filosofia e religião" de modo a fazer com que a ilustração viesse a conviver com a reverência ao que é *divino*, ao modo como fizeram os antigos sábios que levaram até o altar de Apolo, em benefício da ilustração, as suas máximas.

O poeta Filodemos de Gadara (110-35 a.C.), em um fragmento de sua obra intitulada *Perì eusebeías — Sobre a piedade*,[10] registrou que Epicuro, na obra *Perì bíon — Sobre os modos de vida*, dizia que a reverência aos deuses é uma exigência da vida sábia: não porque os deuses interferem em nossa vida, e sim porque a razão humana, empenhando-se, não demora em se apropriar da convicção segundo a qual a natureza dos deuses ultrapassa a nossa em poder (*dýnamis*), em qualidade (*spoudaiótes*) e em excelência.[11] Daí que a verdadeira piedade (*eusébeia*) pressuposta por Epicuro, segundo Filodemos, consistia em cultivar uma atitude de sabedoria assentada na necessidade, não de salvaguardar aparências de virtude ou de simplesmente cumprir hábitos ou ritos, tampouco de se conformar com as leis da *pólis*, e sim de atender uma obrigação da razão: conformar-se com o que é bom, belo e justo, em síntese, com o *que é divino*. Também o poeta Lucrécio (94-50 a.C.), contemporâneo de Filodemos, sentenciou que a piedade, para Epicuro, não consistia "em percorrer todos os altares, ajoelhar-se e espalmar as mãos nos templos",[12] e sim em saber cultivar uma mente compromissada com tudo o que é divino e em gerar virtudes internas e não meramente externas.

Foi, com efeito, dentro da própria casa que Epicuro experimentou a convivência pacífica entre o saber (a ilustração) e a crença (o cultivo da piedade). Seu pai era o mestre da iniciação no *ciclo da escolaridade básica* (da chamada *egkyklíou paideías*) oferecida aos filhos dos colonos que participavam, na Ilha de Samos, de um projeto de colonização administrado

---

[9] PAUSÂNIAS, *Descrição da Grécia*, I, 30, 2 – traducción de María Cruz Herrero Ingelmo, Madrid: Gredos, 1994, p. 1667.

[10] Filodemos de Gadara frequentou a Casa do Jardim em Atenas, antes de 77 a.C., quando Zenão de Sídon era o escolarca. Cícero estava exilado por lá nessa ocasião. O ano de 77 a.C. corresponde ao que Filodemos veio para Roma na comitiva de Cícero. Logo depois, ele se estabeleceu em Herculano, onde fundou uma das mais valiosas bibliotecas dedicadas ao estudo da obra de Epicuro no mundo romano. Infelizmente, ela foi incinerada pelo Vesúvio; das cinzas que restaram, ainda são retirados muitos fragmentos.

[11] USENER, *Epicurea*, frag. 13, p. 96; RAMELLI, 2002, p. 234-235.

[12] *De rerum natura*, V, vv.1198-1203.

pelo governo de Atenas. Sua mãe, além dos cuidados administrativos da própria casa, exercia entre os colonos a função de uma sacerdotisa: ocupava-se igualmente em administrar os cultos e a manutenção da reverência aos deuses padroeiros, sob o zelo do Estado. Um projeto colonizador, naquela ocasião, tinha a seguinte função: promover uma farta produção agrícola de víveres dos quais a *pólis* administradora da colônia carecia. Para isso, o governo administrado enviava um grande contingente de *agróicos* (produtores rurais) instalados em campos bem delimitados de produção rural. A *pólis* administradora erigia vilarejos (*dêmos*, povoados) sobre uma eficiente infraestrutura nos mesmos moldes da *pólis* mantenedora, com uma jurisprudência e um Foro específico. Em meio ao povoado, duas figuras eram efetivamente importantes: o mestre da instrução (que oferecia a escolaridade básica para os filhos dos colonos) e o sacerdote ou sacerdotisa que administrava os deveres do Templo. Aí está o ambiente dentro do qual o menino Epicuro cresceu e sorveu a formação básica sobre a qual assentou a edificação de seu projeto filosófico em que *os deuses, a religião e a reforma moral* (nos termos de um êthos comportamental) vieram a se constituir em temas centrais de seu filosofar.

CAPÍTULO I

OS DEUSES DE EPICURO

1 – Seres naturais gerados, mas não mortais, e o tema da *eusébeia*

1.1 – A proposta moral de Epicuro

Não foi em vista de um futuro convívio com os deuses que Epicuro pôs a finalidade da vida, e sim no *cultivo* presente da vida bela, prazerosa e feliz. Trata-se de um *cultivo* que se consorcia com o aprendizado conceitual, mas, sobretudo, com o vivencial, com aquele fruído no labor cotidiano da vida. O deleite ou a felicidade, no que concerne ao viver, não é algo que se espera para depois, porque vem junto dele, se dá hoje, é concomitante à vivência. A felicidade nunca vem sozinha, desacompanhada, como um acontecer solitário. Por isso que depois dela não dá para almejar outra coisa senão algum outro acontecer que a promova em companhia. O prazer de viver, por exemplo, segundo a proposição de Epicuro, na *Sentença vaticana* 27, se dá de modo semelhante ao prazer de aprender: o primeiro é contemporâneo, vem junto da vivência; o segundo, vem do aprendizado. O mais importante na vida não é ensinar, mas aprender a viver. É uma ilusão querer viver bem hoje para ser feliz amanhã, assim como não faz sentido buscar sabedoria vivencial agora para usufrui-la futuramente! No que concerne à felicidade, ela não é um sonho que se constrói para ser vivenciado amanhã, e nunca vem sozinha. Quem busca a felicidade pela felicidade jamais a encontrará.

A boa vida é uma capacitação cotidiana, que, sob os mais diversos aspectos, consiste em uma sabedoria exercitada e fruída hoje, e também amanhã. Por ser um capacitação, ela nunca é a mesma: hoje igual ontem, amanhã igual hoje, e assim por diante. Não há, pois, como ocorre na habilitação profissional, um diploma a ser buscado em favor de uma vivência futura. Para o cultivo do bem viver e da felicidade não há diploma, assim como a vida boa e melhor não é um triunfo aguardado apenas para o amanhã! Sequer a habilitação profissional encontra o seu triunfo e primor em um mero diploma! O viver bem da proposição de Epicuro consiste essencialmente no usufruto da vida presente no qual cabem as boas lembranças do passado e o fomento de esperanças consistentes relativas ao futuro. Não construímos o futuro, mas o presente edificando o passado; o pedreiro quando assenta um tijolo está procedendo desse modo. Do passado restam sempre as cascas do suco que nos alimentou. As *esperanças* postas no futuro não são para serem vivenciadas no presente, porque elas servem apenas de alimento hipotético para o bem viver no presente. A vivência do amanhã no hoje hipoteca o cotidiano e, com ele, o fluir da vida. O excesso de peso guardado nos armários do passado compromete o viver presente e sobrecarrega inclusive o futuro.

São duas coisas fundamentais na proposta moral de Epicuro: de um lado, excluir de nossa vida qualquer preocupação infundada a respeito da interferência dos deuses no dia de hoje e no de amanhã; de outro, empenhar-se em favor de uma vida justa, porque "os que cometem injustiças e transgridem as leis vivem uma vida miserável e com muito medo": "ao se esconder dos próprios crimes, não estão certos de que conseguirão", e assim, "constantemente acuados pelo medo" da punição projetada no futuro, "deixam de viver e de usufruir o presente"[13]. Não é, portanto, nem o medo dos deuses nem o medo da lei que nos leva a viver bem, e sim o cuidado de si que consiste fundamentalmente em se governar e se conduzir na senda do que é belo, bom e justo; para o que só há um caminho: o do aprendizado (por meio da filosofia e da vivência) que implica o uso da própria faculdade racional e, com ela, o do arbítrio, que se exerce nas escolhas e nas recusas.

Epicuro, sob nenhum aspecto, viu qualquer necessidade de excluir os deuses de nossa vida. Os deuses, entretanto, não se cultiva ao modo como se fosse um tolo, escravo ou subserviente, e sim como alguém que quer e que se empenha em ser tão sábio quanto eles e, portanto, como alguém que traz o divino para a própria vida. Do divino ninguém é escravo justo porque dele advêm libertação e autonomia. Daí a razão pela qual Epicuro sempre defendeu a necessidade de reverenciar o divino e, mais que isso, de nos ocupar com o conhecimento da natureza dos deuses com o objetivo de colocá-los no lugar certo que lhes cabe no todo e na nossa vida. Diante da acusação de que os epicuristas eram *ateus*, Diógenes de Enoanda, retrucava dizendo que não eram eles que negavam a existência dos deuses, mas o outros:[14] aqueles que aparentavam ser piedosos, mas não

---

[13] PLUTARCO, 2004. *Sobre la imposibilidad de vivir placenteramente según Epicuro* 6, 1086D
[14] Diógenes de Enoanda, fr. 16, DELATTRE & PIGEAUD, (org.), 2010, p. 1037.

eram! Que piedade ou reverência haverá de ter um indivíduo que não tem noção a respeito si mesmo, de sua própria verdade, de seu lugar no mundo, e noção, tampouco, do que é divino e de como trazê-lo à própria vida?

Epicuro não era, efetivamente, nem ateu nem descrente. A ideia de *deus* concebida por ele descartava qualquer consórcio com a natureza humana, por serem dotados apenas de uma natureza divina. Assim os honrava, como seres dotados de uma natureza excelente sem qualquer possibilidade de cisão e conflito e, portanto, incapazes de experimentar em si mesmos a antinomia da beneficência e da maledicência. Os deuses de Epicuro não são seres solitários e sim conviviais. Distinto da teologia tradicional, Epicuro retira dos deuses os cuidados com os humanos dos quais requer o cuidado de si por si. Somos, afinal, dados a nós mesmos por toda a vida. Só os que desconhecem a si próprios, que não sabem se governar e gerenciar a própria vida, põem todos os cuidados (que por si mesmo é devido ter) nas mãos dos deuses. Quem deixa a si mesmo no abando, a fim de se colocar nos cuidados dos deuses, retirar de si a principal faculdade que ao humano cabe exercitar e promover: a faculdade racional. Ademais, os que abandonam a si mesmos em favor dos deuses provem a impiedade e a mais severa das contravenções, razão pela qual, ao entregarem aos deuses o cuidado que é devido por si mesmos ter, restam sem cuidado algum.

O culto e a reverência aos deuses requerem, em favor do cuidado de si, o domínio da faculdade do arbítrio com a qual o crente se acerca dos deuses munido da estampa e da identidade humana. Sem qualquer, um pouco que seja, de desenvolvimento e uso razão, com a qual ilumina o pensar e o agir, o humano fica carente da virtude fundamental que define a vida humana. Como sentenciou Platão, na *Apologia de Sócrates*, como palavras de Sócrates: "Uma vida sem reflexão (*anexétastos*, destituída de ajuizamento, de exercício do arbítrio) não é uma vida própria dos humanos".[15] Nem o culto nem a reverência combinam com a irracionalidade, justo porque a irreflexão (a carência da ativação do intelecto), por princípio, não combina com o *humano*, de modo que, nesses termos, tanto o culto quanto a reverência restam desumanizados e, consequentemente, distantes da senda do *divino*. *Distantes* em razão de que não se dá em nós a humanidade distanciada da natureza com a qual concebemos a divindade, de modo que não há como alçar-se na senda do *humano* fora dos atributos (ou noções) concernente ao *divino*.

---

[15] "*Ho dè anexétastos bíos ou biotòs anthrópoi*" (*Apologia de Sócrates*, 38 a). Quando não citamos um tradutor, as traduções são de nossa responsabilidade.

Do fato de os deuses ou, de uma maneira bem específica, o divino se apresentar à nossa mente como expressão da perfeição ou excelência, ele resulta, para nós, indefinível e indecifrável, mas, mesmo assim, a ser almejado, honrado e reverenciado movido pela boa vontade de em tudo ser tal como eles. Não sabemos exatamente definir o que é o excelente ou o perfeito, entretanto, sem tais conceitos grandiosos, que habitam a nossa mente, passamos ao largo da possibilidade de melhoria e de humana virtude. Eis porque Epicuro honrava os deuses a título de uma demanda da razão que nos "constrange" a reverenciar o grandioso, o perfeito, o melhor possível, numa palavra: o *divino*. Ele honrava os deuses de um tal modo reverente a ponto de jamais comerciar com eles mediante petições, libações, sacrifícios ou promessas que indicassem barganhas em favor de algum interesse ou vantagem subjetiva. Do ponto de vista dele, é uma impiedade, em nada condiz com o que é divino, acreditar que os deuses se deixam domesticar em favor de interesses meramente subjetivos e de frivolidades. Os deuses de Epicuro são indomesticáveis: são seres que só se "deixam acessar" à medida que domesticamos, não eles, mas a nós mesmos por aproximação ao que é *divino*. A qualquer barganha os deuses respondem com o silêncio. Quem, entretanto, com os deuses barganha, comporta-se como alguém que apenas espera e pede, e sempre ou de novo espera e pede sem nada colher: é feito alguém que quer colher sem plantar, que o pé de fruta carregue sem poda e sem cuidados.

Epicuro honrava os deuses sob a requisição de um dever, ou seja, ao modo de quem dá para si a obrigação de *viver como um deus* entre os homens:[16] sempre disposto a cuidar de si, sem exigir ou dar quer aos deuses quer aos próximos ou a quem quer que seja a obrigação de cuidar de tudo o que lhe era devido, e que ele pode (em condições de boa saúde e lucidez) por si mesmo cuidar. Ele os honrava fazendo o *bem* concreto, não abstrato, em vista, primordialmente, de si mesmo, de modo a ser efetivado em favor de uma vida justa e moderada, a fim de manter-se saudável, com o que sempre poderia se cuidar sem transferir para os outros essa obrigação e, além disso, levar uma vida prazerosa, alegre e feliz (um bom ânimo que se irradia na comunidade das relações). Epicuro, enfim, não acreditava nos deuses ao modo de um crente que está certo de que basta uma prece para o seu deus vir a salvá-lo, ou então socorrê-lo no perigo e no infortúnio e, em última instância, perdoá-lo, isto é, lavar a consciência dos malfeitos deixando-o sempre pronto e bem disposto para continuar sempre igual e do mesmo modo.

---

[16] *Carta a Meneceu*, § 135.

Só tem "salvação" — eis o pressuposto fundamental do éthos epicureu — quem traz para si divinização. Neste ponto, ousamos dizer que Epicuro dá voz à mentalidade cristã. O cristão, do qual Cristo é o referencial, é aquele que ora não com palavras, mas com um modo de pensar, que implica um determinado modo amoroso de agir, de olhar o mundo, as pessoas e as coisas e, sobretudo, a si mesmo, visto que o mandamento cristão comporta este pressuposto: "ame o próximo *como* (amas) *a ti mesmo*". Trata-se de um mandamento que expressa fundamentalmente o teor convivial da doutrina, que, inclusive, difunde uma ideia de deus (o da trindade) comunitária. O que caracteriza o ser cristão é a capacidade, animada por empenho e boa vontade, de sempre ser melhor, atitude que implica um atencioso e renovado interesse em reciclar a si mesmo por si mesmo, não sem, evidentemente, a ajuda dos da comunidade que dão para si o mesmo mandamento. Ele não se faz cristão só para si, para a solidão, e sim para o convívio. Onde há fobias e qualquer tipo de preconceito ou de discriminação ou de segregação ou de promoção do ódio ou de disseminação de mentiras não há cristandade e, tampouco, civilidade sob o sustento da mentalidade cristã; nesse mesmo espírito foram edificadas as comunidades de Epicuro.

O cristianismo e o epicurismo se caracterizaram por sua conotação comunitária, decorrente do cariz convivial requisitado pelas doutrinas. A mentalidade cristã primordial veio a experimentar uma forte decadência quando alguns (de modo solitário) começaram a mimar a mentalidade segundo a qual era preciso abstrair-se desta vida, transformá-la em uma via de sofrimentos, a fim de merecer uma vida alegre, feliz e próspera no futuro. Não bastou, pois, à vivência cristã que tem o amor, a benevolência e a *humanidade* como território (*télos*) de seus desafios. Muitos preferiram buscar nos açoites e nos jejuns (na carência) o bom meio de garantir a vida com Deus; quer dizer: preferiram os açoites, por si mesmos infringidos e deliberados, que os ensinamentos da vivência convivial cristã. O pressuposto no sentido de cultivar uma vida sofrida para merecer *a beata vida* futura encontrou o seu fomento nos anseios e interesses políticos do império romano interessado em promover tranquilidade (ataraxia) para a imensa pobreza dispersa entre os povos de seu domínio. Foi uma mentalidade que se bateu frontalmente com o éthos epicureu cujo ideal de ataraxia consistia em levar uma vida de moderação, de cautela, sem carência e sem excesso, ao máximo distanciada do sofrimento e da dor, e também bem disposta a cuidar de si, a se governar, a fim de se dar ao convívio como um ser bem cuidado.

A honestidade intelectual nos obriga a reconhecer que de modo algum há incompatibilidade, mesmo nas divergências, entre o éthos epicureu e o éthos cristão. Foram os mal-entendidos (muitos deles intencionalmente produzidos) que acirraram uma suposta incompatibilidade, que, no decurso histórico, encontrou no padre Pierre Gassendi (1592-1655) "não somente um estudioso ávido de exatidão filosófica, como também um ardente defensor" dos ideais epicureus.[17] Foi Gassendi quem reintroduziu Epicuro no mundo acadêmico e na reflexão teórica dos filósofos posteriores (especificadamente Kant e Hegel). Não existe, do ponto de vista epicureu, nada mais extraordinário nesta vida do que, em primeiro lugar, ter tido a felicidade de experimentar o fenômeno da vida evidenciado no *milagre* decorrente do consórcio das sementes que findaram por germinar; em segundo lugar, é um grande bem conquistar a própria liberdade que somente frutifica na *autárkeia*, no cuidado ou governo de si:[18] em si mesmo e a partir de dentro. Trata-se, com efeito, de um princípio de justiça para consigo mesmo, movido por uma disposição (segundo Epicuro) natural de "não prejudicar e não ser prejudicado":[19] disposição que está na base do *pacto* convivial que cria laços relacionais e lhes dá sustento. Da *autárkeia* e do *pacto*, este vem a ser o principal objetivo: promover para si e para os do convívio um viver leve e suave, condição sobre a qual prosperam sentimentos de empatia, de benevolência, de amor e de amizade. Quanto mais aumentam ou se fortificam esses sentimentos, mais cada um em si mesmo promove uma sensação de proteção e de segurança sobre a qual se alicerça a vida prazerosa, serena e feliz sob os enlaces do convívio humano.

1.2 – O modo de ser dos deuses epicureus

Os deuses de Epicuro não são tidos por ele como seres sobrenaturais, e sim naturais, entretanto, superiores, a ponto, inclusive, de não serem mortais. O conceito, aliás, de *sobrenatural* não é grego, pertence à posteridade cristã. Os deuses de Epicuro são dotados dos mesmos atributos que ele próprio reivindicava e queria para si: alegria, serenidade, sossego, felicidade e paz. Em geral os gregos retratavam deuses justiceiros e cruéis como forma de justificar a própria injustiça e crueldade. Homens cruéis projetavam deuses cruéis, homens bons deuses bons. Os

---

[17] "Car Épicure trouve em Gassendi non pas seulement um savant soucieux d'exactitude philosophique, mais aussi um défenseur ardente" (TAUSSIG, 2006, "Introduction", p.XLVII-XLVIII).

[18] *Sentenças vaticanas*, 77.

[19] *Máximas principais*, XXXI, XXXII e XXXIII.

de Epicuro, enquanto naturais, eram tidos, por assim dizer, *extraterrenos*: seres habitantes dos *intervalos entre os mundos*, lugar em que tinham tudo e de que nada careciam. Enquanto existentes também tinham tudo, sem qualquer necessidade de algo que lhes viesse acrescer quer em qualidade quer em desejos.

Enquanto seres serenos, alegres e tranquilos, não se atemorizavam por nada, tampouco se deixavam amolecer por qualquer valiosa prece, sacrifício ou oferenda. Não é nesse comportamento que está o principal da relação, mesmo que Epicuro reconheça a necessidade de aviarmos aos deuses preces em forma de gratidão e, sobretudo, para nos desfazer, por nós mesmos, de muitas coisas (por exemplo, de medos, de temores, de intranquilidades e tantas outras insanidades humanas) que propriamente ganhar deles, por interesse deles, algumas. Na relação entre nós e os deuses, Epicuro identifica como que um profundo vazio que só se preenche inserindo neste mesmo vazio, em nossas vidas, tudo o que é divino ou o que o divino comporta: quanto mais preenchermos, mais nos aproximamos da natureza deles e nos movemos na piedade (*eusébeia*), na devoção e na reverência. Não é nos tencionando internamente, mediante doces e emotivas preces, e também não é promovendo em nós um estado de êxtase, de distanciamento ou fuga de nós mesmos que os acessamos ou nos aproximamos deles, e sim nos empenhando, a partir do que somos, em ser tal como eles. A condição *sine qua non* para sermos tal como um deus entre deuses consiste fundamentalmente em nos acolher como somos, ou seja, sem trair a nós mesmos e a nossa natureza, e assim nos elevar até o máximo relativo ao qual podemos continua e humanamente alcançar.

Os deuses de Epicuro são seres que não se dão a responsabilidade de se ocupar com o que cabe aos humanos por obrigação: gerenciar a própria vida sem desqualificar a própria natureza. A responsabilidade é um fenômeno tipicamente humano, tanto que o próprio conceito de *responsabilidade* expressa claramente o sentido de uma sabedoria ponderada a respeito das coisas. A virtude da *ponderação* é uma sabedoria da qual os humanos, e não os deuses, carecem, a fim de saber bem escolher e bem rejeitar: sabedoria que requer a autorreflexão e o conhecimento de si. Aquele humano que pouco sabe de si, que a si mesmo mal se conhece, que nada sabe de sua natureza, que não acolhe a si mesmo não gerencia seus dramas e, portanto, vive uma vida irresponsável, ou seja, sem prover para si a sabedoria da ponderação que está na origem de todas as humanas virtudes.

O imponderado é aquele que entrega tudo à responsabilidade dos deuses, e assim procede ao modo de um descrente extremo, tão distanciado da divindade a ponto de descrer e de faltar com a piedade para consigo mesmo. Dado que cabe a cada um *amar a si* mesmo, cuidar de si e gerenciar a própria vida, os deuses de Epicuro, por regra, sempre se mantêm quietos e em silêncio, e ainda mais perante humanos irresponsáveis, impiedosos e descrentes que deixam para os deuses, como se fosse tarefa deles, fazer aquilo que cabe ao humano ser feito. Por que, afinal, iriam os deuses se ocupar em fazer algo a quem nada faz para si a ponto de sequer amar a si próprio e se responsabilizar por si mesmo? Por que iriam os deuses se intranquilizar por quem, por si e para si, não se "intranquiliza"? Por que iriam se ocupar com quem consigo mesmo não se ocupa? Se assim se portassem, não seriam deuses, mas seres insanos e tolos, semelhantes aos indolentes que deixam tudo nas mãos dos deuses sem se dar a obrigação de ser melhores (de buscar a excelência), de sequer se ilustrar ou se instruir.

"É inútil pedir aos deuses [sentenciou Epicuro] o que cada um pode, para si, proporcionar".[20] Por esse dizer Epicuro expressa a urgência e também a necessidade de cada um salvaguardar a autonomia (a liberdade) de administrar os próprios bens naturais e a destinação da própria vida. Fica visto que o problema filosófico fundamental posto por Epicuro decorre do fato de que o fundamental da religião (da piedade ou *eusébeia*) não se restringe a uma atitude de petição e de submissão à vontade dos deuses. Não quer dizer que Epicuro dissuade a prece; ao contrário, a estimula, mas não como petição, feito suborno, e sim como manifestação de *gratidão*, por ele denominada de *eucharistía*. De um ponto de vista erudito, ele presume que não cabe a quem cultiva o próprio intelecto alimentar, por exemplo, a esperança de que os deuses podem ceder às preces ou homenagens que lhes são prestadas[21] como se fosse dos deuses a responsabilidade de gerenciar os malefícios e os benefícios e, além disso, dar sentido, valor e direção à vida humana.[22] A prece não tira obrigações, tampouco a necessidade da transformação e da mudança: olha-se para os deuses com gratidão e para si mesmo com esperança e fé. O acesso aos bens desta vida depende, fundamentalmente, de responsabilidade nossa, de modo que temos, antes de tudo, que tomar a iniciativa de agir em nosso favor. Temos, sobretudo, a

---

[20] *Sentenças vaticanas*, 65.
[21] D.L., 1959, X, §134 – D.L. abreviatura de Diógenes Laércio.
[22] "Mas os deuses epicuristas não *dão* sentido nem valor, eles ilustram exemplarmente uma felicidade que os supera e da qual eles são apenas um modelo realizado" (DUVERNOY, 1983, p. 68).

obrigação de criar em nosso meio, desde a comunidade (*koinós*) familiar à cívica, uma rede de convívio amigável, amistoso e solidário, a fim de nos habilitar na busca do melhor (do que é divino): em favor não só da qualificação humana, como também da paz e da serenidade (*ataraxía*) relativas ao bem viver.

O próprio conceito da *eusébeia* comportava, entre os gregos, a ideia do convívio amistoso que se estendia desde a família à comunidade da *pólis*. Dá-se que a religião, entre os gregos, não se constituía em um instituto cívico nem moral. A religião, nos termos da *eusébeia*, se expressava igualmente sob o conceito da *deisidaimonía*. Em geral, *deisidaimonía* é traduzido por *superstição*, mas esse é um modo preconceituoso de tratar a religiosidade grega que, de modo algum, a concebia nesses termos. Sob o termo *deisidaimonía* os gregos expressavam a crença e a reverência às entidades divinas por eles cultuadas e genericamente denominadas de *daímones*, como deuses amáveis, acompanhantes, protetores e cuidadores atenciosos. Há, inclusive, em Platão, no *Lísis*, uma referência ao *paidagogós* (ao escravo cuidador da instrução escolar) por ele denominado de *daímon*, conceito com o qual expressa justamente a condição do *protetor* e do *cuidador*. Este é o relato: os jovens, Menexeno e Lísis estavam confabulando com Sócrates a respeito da amizade e, de repente, feitos *daímones* surgiram os pedagogos de Menexeno e de Lísis, conduzindo pelas mãos os irmãos mais novos desses dois jovens, aos quais, chamando-os pelos nomes, ordenou que os acompanhassem para casa, pois já era tarde.[23] A *deisidaimonía*, portanto, entre os gregos, expressava o culto, a reverência e a devoção aos deuses, em particular, às entidades divinas tidas como padroeiras e protetoras genericamente denominadas de *daímones*.

Cultuar e reverenciar significava essencialmente honrar, no comportamento e nas ações, o nome dos deuses (tanto o deus ou a deusa protetora da casa/família quando da comunidade cívica ou da *pólis*); mas não só, visto que além dos deuses, era devido honrar o nome do pai (do *pater* família), representante tanto do éthos quanto da *areté* consuetudinária: na figura do pai, projetada para o futuro, está a estampa do filho; projetada para o passado, está a do avô, bisavô e dos ancestrais. Daí que o conceito da *honra*, expresso na forma do devotamento e da reverência, se constitua no principal da *eusébeia* à qual Epicuro acresceu o sentimento da *gratidão*, isto é, da *eucharistía*.

---

[23] *Lísis*, 223 a.

A tradução habitual da *desidaimonía* por superstição decorre de uma ressignificação cultural, a partir de Fílon de Alexandria e de Flávio José que não faz jus à mentalidade grega. A *deisidaimonía*, entre os gregos, expressava, à maneira grega, a religião; o *deisidaímon* designava o religioso, o devoto que cultua o seu *daímon*, o seu deus protetor e de devoção. Traduzir *daímon* ou *daimónion* por demônio também não faz justiça à mentalidade grega, visto que tanto substantiva quanto adjetiva o deus devocional e padroeiro com também um mensageiro intermédio (mediador) entre os deuses e os humanos. Cabe aqui observar que, entre os gregos, todas grandes ações (cuja herança foi acolhida pelos cristãos, reformada e acrescida com o traço simbólico da cruz) eram sempre iniciadas com este introito: "em nome de nosso deus, de nosso pai e de nossa pátria"! Por *nosso deus* não se concebia um Deus universal ao modo do "pai nosso" cristão, e sim o deus protetor ou do indivíduo ou da família ou da *pólis*.

A reverência aos deuses era tão impregnada na cultura grega a ponto de nenhum educador/filósofo se indispor contra ela, antes se dedicava em restabelecê-la em seus devidos termos, o que, para muitos (especificadamente para os que carecem da noção do que é *divino*), aparentava uma impiedade. A alcunha de *impiedade* era comumente utilizada para rejeitar qualquer outra forma de piedade que não coincidia com as formalidades e ditames tradicionais. O próprio Epicuro, em função da concepção de *divino* formulada por ele, foi referido, na posteridade, como impiedoso e descrente; coube-lhe, inclusive, o conceito de *ateu*. Trata-se, com efeito, de conceitos (impiedade, descrença, ateísmo) que de modo algum combinam com os ideais filosóficos, tampouco com a personalidade pública dele.

Os que conheciam e usufruíam da convivência dele costumavam dizer que ele dispensou extraordinária "gratidão (*eucharistía*) para com os seus genitores (*gonéas*)", que "era visível o grande apreço dispensado aos seus irmãos, em benevolência e cuidado para com eles – *eúnoian autoû kaì kedemonían*".[24] Eram três, Néocles, Queredemos e Aristóbulo, em favor dos quais, no dizer de Gassendi, praticou a "beneficência (*eupoiía*)".[25] Os serviçais (*oikétas*) de sua convivência ele os tratava com doçura (*hemerótes*) a ponto de, no fim da vida, inclui-los em seu testamento.[26] No rol dos

---

[24] USENER, *Epicurea*, fr. 178, 15-16, p. 155. Registro recolhido em Plutarco, em sua obra *Sobre o amor fraterno* (*Perì philadelphías – De fraterno amore*). "On sait que les frères d'Epicure lui témoignèrent toujours le plus grand respect en reconnaissance de son dévouement et de sa sollicitude pour eux..." (*De l'amitié fraternelle*, 16, disponível em: http://remacle.org/bloodwolf/historiens/Plutarque/amitie.htm).

[25] GASSENDI, 2006, I, I, 8, 1, p. 62-63.

[26] D.L., 1959, X, § 21.

fragmentos recolhidos em Enoanda, consta o de uma carta por ele dirigida à própria mãe, no qual transparece toda a *eusébeia* filial de Epicuro, a ponto de ele registrar assim seu sentimento: "de modo algum desejo que te falte e que para mim sobre, prefiro que falte para mim, não para ti".[27] Há um testemunho atribuído a Hermarco de Mitilene (primeiro escolarca do Jardim) que louva Epicuro, nestes termos: "a vida de Epicuro, se comparada à dos demais, pode ser considerada, no que diz respeito à delicadeza no trato e à sua capacidade de se contentar com pouco, como extraordinariamente prodigiosa".[28] Consta em Diógenes Laércio um outro registro que diz: "a reverência de Epicuro para com os deuses e o seu amor pela pátria" eram indescritíveis.[29] Plutarco, em sua obra *Sobre o amor fraterno* (Perì philadelphías – De fraterno amore), registrou ainda o seguinte testemunho: "No caso de Epicuro era visível o grande apreço dele por seus irmãos, a benevolência e o cuidado para com eles – *eúnoian autoû kaì kedemonían*".[30]

1.3 – O tema da *eusébeia* e a questão teológica

Consta em Diógenes Laércio que Epicuro "se tornou um escritor – *gégone dè polygraphótatos*" extraordinariamente fecundo.[31] Dos estilos de escrita de Epicuro temos o da *protréptica*, o da exposição e o da prosa. Epicuro circulou pela "periferia", primeiro em Samos, depois em Cólofon, em Mitilene e em Lâmpsaco, antes de se instalar em Atenas, no centro cultural e instrutor da Grécia. Assim como seu pai, Epicuro tomou para si semelhante propósito: primeiro, como mestre-escola em Cólofon, depois (digamos assim) como *mestre-escola* da instrução popular. Esse desafio educador, que a si mesmo Epicuro se deu, sofreu de uma condição assaz dificultosa: promover uma educação transformadora que, por sua índole, só realmente consegue prover significativa mudança se for capaz de colocar em crise o *estabelecido* reverenciado como inquestionável e verdadeiro. Trata-se de uma tarefa nada simples, em razão de que sempre é mais fácil

---

[27] "Car ne je ne veux pas que tu manques de quelque chose pour que j'aie plus qu'il n'est besoin. Je préférerais, moi, être prive de quelque chose pour que ce ne soit pas ton cas..." (Diógenes de Enoanda, fr. 126, DELATRE & PIGEAUD, 2010, p. 1064); SMITH, 1993, p. 555-558.

[28] *Sentenças vaticanas*, 36.

[29] "[...] pròs theoùs hosiótetos kaì pròs patrida philías" (D.L., 1959, X, §10).

[30] USENER, *Epicurea*, fr. 178, 15-16, p. 155. "On sait que les frères d'Epicure lui témoignèrent toujours le plus grand respect en reconnaissance de son dévouement et de sa sollicitude pour eux..." (PLUTARQUE, *De l'amitié fraternelle*, 16, disponível em: http://remacle.org/bloodwolf/historiens/Plutarque/amitie.htm).

[31] D.L., 1959, X, §26.

construir o novo que corrigir ou emendar o antigo: lidar com a infância que com o homem feito, promover novas opiniões que concertar as consolidadas. Nesse caso, é preciso estimular, além de boa vontade perante o novo, uma boa disposição de ânimo a fim de acolher e de transformar o antigo (em geral bem resguardado e mimado nos depósitos da mente).

Sob o tema da *eusébeia*, Epicuro, como consta no elenco de Diógenes Laércio, dedicou duas obras: "Sobre os deuses – *Perì theôn*" e "Sobre os cultos – *Perì hosiótetos*".[32] Na *Carta a Heródoto* (§76-77), distinto das convicções habituais dos gregos, Epicuro não incluiu os astros no rol dos deuses ou dos entes divinos reverenciados pela tradição, tampouco admite que os fenômenos celestes, como o do eclipse, por exemplo, o dos raios, dos trovões etc.[33] dependem da vontade dos deuses, ou, em sentido mais amplo e originário, da arquitetura ordenadora e "reordenadora" de um obreiro cósmico. Sequer a *Hélios* (ao Sol), Epicuro concede o título de divino. *Hélios* era pelos gregos tido como o deus que tudo vê; e faz sentido, visto que, afinal, um deus com um olho tão grande, tão 'ensolarado', iluminado e brilhante, não poderia (quando, de olho bem aberto) ser mesmo diferente!

Na *Carta a Meneceu* (§123), na menção feita por Epicuro a respeito de *deus*, suposto como um *vivente imortal e feliz* (*zōon ápharton kaì makárion*), de modo algum remete a uma ideia de *ser divino* condizente com a mentalidade corriqueira dos gregos (como consta no *Timeu* de Platão) de conceder ao *todo* o atributo de divino, como se o todo cósmico fosse um deus. Na menção de Epicuro, transparece apenas a ideia, nos termos da *prólepsis*, de uma *noção comum* (na expressão dele: *koinè toû theoû nóesis*) gravada (*hypegráphe*) na mente, disponível em todos. Trata-se, com efeito, de uma *inscrição* ou *gravação* (nos termos de uma grafia) ou *subscrição* concernente ao próprio uso (exercício) da razão e não decorrente de algum pressuposto no sentido de que os deuses (ou um dos deuses) possa ter propositalmente inscrita nas mentes, a fim de darmos conta da existência deles. A esse respeito Epicuro apenas presume que, do fato de sermos todos dotados da faculdade racional, à medida que dela fazemos uso, necessária e espontaneamente admitiremos por *divino* atributos concernentes ao *ser*, ao *pensar* e ao *agir*.

Quanto ao ser, não há como pensá-lo sem presumir o que é real e verdadeiro, visto que um ser irreal e falso é impensável e inconcebível. Não há, por sua vez, como exercitar o pensar senão em vista do que é bom, belo e justo e, fundamentalmente, *do melhor, do excelente e perfeito*. Pensar em

---

[32] D.L., 1959, X, §27.
[33] LUCRÉCIO, *De rerum natura*, V, v.1185ss.

favor do que é mau, feio e injusto, comporta atributos do tipo referente ao que é pior, desqualificado e imperfeito, que, por si mesmos, contradizem o próprio exercício do pensar, mesmo em vista das artimanhas do mal ou das astúcia concernente à mentira e à falsidade. O agir, a fim de ser, elevado, produtivo, útil ou eficiente carece de igualmente se pautar por princípios de perfeição e de excelência, atributos que cabem (no sentido prescrito pela *hypegráphę*) no que é divino. Nele se inscrevem do mesmo modo os atributos de imortal (*aphtharsías*) e de vida feliz (*makariótetos*) que implicam serenidade e paz. Trata-se, segundo Epicuro, de atributos fundamentais qualificadores que é "*ser divino*": ser dotado de vida (um deus morto, afinal, não seria um deus), ser imortal (visto que um deus não morre), ser tranquilo (um deus não detém a qualidade de ser aflito, inquieto, alvoroçado, agitado e nervoso) e ser feliz (um deus não é um ser triste que vive acabrunhado remoendo agonias, atropelado por sofrimentos ou que vive chorando e se lamentando pelos espaços cósmicos).

A questão teológica em Epicuro resguarda, de um lado, alguns compromissos com a tradição teológica consuetudinária; de outro, ao confabular com a tradição, tende a reformar a mentalidade imersa nas crenças tradicionais. O compromisso de Epicuro com a tradição se dá no sentido de não pôr em questão a existência dos deuses (no plural), mas, ao mesmo tempo que confabula com ela, coloca em crise vários aspectos da crença, como a negação de que os deuses, mesmo sendo *gerados* são imortais. Aqui se põe uma questão — a de um deus gerado e imortal — que, em Epicuro, é aparentemente ambígua: afinal, como poderia um deus eterno e imortal ser gerado? Aparentemente ambígua também é a própria concepção que Epicuro tem dos deuses enquanto comunidade divina; ao admitir, por exemplo, a cada um dos deuses os mesmos atributos e também a mesma natureza, Epicuro finda por conceber a todos como se fossem um só deus. Assim os concebe não individualmente (visto que cada um é tido como um vivente particular), mas conceitualmente, à medida que atribui a cada um uma natureza única e, do mesmo modo, uma vontade divina comum.

No que concerne ao humano, cada um é *igualmente* (a exemplo de cada um dos deuses) tido como um indivíduo particular, no entanto, além de qualidades (atributos) naturais comuns, cada um tem atributos específicos, com uma vontade própria decorrente de tais especificidades. Ora, os deuses não são por Epicuro concebidos do mesmo modo como concebe o existente humano em razão de que o divino não comporta uma multiplicidade de naturezas específicas, e sim apenas uma natureza e uma só vontade divina comum. Todos os deuses vivem reclusos em uma comunidade una, fechada em si mesma, em sua *oikía*/morada divina, de tal modo unidos na mesma "vontade" que, para onde um vai, todos vão. *Vontade* vem entre aspas em razão de que esse conceito, do ponto de vista epicureu, é impróprio, ao menos nos termos como concebemos a vontade humana movida por pulsões (dialéticas) do querer e por conflitos que nos levam a escolher e a rejeitar, a sofrer de sentimentos de amor e de ódio, de felicidade e de infelicidade etc., atributos que, em sua conflitualidade, não cabem à natureza própria de um deus. Uma escolha sem conflito, não é escolha; escolher é perder o que se deixou!

Apesar de Epicuro, nos escritos remanescentes, não resolver explicitamente certos constrangimentos reflexivos, ficam, entretanto, explícitos os rumos da educação filosófica presumida por ele, que, sem negar a existência dos deuses ancestrais, toma o conceito de *divino* por modelo e alimento da qualificação humana necessária em favor da civilidade, ou seja, da conduta pautada em parâmetros conviviais de amabilidade, de benevolência, de piedade, de gratidão e de cuidados recíprocos. Filosoficamente Epicuro não toma por prioridade demonstrar ou provar que os deuses existem, e sim apenas realçar a premência do *que é divino* na tarefa humana do bem viver. Daí a *aparente* ambiguidade: é aparente em razão do compromisso assumido no sentido de compatibilizar uma concepção popular de Deus com o conceito racional filosófico de *divindade* ou de divino. Aqui está o principal da proposição filosófico/teológica dele, cuja questão fundamental concerne a um referencial conceitual em favor do próprio entendimento humano quer relativo a si mesmo quer relativo a uma elevação humana em virtude e civilidade. Não há como, do ponto de vista epicureu, conceber e construir um mundo humano sem, de um lado, recorrer a conceitos de excelência e de benevolência; de outro, sem trazer esses mesmos conceitos à concreção (pratica) do bem viver. Esse é um lado da questão; o outro diz respeito à elevação humana que carece de ser erigida a partir dos alicerces em que está assentada, de modo que não há como (pressupondo o edifício existente) *reformar* sem mexer em algumas estruturas.

Como se dá o mistério da existência de deuses gerados, mas não mortais, Epicuro a contento não explica. Ele, tampouco, esclarece de que forma se arranja o agregado de átomos divinos na geração cíclica de deuses, que enquanto *divinos*, se mantêm imortais e eternos. Aqui, é preciso observar que os deuses são gerados, porém, não são imortais por força da imortalidade ou eternidade dos átomos[34]. Se assim fosse

---

[34] *Carta a Heródoto*, §44.

tudo é constituído mediante arranjo de átomos seria eterno e imortal, visto que, afinal, o átomo é eterno e imortal. Os deuses são imortais por força de algum princípio de igualdade ou identidade, de algo sólido e indissolúvel[35] concernente à natureza divina promovida pelo arranjo dos átomos promotores da constituição do ser ou existente divino. Daí que a diferença entre a geração dos deuses e a dos demais seres perecíveis há de estar justamente no fato de que os átomos constitutivos do ser divino se organizam de modo sempre idêntico e de forma que sua natureza fica sempre a mesma, sem ocorrer, por exemplo, o que Epicuro infere no arranjo do ser humano que se dá mediante um consórcio dialético entre o mesmo (um princípio de unidade comum, universal, entre os humanos) e o outro (o múltiplo, o que em cada um é diversificado, particular) na constituição do vir a ser humano enquanto fenômeno natural.

No arranjo da geração do divino, temos, continua e eternamente, sempre o consórcio do mesmo; no que diz respeito ao desarranjo geracional, temos, não propriamente a morte, e sim apenas um movimento de regeneração ou reciclagem do arranjo mediante o qual o ser divino se rearranja sem se desarranjar, e sempre do mesmo modo, por cujo rearranjo resta sempre (eternamente) o mesmo sem a intervenção do outro. Cabe ao ser divino o mesmo princípio que se aplica à regeneração e reciclagem da *vida*, que encontra, no movimento do gerar, a sua própria eternidade (sinônimo de perenidade). Serve como ilustração, expressa nos *Pré-Socráticos* e na *Física* de Epicuro,[36] o exemplo do *cicéon* (*kyke̱ón*), com o qual Heráclito concebe o movimento como causa necessária da eternidade geracional do *todo*. O *cicéon* a que Heráclito se refere era uma bebida caseira feita de vinho misturado com mel, com queijo de cabra ralado, com grãos de cevada branca e batido com um ramo de poejo para perfumar. O segredo da duração da bebida dependia do cuidado de agitá-la regularmente: "O cicéon [sentenciou Heráclito] se decompõe se não o movimentamos (*kinoúmenos*)".[37] Era, pois, sob a iniciativa do movimento que o *cicéon* encontrava a garantia da vida longa (da regeneração ou 'eternidade'), caso contrário, pereceria (morreria).

---

[35] *Carta a Heródoto*, §54.
[36] SPINELLI, 2012, p. 171ss.
[37] DK 22 B 125, recolhido em Teofrasto, *Sobre a Vertigem*, 9 – DK abreviatura de DIELS; KRANZ, 1989, seguido da fonte em que o fragmento ou comentário foi *recolhido* por Diels na elaboração de seu compêndio *Die Fragmente der Vorsokratiker*. O número após DK (na citação 22) diz respeito ao autor (no caso Heráclito) depois do número quando vem "B" corresponde aos *fragmentos*, "A" aos comentários sobre a vida e/ou as opiniões (*doxografia*) recolhidas nas fontes de referências nas quais vem citado o fragmento ou manifesta a opinião.

Sem entrar aqui em maiores detalhes, Epicuro, ao modo de quem não quis (ao menos nos escritos remanescentes) se demorar no debate das abstrações teóricas, se vale de um princípio que atende dois compromissos: com a tradição ancestral e com os interesses da *gnōsis* grega. Este é o princípio: "os deuses realmente existem (*theoì mèn gàr eisín*)"; sob a seguinte justificativa: "porque é evidente (*enargés*) a noção que temos deles" em nossa mente.[38] A proposição atende os interesses da tradição, e a justificativa concorda com os interesses da filosofia. Em síntese, a questão fundamental é esta: se os deuses existem (como diz a tradição que existe), e dado que não dá para provar que existem ou que não existem, então, pressupondo que existem (como o consuetudinário comum diz que existem), por suposto, necessariamente, podem ser conhecidos, e pela seguinte razão: porque tudo o que existe, à medida que se põe, em algum momento, em nosso campo de observação, é *evidente* que se deixa conhecer. Se não existissem jamais poderíamos presumir esta possibilidade.

Analisada em si mesma, a proposição — "os deuses realmente existem porque é evidente o conhecimento que temos deles" — por si só comporta ao menos um duplo significado no contexto da proposição filosófica de Epicuro: um, vinculado à da teoria do conhecimento empírico e, outra, à da *prólẹpsis*. Em ambas, a *evidência* (*enárgeia*) é presumida como uma certificação que dá sustento ao conhecimento da verdade e que promove uma confiança fundamentada que não inspira dúvida a respeito do que é reconhecido como verdadeiro. Daí que é nesses termos que Epicuro recorre ao conceito de *evidência* referido na proposição — "os deuses existem porque temos um conhecimento evidente a respeito deles" — cuja assertiva contém, aparentemente, uma dificuldade: qual existência? Existência real ou conceitual? Mesmo levando em conta o contexto em que a assertiva vem proferida, não há uma resolução para a dificuldade. Mesmo assim (independentemente do alguém possa pensar a respeito), fica uma dificuldade *aparente*, e isso em decorrência das bases de que dispomos da doutrina de Epicuro e do epicurismo nas quais vem presumida a existência dos deuses como seres reais e também intelectivos (conceituais).

---

[38] "*Theoí men gàr eisín; enargès gàr autǭn estin he gnōsis*" (Carta a Meneceu, §123).

2 – Vínculos ancestrais entre filosofia e religião

2.1 – Religião e educação filosófica

Epicuro, assim como os demais filósofos gregos, não põem ao desamparo a mentalidade popular grega consuetudinária e contemporânea. Nem Anaximandro, exilado de Atenas, nem Sócrates, assassinado em Atenas, ambos sob o falso argumento da impiedade (da *asébeia*), ousaram negar que os deuses existem, tampouco deixaram de lhes prestar honras e reverência! Epicuro se pôs no mesmo plano e trilhou a mesma senda dos filósofos tradicionais, especificadamente de Platão, que, ao tomar para si o projeto filosófico de Sócrates, se ocupou em elevar a mente popular mediante a instrução e o esclarecimento sem desqualificar a importância da religião na tarefa da educação 'popular'. Nem por isso, entretanto, Platão, assim como os demais filósofos, incluindo Epicuro, deixou de expressar o que efetivamente pensava a respeito dos benefícios e malefícios que a religião pode promover; não por ela mesma, e sim decorrente do uso que dela faziam os trapaceiros da fé e da confiança que os populares cismam conceder (uns em boa fé, outros ingenuamente e outros ainda para tirar vantagens) aos "mestres" impostores do saber divino.

Na carência de oportunidades, sobretudo no que concerne à instrução, a religião sempre encontrou no povo, em particular naquela maioria que vive das ocupações cotidianas, um terreno fértil para sua expansão. Essa, sem dúvida, foi a razão principal que levou os filósofos a trazê-la para dentro da filosofia a título de uma extraordinária parceria em benefício da instrução popular. Foi por esse consórcio que o ensino filosófico ganhou naquela época a alcunha de *exotérico*, ou seja, destinado para os de fora (éx*o*) da comunidade acadêmica. O objetivo não consistiu apenas em alcançar o público leitor, que, aliás, era escasso, mas, sobretudo o grande público auditor: aquele acostumado a se instruir por meio dos rapsodos perambulantes e dos sofistas. Os sofistas foram os mestres que se interessaram em apropriar do ensino dos filósofos e se dispuseram a vender o saber adquirido na mesma rota um tanto congestionada dos rapsodos, dos *mânticos*, dos curandeiros e dos benzedeiros.

A razão pela qual Platão dedicou vários diálogos para renomados sofistas (Protágoras, Górgias, Hippias) e, inclusive, trouxe muitos deles (Pródico, Polo, Trasímaco) a participar de sua dialógica, teve um objetivo específico: dialogar com os mestres dos de fora (éx*o*), especificadamente dos jovens desocupados, mas com tempo e dinheiro suficientes para "tirar proveito", nas próprias casas, nos ginásios, nas ruas e nas praças, do ensino "vendido" por tais mestres. A dialógica platônica está toda imbuída desta pedagogia: levar os sofistas, mediante um diálogo franco, para dentro do debate filosófico, a fim de reciclá-los, ou seja, de repensar o saber que difundiam, e assim, renovados, promover e difundir uma ilustração mais consistente. Foi, efetivamente, por meio dos sofistas que Platão fez chegar a sua obra (de imediato e na posteridade) aos ouvidos de um grande público. Epicuro, por sua vez, divulgou sua filosofia pelas comunidades filosóficas locais abertas ao grande público e também porque encontrou grandes poetas como Lucrécio e Filodemos de Gadara e também discípulos apaixonados como Diógenes de Enoanda e o próprio Filodemos, que se ocuparam em difundir ao máximo o éthos epicureu.

Nem Platão nem Epicuro desvincularam a filosofia da religião como meios complementares da educação filosófica. Na posteridade, não foi sem razão que o cristianismo, desde os primórdios (independentemente, aqui, de qualquer análise quanto ao método ou uso que os doutrinadores cristãos fizeram do filosofar[39]), buscou amparo nas mais variadas vertentes e linhagens do filosofar. A própria preparação do clero cristão, até recentemente, tomou com bastante seriedade a instrução filosófica como meio indispensável da preparação teológica. Sintomático em Platão, quanto à presumida complementaridade entre o religioso e o filosófico, foi a distinção feita por ele (a bem da verdade por Sócrates) entre as "duas Afrodites":[40] a pandêmica ou popular (reconhecida por Platão como a mãe do Eros terreno) e a urânia ou celestial (a mãe do Eros divino, cultuado pelos sábios e pelos filósofos).

Não quer dizer que Platão e também Epicuro fizessem profissão de fé no mesmo nível das crenças populares; se assim fosse, não seriam nem filósofos nem educadores, e sim, simplesmente, "populares". O apelo popular de qualquer doutrina filosófica consistente e valiosa, não só a de Epicuro, requer ao menos uma instrução mediana a fim de acessá-la.

---

[39] Dedicamos dois estudos nesse sentido: *Helenização e Recriação de Sentido: a filosofia na época da expansão do cristianismo, séculos II, III e IV*, 2ª ed. revisada e ampliada. Caxias do Sul: EDUCS, 2015; *Herança Grega dos Filósofos Medievais*, São Paulo. 1. ed., Hucitec, 2013 (2. ed., São Paulo: Madamu).

[40] *Banquete*, 181 a-b. Assim foi registrado no *Banquete* de Xenofonte: "Se existem uma ou duas Afrodites, a Celestial e a Popular, isso não sei. Sei, entretanto, que Zeus, que sem dúvida é um só, tem várias denominações. Sei também que Afrodite tem altares e templos diferentes, nos quais são oferecidos sacrifícios e oferendas. Os altares erguidos para a Popular não são tão valiosos; os da Celestial, ao contrário, são bem mais nobres. Cabe então conjeturar (finaliza) que a Afrodite popular insufla as afeições do corpo e, a celestial, as da alma, juntamente com a amizade e as boas ações" (*Banquete*, VIII, 9-10).

Quando alguém afirma que a filosofia de Epicuro teve acolhimento popular, por *popular* não cabe entender os da *plebe*, e sim os de uma classe de indivíduos medianamente instruída. Desvinculado do poder político, com pendor, inclusive, a viver retirado, nos termos da *láthe biōsas*, o epicurismo ficou restrito aos seus anseios teóricos sem promover apelo popular abaixo da linha da ilustração. Mesmo tendo, por exemplo, Platão, mandado erigir a Eros um altar na entrada da Academia, não quer dizer que fosse um devoto ao modo do grego comum. Se fosse, não teria se manifestado assim: "Se Eros é um dos deuses ou algo divino, como realmente é, de nenhum jeito poderá ser pernicioso".[41] O que importa aqui, nesse seu dizer, é ressaltar a aparente ambiguidade entre *"se Eros é [...] como realmente é"*. A ambiguidade é aparente em razão de que, astuciosamente, quis dizer o seguinte: "se Eros é deus, como efetivamente é (no que agradava os populares), então, é algo divino (no que agrada a si mesmo e a coerência de seu filosofar)". Eis aí o seu objetivo, com esta intenção: promover *éros* (o amor) como um modo de *ser* e de viver *divino* acolhido e reverenciado por aquele que efetivamente louva e vive o amor.

É inegável que Epicuro segue a mesma perspectiva pedagógica da instrução filosófica perseguida por Sócrates e por Platão. Ambos dão todo crédito aos deuses populares, porém querem, por sobre as crenças populares, fomentar a instrução e a educação da mente e, por consequência, da ação humana. Epicuro, especificadamente, para além da habitual acunha de empirista que a tradição lhe concedeu, introduziu em seu filosofar um dos mais frutíferos conceitos (aliás, inventado por ele) e que trouxe viço à argumentação racional e filosófica a respeito do conhecimento humano quer enquanto processo quer enquanto ato de conhecer: o conceito da *prólepsis*. Trata-se de um tema (já tratado no *Epicuro e as bases do epicurismo*[42]) inerente ao qual o conceito de *evidência* atende não só os critérios do conhecer/saber (*gnōsis*) empírico, como também de outra ordem: concernente a um plano intelectivo no qual um certo conjunto intelectivo de noções ou conceitos (tais como o de perfeição, de excelência, de imortalidade, de bem-aventurança) manifestam, como que fixada na mente, a existência do *que é divino* como uma idealidade conceitual presumida.

A assertiva suprarreferida — "os deuses existem porque temos um *conhecimento evidente* a respeito deles" — comparece, em Epicuro, como uma certeza manifesta sob uma presunção de evidência que *antecipa*

---
[41] *Banquete*, 211 e-d; *Mênon*, 77 b-d.
[42] Editora Paulus, 2013.

na mente uma adequação logica inevitável entre o conceito (noção ou ideia) e o que é presumido como sendo a verdade ou a realidade que lhe é, objetivamente, condizente. Sob esse ponto de vista, o dado como *divino* encontra (a título de uma necessidade lógica) a sua verdade ou realidade (a sua *alḗtheia*) na adequação, sem fissura, entre os atributos conceituais e os reais intelectivamente presumidos dentro e fora do conceito. Platão, no *Crátilo*, verbalizou assim a *alḗtheia*: como uma caminhada errante (*alḗ*) em busca do divino (*theia*)[43]. *Alḗtheia*, no dizer dele, expressava um *vaguear* (*alḗ, aláomai*) ao modo de quem anda errante, sem saber exatamente para onde ir, a ponto de experimentar, por falta de um rumo ou mapa, até mesmo um certo transtorno ou desorientação. Disso não se segue, porém, que não tenha um rumo fixo, ou que não tenha o que tomar por alimento em sua caminhada; dá-se que o *vaguear* na senda do saber segue pelo desconhecido ao modo de quem busca o que em si mesmo é excelso, divino (*tò theîon*), o que pertence ao plano do que é bom belo e justo.

Ora, é nesse mesmo plano que se põe Epicuro, cuja idealidade filosófica vem igualmente presumida nos conceitos de excelente e de excelso inferidos como uma verdade ou realidade (*alḗtheia*) igualmente presumida como concernente ao que é *divino*. Trata-se, nesse sentido, de uma *evidência* mentalmente conformada mediante indícios lógicos com os quais o intelecto humano opera valendo-se de conjecturas decorrentes de um modo próprio de conhecer derivado da capacidade intelectiva humana de acessar verdades mediante noções com os quais a mente se vê necessariamente levada a operar. Ora, é nesse contexto que Epicuro presume que *o ser divino* (para além de um suposto existir empírico) como uma existência possível espectável (digno de ser intelectivamente notada e observada) a título de uma *noção comum* (*koinḕ toû theoû nóēsis*) disponível *gravada* (*hypegráphē*) na mente humana e acessível a todos. Trata-se de uma noção que não vem a ser *grafada* na mente à revelia de atributos que a mesma razão humana concede ao que é divino, tais como ser excelente, perfeito, imortal, feliz etc.

Fato curioso aqui a ser destacado está na presunção de Epicuro segundo a qual os deuses são existentes da ordem empírica (reais, concretos), habitantes do Cosmos, mesmo assim, somente conhecidos por meio dos atributos racionais que a respeito da natureza deles concebemos estimulados pela *natureza da razão* humana que tem em si disponível a

---

[43] *Crátilo*, 421 b: τ□ □ληθε□□, □ς θε□α ο□σα □λη.

ideia do divino a título de um ideal (ou modelo) espectral do bem viver. É fato, além disso, que os deuses de Epicuro não são tidos com seres antropomórficos aos quais cabe os atributos próprios da natureza humana, a não ser em termos racionais de excelência ou de perfeição, visto que os deuses, em tudo, nos ultrapassam em poder e importância.[44] Há aqui uma dificuldade, mas não na doutrina de Epicuro em si mesma, e sim no confronto dela com as crenças ancestrais em razão de que Epicuro se dá o compromisso de promover um saber destinado a sanar as dúvidas e as incertezas que povoam a mente popular. Seu objetivo se deu no sentido de promover a ciência oferecendo razões que dissolvem dúvidas e que promovem um outro tipo de piedade que não coincide nem com a dos ritos populares[45] nem com as referidas *falsas opiniões* (*hypolépseis pseudeis*) que deixam incerta e vacilante a mente da maioria.

2.2 – O devoto, o irreligioso e o ateu

São duas questões que, com relação aos deuses, confabulam em Epicuro: de um lado, as *ideias* ou opiniões populares tidas como *falsas* (mesmo que, a esse respeito, tais opiniões compõem o *nível de verdade* daqueles que as reconhecem como corretas ou verdadeiras); de outro, as opiniões efetivamente verdadeiras, testadas e expressas mediante critérios da argumentação lógica concernente a uma teologia racional que continuamente se recicla em favor do melhor, da excelência e da verdade (conceitos grandiloquentes com os quais inferimos não propriamente a realidade, e sim a *idealidade* que fertiliza a realidade). Sem tais conceitos, sintetizados no que é *divino*, a realidade resulta insípida e enfadonha, destituída de encanto, de magia e de espetáculo. Aqui a questão se põe não por um conflito dialético em que o falso e o verdadeiro se excluem, e sim em que ambos, em sentido complementar, confabulam em reciprocidade: a verdade busca meios de acessibilidade no sentido de disponibilizar o falso a se abrir em favor do verdadeiro.

Nesse sentido, o principal da questão nada tem a ver *contra* aqueles que, por inúmeras razões ou circunstâncias, estão estacionados (alojados) em um nível de verdades precárias, e sim contra o descaso cívico quer da filosofia quer da religião no sentido de promover a ilustração, o saber e a verdade e, sobretudo, estimular tais indivíduos a se conhecer e

---

[44] USENER, *Epicurea*, fr. 13, p. 96.
[45] LUCRÉCIO, *De rerum natura*, V, v.1198ss.

a se ilustrar. A presunção de Epicuro vai nesta direção: elevar a todos o quanto pode em educação e esclarecimento. O que Epicuro sentenciou, na *Carta a Meneceu*, concorda com a referida presunção. Eis, em outros termos, o que disse: ímpio (*asebés*, irreligioso) não é aquele que renega os deuses reverenciados pela maioria, e sim aquele que, apesar de instruído, se mantém no mesmo nível como se a instrução de que em si dispõe nada lhe valesse a título de humana qualificação. Uns não têm, efetivamente, instrução e se alimentam de qualquer coisa, outros têm, mas vivem e se comportam como se não tivessem. Daí que a questão é esta: a impiedade não está na maioria e suas crenças, e sim nos que, dotados de alguma ilustração, mantêm as mesmas crenças de quem não teve a oportunidade ou mesmo uma boa vontade para se ilustrar e acercar-se da ciência.

Outro fator ainda diz respeito à indiferença (sem aqui presumir dela as razões) dos que, uma vez ilustrados não se dão a obrigação de, com alguma ternura e bons modos, trabalhar em favor da ilustração dos que estão enchafurdados em crenças que em nada se parecem com instrução e sequer nada movem na direção de uma elevação humana. Daí porque o ímpio (no sentido de irreligioso) não vem a ser aquele que contesta as falsas opiniões mimadas pelas crenças tradicionais, e sim o que, em condições de promover educação e elevação, resta recluso no universo das referidas opiniões das quais, inclusive, se apresenta como "mestre" sem qualquer apreço pela saber ou ciência. De todos, eis aí o maior dos ímpios e o verdadeiro ateu: aquele que toma para si o objetivo sórdido de apascentar uma maioria não ilustrada em favor de seus interesses, para o que aprimora estratégias de cooptação e jugo, e busca sobretudo na política amparo e parcerias. Esses tais são indivíduos perversos que se imbuem de falsa sabedoria e doçura, que, sem pudor, misturam a função do missionário ou apóstolo com a do empresário, a fim de retirar dos desavisados todo o proveito econômico e político que conseguem! Sequer são livres: não há como ser livre sendo escravo das próprias opiniões sem disposição de reciclá-las e, inclusive (este é o método da ciência), confrontá-las com as evidências.

De Epicuro, de modo algum, dá para se dizer que é (era ou foi) um *ateu*. Só lhe cabe esta alcunha por força do distanciamento, da parte dele, de uma compreensão dos deuses sob os parâmetros da cultura meramente popular. O deus de Epicuro não é o mesmo do povo, e sim o da ilustração humana que, por sua vez, não se desassocia do fenômeno humano, nos seguintes termos: dado que o humano só efetiva em si a virtude da humanidade quando forjada mediante o uso de um intelecto instruído (certificado por evidências); dado, por sua vez, que o intelecto só se exerce em termos de qualificação tomando por modelo e alimento o que é *divino* (o que é belo, bom, justo, perfeito, excelente enquanto parâmetros eloquentes, altíssonos da elevação humana), então é somente a partir desse nível (em que a realidade vem a ser fertilizada mediante a idealidade do que é divino) que a humanidade se abre à virtude que lhe convém.

Aqui, enfim, está o principal da questão que concerne a uma suposta teologia presumida por Epicuro sob o intento de reverter o *status quo* do uso indevido que é feito da existência dos deuses (como seres antropomórficos, voluntariosos, opressores e justiceiros) em favor de outros usos espúrios que o intelecto humano é igualmente capaz de astuciar, agendar e prover. Trata-se de um uso desvirtuado do intelecto que se concentra não em levantar fervura reflexiva e em prover sabedoria (que haveria de ser a sua real função), e sim estratégias de aliciamento e de suborno promovidos mediante discursos emocionais e cantorias alucinantes: os templos findam em uma espécie de teatro e de gaiola em que o crente se desmancha em cantos sem se dar conta de seus desencantos e de suas próprias amarras! Assim como desvirtuam o intelecto, desqualificam igualmente a força evocativa do discurso cuja função primordial consiste em promover a compreensão e o entendimento, e também a mediação e o liame, em sensatez e benevolência, entre os membros da diversificada comunidade humana.

É somente instruindo-se pelas *evidências*, embasando-se nos indícios e nos fenômenos, que, do ponto de vista de Epicuro, a ciência prospera, e a ilustração e o esclarecimento se acercam da inteligência humana. Não é no embate dialético (confrontando opiniões concordantes e discordantes a respeito dos fenômenos naturais)[46] que se edifica a ciência, especificadamente a física, e sim na investigação da evidência, elo fundamental que conecta as opiniões aos fenômenos manifestos. A tarefa da ciência, segundo ele, comporta a obrigação de desvelar fenômenos, a fim de dar sossego e não de escravizar (*douleúein*[47]) a mente humana: de curar, não de adoecer. Trata-se de uma tarefa educadora, que se vale de sabedoria e não de pura retórica e de astúcia, que tem por objetivo esclarecer e não embotar e nublar a mente, sobretudo, a dos populares perante os quais certos indivíduos cismam em se fazer passar por "sábios", mestres e educadores. São, pois, esses tais que Epicuro denomina (sob o conceito

---

[46] D.L., 1959, X, §31.
[47] *Carta a Meneceu*, § 123.

de *asebés*) de ímpios (destituídos de *eusébeia*, de piedade e de respeito aos deuses). À *eusébeia* se opõe a *asébeia* (a impiedade, a infidelidade ou heresia); ao *eusebés* se contrapõe o *asebés*, termo que se aplica aos astutos que "aderem às opiniões do povo", a fim de subornar esse mesmo povo passando-lhe a impressão de que suas crenças são valiosas, verdadeiras e corretas. São ímpios porque, antes de dar ao povo a obrigação de libertar-se de suas superstições, enraízam ainda mais a mente deles na opressão.

Trata-se, na verdade, de astuciosos charlatães (falsos especialistas e instrutores) que se empenham em aderir às opiniões do povo, a fim de tirar proveito da boa-fé e da "ignorância" desse mesmo povo. A estratégia é esta: absorvem as opiniões do povo, dão-lhes arranjo retórico e grandiloquência e as devolvem, certos de que serão bem recepcionados, visto que dizem o mesmo que os alojados na "ignorância" querem ouvir. Afinal, a opinião é a mesma, e o povo fica muito satisfeito de encontrar alguém "ilustrado" que pensa igual a ele. *Ignorância* vem entre aspas porque, a bem da verdade, ela não está no povo (nos auditores carentes de auxílio para lidar consigo mesmos, com suas complexidades e circunstâncias), e sim nos instrutores que se fazem passar por "sábios" daquilo que na verdade ignoram.

Por *povo*, entretanto, não cabe entender uma certa classe, e sim, todos aqueles, ricos ou pobres, especializados ou não em algum ofício (hoje diríamos, diplomado ou não), que são carentes de humana instrução quer cívica quer política quer histórica quer filosófica, quer religiosa etc. Por *povo*, nesse contexto, cabe apenas entender uma *multidão* de indivíduos, que, independentemente do saber diversificado enquanto profissionais ou artífices, pensam do mesmo modo: estão subjugados aos mesmos conceitos e preconceitos que a maioria defende como se fossem princípios e valores a serem reverenciados. Daí que não é, diríamos hoje, o diploma profissional que faz dos especialistas humanos ilustrados, visto que, por vezes, além do saber profissional de que dispõem, ignoram muito de tudo o resto, e cultivam como saber a mesma *deisidaimonía* e os mesmos mitos de seus ancestrais imediatos, que, muitas vezes, não tiveram a oportunidade (ou por alguma outra razão) de se ilustrar.

Muitos, mesmo diplomados, não avançam um centímetro sequer do lugar em que a mente de seus ancestrais (por razões, muitas vezes, plenamente justificáveis) estava empacada. Também a esses, igualmente, Epicuro os denomina de ímpios, visto que permanecem estacionados nas opiniões cultivadas e mimadas pelos incultos. Nesse caso, não são propriamente indivíduos que aderem às opiniões do povo a fim de suborná-los, e sim que eles próprios (mesmo que em seus ofícios são muito ilustrados) restam, na verdade, no mesmo plano da carência de ilustração e esclarecimento que acuam os populares. Nos dias de hoje, por exemplo, não é incomum observar alguém que é dentista ou advogado ou engenheiro ou médico, inclusive professores desta ou daquela disciplina especializada etc., que, entretanto, pensa exatamente igual, manifesta as mesmas opiniões dos que não tiveram oportunidade e acesso à ilustração acadêmica; entre muitos deles o que de *melhor* se observa é apenas uma *séria* diferença na empáfia e na arrogância.

2.3 – Os deuses e o todo cósmico

Epicuro, no que diz respeito ao fundamental de sua antropologia, distingue no humano duas dimensões naturais entre si conjugadas, mas não enquanto *duas naturezas*, e sim apenas uma: a natureza física movida e efetivada por necessidade e por casualidade (acaso) sob o arranjo orgânico de um corpo composto. Nem a necessidade é totalmente inflexível nem a casualidade é puramente acidental; se fossem, uma anularia a outra, de modo que o principal da tese cosmológica de Epicuro consiste no equilíbrio entre uma e outra, com preponderância da necessidade sobre o acaso (que, afinal, é casual, não ocorre com frequência). Trata-se de um equilíbrio *necessário*, a fim de que o *desequilíbrio* entre necessidade e casualidade possa gerar o movimento cíclico dialético e contínuo entre a desordem e a ordem, entre o desarranjo e o arranjo, que, em outros termos, correspondem ao movimento constante do nascer (movimento de vida) e do perecer (movimento de morte, de desarranjo) que rege a obra cósmica.

Vimos como não consta em Epicuro uma explicação plenamente satisfatória no sentido de como os deuses, seres imortais, participam do processo do gerar e perecer, de como eles se reciclam sem perecer. Ele deixa claro, entretanto, em termos de declaração, que os deuses *existem*, que eles são *incorruptíveis* e imortais, e que participam igualmente da geração (reciclagem) do Kósmos, mas não enquanto sujeitos ativos (geradores e governantes) da obra cósmica, e sim passivos, ou seja, sujeitos à geração e à reciclagem no tempo cíclico da duração eterna do fazer-se natural. Nesse ponto, o que consta em Epicuro, especificadamente na máxima I, está de acordo com o proposto nos versos de Lucrécio (I, vv.44-49 e II, vv.646-651). Cabe, aliás, observar que os versos do livro I, foram por longos anos excluídos (deixado em lacuna), sob a alegação de que, naquele contexto (mesmo sendo os versos autênticos, visto que se repetem no livro II), resultavam contraditórios, razão pela qual foram (indevidamente) ocultados.[48] Os versos louvam a necessidade de que a natureza dos deuses em si usufrua, em máxima paz, do tempo imortal (*imortali aevo*), sem se molestar pelos nossos problemas; recuada, ao longe, a natureza deles carece de ficar isenta de toda dor e de qualquer angústia, para que assim, em si mesma fortificada, não careça de nada e de ninguém, tampouco se deixe vencer por propensões e rogos do bem ou da ira[49].

Mesmo que o atributo da eternidade dos deuses seja em vários passos referido por Lucrécio, ele igualmente não se ocupa ao menos em explanar a vinculação entre o ser gerado e o ser imortal ou incorruptível. Eis a dificuldade, sob dois aspectos: de um lado, dado que os deuses existem e estão inseridos no processo da geração (não como agentes, mas como gerados) fica aparentemente difícil pressupô-los como seres *incorruptíveis*; de outro, também não está de todo claro o modo como existem e como participam do processo do gerar, ou seja, como são gerados, sem se expor ao perecer, visto que são imperecíveis. Duvernoy, ao explanar o conceito da *aphtharsía* (da imortalidade ou incorruptível) observou que "em nenhum momento" a afirmação em Epicuro denota o significado de que os deuses são eternos, e sim que eles não estão sujeitos à corrupção, deterioração ou morte. Os deuses, sentenciou Duvernoy, "são incorruptíveis, *aphthartoi*, palavra de caráter negativo, declinada a partir do verbo *phtheiro*, que significa apodrecer, corromper, alterar".[50] Ora, poderíamos de imediato questionar: ser *incorruptível* não é um atributo do *ser eterno* e imortal? Se não é, o que seria então?

O que diz, entretanto, Duvernoy tem o seu sentido e valor: porque nos leva a pensar que, efetivamente, os deuses de Epicuro, mesmo pressupostos como eternos e imortais, a *eternidade* e a *imortalidade* às quais se refere não têm o mesmo significado do que é atribuído ao vazio e aos

---

[48] A tradução brasileira de Agostinho da Silva segue bem de perto a de Alfred Ernout e mantém no livro I (vv.44-49) a lacuna; não ocorre na espanhola de Eduardo Valentí Fiol. A estratégia de retirar, ocultar, modificar e até mesmo mutilar textos nem a *Bíblia* se viu livre. A versão inglesa do rei James acresceu adendos e ocultou passagens. A versão de Lutero deixou de fora o livro de *Tobias*, de *Judite*, os dois de *Macabeus*, o da *Sabedoria*, o *Eclesiástico* e o livro de *Baruc*.

[49] "Omnis enim per se divum natura necessest/ immortali aevo summa cum pace fruatur/ semota ab nostris rebus seiunctaque longe;/ nam privata dolore omni, privata periclis,/ ipsa suis pollens opibus, nil indiga nostri,/ nec bene promeritis capitur nec tangitur ira." (*De rerum natura*, I, 44-49 e II, vv.646-651).

[50] DUVERNOY, 1993, p. 57.

átomos. Aqui é importante levar em conta que a proposição, *o átomo é eterno e imortal*, não diz o mesmo que *o todo é eterno e imortal*, que, por sua vez, também não é exatamente o mesmo que *os deuses são eternos e imortais*. O que a eternidade e a imortalidade do *todo* (entenda-se dos infinitos mundos) têm em comum com a eternidade e a imortalidade dos deuses decorre do fato de que ambos *são gerados*, visto que ser gerado significa, para Epicuro, sofrer o arranjo e o desarranjo de átomos constitutivos dos existentes corporais compostos. Aqui está a sutileza teórica da reflexão epicureia: os átomos não foram gerados e, portanto, existem desde sempre, são eternos e imortais; o todo cósmico, e assim os deuses, são gerados (nasceram), mas imortais. Quanto se diz, entretanto, "*todo cósmico*" o que entra em questão diz respeito a um ser ou existir ou realidade conceitual, visto *o todo* se constitui dos infinitos mundos gerados e perecíveis, ao passo que o todo sempre se mantém dado que os mundos (este e aquele) continuamente morrem enquanto outros continuamente renascem. O princípio fundamental é este: o Mundo (o *todo* cósmico) sempre existiu e sempre existirá, ou seja, é eterno. Disso, entretanto, não se segue que este ou aquele mundo (subjetivamente considerado), no fazer-se dos mundos, não se dissolva, ou seja, não se desarranja no ciclo do tempo em que o *todo* resta sempre eterno. O mesmo fenômeno não se dá com o gerar dos deuses.

O *todo* cósmico e os deuses comportam o seguinte paralelo:

a. enquanto o *todo* é constituído ("gerado") de infinitos mundos, não há um *todo* referido a infinitos deuses, porém, todos compartilham de uma natureza comum (que concerne a cada um) detentora dos atributos do *que é divino*, razão pela qual são autossuficientes, bem-aventurados e imortais, e todos do mesmo modo como se fossem apenas um;

b. a dissolução, desarranjo ou morte de um mundo subjetivamente considerado não se aplica a nenhum dos deuses, visto que um deus, entre os deuses, jamais se desarranja ou se dissolve: um deus, entre os deuses, apenas se recicla, se renova (como que se revitalizam) continuamente em seu arranjo de átomos, razão pela qual é eterno, porque, por completo, não se dissolve jamais. Dito de outro modo: os átomos constitutivos dos deuses estão continuamente sujeitos a um movimento cíclico de renovação (desagarram uns, se agarram outros) de tal modo que não submete cada um dos deuses à experiência da dissolução ou do desarranjo no tempo, e sim apenas promove uma renovação ou rearranjo como se, continuamente, cada um estivesse sempre de novo renascendo e se revigorando em divindade;

c. eis aí a razão pela qual a participação dos deuses no gerado não comporta a mesma significação aplicada aos mundos que nascem e perecem no ciclo do tempo, em cujo nascer e perecer cíclico se dá a eternidade e a imortalidade do *todo*;

d. dado que os deuses não constituem um *todo*, apenas formam entre si comunidade, a eternidade e a imortalidade deles (referida a cada um) são contemporâneas ao arranjo cósmico e, portanto, ao princípio da vida;

e. enquanto os mundos subjetivamente considerados envelhecem, que se desarranjam e morrem, e que, por esse gerar, garantem a continuidade da vida do todo, os deuses (também eles constituídos, arranjados, compostos, mediante corpos simples de átomos) se renovam, mas não envelhecem (fenômeno que que não cabe ao divino quer enquanto ser quer enquanto acontecer). Isso em razão de que, continuamente, se arranjam sempre de novo sem jamais se desarranjar, ou seja, sem perder vínculos com a eternidade da vida do todo e do contínuo fazer-se dos infinitos mundos. É em vista disso também que tanto a eternidade dos mundos quanto a dos deuses não se restringem à eternidade dos átomos, porque, do contrário, teríamos forçosamente de admitir que tudo é eterno, tese que não condiz nem com a doutrina de Epicuro nem com a realidade dos mundos;

f. que os *mundos* existem, basta abrir os olhos! A maior dificuldade recai efetivamente acerca da *existência dos deuses*. Dado que eles são eternos com o mundo, então a questão fundamental não consiste em explicar de onde ou como vieram a ser, e sim como eles se apresentam hoje para nós quer do ponto de vista da cultura quer da intelecção humana a respeito deles e do mundo. O fato é que para nós não há como conceber o todo sem o divino, tampouco conceber a humanidade sem a divindade, a platitude sem a excelência (sem a qual impera a absoluta mediocridade).

Enfim, a questão da existência dos deuses se impõe na tratativa de Epicuro como imperativa (nos termos de um dever da razão ou da intelecção humana) e inquestionável (no sentido de que não há o que contestar). Eles, efetivamente, existem e, portanto, de saída, se impõe a "pacífica" necessidade de afirmar a existência deles, e pela seguinte razão: porque a negação da existência deles incomoda e perturba a razão, que, sem o *divino*, resta como que sem alimento e sem referencial. Mas ainda há um outro lado da questão: o da necessidade de levar a filosofia a libertar sem oprimir, promover a educação sem arruinar o estabelecido a ponto de, na ordem, instituir a desordem e com ela anarquizar a mente humana. De algum modo se faz, entretanto, necessário promover alguma contrariedade, desarranjo ou ruina, a fim de edificar; porque não há como reformar sem deformar, educar sem deseducar, renascer sem morrer. Não há educação quando o principal do aprendizado consiste em dizer *sim, senhor*! O que, ademais, a educação não pode promover é a libertação de alguma opressão promovendo uma outra opressão a título de libertação ou de salvação.

3 – O conhecimento, a existência e a eternidade dos deuses

3.1 – Modos de conhecer os deuses

Inserido na *Máxima* I, na qual Epicuro sentencia que a condição de um deus (da comunidade dos deuses) consiste em "ser feliz e incorruptível – *tò makárion kaì áphtharton*", há um comentário de Diógenes Laércio que merece consideração. Trata-se de um escólio, com o seguinte teor: "Em outros lugares (*en állois*) que os deuses são conhecidos pelo logos conceitual". Por esse dizer fica logo implícito que podemos dar como conhecida a existência dos deuses mediante os meios cognoscitivos da razão, mas não, a rigor, por meio dos sentidos, mesmo sendo os deuses (ao menos os que têm forma humana) passíveis de serem conhecidos por essa via. Ocorre que, se os deuses existem, como, segundo Epicuro, efetivamente existem, então são corporais, compostos de átomos e, portanto, mesmo que jamais foram vistos (do fato de serem dotados de corpos compostos de átomos), são passíveis de serem vistos, para além de teorizados mediante conceitos.

São, entretanto, duas coisas entre si conjugadas: uma, o que efetivamente, podemos "conhecer", ou seja, inferir como sabido mediante conceitos da razão a respeito de um Deus conceitualmente reconhecido como tal; outra, o que, por hipótese, podemos lhe atribuir quanto ao seu existir concreto em dependência das formas sensíveis (visíveis, perceptíveis) mediante as quais podemos lhes dar como conhecidos. Aqui entra a sequência do escólio, que, por sua vez, traz duas "explicações" que podem, para nós hoje, promover bem mais enigmas a serem decifrados que um efetivo esclarecimento. Este é o todo do escólio inserido na *Máxima* I:

> Diz Epicuro, em outros lugares, que os deuses só são conhecidos pelo logos conceitual (*logoi theoretoús*), sendo alguns mediante a lei dos números (*kat' aríthmòn*), outros pela da semelhança (*kath' homoeídeian*) das formas observadas no fluxo contínuo das imagens que tendem a fluir em uma só, e outros ainda pela similaridade com a forma humana.[51]

Pelo conjunto do escolio, são duas questões conjugadas entre si: a primeira assegura que "os deuses podem ser conhecidos pelo logos reflexivo da razão humana", com o que fica dito que podemos atribuir a um deus (e, consequentemente, a cada um dos deuses) conceitos cognitivos a respeito de seu ser ou de sua natureza divina idêntica para todos; a segunda evidencia outros *dois modos* ou formas tradicionais concorrentes quanto à capacidade (e à possibilidade) humana de conhecer um deus: um diz respeito à teoria dos números (*kat' aríthmòn*); outro à teoria das semelhanças (*kath' homoeídeian*), dentro da qual se inclui a quarta consideração relativa àqueles deuses que têm forma humana (*anthropoeideîs*). Os *dois modos* são endossados por Epicuro, mas remontam aos pitagóricos: o primeiro foi desenvolvido por Filolau que vinculou a decifração da arquitetônica do *Kósmos* aos recursos da geometria e da matemática; a segunda (a teoria das semelhanças – *kath' homoeídeian*), mesmo tendo sido previamente formulada pelos pitagóricos, foi, entretanto, Aristóteles quem com clareza a formulou e descreveu.[52] Este é o núcleo da teoria: só podemos conhecer os seres e as coisas promovendo analogias entre as *semelhanças* observadas e não entre as diferenças, porque só as semelhanças e não as diferenças permitem formular um "um comum" cognoscitivo entre as coisas ou seres. A pluralidade gera o caos, que, entretanto, só pode ser conhecido caso possamos identificar nele, nos existentes, relações de semelhanças.

---

[51] Na tradução de Kury resultou assim: "Em outra parte Epicuro diz que os deuses são visíveis à nossa mente, sendo alguns numericamente distintos, enquanto outros aparecem uniformemente do influxo contínuo de imagens similares dirigidas ao mesmo ponto e com a figura humana" (p. 315).

[52] *Questões Fundamentais da Filosofia Grega*: sobre Filolau, p. 213ss. e 354ss.; Aristóteles, p. 187-274.

Aristóteles também tomou para si a explicação e reformulação da teoria pitagórica dos números, em particular nos livros V e X da *Metafísica* (questão que exigiria um capítulo à parte).

Cyril Bailey presume que Epicuro toma para si a distinção aristotélica entre identidade numérica (*kat' arithmón*) e identidade formal (*kat' eîdos*).[53] Pode até ser, mas a questão fundamental não se restringe à teoria aristotélica da identidade, e sim tem a ver com a questão relativa à possibilidade de conhecer os deuses, que, segundo, Epicuro, efetivamente existem e que podem ser conhecidos. A questão não se põe em termos de que existem divindades com naturezas e formas distintas, e sim de que existe uma só natureza divina, porém, diversificada quanto à forma (*kat' eîdos*). Aqui está um lado do problema, o outro diz respeito não à natureza (que é única e comum), e sim aos modos de conhecer essa natureza. No que diz respeito à forma, dado que elas são diversificadas, nesse caso (em se tratando de formas sensíveis) só há um meio de conhecê-las: mediante o acesso sensível, mediante o qual haveríamos de nos valer da teoria das semelhanças (*kath' homoeídeian*), a fim de presumir o que é comum e o que é diferente. Como não temos contato sensível direto com os deuses, dado que não participamos da comunidade deles, então (enquanto não se põem diante de nossa campo sensível de observação) apenas conjeturar é permitido (tal como procedeu Epicuro). Assim como até agora "jamais viu um átomo",[54] mas, por hipótese, poderão em algum momento ser vistos, o mesmo se aplica aos deuses, caso algum deles se disponha, algum dia, a mostrar-se.

Dos deuses de Epicuro podemos seguramente dizer que são idênticos no sentido de que todos detêm a mesma natureza e são constituídos da mesma matéria. Assim como "a alma é um corpo formado de partículas sutis dispersas por todo o organismo",[55] de modo semelhante também o corpo dos deuses é gerado mediante arranjos de átomos específicos, condizentes com a divindade deles. Eles, portanto, são *idênticos* enquanto dotados da mesma natureza e enquanto gerados da mesma matéria sutil da qual são constituídos; eles, porém, são *hómoios* (semelhantes) quanto à forma sensível, visto que, enfim, o arranjo de átomos pelo qual cada um é gerado não resulta em uma forma visível idêntica para cada um ou para todos indistintamente. Os que têm aparência humana seriam, por exem-

---

[53] *Metafísica*, V, 7, 1016 b 31-32; BAILEY, 1964, p. 459ss. e 589ss.
[54] *Carta a Heródoto*, §44 e 56
[55] *Carta a Heródoto*, §63; *De rerum natura*, III, vv.161ss.

plo, como nós no sentido de que comportam semelhanças e diferenças aparentes expressas em um fluxo contínuo de semblantes, formatos ou imagens similares, mas não rigorosamente idênticas.

Temos, enfim, em meio à obscuridade da assertiva do espólio, duas proposições "bastante" claras quanto à convicção que manifestam: uma, a que diz que os deuses podem ser conhecidos (verbalizados) pela mente ou intelecto; outra, a que afirma que eles têm formas visíveis, inclusive alguns como a dos humanos (*anthropoeideîs*), ou seja, se parecem conosco. Sobre essa segunda afirmativa, ela dispensa, por um lado, grandes comentários — *dispensa*, porque, afinal, todos nós temos uma boa noção do que significa ser visível e ter uma forma humana; por outro, fica em aberto a necessidade de explicar o que vem a ser um *deus* visível e de forma humana, pressupondo, aliás, que, relativamente à teologia de Epicuro, não há como conceber o conceito de *eîdos* (de *forma*) fora do plano físico. Ademais, não são deuses "transcendentes" ou "sobrenaturais", e sim imanentes e naturais: habitam o Cosmos, de modo que são seres que poderíamos dizer *extraterrenos*, mas não *extracósmicos*.

Deixando, todavia, de lado a referida convicção claramente proferida na assertiva "*os deuses podem ser conhecidos*", finda que o conjunto da "explicação" tende a (curiosamente) esclarecer essa mesma convicção. De qualquer modo a explicação não é assim "tão clara", e tem suscitado o empenho teórico de uns quantos comentadores no sentido de explicá-la.[56] Daí que o escólio comporta, enfim, uma essencial questão: os deuses são passíveis de serem conhecidos pela mente humana. O mesmo escólio abarca um complemento que, por sua vez, detém uma franca linguagem pitagórica, qual seja, a de que uns deuses podem ser conhecidos a partir das formas (*eideîs*) referidas aos *números* (*kat' arithmòn*); outros mediante à homogeneidade das formas (*dè kath' homoeídeian*), das quais, observando-se as semelhanças poderíamos, por analogia (caso entrássemos em contato com a comunidade de deuses), conhecê-los sob o mesmo título que dizemos empiricamente conhecer, por exemplo, os humanos. Como procede ou como se processa esse conhecimento, quer referido aos números quer às evidências presentes na mente, eis a questão crucial do escólio. Dela, genericamente podemos dizer que comporta um claro viés pitagórico/platônico/aristotélico, a ponto de podemos conjecturar que o

---

[56] BAILEY, 1964, 459ss. Discussão retomada: a) por LONG & SEDLEY, 1987, *passim*; b) por MANSFELD, 1993, p. 172-210.

suposto *escólio* se constitui, enfim, em uma nota bem ao gosto *eclético* do helenismo latino, que misturava tudo, sem compromisso com as características ou especificidades próprias das doutrinas dos autores.

Uma observação derradeira recai sobre a distinção habitualmente concedida aos filósofos no sentido de ensino *esotérico* (com "s") e *exotérico* (com "x"). Pelo que consta, e levando em conta o conjunto da doutrina de Epicuro, não dá para acertadamente dizer, sob estes aspectos específicos, que nele nos deparamos com dois tipos de proposições teóricas: uma, *para os de dentro* (esotérica) da comunidade filosófica; outra, *para os de fora* (exotérica), ou seja, para o grande público. Não dá para, com certeza, afirmar que Epicuro fez tal distinção (entre ensino *esotérico* e ensino *exotérico*) no sentido de que ele elaborou teorias ou fez exposições, a título de ensinamentos complexos (herméticos, obscuros) destinados a um grupo seleto (restrito, fechado) de discípulos, e outros mais brandos e claros para os populares. Efetivamente, não há, nos escritos remanescentes dele, essa duplicidade, tampouco comparece a preocupação quanto a uma teologia destinada aos sábios filósofos e outra aos populares. A sua doutrina é uníssona, destinada a todos os que dela querem se apropriar, e isso pela seguinte razão: porque a identidade por ele presumida do *deus* (conceitual) do sábio é a mesma do deus imaginativo do povo, porque de um *deus* todas as qualidades ou atributos que lhe convêm são os mesmos e válidos para todos, em particular para os que querem humanamente se elevar tendo *o divino* como modelo e alimento.

3.2 – O conceito de *evidência* referido aos deuses

Se formos ler a *Carta a Meneceu*, também nela veremos como Epicuro assegura que os deuses efetivamente existem e que é evidente o conhecimento que temos deles.[57] O conceito de *evidência* (*enárgeia*) aqui referido é pressuposto como uma verdade certificada mediante *noções* da mente, tema que nos remete ao da *prólepsis*.[58] Cícero, no *De natura deorum*, registrou que Epicuro ensinava que os deuses pertencem ao rol das coisas escondidas (*res occultas*): daquelas coisas (*rerum*, na expressão de Lucrécio) cuja natureza não são perceptíveis através dos sentidos, e sim através da mente (*non sensu, sed mente cernatur*). Assim escreveu Cícero: "Epicuro [...] ensina que a força e a natureza (*vim et natura*) dos deuses não são,

---

[57] *Carta a Meneceu*, § 123.
[58] SPINELLI, 2013, p. 203ss.; DAMÁSIO, 2018, p. 146-181; DONÍS, 2007, p. 179-205.

por primeiro, discernidas pelas sensações, e sim pela mente".[59] Por *vim et natura*, cabe fundamentalmente entender, em referência aos deuses, o ânimo que os move e a *natureza* que os identifica e define na correção com os outros seres ou coisas existentes, particularmente em relação a nós

Cícero, no mesmo contexto, também observa que os deuses de Epicuro pertencem ao rol dos entes ou das coisas que não podem ser, por meio dos sentidos, identificados *numericamente*, ou seja, um a um individualmente; tampouco podem ser tocados com as mãos (*ut manu*) como ocorre em relação aos corpos sólidos, que Epicuro, no dizer de Cícero, as denomina de *sterémnia*. Sendo assim, resulta então que podemos apenas conhecê-los mediante noções, conceitos ou imagens (*imagines*) disponíveis operadas através da mente. Daí que Cícero, no referido contexto, não é suficientemente claro, tanto que ele próprio sequer traduziu a expressão grega *sterémnia*. Cícero, ao dizer que a corporeidade dos deuses, segundo Epicuro, não é dotada da mesma solidez (*soliditate*) dos demais seres existentes, deixa supor que está seguramente se referindo ao compósito (ao corpo dos deuses composto de átomos) e não aos átomos propriamente ditos.

Ao se referir ao corpo composto e não propriamente aos átomos (corpos simples de que os corpos compostos são constituídos), infere-se então que a carência de solidez diz respeito ao arranjo, ou seja, à solidez do consórcio ou compósito de átomos e não ao corpo ou ao átomo em particular. Dá-se que o átomo, do qual o corpo de cada um dos deuses é constituído, por mais sutil, leve e tênue que seja, é em si mesmo referido como um corpo sólido, indestrutível e, enfim, resistente a qualquer embate ou choque.[60] A esse respeito, diz Lucrécio que os deuses de Epicuro têm uma natureza tênue, intangível, ou seja, inacessível aos nossos sentidos. Nas palavras de Lucrécio: os deuses existem, mas fogem *do tato das mãos* (*manuum tactum suffugit*), de tal modo que só podemos concebê-los, ou seja, conhecer a natureza deles, mediante *o ver conceitual da mente* (*mente videtur*).[61] Há uma proximidade bastante grande entre Cícero e Lucrécio, que se deve, seguramente, por influência da obra de Lucrécio sobre Cícero, e não o contrário. Cícero, não esqueçamos, foi o editor póstumo do *De rerum natura* de Lucrécio.

---

[59] "Epicurus autem [...], docet eam esse vim et naturam deorum, ut primum non sensu, sed mente cernatur" (*De natura deorum*, I, XIX, 49).

[60] *Carta a Heródoto*, § 44.

[61] "Tenuis enim natura deum gongenque remota sensibus ab nostris animi vix mente videtur; quae quoniam manuum tactum suffugit..." (*De rerum natura*, V, vv.148-150).

Quanto ao conceito de que os deuses *fogem do tatear das mãos*, Lucrécio e Cícero parecem reproduzir o que Empédocles sentenciou em sua *Perì phýseos* (*Sobre a natureza*); eis a sentença: "Não nos é possível colocar a divindade ao alcance de nossos olhos ou de apanhá-la com as mãos, principais caminhos pelos quais a persuasão penetra o coração humano".[62] Ora, se não se põe ao alcance de nosso campo sensível de observação, então o divino, mesmo que possa vir a ser inferido ("conhecido") mediante conceitos intelectivos da mente, fica, entretanto, indemonstrável devido à privação de evidência sensível, ou seja, ficamos carentes do *divino* manifesto enquanto fenômeno.[63] São duas questões, na assertiva, intimamente vinculadas: uma, a de que é na empiria (nos sentidos) que está a principal fonte da persuasão humana, a da evidência; outra, a de que tudo o que não se põe ao alcance dos sentidos não se deixa a contento conhecer.

Foram duas questões que incendiaram o debate filosófico na posteridade e que se estendeu bem além dos gregos. Chegou até Galileu, que, mesmo pondo toda a sua confiança nas demonstrações geométricas (na sua época as demonstrações da lógica aristotélica já não mais gozavam de grande crédito e prestígio), colocou, entretanto, na experiência a certificação definitiva das explicações teóricas.[64] Ele se deu conta de que, por mais bem calculada que fosse a trajetória do projétil em direção certeira ao alvo, só mesmo a experiência comprovaria a sua efetiva veracidade. Daí que só o cálculo não bastava como certificação da verdade. Quer dizer: se assim valia para as matemáticas, tanto mais para o conhecimento meramente conceitual. Foi assim que o pressuposto aristotélico formulado por Fílon de Alexandria — aquele segundo o qual é possível encontrar palavras que correspondam, de modo preciso e literal, ao ser das coisas[65] —, só encontrou efetiva validade e respaldo na convicção (*pístis*) religiosa e não na ciência.

A assertiva de Fílon, segundo a qual existem "homens que encontraram [...] palavras que estavam por elas mesmas destinadas, em alto grau, a explicar com clareza e convicção",[66] pôs em evidência o feito dos profetas

---

[62] DK 31 Empédocles B 133, recolhido em Clemente de Alexandria. *Stromateîs/Miscelâneas*, V, 81.

[63] O evento Jesus, na doutrina cristã, cumpre essa carência presumida pelo logos da reflexão "teológica" de Epicuro (*Helenização e recriação de sentidos*, p. 509ss.).

[64] SPINELLI. *Bacon, Galileu e Descartes. O renascimento da filosofia grega*, São Paulo: Loyola, 2013.

[65] "[...] tòn aùtòn hos éoike trópon kaì aûtoi syntréchonta toîs prágmasin onómata exeôron" (FÍLON, *De vita Mosis*, II, 39 – Texte grec et traduction française par Roger Arnaldez, Claude Mondésert, Jean Pouilloux et alii. Paris: Les éditions du CERF, 1967).

[66] *De vita Mosis*, II, 40.

(dos agentes de palavras portadoras de *convicções* religiosas) e não o dos homens de ciência. As palavras, isto é fato, se adéquam às convicções de quem quer que seja, em dependência das múltiplas explicações que este ou aquele crente está disposto a proferir. As palavras, no dizer de Epicuro compõem inferências manifestas a título de opiniões às mais diversas, razão pela qual carecem, continuamente, de se submeterem ao crivo do pensamento crítico (cuja característica consiste em melhorar e não em desqualificar), e pela seguinte razão: porque as palavras se deixam permear por incertezas e dúvidas constantes e, sendo assim, elas próprias são sempre objetos de contínua investigação e de reflexão. Por si só, sem o amparo dos fenômenos ou das evidências sensíveis, as palavras podem deixar tudo incerto, sem promover explicações satisfatórias, manter-se à serviço dos mitos, serem portadoras de juízos precários e de sentidos vazios e, inclusive, de mentiras. Daí a necessidade de fazê-las acompanhar das evidências, de acercá-las da certificação (da experiência) sensível. No que concerne ao universo das palavras, este, na ciência, é o princípio: não dá para mostrar a explicação e esconder o fenômeno, veicular o dizer sem as provas.[67]

Nesse ponto, Epicuro, no que concerne aos deuses, não restringia toda a validação do conhecer humano ao mero conceito, por isso deixa, por hipótese, em aberto a possibilidade de, em algum momento, este ou aquele deus se deixar observar pela humana experiência sensível. O fato é que Epicuro, sob nenhuma hipótese, coloca em crise a existência dos deuses enquanto seres reais reverenciados pelo povo. Ele, entretanto, não reproduz a opinião do povo. Não há, em seu discurso, lugar sequer para o condicional: "se os deuses existem"! Ele é categórico: "os deuses existem e é evidente (*enargés*) a noção (*gnōsis*) que temos deles".[68] A *evidência* (*enargés*) cognoscitiva a que se refere (tratada no tema das *prolépseis*) é conceitual. Trata-se de uma *evidência* válida para nós, para fins de uma *gnose* ou conhecimento nosso, sem que tal *evidência* ou tal *conhecer* tenha algo a ver com os deuses, e sim conosco. Quer dizer: certificar-se de que os deuses existem diz respeito a uma tranquilidade, serenidade e, inclusive, uma persuasão (*pístis*, convicção) cuja certeza concerne a nós e não a eles (aos deuses). Mais do que isso, do fato de tomarmos o que é excelente, bom e justo, numa palavra, *o divino*, como respaldo, modelo e alimento de nossa melhoria humana, explicitar para nós mesmos *o que é divino* torna-se uma tarefa da qual não podemos nos furtar.

---

[67] *Carta a Heródoto*, § 37-38.
[68] *Carta a Meneceu*, § 123.

De um lado, vale aqui, para Epicuro, o que sentenciou Heráclito: "o Um, o único sábio, quer e não quer ser chamado de Zeus".[69] É indiferente para ele. Vale, nesse contexto, o que disse Melisso (discípulo e defensor do pensamento de Parmênides): que "não podemos afirmar nada em definitivo a respeito dos deuses (*perì theōn*), porque eles escapam ao nosso modo de conhecer".[70] Epicuro, por certo, não discordava nem de Heráclito (de Éfeso) nem de Melisso (de Samos), antes se mostra ciente de que, dos deuses, *do divino*, só podemos saber o que se restringe aos limites do conceito. Quer dizer: não podemos conhecer os deuses pessoalmente, confabular com eles, tocá-los. Mas disso não se segue que não estamos em condições, ao modo como propôs Platão, de intelectivamente conceber *o que é divino*, ou seja, de dissertar, mediante o logos teórico, que opera mediante noções (ideias ou conceitos) a respeito do excelso condizente a um *deus*. Podemos, em razão de que a todos é facultado se elevar mediante recursos teóricos (conceituais) do entendimento humano, a ponto, inclusive, de nos colocar na condição (a título de uma capacidade humana) de adequar o conceito à ação (ao éthos) do bem viver. Esse, todavia, é um lado da questão. O outro pode ser posto nestes termos: dado que os deuses efetivamente existem, fica sempre em aberta a possibilidade de alguém em algum momento se deparar e se debater com eles. Fica em aberto a possibilidade (como a doutrina cristã estampa no evento Jesus) de, em algum momento, se dar exatamente o contrário do que supôs Empédocles, ou seja, que *a divindade* venha a se pôr "ao alcance de nossos olhos a ponto de apanhá-la com as mãos".

3.3 – A natureza e a morada *metacósmica* dos deuses

Ainda no que concerne à questão dos *números* (*kat'arithmón*), anteriormente referida, o que Platão registrou, no *Timeu*, merece consideração. Depois de observar que, nos primórdios, tudo "careceria de proporção e medida (*alógos kaì amétros*)", na sequência ele diz que coube à divindade (ao demiurgo) colocar tudo em ordem, e que assim procedeu dando para cada coisa "uma configuração distinta por meio de formas e de números (*eídesí te kaì arithmoîs*)".[71] Do que está dito, não é difícil inferir que *dar forma e número* consistiu, do ponto de vista referido por ele, em dar *proporção*

---

[69] DK 22 Heráclito B 32, recolhido em Clemente de Alexandria, *Miscelâneas/Stromateîs*, V, 116.
[70] DK 30 Melisso A 1, *recolhido em Diógenes Laércio. Vidas e doutrinas dos filósofos ilustres*. IX, 24.
[71] *Timeu*, 53 a – b.

e medida, ou seja, reverter o *cháos* (a desordem) em *kósmos* (em ordem). Poderíamos dizer ainda, de uma maneira bem específica, que *dar uma configuração* para cada coisa correspondeu (do ponto de vista do *Timeu*) a *submeter algo a uma figura,* a *dar forma e número,* em que *dar forma* significa promover uma definição e, *dar número,* segundo consta em Filolau, um dos mestres de Platão,[72] expressar uma identidade numericamente individuada e reconhecida.[73] Enfim (como também consta no fragmento 4 atribuído a Filolau), *ter número* significa sujeitar-se à possibilidade de ser pensado e de ser conhecido.[74]

O que diz Aristóteles, na *Metafísica,* a respeito do número não é assim tão distinto do ponto de vista platônico. Diz ele que, segundo os pitagóricos, "os elementos dos números eram os elementos de todos os entes e que todo o céu era harmonia e número".[75] Em outro lugar, diz ainda que a unidade de cada coisa se dá mediante número (*kat'arithmón*) e mediante forma (*kat'eîdos*): a unidade numérica diz respeito a uma unidade material (*hē hýlē*), ao passo que a unidade formal diz respeito ao logos (à palavra, ao discurso ou ao enunciado).[76] Daí que *ter número* corresponderia a ter uma matéria e uma *forma,* ou seja, uma figuração (*fisionomia*) passível de ser visto ou de se deixar perceber dentro de uma forma (no sentido de *silhueta*) limitada mediante contornos. No que diz respeito ao primeiro aspecto, e em vista do que consta em Platão e Aristóteles, a suposta afirmativa de Epicuro segundo a qual "*alguns* deuses são numericamente distintos" permite mais uma vez inferir que eles não são todos entre si idênticos quanto ao arranjo, e sim quanto aos átomos de que são constituídos. Todos são, portanto, constituídos do mesmo material (de átomos) sob arranjos diversificados. São então distintos quanto à forma (à figura ou à silhueta), visto que alguns concorrem, como já dito, com a forma humana. Desse modo fica também visto que os deuses de Epicuro em si detêm a mesma constituição do mundo, pois são *feitos* (gerados) de átomos que se arranjam entre si sob a mesma regra cósmica da geração que se estende e atinge a todos os existentes. Daí decorre o seguinte pressuposto teórico: os deuses são gerados, mas não mortais, porque são eternos com

---

[72] Foi Timeu de Locri quem deu nome ao diálogo. Ele é da mesma região de Filolau de Crotona, um dos mestres de Platão. A cidade italiana de Locri está na região que os gregos denominavam de Magna Grécia, logo acima de Crotona, cidade na qual viveu Pitágoras.

[73] Não há aqui razão para ampliar a análise feita nos livros *Filósofos pré-socráticos,* 3. ed., p. 126ss.

[74] DK 44 B Filolau 4, recolhido em Estobeu, *Textos Escolhidos,* I, XXI, 7b.

[75] *Metafísica,* I, 5, 986 a 1-3.

[76] *Metafísica,* V, 7, 1016 b 31-33.

o mundo, que, no ciclo do tempo, renasce e se renova arranjando-se sob outros e novos ordenamentos, mantendo-se sempre a mesma natureza una e imperecível.

Na relação com os humanos, os deuses de Epicuro são dotados de uma natureza única que os definem como se fossem apenas um, apesar de múltiplos. Mesmo vivendo na região que Epicuro denominou de *metakósmia*, disso não se segue que os deuses estão fora ou não tenham qualquer relação com o mundo. Foi, aliás, Hipólito de Roma (170-236), doutrinador cristão, quem, a respeito da morada dos deuses de Epicuro, registrou uma referência recolhida por Usener e incluída na *Epicurea*, com este dizer:

> A residência do divino foi por Epicuro colocada em um lugar por ele denominado de *metakosmíos* [intermundos ou entre os mundos], em espaços que, de certo modo [aqui entra uma opinião ambígua de Hipólito], estão fora do mundo, e que ele denominava de *metakósmia*.[77]

O objetivo de Hipólito parece bastante explícito: assegurar a morada do divino (*tòn theón*) fora do mundo. Quanto à denominação *metakosmíos* comparece na *Carta a Pítocles*, § 89, pelo próprio Epicuro referida como sendo "um imenso espaço vazio" que separa, entre si, os mundos numericamente infinitos.

A opinião de Hipolito é *ambígua* em razão de que não existem, do ponto de vista de Epicuro, espaços vazios fora do Mundo (mais exatamente do *Todo cósmico*), como se o referido "imenso espaço vazio entre os mundos" fosse um espaço existente fora do todo infinito denominado *Mundo*. O Mundo ou o Todo cósmico de Epicuro é, efetivamente, uma circunscrição infinita que em si mesmo tudo comporta. O objetivo de Hipólito, ao lidar com a retórica da ambiguidade, parece bastante explícito: assegurar que, mesmo em Epicuro, a morada do *divino*, feito casa de periferia, se põe fora do mundo dentro do qual vem circunscrita. Em Lucrécio não há qualquer ambiguidade; ainda menos em Epicuro, que, inclusive, nada tem a ver com a mentalidade comum rotulada de *panteísta*. Lucrécio, em vez de *intermundia*, faz referência às "sagradas moradas dos deuses situadas em alguma parte do mundo".[78] Lucrécio não deixa, pois, dúvidas de que os deuses habitam o mundo, no qual, assim como nós e todos os existentes, encontram morada.

---

[77] HIPÓLITO, *Elencos*, I, 22.3, USENER, 1966, fr. 359, p. 240-241; RAMELLI, 2002, p. 526-527.
[78] "[...] sedes esse deum sanctas in mundi partibus ullis" (*De rerum natura*, V, vv.146-155).

Fica visto, enfim, que o adjetivo *metakósmios* (*metá* = no meio, entre, depois de etc. + *kósmos*), ao ser traduzido como *entre mundos* ou *intermundos*, designa um espaço que toma parte do Mundo, do *Todo* cósmico infinito, fora do qual nada mais existe (daí ser, inclusive ser inconveniente traduzir por *além dos mundos,* visto que se trata de espaço dentro do mundo). O próprio Epicuro assim o define na *Carta a Pítocles* o pressuposto como *intermundos*: "denominamos de *metakósmios* a distância intermediária dos mundos".[79] A morada dos deuses, portanto, está vinculada (é inerente) ao Mundo. Quer dizer: a tese de Epicuro segundo a qual existem infinitos mundos, todos esses referidos *mundos* existem no Mundo e não fora dele. Daí que, por sua vez, Sêneca (4 a.C.–65 d.C.), ao verter o *metakósmios* de Epicuro por "*extra mundum* — fora do mundo",[80] concedeu-lhe uma mentalidade que não lhe convém. Mas, enfim, os deuses de Epicuro, efetivamente, não têm qualquer relação com o mundo em termos de governo, de providência ou de senhoria, mas disso não se segue que não sejam residentes, contemporâneos ou eternos relativamente ao Mundo.

Um outro aspecto ainda a ser observado diz respeito ao que consta no mesmo § 89 da *Carta a Pítocles*, em que Epicuro ressalva que o que denomina de *intermúndio* corresponde ao extenso espaço vazio que, entre os mundos, permite que sementes (os átomos geradores) venham a germinar outros mundos. Poderia dessa observação surtir a impressão de que a habitação dos deuses seria, de tempos em tempos, tomada por novos mundos. Aparentemente até parece plausível pensar assim, se não fosse a pressuposição segundo a qual tais espaços são infinitos na correlação dos (numericamente) infinitos mundos. Sendo assim, as divindades nunca ficam sem habitação, desalojadas, e tampouco atrapalham a geração dos mundos que se dá independentemente deles. A morada dos deuses não diz, entretanto, respeito a um cercadinho dentro do qual se acotovelam em um espaço restrito, e sim vasto, ao modo como sentenciou Lucrécio: "é um lugar que não se altera, vazio, errante".[81] Daí que poderíamos, inclusive, conceber os deuses de Epicuro como seres cósmicos errantes, mas sempre ao abrigo de uma morada dentro do *universo* infinito.

---

[79] "[...] metakosmíoi hò légomen metaxù kósmon diastema" (*Carta a Pítocles*, § 89).
[80] *Ad Lucilium*, XC, XXXV, 1-2.
[81] "[...] *locus est intactus inane vacansque*" (*De rerum natura*, I, v.334).

3.4 – Os deuses de Epicuro não são etéreos nem abstratos

Do fato das conjeturas de Epicuro distanciar os deuses de nossa percepção sensível, disso não se segue que os concebe como seres imateriais ou incorpóreos. Para Epicuro os deuses efetivamente existem, e são seres materiais e corpóreos em conformidade com a natureza própria do existir do ser divino. Os deuses de Epicuro, assim como qualquer outro deus acolhido por esta ou aquela crença, não se reduzem a uma mera abstração ou a um existente etéreo desconformado do que se presume de um ser real. Tudo o que existe (do ponto de vista epicureu) tem corpo, a começar pelo átomo, tido como um "corpo simples", em si mesmo uno e indivisível, do qual, mediante um arranjo harmonioso promovido por um conjunto de átomos, se dá, por associação, a geração dos corpos compostos.

Temos de logo observar que, segundo Epicuro, só existem duas coisas: os corpos (simples e compostos) e o vazio. Os corpos concebidos como simples dizem respeito ao corpo solitário de cada átomo e, os compostos, ao corpo constituído de um arranjo de átomos. Quanto ao vazio, ele é a condição *sine qua non* da possibilidade da existência localizada em um espaço capaz de conter os corpos simples e os compostos. Daí que vazio acompanha a infinitude do todo cósmico que acolhe os infinitos mundos. Os corpos compostos não são eternos, mas os átomos sim. Os compostos se desarranjam, mas o corpo do átomo não sofre da dissolução, justo porque se viesse a se desfazer ficaria comprometida a continuidade do arranjo cósmico que teria que do nada renascer ou se recriar sempre de novo e continuamente. Morrer, para os corpos compostos, significa se desarranjar, ou seja, facultar o fenômeno da dispersão dos átomos imperecíveis e eternos dos quais os compostos são constituídos em sua natureza ao mesmo tempo una (universal) e múltipla (subjetivamente considerada).

Aqui ainda é preciso logo considerar que, na referência relativa ao binômio corpo e alma, a alma é igualmente concebida por Epicuro enquanto corpo. Não se trata, todavia, (a alma) de um ente existente enquanto corpo, e sim de uma dimensão inerente ao corpo enquanto existente restrito a uma só unidade. Assim se dá em razão de que a alma propriamente dita não existe (do ponto de vista epicureu) independentemente do corpo, e sim apenas agregada e *dispersa* nele com o qual constitui uma unidade de tal modo restrita a ponto de um não existir (não se arranjar) um sem o outro.[82] *Dispersa* em razão de que ela própria diz respeito a um con-

---
[82] *Carta a Heródoto*, § 63-66.

sórcio de átomos disseminados por todo o corpo composto constituído de átomos que se encaixam em um arranjo uniforme e harmonioso. Daí que o átomo, por si só, enquanto partícula, é um corpo mínimo; ele não pega qualidades, mas fornece (passa, dá) qualidades às coisas, e é, em si mesmo, imutável, inclusive, quanto aos atributos ou qualidades que a cada ser concerne.[83] Os átomos constitutivos da alma são átomos da alma, ou seja, são imutáveis em seu ser e só se organizam nos encaixes das junções constitutivas do arranjo do corpo composto dotado de ânimo, de modo que os átomos da alma não se arranjam em si mesmos a não ser no composto corporal inerente ao qual promove vigor e ânimo.

A diferença, poderíamos dizer, entre os átomos da alma e os dos deuses está no fenômeno segundo o qual os deuses são imortais por força de um constante afluir mediante os quais seus corpos se reciclam sem rigorosamente se desagregar ao modo como se dá no arranjo dos átomos do corpo e da alma constitutivos dos compostos dotados de corpo e alma. Os deuses, do fato de não terem uma natureza particular com especificidades próprias (em termos da "natureza de cada um" com seus limites e suas possibilidades), não comportam uma natureza múltipla, e sim uma (apenas universal) natureza *divina*, da qual cada um dos deuses da comunidade dos deuses tem a posse. Todos os elementos, enfim, dos quais os corpos compostos são constituídos são átomos, inclusive, os da dimensão que denominamos de alma.[84] Elas são igualmente *partículas* átomos que se arranjam dispersas por todo o corpo composto, de tal modo entre si consorciadas que, ambos, corpo e alma, se constituem em uma unidade ou todo na forma de uma harmonia, ordem ou arranjo inseparável. O desarranjo (que consiste em um desencaixe e dispersão) leva o corpo composto enquanto indivíduo ao nada, mas não em um *nada* que concerne ao ser constitutivo da continuidade e do renascer de novos arranjos no ordenamento cíclico do todo: porque os átomos, afinal, são indestrutíveis e eternos, naturalmente afeitos a se rearranjar em novos compostos.

Do ponto de vista de Epicuro, o incorporal sequer é possível de ser pensado, a não ser sob o conceito de *vazio*.[85] Daí, portanto, que nada é passível de ser pensado como incorporal, a não ser o vazio. Tudo o que existe, animado ou inanimado, decorre de um arranjo harmonioso de átomos, que, em termos de densidade, vão dos mais aos menos sutis,

---

[83] *Carta a Heródoto*, § 54.
[84] *Carta a Heródoto*, § 54.
[85] *Carta a Heródoto*, § 40 e 67.

mas todos igualmente corporais e imperecíveis. É de se supor que os deuses são constituídos de átomos assemelhados aos da alma.[86] Existem, segundo Epicuro, apenas duas naturezas *simples* imortais, a do átomo e a do vazio. No que diz respeito ao todo cósmico ele em si mesmo contém a natureza do átomo e a do vazio: duas naturezas que, na proposição de Epicuro, "existem eternamente".[87] Quanto aos deuses, a natureza eterna deles, assim como a do *todo* constituído de infinitos mundos, coincide com a própria natureza eterna dos átomos, mas não é deles que o *todo* e os deuses retiram a sua eternidade, senão tudo seria eterno. Quanto ao *todo*, Epicuro explicitamente admite que nele existe um número infinito de mundos;[88] o mesmo, porém, não se aplica aos deuses que existem em grande número, mas limitado. Os deuses, juntos, formam uma comunidade plural[89], mas não um *todo* unívoco, senão existiria um só. A respeito, entretanto, dessa espinhosa questão Epicuro deixa pressupor que os deuses a que se refere existem em número idêntico ao que a maioria acredita. Daí que o que mais importa não vem a ser o número de deuses, e sim os atributos que a razão humana pode a um *deus* (em termos de à natureza do que é divino) conceder.

A eternidade do *todo* assim como a eternidade dos deuses se justificam de maneiras diferenciadas e retiram a própria eternidade do movimento imortal gerador da vida. O *todo* e os deuses são contemporâneos: ambos existem desde sempre e, portanto, não foram gerados antes, a não ser no ciclo eterno do tempo. Aqui se encaixa o que escreveu Epicuro a Heródoto: "Os átomos se movem continuamente por toda a eternidade".[90] Nesse aspecto, há um certo parentesco entre Epicuro e a tradição pitagórica segundo a qual (como Platão fez constar, no *Fedro*) "o que move a si mesmo é imortal", sob o seguinte raciocínio:

> Apenas o que a si mesmo se move, do fato de nunca abandonar a si mesmo, de jamais parar de mover-se, vem a ser fonte ou princípio de movimento [...]. Todo corpo que

---

[86] É o que pressupõe Adam Drozdek: "However, the human soul is mortal, although the mind has a similar atomic composition as the gods' bodies." (p. 43); "This provides a feeding mechanism for the gods that assures proper replenishment of their divine bodies with atoms that replace the atoms in the emitted eidola. [...]. This mechanism has to assure that the gods retain their structure throughout their infinite existence, but atoms used for that end are similar (fine and round, DL 10.66) to the atoms that constitute the gods." (DROZDEK, 2010, p. 43 e 47 - "The problem of the immortality of the soul in Epicurus", in *Myrtia*, n.25, p. 43-52).
[87] *Carta a Heródoto*, § 44.
[88] *Carta a Heródoto*, § 45.
[89] *Carta a Meneceu*, § 124.
[90] *Carta a Heródoto*, § 43.

recebe de fora o movimento é inanimado; ao contrário, só é animado o que tira de si mesmo ou o que tem dentro de si, o movimento.[91]

Por *todo*, nas referências de Epicuro, cabe entender uma abstração teórica concebida nos mesmos termos pitagóricos do *um/múltiplo* em que de uma multiplicidade infere-se um "um comum". O suposto como *todo* abstrato é racionalmente inferido de *infinitos mundos* concretos. Os mundos são perecíveis, mas o todo se mantém como sendo sempre o mesmo. A eternidade do *todo* não sofre com a finitude dos mundos, do mesmo modo como a eternidade dos átomos (enquanto corpos simples com os quais os compostos se arranjam) não sofre com a provisoriedade dos arranjos e dos desarranjos nos (e dos) corpos compostos.[92] Os átomos permanecem sempre inalteráveis, em movimento e disponíveis a outros e novos arranjos no fluir gerador da eternidade do todo. O nascer e o perecer dos infinitos mundos não afetam essa referida eternidade, ao contrário, encontra, no movimento eterno do arranjo feitor dos existentes, a garantia de sua perenidade. Assim se dá com todos os existente, inclusive com os deuses, cujo arranjo do compósito de átomos pelo qual existem obedece ao mesmo fluir da vida do *todo* que está contínua e ciclicamente sujeito a um eterno arranjar-se.

Nas coisas perecíveis, os arranjos se vão, mas os átomos permanecem e voltam continuamente a se arranjar de tal modo que o fluxo contínuo da renovação mantém o todo cósmico como se fosse sempre o mesmo e inalterável. Cabe aqui, a título de analogia, o que se passa no fundo de nosso quintal: todo dia parece que nele os passarinhos que ali nos arvoredos do pomar cantam são os mesmos de nossa infância, mas não são! É assim que se dá, pois, a renovação do *todo* epicureu submetida a uma ordem regular e periódica (*te táxis periódou*)[93] que promove esse fenômeno, qual seja, o de que tudo parece continuamente resultar no mesmo sem grandes surpresas ou transformação. Assim é o todo cósmico de Epicuro, que, enfim, só não é monótono porque nele tudo continuamente se renova enquanto se mantém como se fosse sempre o mesmo. Dado que os átomos da presunção teórica de Epicuro são, quanto à sua constituição, á-tomo,[94] ou seja, *sem partes, não divisível*, um *todo inteiro*,

---

[91] *Fedro*, 245 c-e
[92] *Carta a Heródoto*, § 73.
[93] *Carta a Pítocles*, § 97.
[94] A palavra á-tomo deriva da soma de um "α" alfa privativo, que denota negação (=*não*), mais *tómos*, cujo adjetivo designa uma parte, um pedaço ou uma porção. A soma *a+tomos* expressa o "não cortado", "não dividido", "não composto de partes", um *todo inteiro*.

resulta então que ser á-tomo consiste justamente em não comportar em si mesmo a possibilidade de sofrer qualquer mudança. Sendo assim, ou seja, não estando o átomo em si mesmo afeito a sofrer qualquer tipo de transformação, por ser sempre o mesmo (*ametabl_etós*)[95], é de se concluir que qualquer mudança se dá em conformidade com o arranjo e não no elemento dos quais os seres e as coisas são em si mesmas constituídas. Mudam-se a configuração e a harmonização do arranjo, mas não o elemento que em si mesmo não se transforma: nele, no elemento constitutivo dos seres ou coisas que existem, a natureza não mexe.

4 – O deus *leitourgós*, reverso do *demiurgo*, e a obra cósmica

4.1 – A natureza cósmica e a humana

O "*demiurgo*" de Epicuro é representado como o reverso do de Platão: enquanto o de Platão representa a *politeía* (a comunidade ou o Estado) que põe tudo em ordem, o de Epicuro representa o indivíduo (o cidadão) ao qual, por natureza, é dada a responsabilidade (uma vez apto para isto) de cuidar de si. *Demiurgo* vem entre aspas por ser um termo que não comparece nos escritos remanescentes de Epicuro. Comparece, sim, o de *leiturgós*, termo com o qual Epicuro adverte da necessidade de se desconsiderar a existência de um *demiurgo* enquanto artífice e administrador da obra cósmica. Ele diz, nesse sentido, que devemos nos guardar de fazer intervir no *Kósmos* uma natureza divina (*h_e theía phýsis*) feito um obreiro mantenedor do todo, porque é forçoso racionalmente reconhecer que o divino é livre de qualquer função e labor (*aleitoúrgetos*[96]), e de qualquer constrição em sua vida repousada, serena e tranquila.

Em termos teológicos, não comparece nos escritos remanescentes de Epicuro qualquer referência a uma inteligência quer criadora quer reguladora do acontecer fenomênico. Não cabe em sua doutrina qualquer suposta inteligência criadora e reguladora; mas, se por hipótese quisermos lhe atribuir, seria então uma inteligência inoperante, em repouso, que em nada interfere, livre a ponto de não fazer nada e de se pôr completamente fora quer dos rigores do determinismo e da necessidade quer dos assédios do acaso imperantes sobre a obra cósmica. Ademais, se quisermos pensar numa inteligência imersa na obra cósmica pressuposta por Epicuro, ela,

---
[95] *Carta a Heródoto*, § 41
[96] *Carta a Pítocles*, § 97.

sob nenhum modo e sob nenhum aspecto, existe fora da matéria, mas imersa nela a ponto de se constituírem juntas em uma só unidade ao modo como o corpo e a alma se dão em uma perfeita e inseparável harmonia.

Vimos como o universo de Epicuro se restringe apenas ao vazio e aos átomos,[97] e nada mais. Esta é a lógica do seu pensar cosmológico: tudo o que no fazer-se cósmico vem a ser resulta de um arranjo de átomos em um espaço vazio que lhe faculta a possibilidade de arranjar-se em compostos perecíveis, ou seja, que se dissolvem ou desarranjam, restando sempre o átomo como sólido, indestrutível e indissolúvel. Tais átomos existem desde sempre em movimento, de modo que é por esse mover-se que garantem eternamente o livre acontecer da obra cósmica, independentemente de qualquer inteligência ou pressuposto ordenador que não seja derivado desse mover-se. Se tivermos que pensar uma inteligência ou pressuposto ordenador, somos levados a romper com a lógica da obra cósmica, visto que, para além dela deveríamos incansavelmente perguntar pelo obreiro da inteligência, e assim tentar explicar uma obra cósmica antecedente à própria obra cósmica. Temos, forçosamente, que admitir, imerso na *marcha regular e periódica* de este acontecer, princípios fixos, pontuais, ao mesmo tempo necessários e casuais, que, esporadicamente, em lugar indefinido e em tempo incerto, quebra o "fio" (a linha contínua) de uma suposta inteligência criadora, reguladora e administradora do *todo*.

Vale aqui, como ilustração dessa *quebra* de regularidade, o que observamos, por exemplo, no modo como conduzimos a intelecção de nossa própria vida: nem tudo depende de nós, visto que se impõem ocasiões e eventos dos quais não temos total controle. Se não depende de nós, depende então de alguma necessidade mesclada a algum acaso, que, por sua vez, não se dá fora de nós e do movimento que caracteriza a nossa humana determinação que coincide com a nossa humana liberdade. A liberdade não tem trilhos nem estrada. Não vamos morar, por exemplo, em tal lugar porque estamos predestinados a efetivar certos acontecimentos que virão a se impor em nossa vida; mudamos por necessidade, por força, por exemplo, de um emprego que conseguimos, e ali, numa mescla de necessidade e acaso, vivenciamos uns quantos *acontecimentos* de nossa vida. São acontecimentos que nos colocam em outros e novos rumos obrigando-nos assim a gerenciar de outras e novas maneiras certas direções que tomamos, um pouco por necessidade e outro pouco

---

[97] *Carta a Heródoto*, § 39.

por acaso, concernentes ao nosso viver. Daí que, o que efetivamente no mundo se observa, inclusive em nossas vidas, não é propriamente uma inteligência única, e sim inteligências que continuamente se restabelecem mediante uma outra e nova inteligência em vista dos rumos que o viver vai tomando ou tomou.

Do ponto de vista epicureu, querer explicar tudo mediante uma inteligência única propulsora e ordenadora do todo finda por tudo submeter a uma intransigente necessidade sem espaço para o acaso: contingência sem a qual não há como humanamente pensar o prosperar do arbítrio, da autonomia e da liberdade. Se houvesse apenas uma inteligência única, teríamos então de admitir que todos os fenômenos celestes obedecem a uma só causa e, portanto, seriam regidos por uma tirânica rede causal sem casualidade. O mesmo diríamos de nossa vida, como se ela estivesse sujeita a um único modo de produzir-se e também a uma única explicação. O que não é verdade: existem inteligências múltiplas decorrentes de explicações múltiplas. O pensamento único desativa qualquer possibilidade favorável ao exercício do pensar. Se todos, afinal, ou uma grande parte pensa igual, ninguém, a rigor, pensa; apenas reproduzem um único modo de pensar.

Assim sentenciou Epicuro na *Carta a Pítocles* (§ 113): "Atribuir uma causa única aos fenômenos, quando a própria experiência nos sugere causas múltiplas, é uma verdadeira loucura". Esse modo de pensar, segundo ele, é fruto de uma *insolente astrologia* (*mataían astrologían*) predisposta a promover razões infundadas e a conceder a uma *natureza divina* a função de presidir ou administrar (*leitougīon*) o curso de todas as coisas, inclusive o de nossa vida que implica em nossa destinação humana. Se fosse assim, ou seja, se fosse o *divino* o responsável pelo gerenciamento de nossa vida (universalmente considerada), a humanidade então não seria tão torpe tal qual é, e o próprio divino (o que é totalmente insensato) teria que ser responsabilizado por toda a maldade e injustiça imperante entre os homens.

Se há uma inteligência inerente ao *Kósmos* — eis, pois, a questão —, somos nós que a colocamos lá a título de entendimento, explicação e compreensão desse mesmo *Kósmos*. Entre todos os existentes, somos os únicos que cultivamos esse tipo de preocupação e, por vezes, o fazemos no intuito de aguardar e de, sobretudo, nos convencer, de que há uma senhoria em nosso favor. Dá-se que observamos no mundo bem mais catástrofes, ou seja, desarranjos em vista de outros arranjos (raios, enchentes, tempestades, nevascas, deslizamentos, terremotos etc.) que sobre nós e o nosso bem viver se projetam sem qualquer piedade, sem poupar, inclusive, os deuses e as estátuas que erigimos em sua homenagem. Como sentenciou Lucrécio: não é nada incomum o raio acertar justo a cabeça da estátua do deus padroeiro erigida no templo em que exercitamos a nossa piedade.[98] Tudo o que sabemos a respeito do que denominamos de *inteligência* tem a ver com nós mesmos, ou seja, com o que denominamos relativamente a nós mesmos de inteligência com a qual gerenciamos, ao nosso modo, nossa vida. Trata-se de um *saber* decorrente do entendimento, das explicações e das consequentes direções que, por força da nossa dita inteligência, tomamos em nosso favor quer das escolhas quer direções que nos damos.

Quando, pois, dizemos que o Mundo natural tem uma inteligência, somos nós, enfim, mediante nosso entendimento e explicações, que lhe concedemos uma, e que, em última instância, vem a ser a nossa própria inteligência que colocamos nele, a qual denominamos de *divina*, e isso em razão de que a presumimos como superlativa. Não a colocamos, todavia, à revelia, e sim atentamente meditando, analisando e explicando os seus fenômenos a partir de evidências que se põem frente ao nosso campo de observação e que nos constrangem a entendê-las e a explicá-las. O Mundo que, mediante o exercício de nossa inteligência, deciframos é consoante aos limites e às possibilidades de nossa inteligência, de modo que ficamos sem saber muito mais além do supostamente decifrado. Foi assim, aliás, que Epicuro sentenciou a Heródoto: "recomendo uma atividade incessante em favor da investigação da natureza, de cuja atividade retiro para mim uma vida calma".[99] Do Mundo retiramos decifrações que são nossas! Quanto às referidas *direções*, há, aqui um diferencial: as direções que nos damos ou às quais nos submetemos em nossa vida são distintas das do *todo*. Em relação a nós, e de um ponto de vista físico, dependemos de princípios de necessidade: somos um arranjo em referência ao qual não exercitamos qualquer inteligência dependente de nós. Nascemos, crescemos e vamos nos deteriorando no curso do tempo sem que possamos fazer muita coisa: nem entender direito entendemos!

A esse respeito em nós tudo advém do que Epicuro denomina genericamente de *natureza*, que em nós se manifesta como necessidades, movimentos, pulsões e desejos. Aqui é que a nós se impõe o arbítrio regulador aplicado a necessidades, movimentos, pulsões etc., que em nós espontaneamente se exerçam, e sobre as quais podemos exercitar algum

---

[98] *De rerum natura*. I, vv.63-79; V, vv.82-90.
[99] *Carta a Heródoto*, § 57.

governo; *algum* porque nem tudo depende de nós ou se submete ao nosso controle. Podemos dar direções aos nossos movimentos e pulsões naturais, mas disso não se segue que podemos nos desfazer delas: seria o mesmo que se desfazer de si mesmo. Nesse ponto, nada em nós se dá de modo plano, visto que requer (implica) conhecimento de si e, consequentemente, cuidados e governo, em síntese, *escolhas*, que comportam o acolher e o recusar, sobretudo, o tranquilizar-se quer quanto ao acolhimento quer quanto à recusa. A vida prazerosa e feliz comporta tudo isso e, mais ainda, saber administrar a própria natureza (necessidade, movimento, pulsão) e também as próprias recusas e escolhas. Administrar não significa, entretanto, erradicá-las, e sim conhecê-las para bem acolhê-las e, por sobre elas, edificar a si mesmo virtude que consiste fundamentalmente em nos aquietar na vida serena e feliz.

4.2 – A natureza imperturbável dos deuses de Epicuro

Assim como Epicuro concebeu como insolente a astrologia que certifica o destino inexorável dos naturalistas (*tōn physikōn eimarméne*[100] — *inexorável* porque sem esperança de mudança e de renovação), do mesmo modo ele nega, no confronto da tradição, o *status* de deuses aos corpos celestes. Uma das principais fontes que, segundo ele, perturbam a mente humana tem sua origem na crença difundida pelos mitos que concebem "os corpos celestes como seres bem-aventurados e indestrutíveis", dotados de vontade e capazes de agir a bel-prazer.[101] Outra fonte decorre da *vã opinião* (em uma referência indireta ao *demiourgós* de Platão), segundo a qual há um deus obreiro sempre bem disposto a exercitar sentimentos de cólera, ao modo de um justiceiro, relativamente à preservação de seus interesses benfazejos em favor de sua obra. Trata-se — eis a questão — de um obreiro que, ao cuidar de sua obra cósmica, não se constrange em exercitar umas quantas maldades: sentimentos e ações, que, no dizer de Epicuro, de modo algum combinam com a natureza de um deus, antes demonstram parcialidade e fraqueza, privação de excelência e de beatitude, em síntese, de *divindade*.

Sócrates, como todos sabemos, foi condenado à morte em cima da falsa acusação de ter inventado um deus além dos da comunidade dos deuses. Anaxágoras (o filósofo contratado em Clazómenas por Péricles

---

[100] *Carta a Meneceu*, § 134.
[101] *Carta a Heródoto*, § 81.

para fomentar a Filosofia em Atenas, na mesma época em que trouxe de Mileto Aspásia em benefício da Retórica[102]) foi também condenado à morte, "com uma exaltada maioria de votos", por desconsiderar os astros como deuses.[103] Anaxágoras, entretanto ("benefício" costumeiro também oferecido a Sócrates), preferiu o ostracismo, optou pelo exílio e foi banido de Atenas; Sócrates foi impiedosamente assassinado. Este foi o crime de Anaxágoras: dizer que o sol, a lua e os demais "seres" celestes não eram deuses. O suposto *desrespeito* de Anaxágoras (a sua *asébeia, impiedade*) consistiu basicamente na defesa das seguintes teses: uma, a respeito do sol, sobre o qual dizia ele era *apenas* "uma massa incandescente"; outra, a respeito da lua, que ela era "uma porção de massa que se desprendeu da terra".[104] Da lua também dizia que ela "não tinha luz própria, que apenas refletia a luz do sol projetada sobre ela"; do eclipse, afirmava que o fenômeno ocorria "quando a luz do sol projetada sobre ela vinha a ser ocasionalmente interceptada pela terra ou por algum outro astro", que, em seu movimento circular, se posicionava entre o sol e a lua.[105] São teses válidas ainda hoje.

Consta em Diógenes Laércio um testemunho, atribuído a Diócles, segundo o qual Epicuro tinha muito "apreço por Anaxágoras, do qual discordava em alguns pontos específicos, e por Arquelao, o mestre de Sócrates".[106] Em comum com Anaxágoras, Epicuro dizia que "os fenômenos celestes, os movimentos, as revoluções, os eclipses, o nascer e morrer dos astros e todos os fenômenos semelhantes" não podem ser creditados a um ordenador cósmico. É nesse ponto que ele, em uma clara, mesmo que indireta, referência ao *demiourgós* pressupôs (na *Carta a Heródoto*, §77) o que denominou de *leitourgós*: termo com o qual questiona e nega a existência de um suposto obreiro cósmico. Além dessa referência, Epicuro recorre a duas outras (ambas registradas na *Carta a Pítocles*): uma, no parágrafo 97, em que se vale do adjetivo *aleitoúrgetos*, ali utilizado no sentido de qualificar a natureza divina como "*isenta de funções*" ou de obrigações ou de encargos referidos a um suposto "funcionário" ou "servidor" cósmico (sentido que, na linguagem ordinária, expressava o termo *leitourgós*); outra, no parágrafo 113, em que se vale do substantivo (neutro

---

[102] Sócrates frequentou a Escola de Anaxágoras (*Fédon*, 97 b-e) e foi aluno de Aspásia (Ética e Política, p. 169ss.).
[103] DK 59 Anaxágoras A XIX, recolhdi em: a) Flávio José, *Contra Ápio*, II, 265; b) Olimpiodoro, *Comentários sobre o 'Metereológicos' de Aristóteles*, 17, 19.
[104] DK 59 Anaxágoras A I, *recolhido em* Diogenes Laércio, *Vidas e doutrinas dos filósofos ilustres*, II, 8ss.
[105] DK 59 Anaxágoras A XLII, *recolhido em* Hipólito, *Refutação de todas as heresias*, I, 8, 1.
[106] D. L., 1959, X, §12.

plural) *leituorgiōn* no sentido de advertir da necessidade de *liberar* (*apolúō*, desligar, desvincular) *a natureza divina* das "funções" administrativas dos fenômenos que ocorrem no Cosmos.

A proposição de Epicuro no sentido de libertar *o divino* de ocupações cósmicas deve-se às seguintes razões: uma, porque não existe apenas uma causa, tampouco uma explicação única para os fenômenos que ocorrem no Cosmos; outra, porque não é função dos deuses (de uma natureza divina) promover e explicar os sinais ou fenômenos que se manifestam nos céus; outra ainda, porque são entes que, por serem divinos, não promovem angústias ou perturbações[107] nem para si nem para os outros; enfim, porque tudo o que diz respeito ao *que é divino*, de um ponto de vista humano, não ultrapassa a esfera de conceitos da razão. Visto que são seres divinos, devemos então, em respeito ao bom senso e à razoabilidade humana, preservar neles toda a majestade que ao divino convém e em vista de ela formular opiniões que não contradizem ou desqualificam a bem-aventurança e a majestosa excelência própria do que é racionalmente presumido como *divino*. Devemos, além disso, distanciar de nossa mente ideias que referendam atribuições indignas e irreconciliáveis com a paz e a serenidade[108] que justificam a natureza própria de um deus em meio aos deuses. A proposição de Epicuro vem a ser esta: um deus que, além de produzir a obra, tem por obrigação governar e zelar, ou seja, resolver todos os problemas dela, seria, por certo, pouco inteligente, disposto, sobretudo, a se dar o encargo, que implica trabalho, preocupação, sofrimento, que desqualifica a *divindade* em sua própria natureza.

De um ponto de vista conceitual, o *leitourgós* da referência de Epicuro é análogo (similar, afim) ao *demiourgós* de Platão, mas não filosoficamente idênticos. Dá-se que, do ponto de vista da linguagem ordinária, tanto a denominação do *leitourgós* quanto a do *demiourgós* expressam praticamente o mesmo: alguém do povo que realiza um trabalho ou ofício em benefício das necessidades coletivas atinentes ao bem comum da *pólis*. A similaridade diz apenas respeito à significação etimológica: enquanto o *demiourgós* de Platão designa o obreiro (o artesão, o trabalhador, o operário) do povo, o *leitourgós* de Epicuro designa o funcionário do Estado: especificadamente o servidor público responsável pelos afazeres administrativos da vida cívica a serviço do povo. Genericamente falando, o verbo *leitourgéō* expressava

---

[107] *Máximas principais*, I.
[108] *De rerum natura*, VI, vv.68-75; *Carta a Meneceu*, § 124.

entre os gregos a atividade ou o exercício atinente a funções públicas[109] exercidas em benefício do bem comum e da *pólis*. Aristóteles, na *Política*, diz que o *leitourgós* que se põe a serviço de um só indivíduo não alguém livre, e sim o escravo.[110] Um deus *leitourgós* ao qual se presume todos os afazeres que a um "leiturgos" ou a um "demiurgos" a *pólis* concede, não seria um senhor, tampouco livre, e sim um escravo sempre disponível aos rogos e súplicas da boa vontade humana na busca de afugentar seus males e de granjear benefícios ou bem-estar para si.

 O substantivo *leitourgía* especificava qualquer função cívica do serviço público, fosse ela de ordem cívica ou religiosa, exercitada pelo *leitourgós*, cujo termo designava, inclusive, a condição do serviçal. Foi, com efeito, a partir dos latinos que o *leitourgós*, por interferência do judaísmo romano, veio a designar especificamente o ministro dos cultos, o sacerdote, o presidente dos rituais e das cerimônias religiosas: o serviçal do culto e da reverência aos deuses, que, por sua vez, eram serviçais sempre reverentes do poder estabelecido. À medida que o imperador romano insistiu em ser reverenciado como um deus, a piedade exercitada nos templos findava por se desviar, quanto aos rogos e súplicas, sobretudo por justiça, ao divino imperador acomodado no palácio. Genericamente falando, o *leitourgós* designava o servidor, inclusive o escravo da administração estatal. Foi, entretanto, às voltas do serviço religioso que o termo se estabeleceu na posteridade a ponto de o substantivo *liturgia* findar por designar a função religiosa e, com ela, o rito e a celebração. Até em nossos dias, o termo "liturgia" expressa o mesmo, visto que agregou, inclusive, o conceito de "etiqueta" concernente ao cerimonial e à conduta burocrática requerida de um determinado ofício ou encargo, mesmo que não religioso.

 Mas, enfim, enquanto o *dēmiourgós* de Platão, em nível de noção ou conceito, substantivava o *artesão* ou artífice especializado que atuava nas oficinas, o *leitourgós* de Epicuro designava o *servidor* ou funcionário público do Estado: aquele que se ocupava com a liturgia dos encargos públicos cívicos e religiosos. Platão, como tratamos no *Epicuro e as bases do epicurismo II — A física de Epicuro*[111], tomou o conceito de *dēmiourgós* em analogia a um suposto obreiro cósmico ao qual atribuía não só a realização da obra, como também a arquitetônica (a inteligência) do

---

[109] *Política*, V, 8, 1309 a 18; VI, 5, 1320 a 4.
[110] *Política*, III, 5, 1278 a 12.
[111] São Paulo: Editora Paulus, 2022.

plano em dependência do qual a obra viera a ser realizada. Ora, Epicuro não trabalha intelectivamente com essa analogia. Ele apenas se vale do conceito do *leitourgós* como ilustração, a fim de explicitamente descartar a existência de um imaginativo *d̲emiourgós* cósmicos (sem que isso permite qualquer ilação no sentido de que o demiurgo de Platão fosse mera proposição imaginativa). Foi, com certeza, em função desta significativa distinção que Epicuro se valeu do conceito de *leitourgós* em vez do de *d̲emiourgós*. Não sendo, entretanto, o *leitourgós* um criador, ele, entretanto, era (isto em referência à *pólis*) concebido como um administrador. Ora, dado que Epicuro de modo algum pressupõe em referência aos *Kósmos* a figura de um *artesão* criador, é exatamente esta função, a do suposto administrador cósmico que Epicuro tende, não a afirmar, mas, assertivamente, a *negar*.

Fica visto, pois, que é justamente no referido sentido que Epicuro faz uso do adjetivo *aleitoúrg̲etos* em que o "α" alfa privativo (associado ao verbo *leitourgéo̲*), em definitivo descarta qualquer oneração pública atinente a um *deus* ou a uma *natureza divina* (tèn theían phýsin) que tivesse por função administrar e, feito um servidor (ao modo de um escravo), zelar pela obra cósmica. O que, enfim, se observa é o como Epicuro pressupõe a comunidade da *pólis*: como uma obra cuja responsabilidade, quanto ao seu governo e cuidado, diz respeito a todos enquanto responsabilidade de cada um, e não dos deuses. A comunidade de Epicuro, distinta da de Platão não comporta o conceito de um Estado demiúrgico. Daí que, sobre esse derradeiro aspecto, o *leitourgós* comporta a seguinte analogia: não há, em relação aos mundos, em particular ao nosso mundo (fora, evidentemente, Zeus) um deus zelador, de modo que cabe a Zeus (ancestral) e a nós administrarmos e zelarmos por ele. É de nossa responsabilidade (conceito que transitou entre os *renascentistas* e foi por eles amplamente divulgado) fazer de nosso mundo o melhor dos mundos possíveis. Quanto às causas e aos fenômenos: assim como ambos não dependem de um deus, também não dependem de nós, e, no entanto, a nós é devido exercer a função extraordinária de bem entendê-los e de, a contento, explicá-los. O que não nos cabe de modo algum fazer é negar a ciência que, a respeito do mundo, nos é devido ter, tampouco nos cabe arruinar o mundo (o lugar) em que vivemos, e com isso desqualificar o nosso próprio intelecto e nossa própria vida: de todos, o nosso maior bem a ser prazerosamente fruído (ao modo de um deus) em paz, em alegria e em serenidade.

5 – Epicuro e o consuetudinário da religiosidade grega

5.1 – Nem Epicuro nem Lucrécio foram descrentes e ateus

Confrontado com o consuetudinário grego, Epicuro está longe de ser um descrente, tampouco de manifestar intolerância ou desrespeito perante os deuses e os cultos cívicos-religiosos que não eram poucos. Sófocles, que viveu entre os anos 497 e 406 a.C., no *Oidípous týrannos* (comumente traduzido por Édipo rei), dá mostras do quanto, em seu tempo, o *affaire* religioso se sobrepunha ao cotidiano da vida das cidades. Sófocles descreveu assim a ânsia religiosa que imperava em seu tempo, no V século antes de Cristo: toda "a *pólis* (refere-se à Atenas) está tomada do cheiro do incenso e de cantos misturados com lamentos".[112] No Édipo em Colono, ele fez um registro semelhante: "Atenas é a cidade mais religiosa (*theosebestátas*)" da Grécia.[113] A *theosébeia* da referência de Sófocles põe assento no quanto se praticava em Atenas o culto, a piedade e a reverência aos deuses, com um agravante: o resultado em termos de instrução popular e de qualificação humana era bem pífio.

A religião não instruía, mais deformava que informava, promovia, em meio aos interesses políticos, grande bulício na vida da *pólis* e a decrepitude da mente. Os atenienses recorriam aos deuses não porque desejavam ser como eles, mirar-se no *divino* para se humanizar, mas neles buscar refúgio, prosperidade e proteção e, sobretudo, acalmar, com cantorias, sacrifícios e lamentos, os próprios medos e os temores. Presumidos como *justiceiros*, os deuses da piedade e da devoção eram seres reverenciados não por sua divindade e bondade, e sim por seu mau-humor, por seu temperamento irado, pronto para se *aborrecer* por qualquer coisa e sempre bem-disposto para condenar todo e qualquer comportamento não esperado. Esta era a lógica da "civilidade": colocava-se nos deuses a condenação de tudo aquilo que o poder latente do consuetudinário cívico não queria ver estampado na atitude, no comportamento e, tampouco, como *direito* do cidadão.

Assim eram os deuses: juízes sempre dispostos a condenar mais que salvar, a promover alguma vingança (da qual era preciso preces e sacrifícios para se livrar) em vez de espalhar benefícios e bondade. Afugentar e livrar-se da maldade dos deuses, dos *aborrecimentos* e de tudo o

---

[112] Édipo *rei*, vv.4-5, SÓFOCLES, 1958, I.
[113] Édipo *em Colono*. vv.260-262, SÓFOCLES, 1958, II.

que condenavam, essa, em última instância, era o grande benefício que se obtinha em troca, com o que, por algum tempo (até o próximo culto), ficavam garantidas a tranquilidade (*ataraxia*) e a paz na alma. Eis aí a razão pela qual se buscava, no templo, fundamentalmente a libertação das aflições do mal, e não, a rigor, a apropriação do *bem*, que, afinal, já estava fartamente delimitado pelas instituições conservadoras do poder e mantenedoras dos valores estabelecidos. Busca-se no templo, antes de tudo, acalmar o ânimo irado dos deuses, a severidade de seus castigos, a truculência de sua vontade disciplinadora dos bons costumes ancestrais. Não havia outros bens morais a se alcançar além dos estabelecidos: o principal requerido era a manutenção deles. Quanto aos bens econômicos, esses, entre os gregos, estavam abertos à renovação e à prosperidade e, portanto, não se restringiam às mesmas regras de manutenção e de conservação concernentes aos bens morais (consuetudinários).

Da morte de Sófocles (406 a.C.) ao nascimento de Epicuro (341 a.C.) se passaram aproximadamente 65 anos. Pelo que consta, por lá a reverência e a piedade mantinham os mesmos anseios, mas não com as mesmas festividades e o mesmo vigor político de outrora. A religião continuava muita ativa, sobretudo entre os populares, ao contrário da filosofia que fora retirada das ruas e das praças. Quando Epicuro, em 306 a.C., veio se instalar em Atenas, a ambiência cívica (religiosa e política) não era mais exatamente a mesma. Sob a administração da Macedônia, o exercício da filosofia só era admitido em ambiente fechado. Movido por um ânimo reformador, é nesse contexto que Epicuro se instala em Atenas. Longe de ser um descrente, ele nada tinha a ver com a alcunha do *tradicional* 'ateu', aplicada como um desprestígio e uma desqualificação cívica[114] em qualquer época da vida grega. Aqui cabe dizer que o conceito de *ateu* (*atheótês*), historicamente, sempre foi muito relativo: ser *ateu* significava, sim, não crer ou reverenciar deus algum, mas também e primordialmente não dar crédito, louvar, prestar cultos e aviar sacrifícios aos deuses/deusas *oficiais*: padroeiros da fratria, da família e da *pólis*.

Entre o sentido etimológico da palavra *átheos* e a sua conotação cívica há uma certa distância. *Ateu*, entre os gregos, não significava, de um ponto de vista cívico, simplesmente não acreditar ou negar a existência de um deus, e sim não acreditar e negar a existência dos deuses cultuados

---

[114] "Certes, Épicure n'est pas un athée, pour lui les Dieux existent, mais sont des bienheureux qui vivent das l›Olympe et se désintéressent totalement des humains, notre tâche est de parvenir à une sérénité voisine de celle qu›ils conaissent; les hommes sont donc les maîtres de leur destin et de leur savoir" (BRUN, 2003, p. 25).

pelo consuetudinário tribal e da *pólis* sobre o qual se assentava o éthos (os bons costumes), as leis e o poder (a força e o vigor a serem recepcionados como *virtudes*) regentes da vida cívica. Ateu, de um ponto de vista popular, não só era aquele que deliberadamente deixou de dar crédito aos deuses, como também aquele que, por ter abandonado os deuses dos cultos tradicionais, vinha a ser considerado como *sem-deus* (á-theos). Por isso que o conceito de *ateu*, entre os gregos, era de uso comum entre indivíduos intelectualmente não cultivados, de inteligência sedentária "instruída" apenas pela instrução de boca em boca difundida pela "preleção" oral dos mitos. Era nesse meio que a alcunha de ateu encontrava um uso corriqueiro, dentro do qual, inclusive, o conceito era explorado a título de estratégia política e de desqualificação cívica.

Foi sob esse pressuposto que Anaxágoras foi condenado por desacreditar que o sol e a lua eram deuses. Sócrates também (sob um farsa judicial amparada pelos embustes de um juízo movido por interesses políticos) foi condenado sob a alcunha de *ateu*: porque dizia ter um deus particular que morava dentro dele e que o guiava sempre. Na antiga Roma, muitos cristãos foram incriminados e punidos com a morte sob a justificativa de terem cometido *crime* de *ateísmo*, método que, no reverso (cristãos sobre não cristãos), foi igualmente aplicado na posteridade. Os discípulos de Epicuro sempre combateram a acusação de ateus, mas, mesmo assim, por influência sobretudo de Cícero e de Plutarco, frequentemente foram considerados como tal.[115] Não eram, entretanto, os deuses que os epicureus rejeitavam, e sim, de um lado, a abordagem do mito que fazia dos deuses seres desprezíveis (irados, justiceiros e vingativos); de outro, a completa falta de compromisso da religião quanto à sua função instrutora (didascália) e civilizatória no perímetro cívico da vida grega.

Envolto no universo da cultura grega, tendo, inclusive, crescido e se ilustrado na colônia de Samos, o projeto filosófico de Epicuro foi, desde sua origem, concebido como um projeto educador. Em casa, ele tinha na figura do pai o empenho do professor primário envolvido com os desafios da escolaridade básica que exigia muito preparo e ampla sabedoria: tinha que dar conta da escrita e da gramática (da semântica e da sintática) grega, além de várias outras disciplinas indispensáveis para o desempenho da

---

[115] "[...] Philodème écrivit même un traté Sur la piété (Perí eusebeías) pour laver les Épicuriens de toute accusation d'athéisme; malgré cela les Épicuriens ont été fréquemment considérés comme des athées, notamment par Plutarque et Cicéron"; "[...] ni Épicure, ni Lucrèce ne sont des athées, et s'ils dénoncent les fables des religions dans lesquelles les Grecs et les Romains se complaisaient, leur vénération pour les dieux bienhereux demeure entière" (BRUN, 2003, p. 84, 116).

vida cívica. Os gregos tinham plena ciência do quanto era importante a instrução primária sobre a qual se alicerçava todo e qualquer outro projeto educador. O próprio Epicuro, em Cólofon, dos 20 aos 30 anos, assim como seu pai, exercera a nobre função de professor primário. Na figura da mãe, uma espécie de "espiritualista" daquele tempo, Epicuro experimentou de perto a função cívica de uma rezadeira e benzedeira familiar exercida ao modo de uma sacerdotisa, sob o amparo dos administradores dos Templos. Foi acompanhando a mãe que o menino Epicuro se encontrou, desde cedo, com a importância da religião no cotidiano da alma popular.

Com a mãe, ele saía pelas casas proferindo rezas, pedindo bênçãos e rogando aos deuses em favor da serenidade de ânimo e da pacificação da mente dos colonos. Em um mundo em que a medicina era escassa, buscava-se nos deuses a cura de todas as doenças e de todos os males, que afastassem os maus agouros, que endireitassem os destinos e que fortificassem o ânimo promovendo um coração alegre. Na figura da mãe, Epicuro, na elaboração de seu projeto filosófico, visualizou um senso de cooperação e de apoio solidário entre a filosofia e a religião. Movido por um ânimo reformador, ele pôs no conceito do que é *divino* o modelo da qualificação humana e, na religião, fertilizada pela filosofia, a instrução civilizatória necessária da referida qualificação. Ele colocou os deuses na esfera do divino na qual, segundo ele, impera uma absoluta quietude perante a capacidade humana de gerenciar a própria vida e de labutar com o próprio destino: não interferem nem para o bem nem para o mal, deixando ao encargo humano o zelo por si mesmo e pela própria vida. Antes que temer aos deuses, Epicuro presume que é preciso temer a si mesmo, aplacar em si mesmo o ódio e a ira, e se distanciar do malfeito, para o que há uma extraordinária saída: a admiração e a reverência pelo que é *divino* a ser tomado como modelo e alimento do benfazer.

Longe de ser um descrente, Epicuro foi o filósofo que, entre os gregos, se ocupou efetivamente em demarcar entre a filosofia e a religião uma didascália comum instrutora do pensar correto e do benfazer. Lucrécio inicia o *De rerum natura* louvando a deusa Vênus, a mãe dos Enéadas, da qual pede proteção e inspiração.[116] O título *"de rerum natura"* Lucrécio certamente o derivou da expressão grega *tōn óntōn phýseos* = *das coisas naturais* referida por Epicuro na *Carta a Heródoto*[117] Ao explicitar as moti-

---

[116] SPINELLI, M. "Lucrécio e Virgílio: as várias faces de Vênus, musa, genitora e vulgívaga". *Revista Hypnos*, São Paulo, n.23, 2009, p. 258-277. Disponível em: https://hypnos.org.br/index.php/hypnos/article/view/40/40.
[117] *Carta a Heródoto*, § 45

vações que o levaram a compor o poema, uma delas consiste justamente em explicar a (não) intervenção dos deuses no fazer-se das coisas naturais. Do fato de a obra cósmica se fazer "sem intervenção dos deuses – *fiant opera sine divorum*",[118] ele evidentemente se exime da necessidade de tratar desse tema,[119] a não ser no que diz respeito aos assuntos da religião que não consiste em outra coisa senão no modo como os humanos cultuam e concebem os deuses: um modo, segundo ele, tradicionalmente opressor, que, antes de elevar os humanos aos céus (a ser tal como os deuses, a se aproximar do divino) os fazem "jazer miseravelmente por terra". É nesse ponto, por esse modo de conceber, que o poema, ao elogiar Epicuro, mostra-o como um libertador: como aquele que quer tirar da religião o poder opressor que ela exerce sobre o humano, a fim de elevar a religião e com ela, o humano, aos céus (à aproximação com o divino).

A vitória, presumida por Lucrécio, de Epicuro sobre a religião, vem a se constituir em vitória da própria religião e, consequentemente, da mente e do ânimo humano. "Na maioria das vezes [diz Lucrécio, com toda a coragem própria de um reformador] foi a religião que produziu ações criminosas e ímpias";[120] fato que, por si só, não leva a Lucrécio (sob a proposição de Epicuro) a extirpar (destruir, anular) a religião, ao contrário, dada a extraordinária inserção dela em meio ao povo, move o éthos epicureu a consorciar a religião com o mesmo propósito da filosofia (da *physiología*) que consiste em levar o divino e o sagrado a promoverem, junto ao povo, paz e serenidade na mente.[121] Se os homens tivessem plena ciência e meios (constata Lucrécio) de como sanar todas as suas dores seria um extraordinário ganho em favor de seu bem viver, inclusive, perante a religião e as importunações dos *vates* (dos poetas, dos profetas, dos adivinhos, dos vaticinadores, dos videntes etc.). O fato é que não há e, sendo assim, é preciso *aprender* a superar o medo com a serenidade (paz na alma), a dor com o prazer (o gosto de viver), os males com os bens, o ódio com o amor etc., e, para isso, é preciso trazer os *vates* a operar em favor desse aprendizado. Daí o que Lucrécio claramente diz ao seu leitor (como sendo o principal da didascália de Epicuro): "ensino

---

[118] *De rerum natura*, I, v.155.

[119] A cobrança de Eduard Valentí Fiol no sentido de que a "promessa de tratar del ser de los dioses [...] não fue cumplida por Lucrecio" carece da seguinte observação: Lucrécio não se propõe "tratar do ser dos deuses". Do fato, entretanto, de ele não se propor, mesmo assim ele trata em vários momentos da questão que não cabe aqui explicitar. *De rerum natura/De la naturaleza*. Introducción, traducción y Notas de Eduard Valentí Fiol. Barcelona: Bosch, 1985, p. 81, n.7.

[120] *De rerum natura*, I, v.82-83.

[121] *De rerum natura*, I, v.62-101.

coisas excelsas e me empenho em libertar o ânimo desatando os nós promovidos pela religião".[122] Esta é a proposição de Lucrécio/Epicuro: assim como a religião pode produzir muitos males, inclusive apertar os nós das superstições,[123] pode igualmente promover e persuadir a senda do bem e desfazer na mente humana tudo o que, em nome dos deuses, oprime, causa medo e desânimo.

Diógenes de Enoanda propagou no seu mural de pedra a seguinte sentença: "não somos nós (os epicureus) que abolimos os deuses".[124] Epicuro, na *Carta a Meneceu*, ao dizer que, sobre os deuses, devemos cultivar opiniões em conformidade com as normas da piedade (*perì theōn hósia doxázontos*[125]), registrou, de sua parte, um profundo respeito pelos cultos e crenças reservadas aos deuses. Quanto à própria expressão — *perì theōn hósia doxázontos* — sob o termo *hósios* cabe entender o que é ou foi estabelecido (normatizado, permitido) pela lei: aquilo que os gregos denominavam de *nómimon éthos,* de comportamento normatizado ou regido pela lei. *Hósios*, portanto, à medida que remete à piedade ou à reverência imersa nas opiniões acerca dos deuses, advoga o respeito teórico perante o que é tido como santo, sagrado e justo pelo que foi e está normatizado no universo cívico das crenças populares. Disso não se segue, porém, que a tolerância e o respeito dissimulem o senso crítico e promovam a tutela de opiniões falsas e odiosas, ou ainda que ocultem o malfeito em nome dos deuses, ou que, enfim, não agenciem uma educação filosófica/religiosa transformadora e libertadora. O principal do éthos religioso epicureu vem a ser este: o vincular-se a esta ou àquela crença de modo algum justifica compactuar com as falsas opiniões, tampouco com intolerância, com a discriminação, com a fobia e com o preconceito. Dar-se, portanto, uma crença não significa de modo algum se colocar numa condição de exclusão perante as demais quer quanto aos preceitos quer quanto aos modos de vida.

5.2 – A *deisidaimonía* de Epicuro

Pelo que consta, mesmo que Epicuro reconhecesse que somos capazes de explicar o mundo (fazer ciência) sem recorrer aos deuses, admitia, entretanto, que temos bastante dificuldade de entender os anseios da mente

---

[122] "[...] doceo de rebus et artis religionum animum nodis exsolvere pergo" (*De rerum natura*, I, v.931-932).
[123] Lucrécio não distingue *religio* de *superstitio* porque as concebe estritamente unidas.
[124] Diógenes de Enoanda, fr. 16, 1, DELATTRE & PIGEAUD, 2010, p. 1037.
[125] *Carta a Meneceu*, § 133.

humana e de qualquer projeto de *humanização* sem admitir a existência deles, o que implica noções de excelência agenciadoras da qualificação humana. Entre as máximas de Epicuro, logo na primeira, a título de quem queria libertar a si mesmo e a alma dos atormentados, assegura justamente que os deuses "são seres bem-aventurados e imortais (áphtharton), livres em si mesmos de perturbações e que não perturbam ninguém".[126] Eles não perturbam e, tampouco, se inquietam conosco porque (por serem deuses) são seres isentos de impulsos ou de cólera ou de benevolência: sentimentos que, neles, expressariam distúrbio, imperfeição ou debilidade (*asthéneia*[127]). O ocupar-se com alguma coisa, o desassossego, o sentimento de cólera e a imparcialidade não combinam com um ser divino (*makarióteti*, beato, bem-aventurado[128]).

Disso tudo não se segue que Epicuro, em algum momento, propôs a exclusão da fé ou da religião, da *deisidaimonía* como denominavam os gregos. Epicuro se mostra ciente de que não é mudando de denominações que transformamos comportamentos, e sim promovendo mudanças de atitudes. Epicuro agrega à piedade grega o pressuposto segundo o qual sem humanidade não há religiosidade, sem humanização não há religião. Temos qualquer outra coisa, menos religião. Só há reverência aos deuses e ao divino quando há veneração e respeito para consigo mesmo e para os da proximidade. O que de fato Epicuro fez se orientou no sentido de fomentar a libertação do "medo da divindade" sustentado por um sentimento eivado de angústias promovidas por um temor amedrontado e, sobretudo, acovardado perante a si mesmo, ou seja, perante a capacidade humana de dar sentido e de reger a própria vida. O temor da *deisidaimonía* presumida por Epicuro comporta uma reverência serena e calma, destituída de receio, perante *o que é divino*, de modo que o ato de temer (*deído*) não promove ansiedade e, tampouco, enfraquece o ânimo. O padre Festugière viu na ataraxia religiosa de Epicuro, no libertar-se das superstições e dos temores, uma autossuperação de angustias, da qual o mesmo Epicuro se dispôs a compartilhar com os demais: "talvez seja necessário ver o resquício de uma angústia pessoal, da qual ele pouco a pouco se livrou e que agora, ardorosamente, se ocupava em libertar os outros".[129]

---

[126] D.L., 1959, X, §138; *Máximas principais*, I, §139.
[127] *Máximas principais*, I.
[128] *Carta a Heródoto*, § 77.
[129] "[...] il faut voir peut-être le souvenir d'une angoisse personnelle, dont il s'était peu à peu délivre, dont il brûlait maintenenat de délivrer les autres hommes" (FESTUGIÈRE, 1997, p. 101).

Do que consta em Diógenes de Enoanda, Epicuro preconizava, sob o conceito da *deisidaimonía*, a libertação humana da condição de escravos das vontades dos deuses,[130] que, por força do medo ou temor, inundava a alma humana do ônus da culpa e do medo da punição caso não se submetesse àquela vontade.[131] Ao crente, ele propunha que não fizesse do medo dos deuses justificativa para a recusa do desejo humano (a bem da verdade, da necessidade) da senhoria de si (da *autárkeia*), a ponto, inclusive, de se tornar escravo do medo de ser livre, por força do desafio de se cuidar e de se governar. Não caberia ao crente ser um desesperado no confronto de si mesmo, ou seja, que viesse a colocar toda a sua esperança em outro lugar que não em si mesmo ou nos membros de sua comunidade. Se a fé nos deuses vem a ser expressão de desespero e carência de liberdade, então, o melhor a fazer consiste não propriamente em se desvencilhar da fé, mas sim revertê-la na direção de si mesmo, a fim de superar não propriamente o medo da vontade dos deuses, mas da própria vontade que requer intelecção e governo. De modo algum caberia ao crente desperdiçar nesta vida os talentos de que dispõe em vista de edificar por si sua própria humanidade e de romper com os assaltos dos temores que apequenam as realizações humanas e o usufruto do prazer de viver.

A fé que os homens põem nos deuses — eis, enfim, a questão posta por Epicuro — não concede (ou transfere) a esses mesmos deuses a obrigação, que implica um trabalho molesto e laborioso, de cuidar dos destinos humanos e, tampouco, desobriga ou retira de cada um a obrigação de gerenciar o próprio destino sem se tornar escravo do desgoverno de si e da intransigência das próprias crenças. A religiosidade não é uma covardia de quem não quer assumir seus desejos e anseios, seus acertos e erros e a destinação, enfim, da própria vida. Na vida, o que, em geral, vai dando errado é o que nos leva para o caminho certo! O sábio de Epicuro é aquele que assume a si mesmo e seu destino, que põe o sentido da vida no presente e não no futuro, e que, entretanto, gerencia o seu presente como se fosse o seu derradeiro futuro! Morte é o que já passou e, de certo modo, o que está por vir, de modo que a vida consiste sempre no aqui e agora de uma vivência gerenciada pelo desejo do bem viver e de ser feliz. Daí ser preciso viver bem para valorizar o fenômeno continuado da morte inevitável. Epicuro, todavia, dá grande valor ao bem vivido passado e às

---

[130] Diógenes de Enoanda, frag. 17, 1.
[131] Nietzsche, no *Anticristo*, LVIII, atribui a Epicuro conceitos cristãos, diz, inclusive, que ele combateu "a corrupção das almas pela noção de pecado, de castigo e de imortalidade".

esperanças em vista do futuro e, do mesmo modo, não desqualifica nem o respeito e nem o temor que os homens devem cultivar e manifestar aos deuses (ao que é divino).

Não é, todavia, porque os deuses não se ocupam com os nossos afazeres humanos que devemos frente a eles renunciar a reverência e o culto.[132] Ocorre que, em Epicuro, o que, nos deuses, efetivamente, é devido reverenciar e cultuar são as noções que, consoantes à natureza deles, temos esboçadas na mente, e que, para nós, de um ponto de vista conceitual, são fontes da possibilidade de qualificação e de libertação. Do ponto de vista da religiosidade filosófica de Epicuro não temos, humanamente falando, outra saída em termos de melhoria e qualificação, fora da opção de reverenciar o que é divino e de trazê-lo para o nosso pensar e para o nosso benfazer. Cícero, no *De natura deorum*, verbalizou assim a religiosidade de Epicuro:

> Se tivéssemos outra opção que não a de cultuar os deuses e de nos libertar das superstições, seria já suficiente tudo o que foi dito. Os homens efetivamente poderiam continuar a oferecer o tributo do próprio culto à superior natureza eterna e feliz dos deuses (e é justo cultuar tudo o que nos transcende) sem temer deles os castigos e a ira, porque ira e benevolência são estranhas a seres eternamente felizes e, tirando esses sentimentos, nenhuma ameaça nos poderá sobrevir da parte dos deuses.[133]

Cicero evidencia como, em Epicuro, o culto aos deuses não se exclui de seu projeto filosófico. O que Epicuro efetivamente põe em questão não é o culto em si mesmo, mas a ideia de um Deus presumido como um ser justiceiro e irado. O que, sobretudo, põe em questão é a ideia do *refúgio* no sentido de uma entrega total nas mãos dos deuses como se fosse deles a responsabilidade da destinação e do governo de tudo. Não é nos deuses, mas em si próprios, no exercício das próprias forças tonificadas pela ideia de tudo *o que é divino*, que o humano há de encontrar seu primordial guia e guardião quer do bem pensar quer do bem viver. Apenas a força de uma crença — eis, enfim, a questão — não é suficiente para garantir refúgio e

---

[132] *Epicurea*, fr. 387; OBBINK, Dirk. "Craft, Cult and Canon in the Books from Herculaneum", FITZGERALD et alii, 2004, p. 73-84.

[133] "Si nihil aliud quaereremus, nisi ut deos pie coleremus et ut superstitione liberaremur, satis erat dictum; nam et praestans deorum natura hominum pietate coleretur, cum et aeterna esset et beatissima (habet enim venerationem iustam, quicquid excellit), et metus omnis a vi atque ira deorum pulsus esset; intelligitur enim a beata inmortalique natura et iram et gratiam segregari; quibus remotis nullos a superis inpendere metus" (*De natura deorum*. I, XVII, 45).

fomentar o bem-estar cívico e humano sem que o crente por si não tonifique a sua capacidade de gerir, de cuidar e de governar a si mesmo por si mesmo. Um crente que põe tudo nas mãos dos deuses fica por si mesmo abandonado de tal modo que finda incapaz de edificar em si sua própria humanidade: resta um ser solitário e desprotegido de si por si mesmo.

Tendo em conta a força da crença cultivada pelos gregos, Epicuro concentra seu discurso em demonstrar que a maioria é capaz e pode ser feliz independentemente da boa ou da má vontade dos deuses. Epicuro, com efeito, não subestima a reverência aos deuses, e sim o excesso da sobrevalorização como se deles dependesse o cuidado, o bem-estar, o destino e a felicidade humana. Daí que o objetivo de Epicuro consistiu nisto: em minimizar entre os gregos a importância exagerada concedida aos deuses como fonte de felicidade, de segurança e de conforto perante os infortúnios e as vicissitudes da vida. Foi assim que Epicuro, no confronto da sobrevalorização da reverência (instituída como um comércio e como, sobretudo, uma transferência de responsabilidades) concedida pelos crentes aos deuses, buscou filosoficamente evidenciar que o ser feliz ou infeliz, o ter boa ou má sorte depende de outros fatores que não os derivados da vontade ou interesse dos deuses. Por isso que Epicuro fez incidir o fundamental da crença na confiança humana quanto à sua capacidade de cuidar de si, cujo governo implica primordialmente o cultivo do maior de todos os bens, o da vida, que, por sua vez, requer o cultivo da saúde do corpo (física) e da saúde da alma (mental).

5.3 – Os deuses ausentes na tarefa do governo humano

Epicuro rompe com a tradição poética enunciativa do mito (conforme, por exemplo, o consta em Sófocles) segundo a qual os deuses manifestam perante os humanos uma ação ambígua: ora impedem os sofrimentos e, portanto, promovem o bem, ora fazem com que muitos sofrimentos cheguem até nós pela vontade deles.[134] "O futuro [sentenciou Sófocles no Édipo em Colono] bom ou ruim está nas mãos dos deuses".[135] Epicuro reverte o paradigma: "o futuro bom ou ruim está em nossas mãos"! Quanto à proposição no sentido de reverenciar os deuses, Epicuro segue, nesse ponto, a mesma opinião dos filósofos tradicionais que vem sintetizada em Platão nestes termos: "O deus (*ho theós*) é absolutamente simples e verdadeiro nas

---
[134] *Ajax*, vv.944-950, SÓFOCLES, 1958, I.
[135] *Édipo em Colono*. vv.1443-1444, SÓFOCLES, 1958, II.

ações e nas palavras, em si mesmo imutável (*methístatai*); ele não engana ninguém, seja mediante aparições (*phantasías*) ou em falas (*lógous*) ou em sinais (*seme͜íon*) ou em visões ou em sonhos". Platão igualmente promove a necessidade do culto e que os deuses sirvam de modelo: "queremos que os nossos guardiões cultuem os deuses (*theosebeîs*) e que se assemelhem a eles ao máximo, quanto a natureza humana permite".[136] A Platão podemos acrescer o que a Epicuro ensinou Demócrito: que "os antigos, quando viam os reluzentes eventos nos céus, os trovões, os relâmpagos, os raios, as conjunções dos astros e os eclipses do Sol e da Lua, tudo como se fosse um teatro, ficavam aterrorizados e imaginavam que os deuses eram os autores".[137]

Epicuro tende a mudar esse estado de coisas, em particular o excesso de valor que os gregos davam aos *sinais*, de um modo especial aos fenômenos atribuídos a Zeus, ao governo das forças ocultas do alto, que, segundo eles, controlavam tudo: o tom das cores do alvorecer e do entardecer, o brilho dos relâmpagos, o reboar dos trovões e os estrondos dos raios.[138] No mundo grego havia superstições de todo tipo, associadas aos mais diversos sinais: ao voo e ao canto das aves, se voavam nesta ou naquela direção, se cantavam no entardecer ou na madrugada. Também davam e procuravam sentido aos animais que atravessavam o caminho; dos animais sacrificados inspecionavam as entranhas em busca de sinais, até a suposta tristeza das galinhas (que, aliás, em princípio estão sempre alegres) era observada no cacarejar. No cacarejar matinal da galinha o que há mesmo é regozijo de quem tagarela o próprio bem-estar. Quem está meio nublado por dentro, até mesmo um dia ensolarado aparenta chuvoso!

No contexto do mito, o conceito atribuído aos deuses comportava as mesmas antinomias quanto ao caráter e à vontade atribuídas aos humanos: às vezes eram bons, outras cruéis, às vezes estavam irados, outras bem satisfeitos e, por estes altos e baixos, ora atendiam às súplicas ora não. O fato é que os deuses eram concebidos como permanentemente presentes na destinação da vida dos indivíduos quer aliviando quer aumentando ainda mais o peso da carga a transportar. Tudo o que acontecia de bom e de ruim era atribuído a eles: eram eles, portanto, na mente constrangida pelas crendices, que indicavam os caminhos, que promoviam os desvios e que interrompiam os percursos. Quanto ao que imediatamente estava

---

[136] *República*, II, 382 e, 383c
[137] DK 68 Demócrito A 75; Sexto Empírico. *Contra os matemáticos*, IX, 24.
[138] Na expressão de Sófocles: *seme͜îa... hè seismòn hè brontén tiv' hè Diòs sélas – sinais... os sísmicos, os trovões, qualquer dos brilhos* advindos *de Zeus* (Édipo em Colono. vv.94-95, SÓFOCLES, 1958, II).

acontecendo, sem se saber ao certo o que iria acontecer, era suposto como expresso apenas mediante sinais: indicações a serem observadas e interpretadas como se os deuses fossem responsáveis por tudo, e tudo fizessem de modo misterioso, sorrateiro e às ocultas. Os deuses *falavam* veladamente mediante sinais, por isso (fruto de estratégias cívicas bem calculadas de dominação) a necessidade de se recorrer aos *mânticos* (profetas e adivinhos). Os mesmos que fomentavam a doença se ocupavam, a bom preço, em promover a cura. As palavras dos deuses, para o povo, eram *veladas* (indecifráveis), mas não para os "profetas" intérpretes do povo!

Uma breve consideração a respeito da figura do *mantikós* (do profeta e adivinho) totalmente rejeitada, segundo Diógenes Laércio, por Epicuro:

> Epicuro, na *Pequena carta*, rejeita, indistintamente, todo tipo de arte profética (*mantiké*, adivinhação). Nela escreveu: 'A adivinhação não tem qualquer fundamento (*anýparktos*, senso de realidade) e mesmo que tivesse, é preciso admitir que os acontecimentos por ela previstos não dependem de nós (*par'hemãs*)'.[139]

De um lado, a proposição de Epicuro descarta, na adivinhação, justamente aquilo que fundamenta a ciência, o princípio de evidência; por outro, mesmo que houvesse alguma evidência, temos que presumir que o que acontecesse em conformidade com a previsão nada tem a ver conosco. Ora, se nada tem a ver conosco, se não depende de nosso poder, então os acontecimentos previstos só podem ocorrer sob duas possibilidades: ou por fruto do mero acaso (para o que o adivinho haveria de ser realmente extraordinário a ponto de, por pura ilação ou por alguma evidência, ser capaz de prever); ou por fruto de alguma necessidade, mas não propriamente nossa, visto que não se trata de uma "necessidade" em nosso poder (sob o controle de nosso arbítrio ou de deliberação da nossa vontade ou fruto de nossa senhoria). Epicuro não leva a sério o tema da adivinhação. Na *Carta a Meneceu* (§133), não sem ironia, ele diz que o adivinho haveria de ser um *físico* que conhece bem a natureza, mas não pela manifestação de seus fenômenos, e sim a partir de seu interior (de seu *télos*) a ponto de até mesmo prever o que acontece por acaso, de tal modo que até o acaso já é previsto de antemão como uma inflexível necessidade.

Cabe observar que, na verbalização do mito, o *mantikós* faz às vezes do guia: daquele que indica o caminho a seguir para aqueles que vivem da angústia quanto às dúvidas e incertezas que permeiam o seu futuro. O

---

[139] D.L., 1959, X, §135.

adivinho, na expressão de Sófocles, é aquele que detém a arte da interpretação dos oráculos e dos sinais (*téchnēs semeia*).[140] Fato curioso, entretanto, é que Tirésias, o mago mais célebre da mitologia grega, era cego. Mesmo assim, ele sempre comparece na literatura grega, primeiro em Homero, como o conselheiro e adivinho que indica o tortuoso caminho de retorno a Ítaca;[141] depois em Sófocles, é aquele que, mesmo sem ver, interpreta os sinais. Por ser cego, diz a lenda que ele, invariavelmente, era conduzido por uma criança por ele próprio referida como sendo os seus olhos, com os quais via o que é necessário de ser visto para si e para a criança. A cena é estranha e incomum. Pois, como poderia um intérprete de sinais (alguém que exercita a *téchnēs semeia* de que fala Sófocles) ser cego? Como poderia um intérprete, suposto como alguém de extraordinário saber, se deixar guiar por uma criança ou fazer dela seus olhos para a interpretação e verbalização dos sinais?

    Há de ter alguma explicação. Supomos que a razão principal se deve ao fato de o quanto é inusitado alguém se deixar conduzir por um outro olhar que não o seu. Quem dá ao outro a condição de guia, põe no olhar dele tudo o que lhe cabe por si mesmo ver e interpretar. Quem se deixa conduzir por um guia que não ele próprio se esquiva da perspectiva de um olhar que é seu, por cujo esquivar-se descarta o governo de si mesmo e a condição de ser, de si próprio, o seu guia. Aqui está o principal da questão: é uma ilusão pensar que quem dá ao outro a condição de seu olhar venha a ser efetivamente dono de seu olhar. Dado, com efeito, que é impossível transpor ao outro o meu olhar, o que, enfim, tomo como guia para mim é, na verdade, um cego que não dispõe da complexidade plena do meu olhar. Aqui a figuração da criança cujo olhar representa justamente a carência de um olhar que não observa a si mesma em seu próprio olhar.

    A criança vê o mundo fora como quem não vê a si mesmo a partir de dentro. Quem vê por si mesmo o mundo carrega consigo uma visão de mundo que, inevitavelmente, se sobrepõe ao mundo, de tal modo que o seu "ver o mundo" implica uma transformação tanto da visão preposta (preestabelecida mediante outros e antigos olhares que experiência internamente processa) quanto a transformação do próprio olhar (continuamente revisado mediante outras e novas experiências). O olhar de uma criança decorre de um ver que não se submete às exigências comprometidas

---

[140] *Antígona*. v.998; *Édipo rei*, v.300ss., SÓFOCLES, 1958, I.
[141] *Odisseia*, XI, vv.478-480, HOMERO, 2011.

com modelos ou padrões estabelecidos a partir de dentro: é pura magia. A criança não tem uma visão de mundo que se sobrepõe ao mundo: a sua "visão de mundo" está no mundo que ela vê e com o qual se encanta.

Perante os *mânticos*, esta, para o epicureu, se constituía na maior preocupação humana: a do confronto perante o que não sabemos e desconhecemos, cuja incerteza nubla a mente humana com o mistério ou enigma, e que, bem por isso, leva muitos a pôr seu destino em olhares alheios aos seus com os quais se governa e, portanto, abdica de sua própria condição de guia e de intérprete de sua própria vida. Ele deixa de ser um *autárkes* (alguém que se cuida) para se pôr em uma condição de dominação, de opressão e de subjugo, a ponto de hipotecar a própria inteligência que tanto carece de um atento e cuidadoso olhar. Quem se põe à mercê de outra inteligência e de outros olhares (que não cultiva "a afeição aos sentidos" como dizia Aristóteles[142]), o que nele mais prospera é o imaginário e a ignorância. Nem o seu olhar se transforma nem a sua inteligência se desenvolve: finda sem ilustração, sem luz própria, sem a capacidade de por si mesmo investigar e, para si, do melhor modo, interpretar, explicar e compreender.

A *autárkeia* (a senhoria de si) concebida por Epicuro, da qual ele presume como principal fruto a liberdade, tinha como principal requisito se libertar de todo temor advindo das superstições. Não faz sentido alguém deixar se governar por outra inteligência e por outros olhares que não o seu. A inteligência e o olhar do outro podem ser extraordinariamente úteis e vantajosos como auxiliares, mas não como senhores! Só a ilustração da inteligência e a educação do olhar (dos sentidos) vêm a ser capaz de mudar um tal estado de coisas: a confiar em si e se cuidar, e também a se distanciar dos adivinhos (dos *mânticos*) vendedores de oráculos e de interpretações de sonhos.[143] "Os sonhos [ensinou Epicuro ao modo de quem se propõe a fomentar a instrução e o esclarecimento] não nascem sob o consórcio da natureza divina ou do poder divinatório, mas de uma confluência de imagens".[144] Não são os deuses ou os adivinhos que organizam as imagens de nossos sonhos ao bel prazer da *interpretação* deles, e sim fatores naturais que têm a ver conosco e com as nossas imagens do cotidiano. Diógenes de Sínope, o cínico, dizia dos adivinhos e intérpretes que eles eram "cheios de arrogância e de riquezas"; dos que lhes davam atenção e crédito, dizia que eram indivíduos destituídos de razão (*mataióteron* =

---

[142] "[...] tôn aisthéseon agápesis" (*Metafísica*, I, 1, 980 a 22).
[143] *De natura deorum*, I, XX, 55-56.
[144] *Sentenças vaticanas*, 24.

frívolos, inúteis): parecidos mais com um animal bruto qualquer que com um humano. Não sem ironia, dizia ainda que esses tais necessitavam de duas coisas: "ou de uma razão instruída ou de corda para se enformar (*lógon hè bróchon*)".[145] O conceito *logos* comporta sempre uma vinculação nestes termos: a razão manifesta em discurso ou o discurso como qual a razão opera e se viabiliza (e expressa) enquanto discurso; o substantivo *bróchos* faz referência à corda ou ao laço da forca.

6 – Os deuses de Epicuro e os da tradição ancestral

6.1 – Os deuses de Epicuro e os do consuetudinário cívico dos gregos

O mito fez de Zeus o governante do *todo*, a sede da justiça e o guardião das antigas leis.[146] Era importante, naquele contexto, ter um deus todo poderoso a controlar os demais deuses (Zeus era deus dos deuses) e, inclusive, todos os movimentos e manifestações cósmicas (Zeus era igualmente o guardião do todo). Foi efetivamente a filosofia e, com ela, a expansão do pensar racional, sobretudo em meio ao pensamento jurídico dos gregos, que forçou no sentido de transferir aos poucos (tanto a administração da justiça quanto a guarda da lei) para a administração das cidades (das *póleis*). A justiça de Zeus, desde os primórdios do mito, era esperada para além da vida: um adiamento que facilitava a consciência atual da impunidade e a reincidência nos vícios e crimes habituais. Para evitar a percepção desse adiamento (percepção que, para o descrente, pouco significava), a tendência das legislaturas se deu no sentido de transferi-la para o momento atual, para o aqui e agora da *pólis*, na qual o cidadão se via estimulado (forçado) a fazer o benefício agora, sem adiar para depois. Cabe aqui levar em conta que, na vida cívica dos gregos, não se fomentou com intensidade a ideia da existência de presídio ou de prisão, e sim de um compensatório pelo crime praticado quer no sentido de restituir "danos" (exigir, por exemplo, que se devolvesse o que foi roubado, que se efetivasse o serviço pago e não realizado etc.) quer de promover "danos" condenando, por exemplo, mais à morte que à prisão o criminoso, inclusive, retirando do infrator bens para pagar dívidas contraídas, e assim por diante.

---

[145] D.L., 1959, VI, 2, §24.
[146] Na expressão de Sófocles: "*Díkę xýnedros Zęnòs archaíois nómois*" (Édipo em Colono. v.1382, SÓFOCLES, 1958, T.II). A respeito de como se deu a passagem da justiça divina para a justiça humana entre os gregos, ver: GERNET, Louis. 1982. *Droit et institutions en Gréce antique*. 2. ed., Paris: Flamarion.

Os deuses viviam ocultos, domiciliados no Hades. Ninguém os via: estavam escondidos nas regiões celestiais. Mesmo assim, ou, bem por isso, detinham uma extraordinária presença na mente e no imaginário dos populares. Em tudo o que esses mesmos populares faziam ou deixavam de fazer, antepunham uma consulta aos oráculos. Era comum entre os populares ter o seu deus de devoção, a começar pelo deus padroeiro da família do qual eram esperados amparo e proteção, que livrasse os membros da família dos males e dos infortúnios. Se há um termo que bem define o deus grego, é o de *tropaîos*, derivado de *trépo*, cujo verbo evoca justamente uma capacidade de deliberação relativa ao fazer e desfazer, guiar para um lado ou para outro, fazer ir ou fazer voltar, conceder ou revogar. Daí que o verbo *trépo* comportava todas estas designações: fazer e refazer, dar e tirar, pôr e repor sentidos ou direções, transformar, separar, afastar, desviar, alterar, afugentar etc. Daí, enfim, que não é o conceito de *patér* (atribuído a Zeus, deus dos deuses, e não, a rigor, dos homens) que melhor define o deus devocional do grego e, sim, o de *tropaîos* ou *trópaios*: aquele que promove as vitórias (os ganhos, os lucros) e que aparta o seu devoto dos males.

Cada cidade tinha o seu deus ou deusa protetora e padroeira. Não se tratava exatamente de um deus universal, mas da cidade (*deuses cívicos*), postado logo acima do rei ou magistrado. Nas mãos do deus ou deusa padroeira se colocavam idealmente os destinos da cidade, por isso a importância universal da devoção, da reverência e do culto, a título de uma efetiva participação nos destinos da *pólis*, razão, aliás, pela qual o ser *ateu* se constituía em uma espécie de descaso ou desinteresse cívico. Foi dito *idealmente* porque cabia aos cidadãos e aos demais membros da *pólis* lutar em favor da cidade, cabendo ao deus a obrigação de protegê--la, por cuja proteção era honrado e venerado por todos como um dever cívico e, o cidadão, enquanto devoto e crente, era tido como um ser do bem e valioso. O deus ou deusa protetora da *pólis* representava a força e o poder dirigidos para além dos limites da capacidade humana, de modo que não lhes cabia fazer o que aos homens era devido ser feito. O deus do consuetudinário cívico era presumido como uma *vontade* para além da vontade humana, daquela que, na cidade, coincidia com a vontade da lei, regente de todos, inclusive, do soberano. Acima de tudo, visto ser a cidade livre e autônoma, o deus era especificadamente o protetor das ações humanas e cívicas, a fim de que nenhum projeto (plano) ou estratégia fosse molestado pelo infortúnio.

O fervor religioso se constituía em um feito que implicava a família, o povoado e a *pólis*, de modo que abrangia a vida doméstica, consuetudinária e cívica.[147] A *pólis*, com seu ordenamento jurídico e administrativo, se constituía não só em uma entidade política, mas também cultural (uma tradição). Ela era igualmente uma entidade religiosa que implicava em um certo fervor religioso e, desse modo, em um ser jurídico, como tal em uma harmonia ou ordem sob o sustento de uma legislatura reflexo do poder político e consuetudinário instituído. Cada *pólis* tinha, pois, sua tradição, seu fervor e sua legislatura; cada família e, consequentemente, cada cidadão tinha seu deus protetor particular a título de um coparticipe de seus planos subjetivos e de suas decisões. Nada era feito sem recorrer à proteção e graça do deus *padroeiro*. Foi, então, assim que a religião da *pólis* se completou, enfim, em religião tribal, familiar e individual. Daí que foi dessa *escolha* (em latim, *relegere*, escolher) que derivou a *religio*, cujo termo invocava não só vínculos com um conjunto (panteão) de deuses, mas também com uma determinada fratria e seus laços de parentela. Não era incomum entre gregos e latinos perguntar (ao modo como hoje entre nós muitas vezes se pergunta: "de que família você é?"): 'qual o seu deus?'; como se perguntasse: qual o deus que promove as suas ligações (a sua *religio*) familiar? Eis aí o verdadeiro significado vocal do termo religião, que denotava não propriamente uma ligação com um deus, e sim com uma comunidade local quer familiar quer cívica que se identificava (ao modo como hoje nos valemos de nome e sobrenome) pelo deus padroeiro e devocional. Era assim que um grego era reconhecido: pelo seu nome, pelo de seu povoado (*dẽmos*), pelo de sua *pólis* e pelo de seu deus.

6.2 – De como os deuses são seres virtuosos, imortais e felizes

Sem instigar o consuetudinário e os hábitos da cultura, Epicuro concede aos deuses os mesmos atributos que os filósofos ancestrais, porém, acrescenta que são seres virtuosos, imortais e felizes.[148] É assim que, no dizer de Diógenes de Enoanda, deveríamos representá-los:

---

[147] "A l'époque classique, le fait religieux apparaît d'abord comme un fait social et proprement un *fait civique*. Religion et cité sont inséparablement liées. Elles le sont au fondement même de la cité. *Génos*, phratrie, tribu se définissent essentiellement par des cultes communs [...]. Religion et cité sont si bien liées qu'il n'y a pas, dans les cités grecques, de clergé professionnel...". "La cité grecque ne constituait pas seulement un organisme politique: elle était en quelque sorte une Église, par suite de l'étroite implication entre l'element politique et l'élément religieux. [...]. Dans la cité quecque où il était né, et en raison même de son état de citoyen, l'homme faisait naturellement partie d'un certain nombre de groupes sociaux, *génos*, phratrie, tribu, où il trouvait des cultes établis qu'il n'avait qu'à suivre, et qu'il ne songeait d'ailleurs pas à discuter puisque ces cultes étaient ceux de sa race" (FESTUGIÈRE, 1997, p. 2, 18-19).

[148] *Carta a Meneceu*, §124; *Máximas principais*, I.

> Certas estátuas de deuses são esculpidas carregando arco e lançando flechas [...], outras, escoltados por bestas selvagens e, outras ainda, irados [...]. Ora, é necessário fazer estátuas de deuses felizes e sorridentes, a fim de que possamos lhes retribuir sorrisos e não temor.[149]

Se é um Deus — eis o pressuposto de Epicuro —, necessariamente é bom, belo e justo e, portanto, a maldade e tudo o que consideramos ser feio e injusto não combinam com a natureza dele. O mal é destrutivo, razão pela qual (dizia Epicuro), "nada do que existe se inclina naturalmente para o mal".[150] Todos, divinos e humanos, tendemos naturalmente para o bem, porque o mal, por si só, não é edificante: não combina com o contínuo arranjo e desarranjo harmonioso mediante o qual o *todo* vem a ser e se realiza em conformidade com a natureza do que é divino. Um Deus que se preza — aqui está o pressuposto teológico de Epicuro — jamais promove o mal e, tampouco, dá, para quem quer que seja, indicações incertas, misteriosas ou de intelecção duvidosa. A falta de clareza e a ambiguidade não combinam com a natureza dele.

Diógenes de Enoanda esculpiu no pórtico de sua cidade, como um alerta aos concidadãos, que ninguém deveria "ignorar os grandes malefícios sofridos por muitos por causa da ambiguidade e do viés diversificado dos oráculos".[151] Se o oráculo provém efetivamente dos deuses — eis o pressuposto — haveria de ser claro e preciso. Daí que a todos, Diógenes queria igualmente assegurar que é falsa a crença segundo a qual nos deuses está a causa, para os maus, de "grandes" males e, para os bons, de grandes bens. Em tese, "na medida em que são deuses, só podem causar benefícios",[152] e, além disso, à medida que estratificam os humanos em bons e maus, fecham a possibilidade da prosperidade do bem e da qualificação humana, o que é inconcebível para um Deus.

Do que consta em Diógenes, poderíamos formular a seguinte reflexão: alguém suposto como plenamente mau é, de um ponto de vista lógico, inconcebível, visto que haveria de ser, inclusive, mau para si mesmo e por excelência, o que seria contraditório: mesmo mau haveria de ser bom para consigo mesmo, e não há como ser, ao mesmo tempo, excelente e mau. Ninguém, de um ponto de vista moral não é nem bom

---

[149] Diógenes de Enoanda, fr. 19.
[150] "[...] enim non in vitia pronus est" (*Divinae instituitiones*, III, 17).
[151] Diógenes de Enoanda, fr.23.
[152] *Carta a Meneceu*, §124.

nem mau, mesmo que possa ser ou vir a ser tido como bom ou como mau. Não somos bons e não somos maus, o que efetivamente somos, subjetivamente considerados, é *nem bom nem mau* e, sendo assim, é essa condição que nos impele, de um lado, a buscar o bem de que necessariamente carecemos e, de outro, a fugir do mal que nos deprime e nos anula. Mesmo não sendo maus, mas em decorrência da presença do mal, somos como que urgidos por essa presença a desejar e a perseguir o bem. O bem se impõe, para nós, como desejo ou busca. Mas não o bem em si mesmo, em razão de que ele, em sua essência, é, para nós, inacessível, e sim o bem enquanto utilidade, ou seja, o bem para nós, enquanto, por exemplo, qualificação ou aprimoramento moral de nós mesmos, de nossa plausível capacidade de promover comportamentos qualificados a nosso favor e dos demais. Daí que o aprimoramento moral a que Epicuro se refere não consiste propriamente em aprimorar o comportamento aos estatutos, e sim ao conhecimento de si e dos ditames da própria natureza e, em decorrência desse conhecimento, promover boas escolhas mediante um eficiente exercício do arbítrio em favor de um viver sábio, sereno, prazeroso, feliz e prudente.

De todas as virtudes, a da prudência se constitui, para Epicuro, no *télos* (no território demarcado) dentro do qual a vida alegre, serena e feliz encontra a sua morada. Na senda do bem, conseguimos apenas nos *aprimorar* no sentido de nos fazer (tornar, vir a ser) bons humanos, sem, todavia, jamais nos apossar do bem em sua plenitude. Se, porventura, nos fosse dada essa possibilidade, a de deter em tudo a posse plena do bem, poderíamos a qualquer momento deixar de ser *homens*, transformando-nos em deuses. Se assim fosse, ou seja, se viéssemos a ser deuses, o próprio bem perderia a sua condição de "um bem a ser buscado", visto que dele, tendo a posse, a busca perderia a sua utilidade. Daí o raciocínio do epicureu relativo aos deuses: assim como um Deus não causa o mal, também não promove a torto e a direito o bem, tampouco de modo seletivo, visto que, afinal, é um Deus (ao qual não lhe cabe o atributo de *seletivo*). Nesse caso, mesmo para sair por aí fazendo o bem, um Deus teria que *ajuizar* as ações, a começar pela sua (no sentido de "o que fazer" ou "deixar de fazer" como bem?), depois, ajuizar a ação humana (no sentido de "qual bem promover" ou "qual não promover", "por que fazer assim ou deixar de fazer?"), dúvidas que não combinam com a natureza de Deus, tampouco com um exercício de juízo que implica em escolhas etc.

O fato é que o deus de Epicuro não tem outra escolha fora do bem, de modo, inclusive, que se por ventura, mesmo na escolha do bem, causar algum mal (mesmo que inadvertido), deixa de ser e de agir como um Deus (universalmente considerado — não existe, afinal, um deus particular, propriedade subjetiva de alguém). Se Deus, entretanto, causar o bem fazendo aquilo que cabe ao humano fazer, então ele retira dos humanos (o que é um mal) a própria obrigação de produzir por eles o bem. Agindo assim, o suposto deus passaria a exercer o arbítrio do humano para o humano, ação que, por sua vez, de modo algum é própria de um Deus. Daí então a necessidade de se pressupor — eis a questão de Epicuro — que nenhum dos deuses se ocupa com nada que lhes é estranho, cada um vive sossegado e feliz "reunidos no *intemundia*".[153] Eles sequer se auxiliam reciprocamente, primeiro, porque, sendo cada um deles um deus, não carece de auxílio (porque não comporta carência ou fraqueza); segundo, se carecer ou comportar ajuda, então não é um deus; terceiro, um auxílio entre deuses é uma interferência indevida, e não um auxílio. Na correlação com os humanos, a fim de não promover o pior dos males (humanamente considerado), que consiste em exercitar para o humano a sua racionalidade e o seu arbítrio, então deixa para eles o divino encargo das escolhas: que implica em valer-se da própria razão e do próprio arbítrio quer na busca dos bens (que lhes são necessários) quer na fuga dos males (derivados do mau uso do arbítrio e das escolhas) que lhes promovem dores e sofrimentos. A questão, enfim, vem a ser esta: se os deuses exercitam para os humanos, em lugar dos humanos, exatamente aquilo através do qual é dado à condição humana exercitar, então retira deles o principal da própria humanidade: a possibilidade de se alçar em liberdade e divindade e de se colocar na condição de libertos e não de escravos.

6.3 – Cícero, Dante Alighieri e a religiosidade de Epicuro

Cícero, no livro I do *De natura deorum* (*Sobre a natureza dos deuses*), registrou uma opinião, pressuposta como "corriqueira" entre os opositores de Epicuro, que colocava em dúvida a veracidade (a sinceridade) da crença de Epicuro a respeito dos deuses: "ouvi não poucas vezes dizer (relata Cícero), que Epicuro, para não se submeter ao repúdio dos atenienses, dizia

---

[153] "[...] ex deorum concilio et ex Epicuri intermundiis descendisse..." (*De natura deorum*. I, VIII, 18). H. Rackham: "from the assembly of the gods in the intermundane spaces of Epicurus".

em público que os deuses existem, mas não confirmava no particular".[154] No mesmo livro I, um pouco mais adiante, Cícero cita o estoico Posidônio (135-51 a.C.), que também se ocupou com a sinceridade da crença religiosa de Epicuro: "Posidônio no quinto livro do seu *De natura deorum* relatou que Epicuro não acreditava verdadeiramente nos deuses imortais; o que a respeito deles dizia era só para evitar o ódio popular".[155] Nessa afirmativa entra um dado que merece destaque: "Epicuro não acreditava nos deuses imortais". Ora, há um problema aqui: para Epicuro, afinal, os deuses eram imortais! Não esqueçamos que os deuses da *teogonia* são mortais. Daí que na assertiva de Posidônio tem algo duvidoso, e a dúvida consiste justamente em declarar que Epicuro não crê exatamente naquilo que ele (Epicuro) diz que crê, tal como consta, por exemplo, na *Carta a Meneceu*, § 123, e na primeira das *Máximas principais*.

Mais adiante, no livro III do *De natura*, Cícero também põe na boca de Cota (o interlocutor representante dos acadêmicos), a seguinte opinião: "não me consta que Epicuro fizesse caso dos deuses imortais: faltou-lhe apenas coragem para negar-lhes a existência, e não negou apenas para não ser incriminado pelos populares".[156] Cota profere a opinião dos acadêmicos, com a qual, de um lado, não diz que Epicuro negasse a existência dos *deuses*; de outro, diz que Epicuro efetivamente afirmava a existência deles, porém, não se ocupava *grandemente* (*magnopere*) com isso, tampouco concedia grande valor. Há também que se levar em conta — perante a assertiva "não ser incriminado pelos populares" — que os acadêmicos sabiam muito bem o que se deu com Anaxágoras e com Sócrates por (mesmo sendo falsas as acusações sofridas por ambos) terem sido acusados, pelos oradores populares,[157] de negarem a existência ou de introduzirem outras crenças a respeito dos deuses.

Ainda mais adiante, desta vez por meio de Lucílio Balbo, representante dos estoicos, Cícero questiona Velleio, o representante dos epicureus: "por que Epicuro preferiu dizer que os deuses são semelhantes aos homens

---

[154] "Quamquam video non nullis videri Epicurum, ne in offensionem Atheniensium caderet, verbis reliquisse deos, re sustulisse" (*De natura deorum*, I, XXX, 85). Sexto Empírico reproduz este mesmo parecer de Cícero: "[...] Epicure, quand il s'agit de parler au peuple, concède l'existence de Dieu, mais il s'y refuse complètement quand il s'agit de la nature réelle des choses" (SEXTO EMPIRICO, 1948, *Contre les physisiens*, p. 67).

[155] "[...] Posidonius disseruit in libro quinto *de natura deorum*, nullos esse deos Epicuro videri, quaeque is de deis inmortalibus dixerit invidiae detestandae gratia dixisse" (*De natura deorum*, I, XLIV, 123).

[156] "Quia mihi videtur Epicurus vester de dis immortalibus non magnopere pugnare: tantummodo negare deos esse non audet, ne quid invidiae subeat aut criminis" (*De natura deorum*, III, I, 3).

[157] SPINELLI, 2017, p. 255ss.

e não os homens semelhantes aos deuses?". Diante de uma pergunta tão inusitada, perante o silêncio de Velleio (afrontado intelectualmente), é o próprio estoico Balbo que se vê obrigado a responder: ora, diz ele, "se os deuses são semelhantes aos homens",[158] isso quer dizer que a aparência deles derivou dos homens e não o contrário. Se derivou, então não são eternos, mas contemporâneos aos homens, de tal modo que a figura humana dos deuses existe concomitantemente à dos homens. Visto que os deuses são eternos (conclui — no que, aliás, favorece a mentalidade estoica e não a epicurista), então "não é lícito denominar humana a forma deles e, sim, que a nossa é divina".[159] Na conclusão, o monólogo finda por priorizar a questão da forma (que, aliás, também não condiz com a mentalidade dos epicureus): se *os deuses são imortais* (tese defendida por Epicuro no contraposto da tradição ancestral), então não são semelhantes aos homens, e se não são semelhantes aos homens, então são seres de uma outra ordem que nada tem a ver com os homens. Ora, do ponto de vista de Epicuro, os deuses não são propriamente semelhantes aos homens, e sim aos sábios. Eles, além disso, do fato de serem coincidentes com o que concebemos como *ser sábio*, nada efetivamente tem a ver com os homens, e sim os homens que devem ter algo a ver com eles, à medida que, forçosamente, haverão de continuamente se empenhar em ser semelhantes a eles. Nesse caso os críticos de Epicuro punem Epicuro, não pelas teses que ele defende, e sim por aquilo que esses mesmos críticos ignoram a respeito das teses de Epicuro.

Aí está a dificuldade (assumida, na época, pelos críticos adeptos da desqualificação) quanto à superação, da parte de Epicuro, do antropomorfismo que caracterizava tanto a teologia quanto a teogonia, dos gregos. Este é o principal da questão: se Epicuro acreditava ou não nos deuses, tudo indica que este não era, do ponto de vista dos opositores, o maior dos problemas. De todos, o maior problema consistia naquele que dizia

---

[158] Foi de Cícero que Sexto Empírico retirou a firmação que segue, na qual inclui outras concepções dos filósofos gregos a respeito dos deuses: "Parmi ceux qui croient en l'existence des dieux, les uns croient dans les dieux de leurs ancêtres, les autres dans ceux que forgent les sectes dogmatiques, pour Aristotele la divinité est incorporelle, elle est l'extremité du ciel, pour les Stoïciens c'est un souffle qui se répand même dans ce qui est fétide, pour Épicure elle a forme humaine, pour Xénophane c'est une sphère impassible; pour les uns elle est notre providence, pour les autres non; pour Épicure l'être heureux et incorruptible n'a pas lui-même d'affaires et ne s'occupe pas de celles des autres" (*Les esquisses pyrrhoniennes*, II, XXIV, 218-219, SEXTO EMPÍRICO, 1948, p. 327). ARISTÓTELES. *Sobre o céu*, I, 9, 279 a.

[159] "Nec vero intellego, cur maluerit Epicurus deos hominum similes dicere quam homines deorum. [...]. Video, sed hoc dico non ab hominibus formae figuram venisse ad deos; di enim semper fuerunt, nati numquam sunt, si quidem aeterni sunt futuri; at homines nati; ante igitur humana forma quam homines, eaque erant forma dii inmortales: non ergo illorum humana forma, sed nostra divina dicenda est" (*De natura deorum*, I, XXXII, 90).

não serem os deuses semelhantes aos homens e, portanto, tratava-se de deuses distintos dos da crença do povo, e daí a necessidade de Epicuro forjar uma suposta dissimulação. Ele próprio, como consta em Usener, nega: "Eu nunca desejei agradar a multidão; pois aquilo que lhe agrada, desconsidero, e o que eu sei está longe de sua compreensão".[160] Talvez fosse, então, a real dificuldade de prontamente promover uma efetiva compreensão popular que levava Epicuro a se dissimular; ou, então, por esta outra razão: porque a sua crença em um deus imortal, um deus em nada semelhante aos homens, a não ser (alguns) na forma ou aparência, não teria mesmo como se interessar pelos homens, pois estaria tão distante deles que nada de bom ou de ruim viria a lhes fazer. Daí que o principal da questão diz respeito especificadamente à ruptura promovida por Epicuro no confronto da tradição ancestral e, consequentemente (dado a ampla aceitação de Epicuro entre os romanos), de se manter o *status quo* do "pão, religião e circo" da política romana.[161]

Foi tendo em vista esse pressuposto que Cícero teceu estes dois lacônicos comentários:

a. "no deus de Epicuro não há realidade, mas uma aparência de realidade";[162]

b. "não está bem claro se Epicuro afirma que existe um ser feliz e imortal, ou, se se limita a dizer que, caso exista um tal ser, seja idêntico ao que ele imagina".[163]

Ora, que Epicuro afirma que os deuses são imortais e bem-aventurados, isso é inquestionável: vem dito com toda clareza na Carta a Meneceu (§123) e na máxima I. Da assertiva de Cícero segundo a qual o deus de Epicuro é como fosse uma verdadeira *imaginação*, dela cabe seguramente inferir, pressupondo, inclusive, os conceitos de *noções prefixadas* ou pré-gravadas (*nóēsis hypegráphē*), de *noções comuns* (*koinḕ nóēsis*) e de *noções universais* (*katholikḕn nóēsin*) referidas a um deus, com elas

---

[160] USENER, *Epicurea*, fr. 187, p. 157.

[161] VEYNE, P. *Pão e circo: sociologia histórica de um pluralismo político*. Tradução de Lineimar Pereira Martins. São Paulo: Unesp, 2015.

[162] "[...] in Epicureo deo non rem, sed similitudines rerum esse" (*De natura deorum*. I, XXVII, 75). Na tradução de Rackham: "[...] in the god of Epicurus we shall say that there is no real substance but something that counterfeits substance".

[163] "Dubium est enim, utrum dicat aliquid esse beatum et inmortale an, si quod sit, id esse tale" (*De natura deorum*, I, XXXI, 86). Rackham: "It is in fact doubtful whether he means that there *is* a blessed and immortal being, or that, if there is, that being is such as he describes".

Epicuro concebeu *deus* como um *conceito* da razão, e não, a rigor, como um existente ou ente real dotado de sentimentos, de paixões, ansiedades, antinomias etc. Daí, de um lado, que o deus da crença de Epicuro, a tirar pelo que consta na dialógica de Cícero, é suposto como um ser não existente e imaginário, em nada semelhante aos deuses do povo; de outro, diríamos que, ao contrário do que concebeu Cícero, o deus de Epicuro existe sim: é um ente da razão e não uma simples imaginação eivada de desinformação e de ignorância que concede a um deus atributos que não lhe pertence. O deus de Epicuro é coincidente que *o que é divino* e, sendo assim, é o motivo pelo qual vale a pena em tudo por inteiro viver uma vida divina bem cuidada: serena, alegre, prazerosa e feliz, sob parâmetros do que é bom, belo e justo!

Mas, enfim, Dante Alighieri, na sátira da *Divina Comédia*, não colocou Epicuro em nenhuma das moradas celestiais: nem no céu, nem no purgatório, nem no inferno. Dante reservou para Epicuro uma quarta morada, lugar no qual colocou os irreligiosos e os heréticos: o *cemitério*. É de se supor que o próprio Dante, de Epicuro, se fez lindeiro: se pôs em terreno ao lado, em eterna morada! Supomos, do mesmo modo, que Dante restringiu Epicuro ao cemitério, em vista do fato de Epicuro ter admitido que a alma humana é mortal e que ela padece com a morte do corpo. O "generoso" Dante (1265-1321) não ficou só por aí: sentenciou, naquela ocasião, que Epicuro, solitário em seu túmulo, iria sofrer mil mortes (hoje, por certo, haveria de ser um pouco menos!). Não só ele, como também todos os seus sequazes ocupariam túmulos solitários e morreriam mil vezes.[164] Quem morreu e volta a mil vezes morrer, por certo se reencontrou mil vezes com a vida e, portanto, ressuscitou e viveu o necessário!

Quer dizer: ao desejar para Epicuro e para os seus admiradores mil mortes, Dante certamente o fez, a título de castigo, em boa razão, porque, afinal, morrer mil vezes implica em viver mil vidas! O castigo, então, haveria de ser este: dado que Epicuro amava o viver alegre, prazeroso e feliz, Dante cogitou fazê-lo viver não apenas uma, mas mil vidas. Ora, se um tal rotineiro nascer e morrer seria cansativo para Epicuro, para todos nós, entretanto, redundaria em lucro: com mil Epicuros (sem contar os sequazes) todos cultivando, com empatia e bom ânimo, uma vida alegre e regrada, haveríamos forçosamente de ver um mundo bem melhor e não toda esta "excelência" feito uma tragicomédia nada divina que vemos por aí.

---

[164] "Suo cimitero da questa parte hanno/ Con Epicuro tutti i suoi seguaci,/ Che l'anima col corpo morta fanno" (*La Divina Commedia*. "Inferno", X, 13-15, ALIGHIERI, 1966-1967).

7 – A desumanização conceitual dos deuses e a divinização do sábio

7.1 – O antropomorfismo e o tema das *prólepseis* de Epicuro

Os deuses de Epicuro estão submetidos a duas concepções: uma que identifica os deuses aos sábios dentro de uma correlação em que o sábio epicureu tem os deuses por modelo; outra que faz dos deuses uma expressão grandiloquente do *ser sábio*.[165] O sábio epicureu é alguém cotidiano: homem ou mulher, jovem ou velho que se empenha em dar para si leis de prudência, em se consorciar (com os da proximidade) em amizade, e em tomar o divino como alimento e modelo de suas ações. Não só é sábio, como também é extraordinário. Os deuses de Epicuro, mesmo que ainda concebidos dentro de um ponto de vista antropomórfico, são, todavia, diferentes dos deuses tradicionais sob um aspecto bem específico: eles não se reduzem aos atributos, modos de agir, sentimentos e pensamentos característicos dos humanos comuns. Entre os filósofos, foi Xenófanes (580-460 a.C.), o mestre de Heráclito e de Parmênides, quem, por primeiro, descreveu (na verdade satirizou) o antropomorfismo concebido pelos gregos:

> Se os bois [observou], os cavalos e os leões tivessem mãos e com elas pudessem desenhar e modelar imagens como fazem os homens, os cavalos produziriam deuses semelhantes a cavalos, os bois semelhantes a bois, cada um reproduziria uma forma de deus (*theôn idéas égraphon*) imitando a aparência e o corpo de cada um.[166] Os etíopes [acrescentou] representam os seus deuses de pele negra e de nariz chato; os trácios, de olhos azuis e de cabelos cor de fogo.[167]

Não só na forma, como também nas ações, Xenófanes criticou o antropomorfismo tradicional: "Homero e Hesíodo atribuíram aos deuses tudo o que para os homens é vergonhoso e censurável: roubos, adultérios e mentiras recíprocas".[168]

---

[165] "[...] les dieux d'Épicure, étant sans trouble comme le sage, ne prennent point souci des affaires humaines" (FESTUGIÈRE, 1997, p. 92).
[166] DK 21 Xenófanes B 15, *recolhido em* Clemente de Alexandria. *Stromateîs – Miscelâneas*, V, 109.
[167] DK 21 Xenófanes B 16, *recolhido em* Clemente de Alexandria. *Stromateîs – Miscelâneas*, VII, 22.
[168] DK 21Xenófanes B 11, *recolhido em* Sexto Empírico. *Contra os matemáticos*. IX, 193. KIRK & RAVEN & SCHOFIELD, 1994, p. 173.

Os deuses de Epicuro não são rigorosamente aparentados com os humanos em geral, e sim com o que é requerido do ser humano sábio em particular.[169] Na correlação entre eles, diz Epicuro que os sábios são amigos dos deuses e os deuses amigos dos sábios.[170] Trata-se, aliás, de uma proposição difundida igualmente por Diógenes de Sínope, segundo o qual "os sábios são amigos dos deuses".[171] O que, no dizer de Epicuro, o povo, em geral, manifesta a respeito dos deuses são conceitos negativos (*apopháseis*)[172] e não positivos. Trata-se, pois, de uma teologia negativa, apofântica, retirada dos mitos, que atribuía aos deuses uma natureza que não lhes convinha. O povo acreditava, por exemplo, que os deuses promovem grandes danos (*mégistai blábai*) a uns e grandes vantagens (*ophéleiai*) a outros. Ora, segundo Epicuro, esse é um comportamento que nada tem a ver com a natureza de um deus, que, em si mesmo, é um ser belo, bom e justo, e que, consequentemente, só pode prover o que a ele se assemelha e, portanto, jamais poderiam ser irresponsável e causar ou prover qualquer tipo de malefício. Epicuro acompanha o que Sófocles sentenciou, no *Filocteto*, cujo dizer comporta uma crítica à "teologia" tradicional. Disse Sófocles que não conseguia entender como as divindades (*daímones*) se prestavam a salvar trapaceiros, astutos e contraventores de seus males. Logo os deuses (ressaltou), aqueles

> [...] que nunca deixam de encaminhar para o Hades os justos e os de boa índole (*tà dè díkaia kaì tà chresta*)! Como explicar e aprovar isso? Logo agora que quero louvar as ações dos deuses constato que eles favorecem o malfeito (*kakoús*).[173]

Assim como os deuses não são responsáveis pelos nossos danos, também não são (segundo a mentalidade cultivada pelos epicureus) pelos nossos lucros, ou seja, por tudo de bom, belo e justo que ocorre em nossa natureza e em nossa vida. Nossos bens naturais não dependem deles porque a própria natureza em si mesma é boa — é um bem — e os bens que dependem de nós não vêm de graça: cabe a cada um de nós fomentar ou promover. Os bens inerentes à nossa natureza são bens presentes intercambiáveis por

---

[169] "En réalité, ces dieux d'Epicures sont très différents des dieux *religieux*... Ils sont à la fois complètement séparés des hommes [...] et tout à fait semblables à eux... Ces dieux sont l'image parfaite de l'homme, ou plutô du *sage*..." (PONNIER, "Présentation", MARX, 1970, p. 33).

[170] USENER, *Epicurea*, fr. 386, p. 358.

[171] "Tudo pertence aos deuses [dizia Diógenes de Sínope]. Os sábios são amigos dos deuses. Os bens dos amigos são comuns. Logo, tudo pertence aos sábios" (D.L., 1959, VI, §37).

[172] *Carta a Meneceu*, § 124.

[173] *Filocteto*. vv.446-450, SÓFOCLES, 1958, II.

bens desconhecidos e ausentes ou por outros, que, mesmo desejados, não são nossos, tampouco são facilmente acessíveis. Justo por isso nada têm a ver com a vontade dos deuses, uma vez que os bens que cada um aspira, para além dos naturais, são diversificados e estão vinculados à vontade de cada um, de modo que, se colocados à mercê dos deuses, deixariam de ser objetos da vontade livre humana para ser vontade dos deuses. Teríamos, enfim, de renunciar nossa liberdade em favor da escravidão, a ponto de abdicarmos da nossa própria condição natural de ter vontade.

Os termos *vontade* e *vontade livre* são inferidos de duas expressões, na verdade a mesma que comparece na *Carta a Meneceu* (§ 133 linhas 7 e 8):

a. *par' hemãs* (linha 7), que teria o sentido de "*por causa de nós mesmos*" (em nosso favor), ou, simplesmente, "por nós mesmos";

b. *par' hemãs adéspoton* (linha 8), que tem o sentido de "*por nós mesmos, sem senhor*" (*não em favor de outro*), que comporta o sentido da exclusão de uma soberania (*despótes*) externa.

O que sentenciou anteriormente Epicuro deixou bastante claro que a opinião (a *dóxa*) do povo a respeito dos deuses não é *prólepsis*, mas *hypólepsis pseudeîs*, ou seja, falsas conjeturas. Não se trata, em primeiro lugar, de uma *prólepsis* porque são opiniões que não derivam diretamente do consórcio dos sentidos mediante os quais construímos uma memória formada empiricamente a partir das experiências sensíveis reincidentes, vividas no decurso do tempo; segundo, porque as *prolépseis*, do fato de serem derivadas da reincidência sensível resultam em proposições inteligíveis, ou seja, em noções ou conceitos evidenciados (*informados*, conforme Lucrécio[174]) na mente a partir da experiência sensível; terceiro, porque as *prolépseis* são opiniões que comportam alguma elaboração intelectiva na medida em que, além de subjetivamente testadas pelo sujeito racional, são universalmente compartilhadas (*hè énnoian hè katholikèn nóesin*, conforme expressão de Diógenes Laércio[175]) dentro de uma comunidade de relações a ponto de resultarem em um entendimento ou compreensão fertilizada pela reflexão ou bom senso.

Genericamente considerada, a dita *prólepsis* de Epicuro comporta efetivamente o sentido que Cícero lhe atribuiu como *informação* ou *antecipação* ou *prenoção* impressas na alma. Cícero sugere, inclusive, no *De natura*

---

[174] *Epicuro e as bases do epicurismo*, p. 216.
[175] D.L., 1959, X, § 33.

deorum, que a teoria da *prólẹpsis* foi por Epicuro concebida "na magnifica obra *Sobre a regra e o ajuizamento* — caelesti *De regula et iudicio*". De nossa parte, poderíamos, em síntese, dizer que Epicuro com a teoria da *prólẹpsis* verbalizou o seguinte fenômeno que se passa no cérebro humano: somos continuamente estimulados a combinar o que vemos com o que já vimos, a relacionar o novo com o antigo, o que sabemos e temos depositado na mente, com o que não sabemos. Não conseguimos viver ao modo como se a vida se constitui em apenas *presente*, e sim em presente passado e futuro, sob uma dialética em que um interfere no outro. As interferências do passado (tomadas ao modo experiências vividas) são mais salientes que as do futuro (da experiência na vivida). Entretanto, elas também interferem no viver presente à medida que projetamos o futuro dentro de certas perspectivas que gostaríamos de efetivar. De tudo o que já vimos e sabemos temos disponível no depósito da memória noções que se antecipam ao novo com as quais promovemos informações prévias que ativam o exercício do juízo e da compreensão humana em vista do agora e do depois. Carecemos, enfim, de nos livrar de muitas coisas, retirar pesos do passado a fim de que o presente fique mais leve.

No que concerne às *prolẹpseis* presumidas como sendo noções (desde as percepções da infância) depositadas na mente, elas dizem respeito a concepções que se antecipam a qualquer nova opinião que nos dispomos a proferir ou reciclar. O pressuposto de Epicuro vem a ser este: para outras e novas opiniões temos sempre antigas ou velhas opiniões, que, guardadas no depósito da memória, se antecipam à formulação das novas. Aqui, entretanto, e mais uma vez, fica manifesto que a tradução de Cícero (não quanto aos termos já consagrados de *antecipatio* ou *praenotio*), e sim de *innatas cognitiones* não combina ou, ao menos, não expressa satisfatoriamente o que Epicuro entendeu dizer por *prólẹpsis*, por ele concebida nos termos de uma teoria da antecipação. A tradução, na verdade, foi agravada com as interpretações da posteridade, uma vez que Cícero estava, de sua parte, ciente de que as *cognições* em Epicuro não eram *innatas* sob os termos da teoria das ideias de Platão, e sim no sentido de que certas noções, não tendo elas por fonte as sensações, têm, entretanto, sua origem na mente (em seu operar). Disso não se segue que, do ponto de vista de Epicuro, elas fossem congênitas, ou seja, geradas junto com a alma ou com a mente humana, e sim ideias concebidas na mente (inteligência ou razão) em seu exercício desde a infância momento em que a criança tudo ouve e acolhe em confiança "ensinamentos" proferidos. *Ensinamentos* vem entre aspas porque muito do que a criança aprende vem de conversas proferidas entre os pais ou adultos, falas que não necessariamente foram diretamente dirigidas a elas a título de ensino ou instrução.

Vimos também, a esse respeito, como para Epicuro o conceito de *tempo* não entra no rol das *prolépseis*, e isso porque não tem por fonte as sensações, e sim o que ele presume como uma *clarividência* ou discernimento interno da mente. São, entretanto, do ponto de vista dele, duas coisas distintas, no sentido de que a investigação acerca do *tempo* não cabe ser conduzida do mesmo modo que a do *divino*, isso porque, do tempo, não temos em nossa mente um "conhecimento evidente", tampouco em nós se evidencia nos mesmos termos das *prolépseis* que contemplamos arraigadas no intelecto.[176] Não quer dizer que a respeito do tempo não temos em nós nenhuma evidência; temos algumas. Quando dizemos, por exemplo, "tempo curto" ou "tempo longo", "pouco tempo" ou "muito tempo", sob tais prenoções (*prolépseis*) conectamos, por analogia, o que denominamos de tempo, com o que, para nós, evidencia o atributo da duração. Do que é divino também não temos evidências imediatas, porém, encontramos na mente os conceitos (prenoções), por exemplo, referidos ao que é belo, bom e justo, mediante os quais somos por eles levamos a dar como conhecido (como sabido) o que *é ser divino* mediante atributos que comportam apenas noções de excelência (de perfeição, de eternidade etc.) e jamais as de seus contrários (feio, mau, injusto, imperfeito etc.). Mas, enfim, assim como toda vez que experimentamos a duração com ela nos damos imediatamente conta do tempo, do mesmo modo experimentamos em nossa mente o ser divino ao qual cabe apenas conceitos de excelência, caso contrário não seria um ser em si mesmo presumido como divino.

Eis aí, aproximadamente, o modo como Epicuro concebe o ser divino inferido de *prolépseis* acessíveis à mente humana, e das quais podemos tirar juízos reais e verdadeiros condizentes com a natureza do *que é divino* relativo ao qual não cabe qualquer outra conceituação que não se enquadre no âmago das noções do bem, do belo e do justo. Daí que o acesso intelectivo à ideia de deus requer do intelecto (que implica honestidade intelectual) um distanciamento ou purificação de *toda impureza* (*pãn katharòn*) relativa à noção que concedemos ao divino.[177] As noções contrárias de modo algum se aplicam, sob nenhum aspecto, a um deus,

---

[176] *Carta a Meneceu*, §123-124.
[177] USENER. *Epicurea*, frag. 38, p. 107.

à medida que se constituem e expressam uma efetiva negação do que é divino, visto que constrangem o entendimento relativo "àquilo que diz (atribui, especifica) *o que é*" ser divino. Um suposto deus (promotor) do mal ou da injustiça é completamente incompatível e intelectivamente desonesto com o ser divino, cuja excelência (virtude) consiste em tudo ser excelente. Um deus maligno (pensado como absoluta carência do bem) haveria de ser antinatural, anti-humano e, em tudo, absolutamente destrutivo, visto que, sob a égide do que é mal (ao qual se insere o que é injusto) nada se edifica: nem no microcosmo humano nem no macrocosmo e nem nele mesmo. Dá-se que um deus do mal comporta a negação de si mesmo, e de qualquer atributo pressuposto com o bem conceitual e com o *benfeito* operacional (factível). Mesmo que fôssemos forçados a pensar em um deus do mal *eficiente* em sua maldade, teríamos que submetê-lo ao conceito do *benfazer*, o que seria um contrassenso, um despautério racional.

7.2 – *Prolępseis, hypólępseis* e a morada dos deuses

Não consta na proposição de Epicuro, proferida na *Carta a Meneceu*, uma contraposição entre as *prolępseis* e as *hypólępseis*, visto que ambas designam igualmente o universo das opiniões com o qual ele entende distinguir opiniões de duas ordens: *pró* (antes de, que denota antecipação ou precedência) e *hypó* (debaixo de, sob a influência de, ao abrigo de, sob o domínio de). A contraposição se dá entre *prolępseis eisin* (cognições reais, existentes, pertencentes ao domínio das opiniões claras e distintas fornecidas quer pela mediação do sensível quer pelo empenho reflexivo da mente) e as *hypólępseis pseudeîs* (cognições falsas, sem o aparo quer do sensível quer da reflexão teórica). As opiniões, no caso, referidas como *prolępseis*, dizem respeito às que nascem dentro do sujeito sob o amparo das evidências sensíveis e inteligíveis, ao passo que as *hypólępseis* são opiniões que vem de fora, produzidas externamente, ao desamparo do que é evidente (*enargès... ouk eisín*), mesmo que internamente acolhidas e aceitas em confiança.

No que concerne às *hypólępseis* expressas na *Carta a Meneceu*, elas se aplicam explicitamente aos preconceitos pertencentes ao domínio dos interesses do mito. Nem todas as *hypólępseis* são *pseudeîs* (falsas); muitas são verdadeiras. O mesmo caberia dizer das *prolępseis*, uma vez que elas dizem genérica e igualmente respeito às cognições, antigas e recentes (velhas opiniões), que temos depositadas (infusas) na memória, às quais, como que automática e inevitavelmente, recorremos ao formular as nossas novas opiniões. A dificuldade de Epicuro com relação quer às *prolépseis* quer às *hypólepseis* está na perpetuidade do *mesmo*, ou seja, na incapacidade de reciclar as opiniões, para o que, necessariamente, carecemos de uma capacitação do bom senso e do juízo.

Não é o caso dos que adotam para si opiniões estranhas, que não passam pelo crivo do bom senso nem do juízo crítico. Assim são as *prolépseis* ou *hypólepseis* veiculadas sob os interesses estimados pelos mitos: opiniões reconhecidamente autoritárias, fechadas ao senso crítico, derivadas de uma estima (consideração e apreço) que quer instruir e educar sem compromisso com as *evidências*, ou, mais especificadamente, com os critérios canônicos da ciência e do exercício crítico do pensar. Germinadas sem o devido critério das evidências (do sustento do saber), sem respeito às exigências do intelecto humano, proferidas sob intensa retórica persuasiva, impostas mediante melifluidade dogmática, findam acolhidas pela maioria em confiança sem qualquer estímulo em favor da reflexão teórica fertilizada pela educação quer do uso dos sentidos quer da razão.

Epicuro retira das *prolépseis* referidas aos deuses os limites, as angústias e os tormentos humanos. Não é da natureza dos deuses interferir nos assuntos humanos, presidir os tribunais que ajuízam os mortos, distribuir castigos ou méritos na forma de bênçãos e graças. O inusitado, algo que causou espécie sobretudo entre os latinos e na posteridade, decorreu do fato de Epicuro ter despojado os deuses do conceito da ira e do amor, assegurando simplesmente que eles apenas existem: vivem para si mesmos, sem comerciar ou fazer comunidade com os humanos, a não ser entre eles mesmos, mas de um modo harmonioso, sereno e feliz em sua comunidade de deuses em que cada um cuida divinamente bem de si. Foi Sófocles (497-406 a.C.), no *Oidípous týrannos* (que os latinos traduziram por *Oedipus rex*), um dos primeiros a difundir a ideia de que os deuses só fazem o que querem, que nenhum mortal é capaz de coagi-los a fazer o que não querem.[178]

Epicuro tranferiu a morada dos deuses: levou-os do olimpo a habitar os espaços vazios do ordenamento cósmico, *entre os mundos* (no *intermundia*), lugar em que desde sempre, eles levam uma vida tranquila, despreocupada e feliz. Enquanto os estoicos fizeram coincidir a morada

---

[178] Édipo rei, vv.280-281: "que homem poderá forçar os deuses a fazer o que não querem?" (SÓFOCLES. 1958, I, p. 22).

dos deuses com a dos homens (como que a dividir o mesmo mundo), os epicuristas restringiram este mundo como morada dos homens e concederam aos deuses uma morada própria: o *intermundia*. Neste mundo moram os humanos e tudo por aqui é reponsabilidade deles para o que se requer conhecer para bem governar. Enquanto os estoicos acomodaram os deuses no mundo humano, os epicureus os alojaram em um mundo específico, a preencher os espaços entre os "infinitos mundos". Não estando os deuses acomodados em um mundo dos infinitos mundos, então sequer têm um *habitat* que efetivamente lhes pertence, visto que, sem morada delimitada e fixa, eles se movem ao redor dos mundos e, portanto, mesmo sem habitar um mundo deles, vivem no Mundo e não fora dele.

Na filosofia de Epicuro — esta é uma importante questão — não há, no mundo humano, lugar para deuses, tampouco para semideuses, e sim apenas para os humanos: desde o mais comum ao mais sábio. Mesmo, entretanto, que deuses de Epicuro não compartilham com o humanos o mesmo mundo, são, todavia, seres imanentes e não transcendentes; são seres naturais e não sobrenaturais. Não está de todo correto o que sentenciou o estoico Sêneca dizendo que a filosofia de Epicuro "pôs o cidadão fora de sua pátria e os deuses fora do mundo – *civem extra patriam posuit, extra mundo deos*".[179] Epicuro não fez, a rigor, nem uma coisa nem outra: nem colocou os cidadãos fora de sua pátria (de uma *pólis*) nem os deuses fora do mundo, sendo, inclusive, que lhes deu, feito uma pátria, um mundo: o *metakósmios*. Epicuro, aliás, no que diz respeito à pátria presava o mesmo que Diógenes o Cínico, que, certa vez questionado a respeito de onde era, respondeu: sou um *cidadão do mundo* (*kosmopolítes*), como se sua cidade fosse o *kósmos*.[180] Epicuro conserva o mesmo modo de pensar de Diógenes: "a escola de Demócrito e de Epicuro [comentou Francis Bacon] atribuía com orgulho a seus fundadores a demolição dos muros dos mundos"[181]. Mas não foi tão abstrato ou tão extravagante quanto Diógenes: a sua *pólis* é a *comunidade* na qual vive e compartilha amor (afeição) e amizade, intercambia desvelos recíprocos, cuidado de si e dos outros e, enfim, zela pela liberdade. Quanto aos deuses, efetivamente, do fato de habitarem o *intermundia* (o *metakósmia*) não vivem, a rigor, sem mundo nem fora do mundo.

---

[179] *Ad Lucilium*, XC, XXXV, 1-2.
[180] D.L., 1959, VI, § 63.
[181] BACON, Francis. "Descripcion del globo intelectual". *In: Teoría del Cielo*. Traducción, estudio preliminar y notas de Alberto Elena y Maria José Pascual. Barcelona: Altaya, 1994, p. 28.

Faz parte da mentalidade epicurista a tese da existência de mundos multíplices, nos termos como consta na *Carta a Heródoto*: "Os mundos são em número ilimitado".[182] Na *Carta a Pítocles*,[183] Epicuro explica assim o que entendia por mundo: "Mundo (*kósmos*) é o que circunscreve um céu (*ouranoû*), e que em si contém os astros (*ástra*), a terra e todos os fenômenos".[184] Ora, vimos como os deuses de Epicuro não tem por morada este mundo, a não ser o *todo*, em que habitamos. Eles vivem no *todo*, às margens deste mundo. Os deuses de Epicuro tampouco moram dentro dos humanos: dentro de nós encontramos apenas noções claras na mente a respeito do *que é divino*, em decorrência das quais nos é dado administrar (ao modo dos governantes da *pólis* ou da *oikía* familiar) a dispensa sortida de anseios e de desejos, e também a *phrónesis*, a faculdade da temperança, ou seja, a potência da capacitação mediante a qual podemos equilibrar (temperar) anseios e desejos. Vimos também que os deuses de Epicuro não são invasivos. Epicuro, nesse ponto, não deu crédito sequer, ao modo como o estoico Crisipo (o Metrodoro dos estoicos[185]) definiu o *daimónion* de Sócrates: como um deus habitante da alma humana. A esse respeito Sócrates, segundo Crisipo, costumava dizer que a felicidade e a boa vida chegam até nós "quando agimos em concordância com o *daimónion* que cada um leva dentro de si".[186]

Dentro do humano — eis o pressuposto epicureu — mora a natureza humana com as pulsões própria de cada um e, além dela, as *noções* do divino das quais necessariamente cada um deve se valer caso se disponha a transformar a si mesmo, e este mundo, em algo valioso, em tudo ideado sob o pressuposto da excelência, aparentado com o *divino*. O *dentro do indivíduo* na concepção de Epicuro é o lugar inviolável da subjetividade humana e da consciência existencial do sujeito particular. Nesse lugar, nem os deuses podem entrar, a fim de não dessacralizar o lugar humano inviolável. Não existe, segundo Epicuro, nada mais desonesto do que alguém, mesmo um deus, que venha a invadir a alma humana, a fim de suborná-la em favor de interesses que não os dela. Suposições

---

[182] "[...] *kósmoi ápeiroí eîsin*" (*Carta a Heródoto*, § 45).

[183] *Carta a Pítocles*, § 89; *De rerum natura*, II, v.1048ss; Diógenes de Enoanda, fr.63.

[184] *Carta a Pítocles*, § 88.

[185] Metrodoro foi por todos considerado o outro Epicuro, assim como, entre os estoicos, Crisipo (280-208 a.C.) foi o outro Zenão (333-263 a.C.). Crisipo, no entanto, é posterior a Zenão, enquanto Metrodoro (330-377) foi amigo e companheiro de Epicuro (331-270 a.C.). Metrodoro morreu sete anos antes de Epicuro, e deixou um filho e uma filha que foram cuidados por Epicuro (D.L., 1959, §19-20, §23).

[186] MORAL, 1956, p. 89.

do tipo o *deus tomou conta de minha consciência* ou *se apoderou de minha alma* correspondem, em Epicuro, à negação irrestrita do humano e, por consequência, à violação do humano e do divino. Não é da natureza ou índole de um deus, segundo Epicuro, tomar de assalto a alma humana sem que o humano lhe abra as portas. Deus não se apossa da alma de ninguém e, tampouco, se dá o encargo de fazer o que a cada um é devido ser feito. Epicuro a esse respeito reproduz a mesma ideia promovida pelo pintor inglês William Holman Hunt (1827-1910) no quadro *The Light of the World* (*A luz do mundo*), no qual Jesus bate em um porta sem fechadura: representação da alma humana que só se abre por dentro.

Do ponto de vista da lógica de Epicuro, era forçosamente necessário que a natureza divina fosse imortal, que gozasse de uma paz profunda, para o que se fazia necessário que os deuses vivessem longe de preocupações e das angústias que são nossas e que não cabe a Deus tomar para si: ele findaria, afinal, triste e aflito com angústias que não são dele. Uma natureza divina haveria de ser livre da dor (um Deus, afinal, não adoece e nem é refém deste ou daquele mal-estar), livre de perigos (um Deus, afinal, não se deixa cair em cilada), forte e autossuficiente (um Deus não carece de ninguém e não precisa de ser consolado), e impassível (um Deus não se deixa subornar por benefícios ou por malefícios, por preces emotivas ou iradas). O deus de Epicuro não sofre de nenhum transtorno de bipolaridade: tudo nele se dá sob a vigência de uma natureza única, positiva, na qual impera a felicidade, a serenidade e a paz. Epicuro, entretanto, distingue a felicidade dos deuses da felicidade humana: a felicidade própria dos deuses é aquela que não pode ser mais intensa, que não comporta nem adição nem subtração de prazeres; a felicidade própria dos humanos é o contrário: é aquela que ora comporta a adição ora a subtração de prazeres.[187]

Dentro do ponto de vista epicureu, os deuses efetivamente perdem, mesmo que não totalmente, a conotação antropomórfica conforme a tradição cultivada pelo mito. *Não totalmente*, em razão de Epicuro considerar os deuses como seres existentes de fato, e que *o ser deus* (*tò theòn* — com cuja expressão não se refere a um deus único, e sim a um deus entre os deuses) necessariamente corresponde à condição de um ser "vivente imortal e feliz – *zōon áphtarton kaì makárion*" que "não promove malefícios nem para si nem para os outros".[188] Daí que os deuses de Epicuro são,

---

[187] D.L., 1959, X, § 121.
[188] *Carta a Meneceu*, § 123.

em última instância (afora a imortalidade), tudo aquilo que um humano autossuficiente, prudente e sábio haveria de ser: feliz (*makários*), sem perturbações e sem perturbar ninguém. Daí, além disso, que, sendo da essência de um deus cuidar bem de si, também lhe é próprio esquivar-se da invenção de problemas (perturbações) para si e para os outros, cuja virtude igualmente haveria de ser modelo e exemplo para cada um e para toda a comunidade humana.

7.3 – Os deuses de Epicuro de nada carecem

Epicuro, distinto da tradição ancestral, concebeu a comunidade dos deuses como a personificação ideal de perfeição, de bondade, de justiça e de felicidade a ser humanamente almejada no pensamento e na ação. Os deuses de Epicuro não carecem de nós nem de nossos sacrifícios nem de nossas preces. Quando recorremos aos deuses, como efetivamente devemos recorrer, não é em favor deles (que, de nós, nada carecem), mas em nosso favor. Não quer que, por exemplo, oramos para retirar deles algum benefício e, tampouco, para que eles afugentem de nós malefícios. Oramos ao modo de quem ora por si mesmo, para se apaziguar e se encorajar, para tornar a vida mais serena e tranquila, e para, sobretudo, nos autoconhecer. Não louvamos os deuses em troca de favores, e sim como modo de nos revestir do divino; não recorremos aos deuses para nos entregar a eles, e sim para nos entregar a nós mesmos ao modo de quem agenda para si uma vida pautada por princípios de excelência. São os ignorantes da divindade, infiéis e preguiçosos que ficam aguardando que os deuses derramem sobre eles graças, boas colheitas e virtudes.

Quando oramos e nos sacrificamos em nome dos deuses — eis a atitude piedosa proposta por Epicuro — é devido fazer amparados pela alegria de experimentarmos a partir de nós mesmos ideias de excelência em vista dos quais certificamos o nosso empenho na direção do melhor humanamente possível. Os deuses não carecem de nossas orações e sacrifícios nem para fazer o que é devido (um deus sabe o que, como e quando fazer o que deve) nem para se satisfazer ou se agradar (um deus é sempre alegre e feliz por sua natureza). Orações e sacrifícios só têm sentido em nosso benefício e não dos deuses que carecem nem de nossos alertas nem de nossos agrados. Somos nós que carecemos de nos apropriar do que é divino, razão pela qual somos levados a reverenciar dos deuses e, por essa reverência, a nos alertar para o que é devido e para nos agradar, e assim, possuídos de bom ânimo, exercitar em nós o pensar e a agir em consonância com o divino. Piedosas orações sem boas ações promovem apenas uma vida ilusória.

Aí está a razão pela qual a existência dos deuses inferida por Epicuro decorre (como sentenciou Cícero, como palavras de Crisipo) de uma regra lógica que, salvando-se as diferenças, foi acolhida por estoicos e epicureus: a da necessidade lógica de admitir alguma natureza excelente à qual nenhum humano e nem nada no mundo pode superar.[189] O estoico Sêneca registrou a referida regra lógica, nestes termos: "a magnitude divina [...] é aquela em referência à qual não se pode pensar nada maior".[190] O pressuposto é este: se os deuses não existissem, então, seríamos nós, no Universo, a natureza superior, seríamos nós os deuses. Dado que temos racionalmente consciência de que nossos limites e nossa finitude são insuperáveis, dizer que somos deuses, seria de uma arrogância extraordinária. Tampouco podemos querer ser deuses: isso é muito mais do que podemos ser, ultrapassa e muito o essencial de nossa natureza humana e de nosso humano bem viver. Portanto, por necessidade lógica, é forçoso, por um lado, nos aquietar no que somos, dentro dos limites e das possibilidades de nossa natureza; por outro, reconhecer que há, ao menos de um ponto de vista lógico, enquanto realidade possível, uma natureza divina (mesmo que ideal) melhor que a nossa, e que, mirando-se nela (aquietados, todavia, no que somos dentro de nossos limites e possibilidades), podemos ir bem além do que somos e, portanto, ser melhores. Não nos cabe, entretanto, levar à prática o que sentenciou Sófocles — que "uma vida sem consciência de nada é bem mais agradável"[191] — mesmo que ele possa ter alguma razão. Aqui está o grande desafio: qualquer possibilidade de melhoria humana passa por esse desafio, cuja tarefa vem a ser coletiva, porém mediante empenho subjetivo, sem o qual o todo jamais vem a ser melhor.

Epicuro é, sim, um crítico da religião, mas é preciso equacionar bem em que aspectos da religião a sua crítica se dirige. O que está em foco em sua crítica é o malfeito que retira da religião tudo o que ele considera como um elemento valioso basicamente a dimensão educadora e instrutora, o compromisso de a religião tomar para si a promoção do divino como fonte de elevação e de qualificação humana. É para esse lado que se dirige a sua

---

[189] "[...] esse autem hominem, qui nihil in omni mundo melius esse [...]" (*De natura deorum*, II, VI, 16).
[190] "[...] magnitudo sua [...] qua nihil maius excogitari potest" (*Quaestio naturalis*, praefatio, 13).
[191] "[...] *en tôi phroneîn gàr medèn hédistos bíos*" (*Ajax*. v.554, SÓFOCLES, 1958, I).

crítica de modo que resulta ridículo adjetivar Epicuro como ateu ou como não religioso, herege, ímpio ou coisa desse tipo. Enquanto crítico, Epicuro não tem receio de se manifestar e, sobretudo, de expor o lado obscuro e nublado do instituto religioso daquele que, em nome do divino, haveria de ser luz e promover a dissipação das trevas que se apoderam da alma e da inteligência humana. De todos os institutos humanos a religião é aquele que deveria estar sempre, continuamente, no foco da crítica, a fim de jamais se desviar da senda do divino. De mais a mais, a questão fundamental das proposição filosófica de Epicuro não é religiosa, mas humana. O cuidado, a solidariedade, o companheirismo, a generosidade, a piedade não são dimensões religiosas, mas humanas.

Epicuro, ao se dar a tarefa do filosofar (atividade que, de seu ponto de vista, haveria de buscar sempre se manter na senda da prudência e do razoável, e de tomar para si, assim como a religião, o divino como alimento e modelo), tinha plena consciência de que não haveria como reformar sem promover transformação e sem provocar alguma crise ou contravenção no modo habitual de ser e de pensar. Epicuro, a esse respeito, e quanto às suas observações críticas, não teve nenhum receio de torná-las públicas, independentemente das consequências. O que disse Farrington, por exemplo, evidencia a despreocupação de Epicuro (na verdade, uma atitude corajosa de um espírito reformador) de tornar público seus ideais e suas proposições filosóficas. Não há como promover qualquer tipo de reforma sem desarranjar o estabelecido e, evidentemente, sem ter coragem de pôr à mostra (em público) os ideais da reforma.

Eis o que disse Farrington: "Devemos concluir que, em espírito, Aristóteles estava de acordo com Epicuro"; ambos acreditavam "que a natureza divina não podia infligir mal algum" a ninguém. "A diferença entre eles" (é o que, conclui Farrington) decorre do fato de que Aristóteles não teve coragem suficiente para, como fez Epicuro, tornar pública a sua opinião "a não ser dentro dos muros do Liceu".[192] Ninguém, afinal, promove alguma reforma guardando só para si ou para alguns poucos amigos as suas opiniões; é difícil, do mesmo modo, "fazer a guerra" encolhido atrás do muro ou dentro do "búnquer". A partir do que diz Farrington, poderíamos acrescentar que a diferença entre ambos se justifica porque Epicuro, ao contrário de Aristóteles (representante, em Atenas, dos interesses da Macedônia), não estava sujeito a qualquer tipo de compromisso político, e por isso não teve receio de se manifestar em liberdade.

---

[192] FARRINGTON, 1968, p. 136.

8 – O que é devido aos deuses e o que nos é devido perante eles

8.1 – A pedagogia reformadora da teologia de Epicuro

Consta em Diógenes Laércio que Epicuro escreveu uma obra *Sobre os deuses* (*Perì theōn*) e, outra, *Sobre os cultos* (*Perì hosiótetos*)[193]. Sobre os deuses Epicuro atribuiu apenas qualidades positivas, jamais negativas, de modo a fazer dessas mesmas qualidades modelos orientadores do pensar e do agir. Não sendo os deuses de Epicuro agentes ativos no confronto do humano, deles o que incide sobre o humano são apenas os atributos que lhes cabem enquanto noções compatíveis a um deus: a um ser divino, ao qual, inclusive, recai os conceitos de santo e de sábio. Epicuro não faz dos deuses guias do que é bom, belo e justo, isso porque não lhes é dado promover a qualificação humana da qual cada um dos humanos, subjetivamente considerados, é responsável defronte a si mesmo e aos de sua comunidade. Os deuses de Epicuro são de uma excelência tal que nada carecem de bondade e de justiça para além do que em si detêm, e nada igualmente de malévolo consegue neles se garrar nem se desprender. São seres em si mesmos tão plenos que qualquer intervenção nos assuntos humanos (na maioria das vezes complexos e muitas vezes sórdidos) seria "incompatível com a felicidade" e com a plenitude deles[194].

Na relação dos deuses com os homens, Epicuro supõe uma mudança de enfoque conceitual, a começar pela necessidade de se depurar as falsas opiniões populares (*hypolépseis pseudeîs*) e, com essa depuração, fomentar uma mudança de atitude, pautada numa nova forma de relação, não, a rigor, com os deuses, e sim com o conceito de "divino — *tò theîon*". Em vista dessa mudança de enfoque, caberia ao sábio epicureu, como ele diz, "ter opiniões decentes e puras (*katharàs kaì agnàs dóxas*) acerca do divino", bem como uma valiosa e elevada estima para com a natureza deles. Não só, porém, admirar e estimar, como também e, sobretudo, se empenhar no sentido de alcançar essa natureza, pois, afinal, "os sábios são os amigos dos deuses e, os deuses, amigos dos sábios".[195] Por *sábio* cabe, todavia, entender, não alguém específico ou deslocado da multidão ou fora dos padrões da humanidade cotidiana, e sim alguém corriqueiro dado ao cultivo de opiniões, de pensamentos e de ações iluminadas pelo bom-senso (pela *phrónesis*) e pela razoabilidade (pela *sophrosýne*).

---

[193] D.L., 1959, X, § 27. USENER. *Epicurea*, p. 103 e p. 106-108
[194] D.L., 1959, X, §123.
[195] USENER, *Epicurea*, fr., 386, p. 258.

Cultuar e reverenciar os deuses é, do ponto de vista de Epicuro, sinal de sabedoria, caso a reverência e o culto se elevam para além das falsas opiniões e da falsa piedade, sempre, em geral, muito presente nos mitos acolhidos pelos incultos ou irreflexivos, mesmo que habilidosos em alguma profissão ou ofício, mas desprovidos da razão instruída e educada (*alógos*). Daí que não é exatamente contra os *populares* que Epicuro se insurge; antes, manifesta pelo povo um profundo respeito relativo à sua piedade (*eusébeia*, reverência aos deuses) e em seus cultos (*hosiotés*, reverência ao que é santo). Ele aconselhava, inclusive, quanto à conveniência de seguir os hábitos religiosos, participar dos cultos locais, inclusive das cerimônias, com sincera reverência e devoção, em respeito às determinações legais (*hósios*), ao que é permitido por lei em conformidade com o estabelecido (*kathékei*):

> Sacrifiquemos piedosa e retamente [ensinava Epicuro] segundo as determinações (*thýomen hósios kaì kalôs oû kathékei*) e cumpramos tudo o demais em conformidade com as leis, sem nos deixar turbar pelas vãs opiniões acerca dos seres mais perfeitos e augustos.[196]

Aqui, mais uma vez, comparece a pedagogia reformadora de Epicuro que busca não se confrontar com o estabelecido, mas se colocar nele e, a partir de dentro, transformá-lo. Consta na *Perì eusébeia* (*Sobre a piedade*) de Filodemos que o mesmo Epicuro, talvez por temor *das leis*, requisitava de seus discípulos que respeitassem "todas as celebrações festivas e as cerimônias tradicionais".[197] São, entretanto, três questões realçadas em uma só: uma diz respeito às crenças populares, que, em tese, devem ser respeitadas caso temos por interesse elevar esses mesmos populares um pouco acima do nível da *alogía* (da irreflexão, da insensatez) no qual se encontram alojados; outra, ao respeito e à reverência por tudo aquilo que os deuses, quanto à sua natureza, e de um ponto de vista da reflexão e da sensatez, significam; uma terceira diz respeito ao temor e ao cumprimento da lei, visto que ela efetivamente pesa na transgressão, de tal modo que *transgredir* corresponde a ser excluído do universo *pólis* e, consequentemente, da possibilidade de promover libertação e mudança, por isso a necessidade da moderação e da cautela cívica.

Não sendo Epicuro, em política, um revolucionário, por certo não estimulava seus discípulos a se confrontar com a perversidade do poder estabelecido (contra os tiranos da Macedônia), assim como não promovia

---

[196] USENER, *Epicurea*, fr., 387, p. 258.
[197] "[...] *pásais taîs patríois heortaîs kaì thysíais*" (USENER, *Epicurea*, fr., 169, p. 151).

uma reverência aos deuses restrita à pura obediência ou a um excessivo temor da lei. O excesso de coragem perante um tirano é imprudência e, de medo, covardia. Mesmo não sendo um revolucionário na política, não dá para caracterizar Epicuro como o filósofo cauteloso que, diante da tirania estabelecida, se dispôs apenas a malhar o Judas como quem malha o opressor abstratamente e, com isso, sentir-se liberto. É comum, por exemplo, nas culturas queimar imagens de símbolos abstratos de opressão, sem, entretanto, afrontar diretamente a opressão e o opressor. Epicuro, a seu modo, afronta a opressão; não, porém, ao modo do revolucionário que se debate diretamente com o opressor, e sim com o sistema. Ele não é um revolucionário engajado na ação ou prática política, e sim na ação verbal enquanto ilustração a título de educação teórica. Seu objetivo consiste em identificar as principais fontes de humana opressão da mente e oferecer meios de superá-la. Daí que, mesmo não sendo um revolucionário na política, Epicuro se apresenta como o filósofo que quer revolucionar o modo humano de pensar e, com ele, fazer renascer um novo comportamento e novas atitudes.

De um ponto de vista filosófico, Epicuro tende a revolucionar a mente humana perante todas as tiranias que subjugam o corpo e a mente. De todas, a mais perniciosa, não é a do tirano propriamente dito, e sim a da cultura tirânica assumida pela maioria, que, ao se pôr do lado do tirano, repele, feito um escudo, qualquer possibilidade de renovação ou mudança e, pior, toma para si a opressão do tirano como se fosse um modo de vida libertador. Efetivamente é assustador como essa "cultura tirânica" (latente em meio a uma maioria *alógica*) se desponta, de quando em quando, assim que aparece um tirano que a representa. Aqui se impõe o grande desafio: como promover nessa maioria uma consciência de que o sistema cultural dentro do qual está inserido e louva, é profundamente opressor.

Daí a atitude (a título de estratégia pedagógica) do não confronto direto, sem, entretanto, compactuar: se colocar do lado da *alogía* e da tirania. No caso específico que diz respeito ao divino, era, sim, preciso continuar cultuando os deuses, a natureza do divino, mas por outras razões que não as habituais. Além das já referidas, a que sentenciou Festugière como *recomendação* de Epicuro: os deuses "são indizivelmente felizes", por isso a necessidade de "louvá-los pela prece, de se aproximar deles nas ocasiões solenes em que a cidade lhes oferece um sacrifício"; regozijar-se com os deuses e com os populares nas festas anuais, corresponde a participar da vida feliz. "Eis aí a razão pela qual (acrescenta Festugière) o discípulo de Epicuro será fiel às prescrições religiosas".[198]

Aqui, feito um aparte, poderíamos pôr a seguinte questão: existe atitude mais revolucionária que a do cultivo da vida alegre, serena e feliz? Rir do tirano e cultivar o bom ânimo é uma extraordinária forma de resistência! Todo tirano, enquanto ser humano, é um inominável tolo que encontra redenção e amparo naqueles que o sustentam, visto que (não necessariamente os espertos que tiram vantagem do tirano e do povo) muitos se parecem com ele, e que, por sua vez, vivem uma vida irada, infeliz e oprimida. Pelo que consta, para além da justificativa de compartilhar da alegria da cidade (Epicuro, afinal, é por muitos considerado "o filósofo da alegria"), dava à referida "recomendação" de reverência aos deuses um colorido um tanto divertido. Esta era a proposição: se é preciso louvar os deuses com sacrifícios (como muitos dizem) para não receber deles nenhum mal, se isso for verdade, então, os deuses não terão motivo algum para nos atacar, mas, se não for, é preciso estar certo de que tudo seguirá bem como antes.[199] Tratava-se de uma espécie de aposta: dado que o divino (por inferência do pensamento lógico) existe, cabe a nós reverenciá-lo, se, entretanto, os deuses concretamente não existem, do fato de reverenciarmos o divino, só temos a ganhar. Nada, no final das contas, nos alcançará como prejuízo!

Aristóteles, na *Constituição de Atenas*, relata que efetivamente existiam fiscais para tudo, entre os gregos.[200] Todas as festividades, cultos, celebrações, procissões e sacrifícios eram regulados por lei. Tudo era feito dentro de parâmetros legais derivados de regimentos estatutários, de tal modo que as datas, os patrocinadores, os patronos, os administradores e, inclusive, os rituais, tudo era previamente determinado sob cuidadosa e rígida organização. O próprio ritual da festa condicionava um certo

---

[198] "[...] puisque les dieux sont indiciblement heureux, les louer par la prière, se rapprocher d'eux en ces occasions solennelles où la citè leur offre un sacrifice, se réjouir avec eux aux fêtes anuelles, c'est prendre part à leur bonheur". "Voilà pourquoi le disciple d'Épicure sera fidèle aux prescriptions de la religion. Si les fêtes d'Athènes sont pour tous une occasion de liesse, l'épicurien a plus de raisons encore de se tenir en joie" (FESTUGIÈRE, 1997, p. 94).
[199] "Sans doute, les hommes se disent qu'il faut craidre les dieux et les honorer par ces sacrifices, afin que, retenus par le tribut qu'on leur porte, les dieux ne s'attaquent pas à eux: dès lors, penset-ils, si cette conjecture est juste, de toute façon ils ne subiront aucun dommage, et, si elle n'est pas juste, comme ils rendent honneur à la puissance des dieux, tout ira bien" [Framento de um papiro encontrado no Egito, editado por Herman Diels, e atribuído a Epicuro (FESTUGIÈRE, 1997, p. 100).
[200] *Constituição de Atenas*, L – LVI, ARISTÓTELES, 1995, p. 101-115.

comportamento cívico em consonância com as determinações legais e as normas do estabelecido. O comportamento esperado do cidadão em relação à *pólis*, relativo aos deveres pátrios, era o mesmo que do esperado diante do deus ou da deusa padroeira, que, em tese, se resumia em uma só palavra: reciprocidade. Lá, porém, nas *póleis* gregas, a religião em si não se constituía em um instituto ou organização regimental e política, mesmo que tivesse profundas implicações cívicas e políticas.

Não havia, entre os gregos, uma religião oficial, mas, mesmo assim, os cultos eram regimentados por lei e rigorosamente fiscalizados. Com as festividades e os cultos os governantes e os afortunados da *pólis* construíam entre si um elã que se estendia aos desafortunados, que, acalentados com o poder e a fortuna dos venturosos, podiam usufruir de toda a pompa dos rituais e das celebrações, sobretudo, da carne dos animais oferecidos em sacrifício, e assim exercitar o seu respeito aos deuses e a sua piedade; o *status quo* ia se mantendo. Os afortunados promoviam (apadrinhavam) as festividades, os sacrifícios e os cultos. Eram eles que forneciam em abundância os animais, desde a galinha, o porco, a cabra, a ovelha e, inclusive, motivo de grande festividade, os bois para o sacrifício, e ali disponibilizavam a carne (algo raro para o homem grego comum) em tais banquetes sagrados.

A carne dos animais dados em sacrifício era consumida por todos, e nada era desperdiçado, ainda menos a dos bois. Para os deuses findava mesmo sobrando só a fumaça, feito incenso. Ao financiar a festa gastronômica e lúdica, os senhores da *pólis* requeriam em troca fidelidade, ou seja, a mesma reciprocidade ofertada à *pólis* e aos deuses. O que mais importava, enfim, era preservar o sistema de justiça instituído (no que implicava interesses), em dependência do qual cabia ao povo honrar os seus heróis (os defensores e promotores da pátria), os deuses (os protetores) e as leis (a métrica da justiça e da liberdade — *eleuthería* cidadã) e, consequentemente, os fiscais do bom ordenamento e dos bons costumes da *pólis*. A chamada democracia grega nada mais era que um sistema de força sustentado pelo poder normativo da lei, que, com rigor, alcançava sobretudo os desprotegidos e os desafetos. Em uma democracia efetiva — esta vem a ser a principal proposição da filosofia e dos filósofos —, não existem inimigos a serem silenciados, excluídos ou eliminados. Daí que o fundamental elemento transformador fomentado pela filosofia e pelos filósofos veio a ser o da educação assentada sobre uma valiosa e eficiente instrução básica em favor da capacitação do uso do intelecto em vista da resistência, ou seja, da capacidade de se libertar dos ferrolhos da opressão tirânica tomada pelos incultos como ostentação e ornamento. E aqui, mais uma vez, a grande dificuldade: como transformar a mente dos incultos que encontra na opressão (oferecida na forma de princípios e valores) a sua ilustração e o seu ornamento?

8.2 – A religião grega sob o resguardo da lei

O certo é que, do ponto de vista epicureu, assim como no conjunto do filosofar grego, não existe uma verdade absoluta referida ao Estado ou à religião ou ao consuetudinário fora da razoabilidade do direito e da lei. Daí que, por democracia, não cabe filosoficamente (do ponto de vista dos gregos) entender como sendo o governo da maioria, que, uma vez no poder, sente-se no direito de subjugar a minoria, de fazer com que, tirânica e despoticamente, tenha que se adaptar aos interesses e anseios do poder vigente. Não sendo, pois, o governo da maioria, a democracia vem a ser então, tal é a proposta das *politeías* de Platão (incluindo o diálogo o *Político*) e de Aristóteles, o governo das leis. Não é a vontade do soberano eleito, e sim a da lei (da *politeía*, pressuposto como um regimento de bondade e de justiça) que governa a vontade de todos, inclusive a do soberano. É ela que representa sempre a vontade da maioria, cuja razoabilidade, enquanto direito e lei, uma vez defasada em aspectos particulares, pede por (com razoabilidade) revisão e ajustes.

A norma sagrada que define a democracia é o regimento que garante e preserva o direito de ser, de se expressar e de viver da minoria. Nesta norma, entretanto, ao mesmo tempo que ela detém o seu real valor e a sua força, encontra a possibilidade de sua desqualificação e de sua fraqueza. Assim se dá em razão de que o regimento democrático permite, inclusive, a existência do despótico sempre na espreita da ocasião ou oportunidade de destrui-la em sua essência. Daí, mais uma vez, a importância do fomento educador capaz de retirar dos incultos (feito párias da *pólis*), que, com facilidade, se empolgam e dão crédito (fazem seus) os anseios da tirania. Quem não tem um mínimo de discernimento, tem, entretanto, muita desinformação, fobias e brutalidades para exibir como propriedades valiosas assim que encontra um tirano (seja político, seja religioso) que lhe autentifica a ignorância "elevando-a" a título de um "saber".

É certo também que Epicuro honrava os deuses e o fazia sob a justificativa da excelência da *natureza* deles, que, frente aos homens, deveria ser tomada como modelo do bem viver, de paz, de serenidade e de vida alegre e feliz. Se, afinal, é a paz que se busca, os deuses evidentemente não haveriam de ser motivo de inquietação para a alma humana. Mesmo que não seja o deus (padroeiro da *pólis*) que promove a paz, essa paz, entretanto, necessariamente vem à medida que promovemos por nós e em nós mesmos o divino. É na relação com o sagrado, com o que é santo que pacificamos a nós mesmos, porque a relação com o *divino* não comporta ódio nem rancor, tampouco perversidade e vida infeliz. Só consegue dialogar com Deus quem em si mesmo se liberta e se purifica de todo o mal. Quem vai a Deus com um coração irado vai de portas fechadas para o amparo do divino. Quando, entretanto, tomados pelas tristezas e infortúnios da vida vai-se aos deuses como quem quer resgatar em si a própria paz perdida, quer reaver a alegria e o bom ânimo que a relação com o divino requer. Daí que a função principal da prece não consiste em pedir e aguardar serenidade e paz, e sim, em promovê-la. Vale aqui o princípio de Epicuro segundo o qual os deuses não moram dentro de ninguém, porque eles têm a própria morada; mas o que é *divino*, sim, esse mora dentro de cada um de nós, sem que, portanto, tenhamos a necessidade de buscá-lo alhures!

Que Epicuro cultuava os deuses, isso é inegável. Porém, não os cultuava a título do esperto, do interesseiro ou do indolente que esperava deles complacência ou algum benefício, ou porque temia alguma maledicência; tampouco os reverenciava ao modo de quem comerciava com eles algum interesse ou vantagem subjetiva. Ele os cultuava a título de uma demanda da razão que nos "constrange" a reverenciar o grandioso, o perfeito, o melhor possível, e todo o *béltistos* (superlativo de *agathós*) de que carecemos como pacificação da mente e orientação do pensar e do agir. Ora, Epicuro, também neste item, se mira em Platão, que, em Atenas, se empenhou, e muito, no sentido de reconstruir a *pólis* e, com ela, a comunidade humana, mediante uma profunda restauração alicerçada na hegemonia do racionalmente conceituado como bom, belo e justo. Tais conceitos Platão dizia pertencerem ao *tópos noetós*: à *região* do *inteligível*.[201] Quanto à vinculação entre eles, particularmente entre o belo (*kalós*) e o bom (*agathós*), se deu por força de requisições da linguagem e da vida cívica, em razão de que o belo (*kalós*) expressava, para além da beleza empírica, a excelência da virtude moral: a honestidade, a probidade e o equilíbrio entre as requisições do *dever ser* e do agir em consonância com o que era cívica e reflexivamente devido.

---
[201] *República*, VI, 508c; 509d; VII, 517b.

Da vinculação entre bom e belo, relativo a Sócrates, por exemplo, ele vem relatado pela dialógica platônica como um homem forte, vigoroso, mas feio: aparentava um *sileno* do séquito de Dioniso; mesmo assim, era igualmente reconhecido como *belo* por deter em si a virtude da sabedoria e, com ela, a da justiça. Não é o corpo de Sócrates que faz dele um *homem belo*, e sim a virtude, de modo que ele não detém propriamente em si a beleza de *um* homem (fisicamente considerado), mas a beleza (o *kalós/ agathós*) do *homem*, que, entretanto, e ao contrário do equilíbrio em termos de beleza física, requer empenho humano. Da fusão do *belo e bom* (*kalòs kaì agathós*), os gregos derivaram (por uma questão de comodidade da linguagem) a *kaloskagathía*, que veio a ser, de um lado, a expressão com a qual os aristocratas (reivindicadores de privilégios) insistiam em se definir como "gente do bem"; de outro, a Filosofia se valeu desse termo a fim de designar, para além do mero cumprimento da lei, o *bom* cidadão enquanto *bom* homem (que reivindica para si e para os demais direitos e não privilégios apenas para si). O *kalokagathós*, sinônimo de *bem-nascido*, considerava a si mesmo, só pelo fato de "ser bem-nascido", como sendo bom e ilustre em tudo; para esses, a maior virtude consistia na vida próspera, como se "vida virtuosa e vida próspera" juntas se constituíssem em uma só virtude (a arrogância se estampava como ornamento). O *kalokagathós*, em síntese, era exatamente aquele tipo humanamente tosco da "elite" que confundia o direito com o privilégio, a prosperidade humana e cívica com o sucesso de seus empreendimentos.

O *dever*, do ponto de vista de Epicuro, está fundado na primordial máxima grega (derivada de Píndaro[202]) sobre a qual se apoiaram todas as demais: *contenta-se em ser homem e não querer ser um deus*. É desse *contentar-se* que surtiu a ideia do dever (filosoficamente considerado), e que, ao mesmo tempo, promoveu o suposto como devido a ser feito: realizar em si mesmo a *forma* humana cabível de ser efetivada. O *dever ser* epicurista tem por imperativo o *ser homem* em conformidade com as "exigências" (que implicam limites e possibilidades) de sua natureza, para o que, entretanto, cabe tomar como protótipo e modelo o "*ser divino*": aquele (em termos de pressuposto conceitual) que em si coincide com a expressão do que é bom, belo e justo. É, pois, nesse ponto que Epicuro de certo modo se remete a Platão, ao qual, entretanto, critica por ter concebido o bom, o belo e o justo como ideias (noções ou conceitos) em um lugar (*tópos*) incerto e não primordialmente, e de modo explícito, na natureza e na mente humana.

---

[202] *Ode Pítica*, II, v.72.

Tudo o que transcende a natureza humana está, para Epicuro, fora do alcance humano e se constitui em violência teimar em incorporá-lo à nossa natureza. É em nós, no âmbito de nossa realidade subjetiva e humana, que, no dizer dele, se encontra o nosso ponto de partida e o nosso ponto de chegada (a *arché* enquanto *télos*, enquanto territórico demarcado)[203] da realização de nossa *forma* (*eîdos*) humana. Este é o pressuposto do éthos epicureu: partimos de nós na direção de nós mesmos, sem atalhos e sem outras finalidades que não as nossas derivadas de nossos móveis naturais. O princípio fundamental de sua filosofia ou, se quiser, de sua antropologia filosófica, veio a ser este: a nossa *forma* (a *eîdos* humana com a qual nos vinculamos e direcionamos a ser o que podemos e devemos ser) não está em outro lugar a não ser em nós mesmos.

Há, em Epicuro, uma mudança no que concerne à virtude, mas não, a rigor, em nível de conceito, e sim relativo aos fundamentos vivenciais sobre os quais a virtude se assenta. Epicuro, nesse sentido, não mais concebe a virtude nos mesmos termos da *areté* requerida do cidadão (do *anér*, do esposo, do *pater familia* submetido ao dever da lei), e sim, requerida ao *ánthropos* (no sentido de "ao humano"), universalmente considerado como um ser neutro, ou seja, sob um conceito que em si não implica gênero (masculino ou feminino), sexualidade ou o que quer que seja, e sim *humanidade*. Daí que a doutrina de Epicuro promove fundamentalmente uma reversão: o que mais importa, antes do dever imposto por natureza ou pela lei, antes do gênero ou dos valores qualificativos dados sob a medida dos usos e costumes, é *o dever ser* humano que implica um conhecimento profundo, sem dissimulação, da natureza humana sobre o qual se assentam todos os demais deveres e valores.

Vale, pois, para Epicuro o mesmo princípio que proferiu Isócrates: "Cumpre os teus deveres para com os deuses [...], considera, no entanto, que o mais belo sacrifício e o maior serviço consiste em fazer de ti mesmo melhor e mais justo".[204] Os deuses de Epicuro — para escândalo da posteridade — não subjugam nem libertam, não são benévolos nem malévolos, nada proveem, apenas se mantêm quietos e impassível em sua comunidade de deuses e em seu próprio mundo, no *intermundia*, ou seja, nos espaços vazios dos intervalos entre os mundos, como se não habitassem lugar nenhum, mesmo assim habitando o mundo. Distantes, sem serem reféns de preces e de cultos, eles deixavam ao encargo dos homens o que

---

[203] *Carta a Meneceu*, 128.
[204] *Discurso a Nícocles*, 20, PRIETO, 1989, p. 34.

é dos homens. Epicuro, de um ponto de vista em termos de utilidade, prosperidade e conforto, punha as esperanças de melhoria do mundo humano no saber e na ciência. Os gafanhotos, por exemplo, findam como uma responsabilidade humana: não dá para todos rezarem para que a nuvem não passe em sua lavoura, porque, inevitavelmente, em algum momento poderá passar!

Aos deuses, Epicuro, entretanto, não nega a necessidade de lhes aviar preces, cultos e sacrifícios. A questão não está na prece ou no culto, e sim nas intenções ou objetivos que a prece comporta. Do ponto de vista de Epicuro, a finalidade do ser piedoso não consiste em obter dos deuses graças, benesses ou favores. Perante eles, o que nos cabe é o viver sereno, porque, afinal, não nos fazem nem o bem nem o mal e de ninguém têm raiva nem inveja. Eles vivem felizes na própria paz, e por nada se sobressaltam: são o exemplo do bem-estar que nós homens deveríamos almejar. Orar por eles a fim de acalmá-los é tão desnecessário quanto querer obter deles algum favor. Eles não comerciam em benefício da paz ou do desassossego de quem quer que seja. Não há como tirá-los de sua inamovível serenidade e quietude. O que podemos e devemos fazer, é unir-se a eles, empenhar-se em ser e viver como eles, fruir da mesma alegria e, portanto, experimentar em nossa vida passageira e mortal o prazer de ser feliz. Aliás, ser como eles significa, sobretudo, empenhar-se no sentido de se identificar unicamente com o que é belo, bom e justo, e assim, unidos por estes princípios em uma comunidade de relações, viver serenos (destituídos de medos ou temores) e felizes quer consigo mesmo quer uns com os outros.

9 – O conceito grego de ἄ-θεος e sua ressignificação na posteridade cristã

9.1 – Eram os gregos ateus?

O conceito de *ateu* foi concebido pelos gregos sob uma conotação que eles próprios, na posteridade, findaram vítimas.[205] A palavra grega átheos (ἄ-θεος), de um ponto de vista etimológico, comporta a soma do que a gramática denomina de *alfa privativo* mais *théos*. Sob esse consórcio, o alfa expressa, em geral, uma negação, que, no caso da palavra á-theos corresponderia, literalmente, a *não deus* ou *sem-deus*. "Corres-

---
[205] Texto reelaborado a partir do artigo "Epicuro ateu? Qual ateísmo: dos crentes ou dos descrentes", Revista *Hypnos*, disponível em: https://hypnos.org.br/index.php/hypnos/article/view/674/634.

ponderia" em razão de que, dentro da mentalidade grega, mesmo sendo forte, rigorosamente não negava que *existem deuses*, tampouco conotava alguém *sem-deus*, e sim expressava a atitude daquele que não se dispunha a prestar um determinado culto ou a reverenciar um certo deus padroeiro e protetor da família ou da *pólis*. Ilustra, nesse sentido, o argumento do qual Sócrates (conforme a *Apologia* de Platão) se valeu para justificar a Meleto de como ele não poderia, perante os argumentos dos acusadores, ser considerado um ateu:

> Não entendo (Meleto) se tu me acusas que ensino a existência de deuses estranhos aos da *pólis*, com o que, entretanto, ficaria provado que não sou ateu [...], ou se me acusas de não admitir a existência de nenhum deus e que ensino aos demais essa descrença.[206]

Para ser realmente um *ateu*, no sentido próprio da palavra, Sócrates pondera a Meleto que ele teria de "não admitir a existência de nenhum deus" no rol dos deuses gregos (que, afinal, não eram poucos). Meleto, portanto, teria de ser não um *crente* que descrê neste ou naquele deus (o que era comum entre os gregos, com tantos deuses), e sim um descrente que, em sentido absoluto, não haveria de crer em deus algum (o que era bem pouco encontradiço entre os gregos, com tantos deuses).

Átheos, literalmente, em português, soaria assim: *não deus* ou *sem deus*. Entre os gregos, a palavra átheos designava evidentemente o mesmo, porém, sob uma outra conotação conformada à mentalidade deles. Sob o conceito *não deus* cabe, dentro da mentalidade deles, entender, não a rigor uma negação da existência dos deuses, e sim ou um entendimento diferenciado a respeito deles, ou apenas uma indisposição perante a obrigação de cultuar ou de reverenciar deuses estabelecidos pelo consuetudinário e pela lei cívica. Do fato de serem politeístas, a alcunha de *ateu* não recaía propriamente em "não crer" ou estar sem a proteção de um deus, e sim, fundamentalmente, em não crer no deus ou deusa cultuada pela fratria ou pelo conjunto da comunidade da *pólis* a título de uma obrigação familiar e política (que implicava em reconhecer valores, em participar de cultos e festejos e, enfim, se engajar nas causas que, sobretudo, a *pólis* defendia). O fato é que, entre os gregos, existiam tantos deuses disponíveis em favor de tantas crenças e de tantas necessidades, que, em definitivo, era difícil encontrar alguém que não cresse em deus algum! Não custa lembrar que até o próprio Pirro, o maior dos céticos, era um sacerdote.

---

[206] *Apologia*, 26 c.

O *ateu* do vernáculo grego, e em sentido próprio, não era facilmente encontradiço. A própria palavra *ateu* não acentuava, a rigor, uma *negação* ou descrença em um deus *em geral*, e sim em um deus particular, deus protetor ou padroeiro da fratria (da tribo e da família) e da *pólis*. Nesse último caso, a negação vinha a ser extremamente grave pelas consequências negativas e limitações que recaíam sobre o exercício da cidadania e das tarefas cívicas. Daí que o crente grego, como que inevitavelmente, a par dos deuses padroeiros obrigatórios, findava sempre por ter seus deuses prediletos de devoção particular. Não era, inclusive, nada incomum, em nível pessoal, a mudança contínua (a troca) de um deus padroeiro por outro, em dependência do sucesso ou insucesso das petições e, consequentemente, do gasto com oferendas e com sacrifícios, e com o cansaço das rezas. A piedade religiosa (pelos gregos chamada de *eusébeia*) tinha, fundamentalmente, duas características: uma consagrada à louvação, para o que a fratria e a *pólis* promoviam festividades específicas; outra à petição, com a finalidade particular e pública de alcançar graças, de se livrar de males e de garantir vantagens ou beneses as mais diversas.

Dado que não era muito comum não ter um deus de devoção, então o *ser ateu* da civilidade grega correspondia basicamente (por razões subjetivas) em não adotar para si ou tratar com descaso o deus do culto ou da reverência familiar ou cívica a ponto de não se colocar sob seu amparo. Antes propriamente de *ateu*, os gregos denominavam tal indivíduo de *asebés*: de ímpio, de irreverente ou mesmo de desrespeitoso não só com os deus, mas também com a própria família e com a *pólis*. Daí que o principal do ateísmo nomeado pelos gregos não recaía sobre a descrença (irreverência, impiedade) propriamente dita, e sim sobre as consequências dela: da ira dos deuses voltada contra os membros da fratria ou da *pólis*. Esta era a lógica: quanto mais *ateus* imersos na família ou na *pólis*, maior a possibilidade de ativar, não o beneplácito, e sim a fúria ou zanga dos deuses! Dá-se que os deuses gregos, por princípio, não eram seres essencialmente bons e amorosos, e sim muito parecidos com os humanos, muitas vezes malignos ou até quase diabólicos e, por vezes, apenas insensíveis, sobretudo justiceiros, vingativos, juízes parciais que careciam de muitos rogos e de muitas petições, e também de muitas oferendas para aplacar sua ira e sua perseguição aos desafetos. Daí a necessidade de fazer deles amigos, de trazê-los ao convívio das boas relações, de chamá-los à festividade; quanto mais preces, sacrifícios e oferendas, quanto maiores o agrado e a devoção, mais serenos eles ficavam. Daí o lado festivo da religiosidade, com objetivos bem precisos: aplacar a ira dos deuses e, com ela, ou seja, com a presumida serenidade, com a calmaria do gênio deles, findar por igualmente promover a tranquilidade do povo e, por consequência, manter a estabilidade política.

A rigor, e como visto, não dá para facilmente atribuir ao cidadão grego total descrença em um deus (o *ser ateu*), mas apenas a impiedade (a *asébia*) deste ou daquele membro da fratria ou da comunidade cidadã, que a contento não reverenciava ou prestava o culto requerido para o deus familiar ou cívico. Trata-se de indivíduos que não estavam assim tão convencidos de que os deuses pudessem tanto. No que concerne aos deuses de outras fratrias, em geral concentradas nos povoados (nos *dêmos*) ou de outras *póleis*, ninguém, por lei, era obrigado a prestar culto a não ser respeito e tolerância, a ponto de a intolerância e o desrespeito se constituírem em uma injustiça e em crime punido por lei ou até mesmo promover reações bélicas entre as *póleis*. Quando a reverência religiosa (a *eusébeia*) se impunha nesta ou naquela *pólis* como uma obrigação legal, nesse caso, antes, propriamente, de *ateu*, o cidadão irreverente era de fato considerado um *asebés*: como aquele que *não* cultivava a *piedade* (a *eusébeia*) e que não manifestava temor ao deus cívico, e que, por isso, vinha a ser considerado um ímpio e, como tal, um cidadão desqualificado.

Não quer dizer, então, que o dito *asebés* não participasse dos corriqueiros cultos festivos de louvação como se fosse um *eusebés*. Tais cultos não só louvavam os deuses padroeiros, como também, e em um só louvor, exaltavam os grandes feitos da *pólis*. Quanto maior a prosperidade, maior a festa, que, por sua vez, era realizada feito uma *therapeía* cívica e cidadã. Nessas ocasiões, no interior do templo, todos se mostravam *crentes piedosos* por fora, mesmo que, para si próprios e para os do cotidiano (dos que hodiernamente experimentavam o seu modo de pensar, de ser e de agir), fosse um *ateu* por dentro. Em Atenas, as referidas festas eram realizadas de dois em dois anos, visto que, de quatro em quatro, celebravam as chamadas *Panateneias* em honra da deusa Palas Atena[207] reverenciada como deusa da sabedoria e como protetora de toda Àtica. Eram nessas festas que se davam as Olimpíadas, ocasião em que, a par dos eventos atléticos, promoviam concursos de poesia, de peças teatrais, de música, e celebravam a gastronomia. Isso em razão de que, das oferendas dos

---

[207] O nome Palas (*Pallás*) deriva certamente do verbo *pállō*, que comporta a ação de agitar ou de mover ou de brandir a arma, cuja ação substantiva uma *proteção*: atributo fundamental concedido à deusa Atena. O substantivo feminino *pálē* (luta, combate), derivado de *palaíō* (lutar, combater), veicula a mesma ideia da *proteção*.

animais imolados em sacrifício, os gregos não desperdiçavam nada, e tudo era festivamente partilhado e consumido. As *Panateneias* reuniam também governantes e representantes de todas as *póleis*, de modo que, além das celebrações universais da própria cultura grega, promoviam a confraternização e o entendimento entre as *póleis*, sob o pressuposto da amizade, do entendimento e da tolerância recíproca. Nas relações humanas, entre os cidadãos e entre as *póleis*, a tolerância recíproca era uma estratégia de concórdia, coisa que, nos mesmos termos, não se aplicava entre homens e deuses, porque restava aos humanos apenas a obrigação do culto e da reverência, para o que se acrescia a festividade como forma de afrouxar o jugo.

Ao contrário do *asebés*, o cidadão referido como *eusebés* era acolhido como um indivíduo *piedoso*, temente aos deuses, sempre disposto a honrar e venerar os deuses cultuados pelos seus familiares e pelos seus concidadãos. Independentemente de falsa ou verdadeira piedade, se sincera ou não, o presumido *eusebés* era alguém que ordinariamente participava das louvações, das petições, dos cultos e dos lamentos cerimoniais promovidos entre os familiares (em casa) ou entre os populares nos templos. Não era a intensidade religiosa manifesta externamente em vestimentas ou em gestuais ou mesmo em trejeitos de louvação, ou, enfim, em comportamentos morais padronizados que identificava o crente e/ou descrente grego, mas sim a simples participação nos cultos da piedade. No que concerne à moral, a religiosidade grega não implicava em um éthos público, a título de um distintivo comportamental; o grego se revestia dos preceitos cívicos requisitados pela *politeía* (pela constituição) cidadã, mas não de preceitos estatutários de alguma religião oficial. Sob o conceito da *religião* (da *deisidaimonía*, do culto reverente aos deuses), os gregos não cultivam nenhuma instituição regimental específica, a não ser um éthnos, no sentido de uma linhagem arbitrada por um modo consuetudinário ancestral de viver e de pensar. Sob o termo *deisidaimonía* os gregos expressavam, em um só termo, a crença e a reverência às entidades divinas protetoras por eles genericamente denominadas de *daímones*.

O referido éthnos dos gregos retirava seu sustento não de algum regimento ou estatuto escrito, e sim da *palaiòs lógos*, ou seja, dos *antigos relatos* transitados oralmente de geração em geração que a todos se impunha como um *éthos* regulador de uma certa normalidade existencial grega. "Sempre merecem real confiança [escreveu Platão] os antigos e sagrados relatos (*toîs palaioîs te kaì hieroîs lógois*) que nos transmitem"[208] a valores e crenças dignas de reconhecimento. A dita *palaiòs lógos* sintetizava a experiência vivida da civilidade grega quer enquanto saber teórico (sapiencial) quer enquanto saber prático, ambos sob conotação técnica (sabedoria relativa aos ofícios) e vivencial (relativa à experiência do bem viver) transladado de geração em geração. Não existia, entre os gregos, um regimento religioso fora da *politeía*: do éthos regimental que instituía e unificava a comunidade da *pólis*. Era a *politeía* (isto é, "a carta legisladora") que promovia, em meio às diferenças, uma *comunidade* de interesses, entre os quais o deus protetor/padroeiro da família e da *pólis* se constituía em fundamental elemento agregador e, por consequência, em um interesse comum.

Mesmo, entretanto, que não houvesse uma religião oficial de Estado, com um corpo doutrinário e um código moral, o poder político de modo algum se desassociava do religioso. Daí, como visto, porque as *Panateneias* se constituíam e em congraçamento fundamentalmente cultural/religioso em que prevaleciam grandes festividades vinculadas à reverência e ao culto. As olimpíadas gregas foram concebidas sob o pressuposto do congraçamento (do entendimento e da concórdia) entre as *póleis*, sob, evidentemente, o domínio de Atenas: quer por força e seu poder político quer do extraordinário poder de sua deusa protetora, da sábia e astuta Atena. Entre os gregos, a reverência aos deuses padroeiros era cultuada no mesmo nível que os filhos concediam ao próprio pai (ao *kýrios*), e que os cidadãos (o *polités*) dispensavam à *pólis*. Antes de realizar alguma ação relativamente extraordinária quer grandes quer pequenas, era comum entre os gregos proferir as seguintes palavras: "em nome de nosso deus, de nosso pai e de nossa pátria". Essa foi uma herança acolhida e reformada pelos cristãos, à qual acresceram, desenhando sobre si, o traço simbólico da cruz.

9.2 – Por que os filósofos gregos findavam considerados ateus?

Não dá para sobrepor a nossa mentalidade religiosa à dos gregos e, tampouco, o que hoje entendemos por *religião*. O que corretamente podemos atribuir aos gregos sob o nosso conceito de *religião* diz respeito apenas à reverência que implica em culto nos termos de uma manifestação de reconhecimento e respeito pelo que é *divino*. Trata-se de uma reverência

---
[208] *Carta VII*, 335.

que se dirige às *forças* mais diversas, em particular às naturais ou cósmicas que atuam fora e dentro de nós e que não estão, em absoluto, sob nosso controle. A mentalidade grega a esse respeito se expressava assim: dado que não podemos controlar umas quantas *forças* — razão pela qual são *divinas* —, e, dado que delas estamos sujeitos, a ponto, inclusive, de até sermos reféns, cabe-nos, então, respeitosamente, reverenciá-las.

Mesmo não sendo dominada por alguma instituição religiosa, a *pólis* grega não era de todo laica, e isso em razão de que o exercício da vida política não se desassociava da religiosa, em particular dos vínculos entre o poder político e o amparo religioso. Quem quisesse se alçar e se manter no poder, a regra básica consistia em se valer da religiosidade do povo, para o que se fazia necessário, mesmo sem veraz convicção, defender as precárias crenças deles, seus mitos e suas ilusões! Esse foi o método fundamental que levou as oligarquias dos gregos e dos patrícios os latinos a desvirtuar a *democracia* (o poder derivado e mantido sob a força da vontade popular) sob eficientes estratégias de suborno. Mais que um regime político, a democracia se prestou entre os gregos e os latinos a uma estratégia de suborno da vontade popular em benefício dos interesses dos oligarcas retoricamente bem articulados e popularizados (difundidos) como sendo os da maioria.

Nos seus primórdios, a chamada *democracia* se instalou na Grécia fruto de um *artifício* destinado a burlar o estabelecido que retirava o seu amparo nas *politeías* concebidas pelo poder dominante. Daí que o conceito de *democracia* tem um sentido bastante amplo entre os gregos: nunca foi uniforme e assumiu conotações diferenciadas no decorrer do tempo. É distinta a concepção de Sólon da de Péricles e, de ambos, da de Platão, que ideou na *República* (em grego por ele denominada de *Politeía*) uma forma presumida como ideal de legislação. A falsa condenação que resultou no assassinato de Sócrates foi movida sob o sustento da denominação democrática. Ânito, o aristocrata que afiançou a condenação de Sócrates, era, na ocasião, o líder da magistratura popular, dos chamados "democratas", isto é, da classe política que reunia os *demiourgos*, aqueles que, na época, formavam a elite do comércio e da "indústria" local. Consta em Xenofonte, na sua *Apologia de Sócrates* (III, §29), que ele era filho de um rico tanoeiro (fabricante de barris e tonéis), que, vinculado a Trasíbulo (440-388 a.C.),[209] se ocupava da magistratura política e da estratégia militar.

---
[209] BUCK, R. J. 1998. *Thrasybulus and the Athenian Democracy: the Life of an Athenian Statesman*. Stuttgart: Franz Steiner.

Os tais supostos "democratas", assim como Ânito, sempre tiveram com um pé na tirania e com o outro no conservadorismo estatutário da civilidade grega. A democracia grega comportava estas duas faces: de um lado, os defensores dos estatutos e dos valores consuetudinários estabelecidos, cuja defesa "democrática" correspondia a uma estratégia de manutenção de poder; de outro, os que trabalhavam em favor da reforma de tais estatutos e valores movidos mediante interesses de renovação e de elevação cívica e *popular* sob o clamor da justiça e do direito. Já naquele tempo, entretanto, também era infinitamente mais fácil aparentar empatia com a carência de lucidez, bem maior o lucro no sentido de conservar o modo de ser e de pensar estabelecidos, que se empenhar na educação, na cura e na elevação da mente humana, cuja tarefa, se impôs, sobretudo, aos filósofos.

O exílio de Anaxágoras e o assassinato de Sócrates pelo poder político vigente foram expressão de uma profunda falta de lucidez promovida por uma deformação de setores da democracia e de guardiões estatais dos templos. Sócrates e Anaxágoras foram condenados sob alegação de falta de piedade: de *asébeia* (do *ateísmo* presumido pela civilidade grega). Sob esse viés, o da *asébeia*, os que publicamente mais sofreram foram mesmo os filósofos: aqueles que ousaram a colocar em crise as explicações "teológicas" formuladas pelos mitos e resguardadas pela aristocracia vigente sempre disposta a arruinar e a desqualificar a prosperidade do saber e da ciência. Esta era a estratégia: quanto mais preservados na ignorância, enredados nos ditames do estabelecido e no orgulho de que suas crenças consuetudinárias eram justificadas pelos ricos oligarcas ("sábios empreendedores"), mais fácil e eficiente o proveito político a ser fruído dos populares.

Anaxágoras e Sócrates foram condenados exatamente pelo empenho em favor de uma educação que visava a habilitação, a competência e a melhoria humana mediante a posse do saber e da ciência. Ambos foram sentenciados pelos atenienses (logo por eles que eram tidos como o povo mais ilustre da época) sob o argumento de que eram ímpios (*ateus*) e descrentes. É evidente que os membros do tribunal que condenaram Anaxágoras e Sócrates se constituíam em uma maioria cujo interesse coincidia com os dos acusadores. Havia interesses e objetivos comuns, caso, por exemplo, de Ânito, Meleto e Lícon na condenação de Sócrates. Assim consta na *Apologia* de Platão: "Meleto representava os poetas (*tôn poietôn*), Ânito, os empreendedores e os políticos (*tôn demiourgôn kaì tôn politikôn*), Lícon, os oradores (*tôn hretóron*)".[210] Não se tratava, pois, apenas de indivíduos

---
[210] *Apologia*, 23 e - 24 a.

isolados, e sim de representantes de interesses corporativos, a exemplo do que sentenciou Sócrates na mesma referida *Apologia*: "faz tempo que tenho junto de vós muitos detratores... Tenho mais medo deles do que de Ânito e de seus comparsas, apesar de que são todos muito perigosos".[211]

No caso de Anaxágoras, ele foi considerado *ateu* por várias razões: uma "por ter afirmado que a geração dos animais se deu na terra a partir de sementes vindas do céu";[212] outra, por defender que Hélios (o deus Sol) era "uma massa incandescente" da qual tudo o que existe na proximidade retira dele luz, energia e calor; de Selene (da deusa Lua), dizia que era "uma porção que se desprendeu da terra", "não possuía luz própria, apenas refletia a luz do sol".[213] A evidência que o levou a afirmar que é do sol que deriva a luz que ilumina a terra e a lua, decorreu de suas observações a respeito do fenômeno do eclipse. Esta foi a conclusão: que o eclipse "se produz quando a luz do sol é interceptada ou pela lua ou pela terra ou por algum outro astro".[214] Pressupondo, pois, que a terra ao se interpor entre o sol e a lua, a lua perde sua luminosidade, então é de se supor que a lua não tem luz própria, apenas reflete a luz do sol.

Quanto ao ateísmo de Sócrates, ele foi deveras inusitado: porque ele pôs a morada de seu deus (*daímon*) protetor e padroeiro não fora (no Olimpo ou no Hades), e sim dentro de si mesmo, dando a entender que o deus protetor mora dentro e não fora de cada um dos protegidos, de modo que ninguém, enfim, tem necessidade de buscar fora o que encontra dentro de si. É dentro da alma humana, e não no Olimpo ou no Hades, que mora o deus (*daímon*) particular protetor, com o qual é dado a cada um conviver e escutar sua voz e levar as suas premonições (o que dele escutou) à ação, de tal modo a fazer de si mesmo um agente de seu próprio deus.

Vemos, pois, que, tanto no que diz respeito a Anaxágoras quanto a Sócrates, o conceito de ateu de modo algum lhes cabe, tampouco o de impiedade. Ambos foram considerados assim não pela descrença deles em um Deus, ou, mais exatamente, no *que é divino* (conceito que em si congrega o que é excelente, bom, belo e justo), e sim por conceber uma ideia de Deus deslocada das concepções corriqueiras e habituais. O grande crime tanto de Anaxágoras quanto de Sócrates consistiu em promover a ilustração da

---

[211] *Apologia*, 18 a-b.
[212] DK 59 A 113, *recolhido em* Irineu de Lyon. *Contra as heresias*, II, XIV, 2.
[213] DK 59 A I, *recolhido em* Diógenes Laércio. *Vidas e doutrinas dos filósofos ilustres*, II, 8ss; *cf.* também PLATÃO. *Apologia de Sócrates*, 26 d.
[214] DK 59 A XLII, *recolhido em* Hipólito. *Refutação de todas as heresias*, I, 8, 1;

mente popular mediante a promoção do saber e da ciência. Mesmo assim foram condenados à morte: Anaxágoras optou pelo exílio; Sócrates findou assassinado (do qual a *Apologia* de Platão e os diálogos, o *Criton* e o *Fédon*, trazem os detalhes). O inusitado é que ambos foram condenados em nomes das divindades gregas, da defesa dos bons costumes, por indivíduos supostamente crentes, tementes a deus, que se faziam passar aos olhos do povo como pessoas do bem, 'piedosas' e *'com-deus'*: tão íntimos do imaginário religioso popular (que lhes deu guarida) a ponto de exercerem uma tal perversidade insana em nome de "deus" e da "piedade".

9.3 – A ascensão do cristianismo e a ressignificação do conceito de ateu

A ascensão do cristianismo e a ressignificação de conceitos na posteridade latina fizeram dos gregos *vítimas* da noção de *ateísmo* que eles próprios conceberam. O conceito de *ateu* tomou, entre os doutrinadores cristãos, uma outra dimensão e relevância e, inclusive, foi usado como estratégia de promoção da doutrina e de unificação do modo de ser e de pensar do cristão dentro de parâmetros da legalidade romana. O Império Romano tirava o seu sustento e a sua força na vontade popular: quanto mais homogênea e nivelada a consciência e o modo de ser popular, mais fácil a "governabilidade". Foi regra entre os romanos que, quanto mais unificado o discernimento popular, menos oneroso o governo. Foi assim que o consórcio do poder político com o religioso, mediante o qual o Império buscava homogeneidade, promoveu a exclusão do *diferente* e sobrepôs ao múltiplo o "um comum". O pressuposto do *universal*, concebido por Heráclito em termos de um *um comum a todos*, como expressão de uma sabedoria com validade universal,[215] findou por estimular entre os latinos não propriamente a filosofia e a ciência, e sim os ideais da governança política.

---

[215] O *um* (*hén*) adquiriu em Heráclito dois claros sentidos: a) vinculado à ordem da lei, mediante a qual o múltiplo da *pólis* vem a se constituir em "um todo" sob uma vontade expressa na lei; b) vinculado à *ordem* do conhecimento, mediante a qual o múltiplo sensível promove um *um* inteligível, o *xynôi pántôn*, o *comum a todos*. Na base do *hèn tò sophón moûnon*, literalmente, 'um o sábio único' de Heraclito (DK 22 B 32, *recolhido em* Clemente de Alexandria, *Miscelâneas*, V, 116, e também DK 22 B 41, *recolhido em* Diógenes Laércio, *Vidas e Doutrinas dos Filósofos Ilustres*, IX, 1), coube a Parmênides (a partir de Xenófanes) a formulação primitiva do sentido epistêmico do *um comum a um múltiplo*. Depois dele, Platão (no diálogo *Parmênides*, 78d) retomou e supôs, para um múltiplo de coisas sensíveis (particulares), uma ideia una e universal, com o que concebeu a necessidade de *uma ideia* proporcional capaz de tornar compreensível *uma pluralidade*. A par de Platão, Aristóteles, na *Metafísica* (I, 990b 9, 13; I, 9, 991a 2) reformulou essa ideia nos termos de um *tò hèn epì pollôn*, literalmente, "o um sobre muitos". Guilherme de Mörbeck traduziu *tò hèn epì pollôn* por *unum in multis*, Garcia Yebra por "o uno común a muchos".

O cristianismo no confronto dos intentos políticos do Império Romano sofreu ao menos dois momentos bem distintos: o antes e o depois de Édito de Milão. O referido *Édito* foi publicado em 313, assinado pelos dois imperadores, o do Oriente e o do Ocidente, com o que decretaram a obrigação dos seguidores da doutrina cristã de adotar para si "o nome de cristãos católicos".[216] A exigência do nome *católico* decorreu da necessidade de harmonizar (unificar) as inúmeras *gnoses* cristãs dispersas por todo o Império e, ao mesmo tempo, conceder ao cristianismo (sob o título de *católico*) a condição de religião universalmente aceita dentro do Império Romano. Antes do Édito de Milão o cristianismo não gozava de reconhecimento *público* por parte do Estado, de modo que a religião cristã não era tolerada dentro do Império como *religião*, e sim como um movimento em si mesmo desarmônico (por força das inúmeras gnoses) e, como tal, perturbador da harmonia política requerida pelo Império. Com o Édito, o cristianismo veio a ser reconhecido como uma crença a mais no rol das outras crenças reconhecidas pelo Estado. São três momentos: em um primeiro, o cristianismo (com a morte de Pedro e de Paulo), com a sua grande expansão e dispersão em inúmeras gnoses, findou combatido e perseguido; em um segundo momento, com o Édito e Milão, sob o título de *católico*, foi incluído no rol das religiões toleradas pelo Estado; em um terceiro momento (que não se confunde com o Édito de Milão), o cristianismo, sob o conceito de *catolicismo*, veio ser, no início do VI século, com Justiniano, considerado a *religião oficial do Estado*.

De um ponto de vista da doutrina, o cristianismo, cujas crenças buscou seu sustento em preceitos do judaísmo, se ergueu como uma religião (sob o título de *católica*) monoteísta: disposta a cultuar e a reverenciar apenas um só Deus. Por essa exigência, e no confronto das demais religiões politeístas, o Deus da crença católica/cristã veio a ser louvado como "*o único e o verdadeiro Deus*". Foi por força desse conceito que a cristandade inovou a alcunha de ateu: o ser *ateu*, sob o preceito do "único e verdadeiro Deus", correspondeu a uma negação completa de qualquer outra divindade a ponto de o *ateu* vir a ser considerado como aquele que, por não crer e reverenciar o Deus cristão, restava *sem deus* algum. Qualquer outro Deus que não o único e verdadeiro era tido como um "deus" impostor, falso e maligno, em síntese, um *não deus*. "Eu os chamo de ateus [escre-

---

[216] *Código Teodosiano*, XVI, 1-2, TUÑÓN DE LARA, 1984, p. 127.

veu Clemente, referindo-se aos hierofantes gregos], com razão, porque eles ignoram que existe o Deus verdadeiro, de modo que temos de ficar longe deles".[217]

A título de parênteses, cabe dizer que o *hierofante* era o nome que os gregos atribuíam aos sacerdotes (*hiereis*) cuidadores dos *sagrados preceitos* (*hieroîs lógois*), intérpretes e expositores dos mistérios sagrados que tinham por função instruir e conduzir os iniciados. O *hierofante* designava, pois, *aquele que interpretava e explicava os mistérios*, sendo ele próprio o sacerdote *iniciador nos mistérios*, condição que fazia dele um instrutor e enunciador perambulante de discursos. No decorrer do tempo, o cristianismo adotou para si o conceito, inclusive a roupagem (vestimentas), dos hierofantes para os seus sacerdotes, aos quais se atribuíam a presidência dos cultos, a preservação, a interpretação e a exposição dos preceitos sagrados da doutrina cristã. A característica fundamental do hierofante grego consistia em ser rapsodo e poeta: era alguém que, sob vestimentas chamativas e suntuosas, enfeitados de símbolos que só eles entendiam (e se orgulhavam de entender), saíam com seu cajado, de cidade em cidade promovendo e difundindo o referido por todos como o *sagrado* que merece culto e reverência. No que concerne ao discurso, o hierofante grego que perambulava de cidade em cidade era feito uma espécie de sofista e, no que diz respeito à vestimenta, um janota da fé: aquele que se comprazia em exibir suntuosos e coloridos paramentos sacerdotais com os quais se sentia elegante, seleto e requintado, e assim queria ser admirado, não, a rigor, por sua humanidade, sabedoria e bom senso.

Sob a ressignificação do conceito, Clemente se vale ainda de duas outras justificativas:

a. a de que os sacerdotes (hierofantes) gregos invocavam "muitos deuses falsos em vez do único Deus verdadeiro", e assim procediam "feito o filho da prostituta que invoca muitos pais por desconhecer o pai verdadeiro";

b. "o ateísmo e a religião (*atheótês kaì deisidaimonía*) deles [assevera Clemente] são os extremos da ignorância".[218]

---

[217] *Protréptico/Exortação aos gregos*, II, 23. Verdadeiro, foi traduzido de óntôs ónta, com o que Clemente quis expressar um Deus existente de fato, realíssimo.
[218] *Protréptico*, II, 25.

Epicuro, entre os filósofos, foi a grande vítima da ressignificação. Sobre ele Clemente proferiu as seguintes sentenças:

a. "Quanto a Epicuro, eu o esquecerei (*eklêsomai*) por completo, porque ele diz explicitamente que o Deus único não se ocupa com nada...".[219] Duas observações: uma quanto à preocupação de querer esquecer "por completo" Epicuro. Ora, só se busca esquecer o que promove intensa lembrança, cuja ansiedade em Clemente (que viveu entre os anos de 150-215) denuncia o quanto a doutrina de Epicuro era disseminada e bem acolhida no universo da cultura daquele tempo; outra, que o conceito de "Deus único" não comparece em nenhum dos escritos remanescentes de Epicuro. Clemente ao propagar, então, que Epicuro "diz explicitamente que o Deus único não se ocupa com nada" atribui a Epicuro, de um lado, um conceito, o de "Deus único", que não lhe pertence; de outro, explicitamente contesta a proposição de Epicuro segundo a qual 'os deuses não se ocupam com nada'. Trata-se, evidentemente, de uma proposição (a de Epicuro) que destoava por completo quer entre os gregos (da máxima segundo a qual Zeus era o zelador e o governante do *Kósmos*) quer entre os cristãos, da máxima segundo a qual Deus é o criador e provedor do Universo.

b. Uma outra proposição de Clemente diz que Epicuro é um homem *sem fé*, um inventor "de mitos e de blasfêmias" e "o arconte máximo do ateísmo (*atheótêtos katárchonti*)".[220] Está visto que Clemente não é nada piedoso para com Epicuro, e pela seguinte razão: porque Epicuro de modo algum é um descrente, ele apenas crê de um modo distinto de Clemente. Enquanto Epicuro concebeu a *religião* sob os termos da *piedade* natural, Clemente a restringiu aos ditames de uma crença específica; enquanto Epicuro buscou para a piedade natural um lugar seguro no contexto da Filosofia, do bom senso e da razoabilidade humana, Clemente se ocupou em submeter a filosofia à nova religião emergente. Ele se valeu do seguinte método: tirou proveito, como se fosse patrimônio seu, de tudo o que os filósofos produziram de concordante e rejeitou

---

[219] *Protréptico*, V, 66. USENER. *Epicurea*, fr. 368.
[220] *Strômateîs/Miscelânea*, I, I, 1

tudo o que era discordante. Clemente proferiu inclusive como sendo suas as seguintes sentenças de Epicuro: "O mais importante fruto da justiça está na ausência de perturbações (na *ataraxía*)"; "A mais abundante de todas as riquezas está na *autárkeia*".[221]

Bem antes do Édito de Milão (no ano de 313), ainda no tempo de Justino (viveu entre os anos de 100-165), os próprios cristãos eram considerados ateus, como consta nestes testemunhos:

a. na *Apologia* de Justino:

> Assim como Sócrates, que, ao investigar a potência da reta razão a fim de esclarecer [...] e de afastar os homens dos *daímones* [...], acabou executado como ateu e ímpio sob a alegação de que estava introduzindo novos deuses, agora tentam fazer o mesmo conosco"; eles "também nos chamam de ateus, mas, em se tratando de tais deuses, confessamos ser mesmo ateus.[222]

A retorica de Justino é contundente: de um lado, ao modo como quem se solidariza, se vale de Sócrates a fim de justificar e de esclarecer seu feito; de outro, inclui Sócrates no rol de *ateus* em favor do Deus que defender no contraposto dos *daímones* e dos deuses de Sócrates;

b. na *Strômateîs* de Clemente de Alexandria, na qual lamenta o fato de os filósofos de seu tempo considerarem os cristãos *ateus*:

> Assim como fizemos no nosso sexto e sétimo livro dos *Strômateîs*, consagrado aos comentários sobre a verdadeira filosofia [...], continuaremos a demonstrar que os nossos adeptos, em vez de serem uns ateus, como os filósofos imaginam, são sim os únicos que prestam a Deus o culto que lhe corresponde.[223]

Em ambos os testemunhos, o conceito de *ateu* comporta a conotação que o cristianismo difundiu sob o termo *sem Deus*. Imerso aos lamentos de Justino e Clemente comparece principalmente o espanto (o estranhamento) dos gregos e latinos com relação à doutrina cristã da trindade[224]

---

[221] *Strômateîs/Miscelânea*, IV, VIII, 305.
[222] *Apologia*, I, 5, 3; 6, 1.
[223] *Strômateîs/Miscelâneas*, VI, I, 463.
[224] No *Helenização e recriação de sentidos* (EDUCS, 2015), dedicamos três capítulos a respeito das controvérsias vinculadas ao tema da trindade.

com a qual reverenciavam um só Deus em três pessoas (uno e trino) ao mesmo tempo. O estranhamento despontou já entre os filósofos no tempo (e por força da pregação) de Paulo de Tarso. A esse respeito há um relato nos *Atos dos apóstolos* (redigido por Lucas) que reproduz uma confabulação de Paulo no Areópago[225] com alguns membros do Conselho (do Tribunal grego de justiça) que eram adeptos da doutrina estoica e epicureia. Tais membros, referidos por Paulo como 'filósofos estoicos e epicureus', manifestam grande espanto em relação ao *"deus (daimoníon) estranho"* difundido por Paulo na *"nova doutrina (didaché)"* com a qual ele anunciava *"muitas novidades"*.[226]

Naquela ocasião, Paulo não era, a rigor, acolhido por eles como um *ateu*, e sim como um crente que difunde a doutrina de um *deus estranho*, sob duas conotações:

a. *estranho* porque não pertencia ao rol dos deuses do *panteão (pántheon)* — termo que, além de expressar a totalidade, designava também o Templo (o dito *Pántheon*) dedicado ao culto e louvação de *todos (pãn)* os deuses *(theon)* devocionais dos gregos;

b. *estranho* porque sustentava uma doutrina fora dos padrões habituais dos gregos.

9.4 – A religião submetida às normas do Direito e do Estado

Com o cristianismo a palavra grega *ateu* (á-theos) assumiu a literalidade de sua significação — *não Deus* ou *sem Deus* — com a seguinte conotação: não reverenciar o Deus cristão correspondia a negar o *Deus verdadeiro* e assim se pôr na condição de não crer ou de reverenciar Deus algum. O cristianismo trouxe, entretanto, uma inovação: instados pelas leis romanas a formular alegações de razoabilidade que dissuadissem o fanatismo e as discórdias *gnósticas* relativas aos princípios da doutrina, os doutrinadores foram naquela ocasião forçados a organizar a cristandade

---

[225] Pelo que consta em Plutarco (*Sólon*, XIX, 1) e em Cícero (*De oficiis*, I, XX, 75), o Areópago remonta a Sólon que o concebeu como um Conselho com funções e encargos cívicos, como "guardião das leis". "O Conselho do Areópago era o guardião das leis e vigiava os oficiais para que exercessem seus cargos em conformidade com as leis" (ARISTÓTELES. *Constituição de Atenas*, IV, 4 – Edição Bilingue. Tradução de Francisco Murari Pires. São Paulo: Hucitec, 1995).

[226] *Atos dos Apóstolos*, 17, 16-21; FONTES: *La Bible de Jérusalem*. Traduite en français sous la direction de l'École biblique de Jérusalem, Paris: Les Éditions du Cerf, 1974; MERK, A.. *Novum Testamentum Graece et Latine*. Romae: Scripta Pontificii Instituti Biblici, 1964; ZERWICK, M.. *Analysis Philologica Novi Testamenti Graeci*. Romae: Scripta Pontificii Instituti Biblici, 1953.

como um instituto jurídico e teológico, e também como um poder hierárquico. A hierarquia foi uma estratégia concebida em meio ao comando militar dos gregos e romanos como forma de facilitar a obediência e as relações de subordinação.

O termo grego *hierarchía* tem sua origem primordial nas relações dos hierofantes (sacerdotes ou sacerdotisas) com o sagrado (*hierós*) quer com o templo quer com os deuses. O conceito *hierarchía* comporta, em sua origem, a seguinte conotação: o princípio (*arch*é) sobre o qual se apoia ou se sustenta o que é reverenciado como *hierós*, como augusto, admirável e poderoso. Daí que o presumido como *hierárquico* dizia respeito ao que é reverente, admirativo e respeitoso. Essa era a condição de todo hierofante, ao qual cabia se colocar a serviço da (suposta) vontade dos deuses dos quais se constituía em porta-voz e intérprete. Entre os romanos, assim que o imperador agregou para si o conceito de augusto (de *hierós*), também ele imediatamente passou a gozar de uma elevação na escala do *sagrado*: como aquele ao qual, logo abaixo dos deuses, em nível do terreno, era devido conceder-lhe a reverência, a admiração e o respeito.

Foram duas as exigências decorrentes dos padrões cívicos da religiosidade romana que, quanto ao aspecto jurídico, requeria dos credos religiosos que se organizassem em uma Instituição juridicamente reconhecida e hierarquicamente constituída. Este era o objetivo: tornar o Instituto religioso passível de imputação jurídica e sujeitar os membros, submissos a uma escala de poder, à obediência e ao comando. O governo romano era extraordinariamente vigilante e cioso quanto à interferência do fervor religioso entre os povos de seu domínio, principalmente do fervor dos que se denominavam cristãos, dispersos em inúmeras seitas gnósticas, cada uma com seus evangelhos e sem um comando central unificador. Era praxe dos romanos requerer de qualquer fomento, em termos de devoção ou de agrupamento sob uma crença, a obrigação cívica de respeitar uma fronteira de tolerância recíproca quer entre as comunidades (com suas seitas e templos) quer no confronto das tradições romanas. O grande objetivo consistia em serenar os mais diversos credos dentro de um certo território de bom senso e de razoabilidade. Era forçoso garantir a tolerância em favor da paz e da governabilidade. Daí que, a fim de dissuadir o fanatismo (o descontrole) da mente popular (em geral carente de instrução e de autocontrole racional e de fácil manipulação), o Império obrigava os institutos religiosos a se manterem serenos dentro do território da própria crença, de seus templos e do rigor da lei.

Aqui se impôs a grande dificuldade que germinou com o cristianismo: a extensa divisão em *gnoses* cristãs, cujo conceito, na época, expressava um modo específico de *conhecer*, em termos de posse, aceitação e acolhimento da doutrina cristã quer em termos teóricos/doutrinários quer práticos, relativos a modos de ser e de agir em conformidade à *gnose* arrebanha em comunidades dispersas. O fato é que o cristianismo, inicialmente, logo após a morte de Paulo e dos principais discípulos, se expandiu em inúmeras seitas que vieram a se organizar em comunidades *autônomas* espalhadas por todo o Império sem um centro aglutinador. Na falta de um elo (de um controle) universal, as comunidades locais findaram por elevar um sério conflito de interpretações e uma farta desunião, a ponto de instar o próprio Império a tomar para si a obrigação de fomentar (exigir) o entendimento, para o que, enfim, chamou para si (*cortejou*) os principais expoentes (com capacidade política e de persuasão) em favor de seu objetivos:

a. unificar as gnoses adequando-as às normas religiosas do Império;

b. convencer a elite patrícia de que a nova religião era capaz de, efetivamente, unir e não de desagregar indivíduos, comunidades e povos;

c. que a doutrina haveria de favorecer a ilustração e o entendimento, e não a promoção da discórdia e do fanatismo;

d. que os embates teóricos entre as diversas comunidades gnósticas eram passíveis de sujeitar-se à concordância, e de, enfim, encontrar uma só *gnose* unificadora mediante um só credo de fé.

O processo foi longo, mas, de concílio em concílio, de assembleia em assembleia, de decreto em decreto, as comunidades foram se ajeitando: os discordantes foram paulatinamente excluídos e os concordantes unificados em um só credo.[227] Fato inusitado é que o concílio de Niceia, iniciado em maio de 325, foi convocado e presidido pelo próprio imperador Constantino (Flávio Valério), isso evidentemente demonstra, vinculada à sua condição de *hierós*, a primazia da figura do imperador na promoção e consolidação do instituto religioso cristão. "Reunidos em Niceia (isto foi o que decretou o Concílio), os padres estabeleceram os limites das definições de fórmulas precisas, das quais a teologia não pode se esquivar".[228]

---

[227] *Primeiro Concílio de Niceia*; DENZINGUER, Enrique. *El Magisterio de la Iglesia. Manual de los símbolos, definiciones y declaraciones de la Iglesia em materia de fe y constumbre*. Versión por Daniel Ruiz Bueno, Barcelona: Herder, 1963, (125), 54, p. 23.

[228] *Discours*, XXV, 8, 1209 A 25-27, p. 176; GRÉGOIRE DE NAZIANZE, *Discours* 24-26. Introduction, texte critique, traduction et notes par Justin Mossay et Guy Lafontaine, Paris: Les Éditions du CERF, 1981.

É inequívoco, no contexto do Império romano, o desenvolvimento do poder religioso sob a tutela do poder político. Foi, por sua vez, no Concilio de Cartago, de 397 (fim do século IV), que se decretou uma só ortodoxia regimental: dizia o Concílio que, "fora das Escrituras canônicas", *nada* fosse "lido na Igreja sob o nome de Escrituras sagradas".[229] O fato é que o sucesso do cristianismo dependeu, sobretudo, dos doutrinadores que se dispuseram a se aliar ou ao menos não se indispor (não conflitar) com o poder imperial estabelecido. Foi assim que o cristianismo, como religião emergente, e em extraordinária expansão, se viu levado a cumprir vários objetivos:

a. instituir (se reformular) teologicamente, para o que se valeu da lógica e da filosofia;

b. dar serenidade conceitual aos seus princípios;

c. promover um arranjo harmonioso dos inúmeros embates e conflitos teológicos;

d. serenar o desvario (o fanatismo);

e. enfim, promover uma certa universalização da reverência e da piedade (da *eusébeia*) cristã.

Foi, sobretudo, em vista de todo esse labor que o cristianismo se viu levado a formular uma teologia (um *logos* conceitual sobre Deus), e pela seguinte razão: porque a filosofia gozava de um trânsito extraordinário entre os acadêmicos (que tinham na obra de Platão e de Aristóteles seu maior referencial), e entre políticos e membros da "elite" romana em meio aos quais imperava as disputas doutrinárias dos céticos, dos estoicos e dos epicureus. São, pois, fundamentalmente dois fatores que interferiram na ascensão do cristianismo: a sua universalização (união) interna e o seu acolhimento externo, não propriamente o popular, e sim pelas "elites" intelectuais, política e patrícia. Ocorre que o cristianismo, no que concerne à expansão popular, encontrou em Paulo de Tarso, com suas inúmeras viagens (em geral acompanhado de Lucas) e, por meio de cartas (ao estilo de Epicuro), foi o principal expoente de sua difusão nas principais cidades do coração do Império romano. Sem Paulo o cristianismo não teria se posto, como se pôs, de modo tão decisivo na civilidade romana.

---

[229] DEZINGER, 1963, 92 [158], p, 35.

Não cabe aqui demorar na análise, mas ainda se faz necessário levar em conta que, na busca por reconhecimento e espaço na intimidade do poder romano, os doutrinadores cristãos se viram na obrigação de promover duas labutas distintas, porém, complementares:

a. o fomento da doutrina erigida sob os ditames (princípios) da mensagem cristã originária que justificasse a existência de um Deus compatível com o rol dos deuses romanos;

b. a justificação teórica desses mesmos princípios valendo-se da argumentação filosófica com a qual os doutrinadores trabalharam uma teologia racional assertiva sob o conceito do "verdadeiro Deus" superior aos demais;

c. foi com esses objetivos que a filosofia foi pelos doutrinadores louvada sob dois conceitos: como a *propaideía* (a *educação preparatória*) e como o *proágon* (o *prelúdio preparatório*) do doutrinário cristão.

Cabe também destacar que a maioria dos que se apresentaram como teóricos do cristianismo não eram populares instruídos, tampouco chefes de comunidades *gnósticas* locais, e sim de sofistas e de filósofos convertidos ao cristianismo. O acesso ao estudo inicial, oferecido para a infância e adolescência, contava com o apoio do Estado. Porém, o efetivo envolvimento com a ilustração (já na infância e adolescência) dependia do amparo e cuidados familiares. A continuidade do estudo, na juventude, o ter acesso a professores particulares e aos livros de leitura presumia o sustento da riqueza e do ócio garantido pelos pais aos seus filhos disponibilizados para esse fim. A educação filosófica entre os gregos e os latinos sempre foi aristocrática e elitista. Os "jovens que me acompanham espontaneamente por toda a parte (relata Sócrates), são os que dispõem de mais tempo, por pertencerem a famílias abastadas".[230] Os filhos da pobreza, desde cedo, se enredavam nas oficinas, nos afazeres do campo, nas prestações de serviços os mais diversos, inclusive, no exército.

A vinculação do doutrinário cristão com doutrinas filosóficas não se deu ao acaso, e sim com um objetivo bem definido: fazer do cristianismo uma doutrina plenamente aceita pelos "intelectuais" da época e, mais do que isso, fazer dele a religião do homem civilizado. Naquela

---
[230] PLATÃO, *Apologia de Sócrates*, 23 c.

época, um homem culto era tido como aquele que tinha tempo livre e dinheiro o bastante para 'cultivar' o saber helênico; um Estado civilizado era aquele que se submetia (querendo ou sem querer) a sua cidadania aos ditames da lei da qual se retirava o conceito de justiça e de bem-estar cívico. Ora, foi assim que o cristianismo, por força dos referidos sofistas e filósofos convertidos, quis ser (por interesse e por obrigação) ambas as coisas: tanto a religião do homem culto, quanto a religião do Estado civilizado.

De um ponto de vista erudito, a doutrinação cristã buscou se expandir por sobre as doutrinas filosóficas mais acolhidas e salientes daquela ocasião: a estoica e a epicureia. Elas eram tão difundidas que, como visto, o próprio Paulo de Tarso se viu levado a debater em Atenas com eles. Em sua passagem por lá (como consta nos *Atos dos Apóstolos*), Paulo entrou em conflito com tais filósofos, a ponto, inclusive, de ser considerados por eles como um *ateu* defensor de um *logos* estranho, tendo sido, inclusive, convidado (no Tribunal de justiça) a se explicar.

Eis o que registrou Lucas:

> Quando Paulo estava em Atenas [...] certos filósofos epicureus e estoicos discutiam com ele e alguns questionavam: *O que mesmo quer ensinar esse spermológos (= semeador de palavras ilusórias, charlatão)?* Outros respondiam: *Parece que é o anunciador de um deus (daimoníon) estranho.* [...]. Por isso convidaram Paulo ao Areópago [no Tribunal de justiça], onde lhe perguntaram: *Podemos então conhecer qual é essa nova doutrina (didaché) que estás anunciando? Muitas novidades chegam aos nossos ouvidos, e queremos saber quais são.*[231]

Sob os conceitos, o de *charlatão* (de *spermólogos*) e o de *anunciador de um deus estranho*, Lucas infiltra claramente a intenção de sobrepor em Paulo a alcunha do *asebés* (descrente anunciador de outros Deuses) ao modo como os detratores atenienses submeteram Sócrates à condenação. Os dois conceitos no enunciado de Lucas comportam uma função estratégica: induzir o leitor a vincular Paulo (o anunciador de um novo Deus universal) a Sócrates (àquele que dizia ser porta-voz de um *daimónion* particular). Quanto às outras duas proposições ("conhecer qual é essa nova doutrina" e "queremos saber quais as novidades dela"), permitem inferir ao menos duas coisas: uma, confrontar a "nova doutrina" com as

---

[231] *Atos dos Apóstolos*, 17, 16-21. Os parênteses foram acrescentados.

demais e, enfim, fazer dela, uma doutrina filosófica plausível e aceitável pelos filósofos da época; outra, realçar a doutrina cristã como uma efetiva novidade, da qual Paulo era o *didáskalos* (o instrutor e anunciador). Sob tais intuitos, Lucas, ao realçar a figura de Paulo, tende a buscar espaço para a doutrina cristã no universo do debate dialogal (do qual Platão fora o grande mestre) entre as doutrinas filosóficas da época. Daí que se observa que já com Lucas e Paulo a doutrina cristã não quis apenas ser uma crença (um credo ao modo das *deisidaimonía* gregas), e sim uma filosofia no contraposto das filosofias tradicionais, particularmente da doutrina neoplatônica, estoica e epicureia.

Não foi, com efeito, pelo debate que o cristianismo se consolidou como doutrina, e sim por outros meios, primordialmente mediante uma *didaché* (um ensino bem mesurado) que implicou uma certa estratégia de comunicação retórica destinada a promover um acolhimento popular, intelectual e político. Forçado a atender as obrigações legais e cívicas requeridas pelas leis do Império, a *didaché* cristã se viu levada a dialogar com os próprios imperadores em busca de atenção e de acolhimento. A questão de base partiu do seguinte pressuposto: dado que o cristianismo se expandia extraordinariamente entre os populares e, portanto, incidia na fonte de manutenção e de sustento do poder político imperial, não houve outra maneira senão equacionar a vontade (o poder) do povo com a do Império.

Pela dedicatória que Justino (um dos primeiros a buscar adequação entre a doutrina cristã e às exigências do Império) estampou em sua *Apologia*, fica claro como a referida *didaché* encontrou o seu destino. Assim se expressou Justino:

> Ao imperador Tito Élio Adriano Antonino Pio César Augusto, ao seu filho Veríssimo, filósofo, a Lúcio, filho natural do César Augusto, ao filho adotivo de Pio, amante do saber, ao sacro Senado e a todo o povo romano.[232]

Pela dedicatória, fica evidente o empenho de Justino no sentido de ganhar a confiança e o acolhimento dos três segmentos constitutivos do poder imperial: o imperador e seus sucessores, o "sacro Senado" e "todo o povo romano". Do fato de ele nomear de "filósofos" toda a trupe imperial mostra o quanto tal título era ambicionado e almejado pela elite patrícia romana à qual a *Apologia* efetivamente se destinava.

---

[232] *Apologia*, I, 1.

10 – O *ateísmo* de Epicuro: qual ateísmo, dos crentes ou dos descrentes?

10.1 – A máxima de Píndaro: é devido ser homem não um Deus

O presumido ateísmo de Epicuro tem sua origem em uma mentalidade grega forjada a partir da *Ode Pítica* de Píndaro (518-438 a.C.), do verso (*génoi oïos essì*[233]) do qual derivou a máxima *"Tenha coragem de ser homem, não queira ser um deus"*. Píndaro propagou um modo de pensar que despertou uma consciência que levou poetas, sofistas e filósofos a questionarem as relações humanas perante os pressupostos teológicos tradicionais que concediam aos deuses o governo e a destinação da vida humana. A máxima reverberou por toda a Grécia feito um aprendizado: o de que cabe ao humano cuidar de si e do Cosmos com o uma responsabilidade sua e não dos deuses. O verso de Píndaro também promoveu uma desconfiança nos guardiões do consuetudinário, no sentido de que a máxima poderia promover o *ateísmo*, isto é, fazer o povo desacreditar que caberiam aos deuses os cuidados quanto ao governo da vida humana e cósmica. O objetivo era este: estando o povo sujeito à vontade dos deuses, estariam igualmente subordinados e dóceis aos anseios dos governantes!

São, pois, duas questões aqui a se considerar: uma, a desconfiança alimentada pelo éthos tradicional (pelo consuetudinário) que via na máxima a promoção do descaso, feito uma descrença (impiedade e irreverência) no poder dos deuses sobre o governo do humano; outra, a confiança (difundida entre os filósofos) no sentido de que compete aos humanos e não aos deuses o governo (o cuidado) de si e do cosmos. Entre os filósofos, a proposição fundamental veio a ser esta: de que só é possível "vir a ser" (elevar-se) em humanidade mediante conhecimento de si, dos limites e das possibilidades concernentes à própria natureza, suporte e sustento da edificação humana em seu próprio território, isto é, dentro de seu *télos*. Aqui, feito um parêntesis, é preciso considerar o que os gregos (com o conceito *télos*) e os latinos (que traduziram *télos* por *finis*) concebiam sob o conceito de *télos*, com um diferencial comum entre eles em relação a nós: a concepção do tempo cíclico e de imanência.

Os gregos e os latinos não cultivaram o nosso modo de pensar que findou forjado sob o conceito de tempo linear que prioriza a transcendência mais que a imanência: o *télos* para além da vida mais do que o *télos* o

---
[233] *Ode Pítica* II, v.72.

imerso na vida, a ponto, inclusive, de pôr o principal da vivência no *depois* (no amanhã, no futuro) e não no hoje. O *télos* dos gregos bem como o *finis* dos latinos não diziam respeito a alguma *finalidade* a se alcançar fora do sujeito e de sua órbita natural, e sim imanente ao *território* de si mesmo e ao ciclo de vida que lhe concerne. Na linguagem ordinária dos gregos, e em referência à *pólis*, o *télos* expressava as *extremidades* ou fronteiras de uma circunscrição enquanto pertencimento geográfico e/ou territorial demarcado dentro de uma certa circunscrição; é distinto do conceito de espaço que não se restringe a uma demarcação precisa, porque sempre se escapa para fora da referência, por exemplo, o espaço da sala escapa pela porta e pela janela. Ninguém se escapa de si mesmo no que concerne à própria identidade. Fugimos, todavia, de nós mesmos pela imaginação e pelo pensamento, sobretudo pelo olhar ou pelos sentidos que nos territorializam para além de nós mesmos; territorializam porque eles *demarcam* um modo de ver e de sentir todo nosso.

Foi esse modo de pensar que levou os filósofos a considerar o *télos* (o fim, a fronteira, o limite) e a *arch*ḗ (o início, o começo) dentro de uma só demanda teórica, visto que um presume o outro: o fim e o início de uma porção territorial coincidem. A linha limite que demarca o fim do território de uma *pólis* coincide com o início deste mesmo território. Daí que *arch*ḗ e *télos* se dão reciprocamente e de tal modo que não é possível pensar o *fim* (a realização ou efetivação) de algo sem circunscrever neste processo a *arché* que lhe concerne. De um ponto de vista relativo ao processo da geração do nascimento (do geminar da semente) à morte, ao presumido como fim, coincide com um processo de realização inerente ao começo (à *arch*ḗ). O fim, por exemplo, de uma semente (*spérma*) consiste em germinar um *télos* inerente à ela mesma e que se move desde a *arch*ḗ de sua geração; em outras palavras: o fim (o *télos*) é um princípio de realização que se move desde a *arch*ḗ (o início) de uma certa germinação até uma efetiva realização em que, espontaneamente, o que germinou se fecha no ciclo da vida.

No que concerne ao humano, assim sentenciou Aristóteles: "Relativo a nós, o *télos* de nossa *arch*ḗ é o *logos* e o *noûs*, de modo que é em vista deles que cabe requerer o cuidado quanto à gênese de nós mesmos e de nossos valores (*tòn eth*ṓ*n*)".[234] Entre o germinar físico e o germinar do *humano* há um diferencial: enquanto as sementes humanas (o óvulo e o esperma) de

---

[234] *Política*, VII (IV), 15, 1334 b 15.

um ponto de vista físico se desenvolvem mediante um processo de determinação natural, a geração do humano (o elevar-se em humanidade), ao contrário, carece de nós, de muito empenho e de constantes cuidados. Ninguém, por natureza, se depara em si mesmo com o germinar do logos (do domínio da palavra) e do *noûs* (do exercício do pensar) espontaneamente. Daí a proposição de Epicuro, segundo a qual, de um ponto de vista físico, basta apenas mirar-se no espelho e reconhecer *este sou eu* (se assumir, se acolher e se amar); de um ponto de vista da ideação do humano é preciso mirar no *que é divino* e por ele se agendar em busca do melhor!

Sob essa condição, para além de se reconhecer *este sou eu* e de se cuidar é preciso inevitavelmente se conhecer. Eis aí a razão pela qual a máxima derivada de Píndaro — *Contenta-se em ser homem não queira ser um Deus* — se expandiu entre os gregos como um complemento das duas anteriores: do "*Conhece-te a ti mesmo*" e do "*Nada em demasia*". A essas três máximas, veio a se acrescentar uma quarta: "*Não ignore os teus limites*". Ela ecoou entre os filósofos com o seguinte significado: "conheça seus limites e suas possibilidades", "tome ciência de suas circunstâncias". Ela estimulou o filósofo e a filosofia nestes termos: "vença os seus limites prosperando em suas possibilidades em conformidade ou tendo em conta as suas reais circunstâncias naturais e o conhecimento e cultivo das próprias forças". Vê-se, pois, que todas essas máximas estão entre si entrelaçadas e que, inegavelmente, se puseram presentes na construção teórica do éthos caracterizador do desenvolvimento histórico da filosofia e do filosofar em geral.

Foi nesses termos que, do adágio derivado da *ode* de Píndaro, surtiu a consciência da necessidade de que cabe, não nos termos restritos ao *anér/andrós*, ao *homem*, mas ao *ánthropos*, ao *humano* fazer *germinar* a si mesmo por si mesmo. O *anér/andrós* designava o homem em oposição à mulher ao passo que o *ánthropos* expressava o gênero humano (o homem e a mulher) em oposição aos deuses. O que a *ode* de Píndaro põe em evidência é a necessidade de promover a destinação humana dentro de seu próprio território, ou seja, imerso em suas circunstâncias naturais quer subjetivas quer universais, comum a todos. Esta é a questão: as sementes do humano (biológica ou fisicamente consideradas) contêm em si apenas a realização de seu ser animal, mas não o da humanidade que requer dedicação e empenho e, sobretudo, ilustração. Sem instrução e educação o humano não vai a lugar nenhum: fica estacionado e restrito às requisições naturais da realização que concerne a qualquer ser animal destinado a se reproduzir e a se preservar para o que faz um uso apenas estratégico (astucioso) do próprio cérebro.

Da máxima de Píndaro, o poeta Sófocles (496-406 a.C.) foi o grande divulgador. Ele a difundiu em duas ocasiões:

a. uma, no Édipo em Colono (vv.136-137), no trecho em que retrata o drama derradeiro de Édipo. Ali, Sófocles deixou bem claro que Édipo, apesar de todo o seu drama e tragédia, em momento algum se dispôs a desvincular o seu *destino* dos augúrios dos deuses; antes os acolheu, ao modo, porém, de um enfrentamento de si como quem gerencia a si próprio tomando para si a vontade do seu deus (do seu *daímon*) regente e protetor;

b. outra, no *Ajax* (vv. 758-761), sob estas palavras:

> Aqueles [vaticinou Sófocles] que desconsideram a medida e os limites humanos, que se deixam carregar pelos deuses, [...] duramente sucumbem no infortúnio, porque pretendem, com a ajuda dos deuses, elevar a natureza humana (ánthrôpou phýsin) para além da capacidade humana (ánthropon phronei).[235]

É inegável a repercussão da máxima de Píndaro nas palavras de Sófocles. A advertência é a mesma: aquele que se dispõe a ser um deus, desiste de ser homem. Aquele que entrega aos deuses o seu destino, se furta da capacidade (que consiste em uma habilidade e, enfim, em virtude) de enfrentar a si mesmo e de gerenciar por si mesmo a própria vida.

Sófocles, pois, a partir de Píndaro, presume um *ateísmo* reverso: aquele de alguém que crê em seu Deus a ponto de desacreditar em si mesmo e de sonegar para si próprio a tarefa da edificação de sua própria humanidade. Ora, Epicuro vai de encontro a essa tradição, que, igualmente, reverberou em Sócrates, deste que, por sua vez, fez do "conhece-te a ti mesmo" seu principal objeto de investigação. Do mesmo modo procedeu Epicuro, sob o pressuposto segundo o qual "conhecer a si mesmo" corresponderia primordialmente a conhecer os limites e as possibilidades consoantes às pulsões da própria natureza. Conhecer-se significa encontrar-se consigo mesmo e assim se manter, sem se perder e sem se desviar da verdade de si mesmo.

---

[235] Traduzimos *phrónesis* por *capacidade*, a título de uma habilidade ou aptidão interna. O termo *phrónesis*, em geral, é traduzido por prudência, mas, mesmo sob esse sentido, ela não se desvincula do conceito de *capacidade* ou de *habilidade* concernente a um modo de ser que comporta *virtude*: aquilo que os gregos denominavam de *areté* = de excelência, força ou vigor educado em vista de um determinado modo de ser e de agir.

Daí que o conhecer a si mesmo de Epicuro veio a corresponder à busca de quem sou, a fim de ser (torna-se) a si mesmo e, por sobre o plano da própria realidade (verdade) natural, se edificar na virtude humana de geminar em si mesmo o atributo humano caracterizador da essência de seu ser.

De modo algum cabe a Epicuro (assim como não coube a Píndaro, a Sófocles e a Sócrates) a alcunha de *ateu*, e pela seguinte razão: porque nenhum deles, especificadamente Sócrates e Epicuro, na busca do *edificar*-se humanamente (do fazer em si geminar o humano) em sua natureza e verdade próprias, jamais desconsideram a necessidade de que urgia se fazer semelhantes aos deuses, ou seja, mirar-se e encontrar no *divino* o modelo e o alimento da edificação humana. "Como dissemos antes [sentenciou Sócrates a Alcibíades] como norma de ação deveis ter sempre em mira o esplendor divino (*tò theîon kaì lampròn*)".[236] Platão, no *Fédon* (84 a-b), presumiu para o filosofar (para o exercício do pensar racional) apenas uma saída: tomar "o verdadeiro, o divino (*tò theîon*), o que escapa à opinião, por espetáculo e também por alimento".

Presumir, enfim, que indivíduos com tais propósitos sejam *ateus*, não faz sentido algum e, inclusive, desdenha o verdadeiro significado da reverência humana perante a divindade. *Ateu*, por suposto, é exatamente aquele que não promove em si mesmo o divino, ou seja, que não toma os atributos do que é *divino* como *espetáculo* (espelho ou reflexo) e como modelo e alimento de sua própria edificação. Ateu, então, vem a ser aquele que usa Deus ou o divino apenas para levar vantagens, para tão somente afagar seus medos, suas crendices, suas ansiedades, suas desilusões e seus malfeitos. Não está com Deus quem apenas alardeia o nome dele sem envolver *o que é divino* no cuidado e no governo da própria vida. Justo por isso que o *ateu* é aquele que quer ser visto *com deus*, mas sem almejar para o "ser homem" a excelência do ser divino.

10.2 – Algumas máximas de Epicuro a respeito dos deuses

Algumas máximas de Epicuro a respeito dos deuses por si só demonstram como, de um ponto de vista teórico, não tem fundamento presumir que Epicuro é um ímpio ou um *ateu*. De um ponto de vista prático, ou seja,

---

[236] *Primeiro Alcibíades*, 134 d. Acompanhamos a tradução de Carlos Alberto Nunes, com a seguinte modificação: evitamos traduzir "*tò theîon kaì lampròn*" por *esplendor de Deus*, porque facilita alguns mal-entendidos, por exemplo, presumir o monoteísmo. Optamos por *esplendor divino*, porque, do ponto de vista platônico, "ter em mira o esplendor divino" significa mirar-se no que é belo, bom e justo em conformidade com o que presumiu no contexto da sua chamada teoria das ideais.

do que consta enquanto relatos da vivência de Epicuro não dá para inferir que ele tenha sido um ateu. A esse respeito, Epicuro tomou para si o pressuposto que Platão fez constar no *Primeiro Alcibíades*: aquele segundo o qual Platão aconselhava a todo filósofo, e também ao cidadão, *ter em mira*, "como norma de ação", o *esplendor divino*. De um ponto de vista teórico, o que Epicuro fez constar na *Carta a Meneceu* faz dele um crente não um descrente. Eis o que disse: "os deuses realmente existem (*theoì mèn gàr eisín*) e é evidente (*enargés*) o conhecimento que temos a respeito deles" (§123).

Epicuro, assim como Anáxagoras, também não concede aos astros (a Gaia, a Hélios, a Selene etc.) a condição de seres divinos. Ele não os *reverencia* como deuses e, inclusive, considera as opiniões dos que assim os concebem como sendo *falsas*. Essa foi uma das razões pela qual, já em seu tempo, foi considerado *ateu* e denominado de ímpio (de *asebés*, de irreverente) pelos seus contemporâneos, perante os quais assim se defendeu, nestes termos: dizendo que ateu (*asebés*) não é aquele que se escusa em reverenciar os deuses cultuados pela maioria, e sim aquele que toma para si as mesmas falsas crenças da maioria como se fossem verdadeiras.[237] Trata-se de uma defesa bastante clara e contrapõe a importância da ilustração contra a falta dela, prioriza a mente instruída contra o intelecto destituído de educação.

Do ponto de vista dele, ímpio (o *asebés*, o protótipo grego do *ateu*) não é aquele que contesta as falsas opiniões mimadas pelas crenças tradicionais, e sim aquele que, dotado de alguma ilustração ou saber, fica recluso no mesmo universo das opiniões rasas cultivadas pela maioria, permanecendo perante os seus (os da proximidade) incapaz de transformar e de iluminar. Aí está o *asebés* (o ímpio) da proposição de Epicuro. Trata-se, em outras palavras, de alguém que, detentor de alguma instrução (técnica, teórica ou prática), hoje diríamos "detentor de algum *diploma*", continua reverenciando os mesmos princípios precários, quando não falsos, do culto da maioria, dos que não tiveram oportunidade ou disposição de ilustrar a si mesmos e os demais. Ímpios, na proposição de Epicuro, são aqueles que, instruídos em um determinado ofício ou profissão, se mantém, entretanto, no mesmo nível da "ignorância" popular.

Ignorância vem entre aspas em razão de que não se trata de um atributo que cabe especificadamente aos populares, aos que não tiveram oportunidade de acesso à instrução, e sim aos que tiveram, mas restaram

---

[237] *Carta a Meneceu*, §123/124.

estacionados no nível dos preconceitos (das discriminações e das fobias) estruturais da cultura. Daí que o verdadeiro *ignorante* não é o popular, e sim aquele que teve acesso ao estudo e à qualificação, e que, inclusive, desenvolveu certas habilidades de ofício (é um bom médico, bom advogado, bom dentista, bom veterinário, bom matemático, bom lógico), mas, mesmo assim, restou no mesmo nível da dita "ignorância" popular: em nada ultrapassou seus ancestrais que não tiveram acesso à ilustração! Não se trata, com efeito — isto é importante de ser dito —, de uma "ignorância" que atinge apenas o "diplomado", mas todo o sistema "educador" que o gerou, e que, igualmente, carece de reciclagem e de reforma.

É nessa direção que se põe o projeto educador de Epicuro, que, de um ponto de vista da ilustração teológica se colocar em um lugar de distanciamento perante uma compreensão popular rasa, habitual, sustentada sob parâmetros da cultura meramente consuetudinária. Foi, pois, esse distanciamento (que, entretanto, de modo algum promove distanciamento ou dispensa a ilustração religiosa) que Epicuro findou em seu tempo referido como ateu, visto que isso se deu na posteridade. Lactâncio, por exemplo, diz ser Epicuro um ateu por não reconhecer que "Deus criou tudo a partir do nada",[238] que, ao contrário, o mundo teve a sua origem em uma matéria primeira, primitiva, denominada de átomo. Na mesma *Institutiones* (I, 2) Lactâncio insere ainda Epicuro no rol dos ateus por não "reconhecer que o mundo foi feito pela providência divina", cuja crença, segundo ele, sempre foi "aceita, sem questionar, desde os famosos sete sábios até Sócrates e Platão": "uma tese tão evidente" (assegura), que, só "o louco do Epicuro, se atreveu a negá-la".[239] São muitos os testemunhos no sentido de conceber Epicuro como um ateu em razão de ele defender outras teses e outras crenças discordantes deste ou daquele modo de pensar e, portanto, por não reconhecer o princípio de autoridade (a palavra e a crença dos grandes filósofos) como princípio de *evidência*.

Dentre as máximas de Epicuro, duas delas causou espécie entre os seus contemporâneos e na posteridade: uma, a que afirma serem os deuses viventes tranquilos, serenos, distanciados de qualquer preocupação. São alegres e felizes que não se ocupam com nada e que não incomodam ninguém;[240] a outra vem em consequência da primeira, visto que Epicuro, valendo-se dela, contrariou um aspecto relevante da religiosidade grega

---

[238] "[...] tudo criou a partir do nada - *omnia enim fecit ex nihilo*" (*Divinae institutiones*, II, 8).
[239] Sobre o tema da *providência*: *Epicuro e as bases do epicurismo II*, p. 383-498.
[240] SÊNECA, 1980, *Apocoloquintose do divino Cláudio*, VIII, 1.

que consistia em tudo pedir para os deuses, a ponto de colocar tudo nas mãos deles, como se fosse deles a responsabilidade pelos destinos dos cosmos e da vida humana (de todos e de cada um). Esta foi a máxima que ecoou entre os gregos e na posteridade como uma impiedade: "É inútil pedir aos deuses [sentenciou Epicuro] o que cada um pode, para si e por si mesmo, proporcionar".[241] A esse respeito é preciso, inclusive, acrescentar algo: que Epicuro admite, sim, que os deuses são seres serenos, alegres e tranquilos, que não se atemorizam por nada, e que, tampouco, se deixam amolecer por sacrifícios ou preces, mas disso não se segue que não devemos lhes aviar preces e cultos.

Parece contraditório, mas não é. Ocorre que as preces e os sacrifícios não devem ser, do ponto de vista de Epicuro, de *petição*, mas de *gratidão* (naquilo que ele denominou de *eucharistía*). Aqui a questão se põe nestes termos: na relação entre nós e os deuses há como que um profundo vazio (distanciamento) que só se preenche (ou diminui) inserindo neste mesmo vazio tudo o que é divino ou o que o divino comporta. Nossos problemas, que não são poucos, são nossos. Cabe a nós, e não aos deuses, resolvê-los. Dos deuses, para a solução de nossos problemas, carecemos de mirar nos atributos do que é divino, e trazer esse mesmo divino para o nosso viver, e também para o nosso saber e, enfim, para as nossas ações. Dos humanos, de cada um, o *divino* é o modelo, visto que não cabe aos deuses insuflar (trazer) o que é divino para as nossas vidas. Não é nos tencionando internamente, mediante doces e emotivas preces, e também não é promovendo em nós um estado de êxtase, de distanciamento ou fuga de nós mesmos, que acessamos ou nos aproximamos do que é divino. O divino em nós é uma tarefa que compete a nós e não aos deuses. Urge nos empenhar a partir do que somos, da ciência dos limites e possibilidades inerentes em nossa natureza, caso queiramos trazer o divino para nossas vidas e, com ele, experimentar um viver sereno (em *ataraxía*), alegre e feliz.

Só há uma condição para sermos tal como um dos deuses: assemelhando-nos a eles.[242] Para o que só há igualmente um meio: nos acolher no que somos, sem trair a nós mesmos e a nossa natureza, a fim de nos elevar até o máximo relativo ao que podemos humanamente ser sob a perspectiva do *que é divino*, que em si agrega atributos concernentes ao que é bom, belo e justo. São assim que os deuses de Epicuro são presumidos:

---

[241] *Sentenças vaticanas*, 65.
[242] *Carta a Meneceu*, § 135.

como seres que não se dão a responsabilidade de se ocupar com o que cabe aos humanos por obrigação. Não é tarefa dos deuses gerenciar a nossa vida, governar nossa vontade e administrar nossa natureza. Quem transfere aos deuses essa tarefa que é sua, desqualifica em si mesmo sua própria humanidade e, com ela, sua autonomia e a liberdade. Esse é aquele humano que finda por bem pouco saber de si, que mal se conhece, que não se acolhe, que nada sabe de sua natureza, que não trabalha em favor da virtude (que consiste em humanizar a si mesmo), que não gerencia seus dramas, e que, enfim, entrega tudo nas mãos dos deuses porque não sabe se cuidar e se dar governo.

Eis aí, no modo de pensar epicureu, o descrente extremo, tão distanciado da divindade a ponto de descrer e de faltar com a piedade e a devoção para consigo próprio. Não *amar a si* mesmo, não cuidar de si e gerenciar a própria vida, eis, segundo Epicuro, a maior da impiedades humanas que consiste na desqualificação de si mesmo a ponto de abdicar da própria humanidade. Ora, os deuses de Epicuro, por regra, sempre se mantêm quietos e em silêncio, e ainda mais perante humanos tão impiedosos e descrentes que deixam para eles, como se fosse tarefa deles, a tarefa de fazer aquilo que cabe a cada um ser feito. Por que, afinal, iriam os deuses se ocupar em fazer algo a quem para si nada faz, a ponto de sequer ser capaz de amar a si mesmo e de se cuidar? Quem não ama a si mesmo não ama ninguém, e sequer está em condições de se cuidar, visto que, por não saber e não se dispor a amar *a si mesmo*, sequer tem a mínima noção do que é o amor!

Por que, afinal, iriam os deuses se intranquilizar por quem, por si e para si, não se *intranquiliza*? Por que iriam se ocupar com quem consigo mesmo não se ocupa? Por que iriam ilustrar os que em favor da ilustração não se empenham? Por que iriam corrigir as opiniões falsas que muitos adotam sob o pressuposto de que é exatamente assim que pensam, sem se dispor à mudança? Se os deuses assim se portassem, ou seja, se fossem deles a iniciativa de nos humanizar, de corrigir nosso modo de ser e de pensar, não seriam deuses, antes haveriam de ser seres insanos e tolos, bem mais insanos e tolos do que os indolentes que deixam tudo nas mãos deles sem se dar a obrigação de ser melhores, inclusive, de se ilustrar (instruir a mente), a fim de fazer um uso sensato do próprio arbítrio (juízo) e do próprio intelecto. De que vale, afinal, alguém ter a potência do intelecto e do arbítrio se deles não faz uso?

10.3 – Conceitos fundamentais da teologia de Epicuro

O conceito da *eusébeia* (contraposto de *asébeia*) comportava, entre os gregos, a ideia do convívio amistoso que se estendia desde a família à comunidade da *pólis*. A religião, entre eles, não se constituía em um instituto cívico nem moral. A religião, nos termos da *eusébeia* e da *hosiótes*, correspondia ao que os gregos denominavam de *deisidaimonía*, cujo termo conjuga o *temor* (*deós*) mesclado ao culto, ao respeito, à reverência e ao comportamento santo (*hósios*) defronte as entidades divinas padroeiras, por eles genericamente denominadas de *daímones*. Cultuar e reverenciar significava essencialmente honrar, no comportamento e nas ações, o nome (e a santidade) dos deuses: quer do deus ou da deusa protetora da casa ou da *oikía* quer do da comunidade cívica ou da *pólis*. Além dos deuses, era devido honrar o nome do pai (do *kýrios*) por todos reconhecido como o representante do éthos e da *areté* consuetudinária. Na figura do pai recaía o peso de toda a idealidade cívica. Sobre ela pesava, inclusive, a obrigação de projetar para o futuro a estampa da qual o filho haveria de se mirar. Na figura do avô, do bisavô e dos ancestrais pesava a estampa do passado. Era assim que o conceito do *temor* (*deós*) implicava o de culto, de respeito e de *honra*, expresso na forma de devotamento e de reverência: conceitos que se constituíam no principal da *eusébeia*, à qual Epicuro acresceu o sentimento da *gratidão*, da *eucharistía*.

A reverência aos deuses era tão impregnada na cultura grega a ponto de nenhum educador/filósofo se indispor contra ela; antes, se dedicava em restabelecê-la sob termos do bom senso e da razoabilidade, o que, para muitos dos defensores do consuetudinário, aparentava uma impiedade. A alcunha de *impiedade* era comumente utilizada para rejeitar toda e qualquer outra forma de piedade que não coincidia com as formalidades e ditames tradicionais. Epicuro, assim como a maioria dos filósofos, não deixaram ao desamparo a mentalidade dos mitos que impregnavam as crenças populares, a não ser a dos *cultores* (arvorados em mestres e profetas do divino) que dos mitos se valiam a fim de manter a mentalidade popular refém de seus interesses. São esses os mestres do desamparo: indivíduos sórdidos que afirmam a existência dos deuses, mas negam (porque deles excluem) o que lhes é essencial, a divindade, o que é sagrado e santo. São indivíduos que transformam os deuses em entes malignos a serem temidos e não em entes benignos a serem acolhidos e reverenciados. O templo finda por se tornar um lugar de livramento do maligno e não de recolhimento do benigno.

Nem Anaximandro nem Sócrates, condenados sob o falso argumento da impiedade (da *asébeia*), ousaram negar a existência dos deuses e sequer deixaram de lhes prestar honras e reverência e, tampouco, de trazer o que é divino para a própria vida! Epicuro se pôs no mesmo plano e trilhou a mesma senda dos filósofos tradicionais, especificadamente de Platão, que, ao tomar para si o projeto filosófico de Sócrates, se ocupou em elevar a mente popular mediante a instrução e o esclarecimento sem desqualificar a importância da religião (da *deisidaimonía* e da *osiótes*) na tarefa da educação "popular". Nem por isso, Platão, assim como os demais filósofos, incluindo Epicuro, deixou de expressar o que efetivamente pensavam a respeito dos benefícios e malefícios que a religião pode promover: não por ela mesma, e sim decorrente do uso que dela faziam os cultores dos mitos e os guardiões dos templos. Ilustra, nesse sentido, o que disse Diógenes de Sínope ao observar os guardiões de um templo levando de arrasto um ladrão: "São grandes ladrões arrastando um pequeno ladrão".[243]

Epicuro de modo algum desvincula a filosofia da religião como meio complementar da educação filosófica. Na carência de oportunidades, no que concerne, sobretudo, à instrução, a religião sempre encontrou no povo (em particular naquela maioria que vive das ocupações cotidianas) um terreno fértil para sua expansão. Essa, sem dúvida, foi a razão principal que levou os filósofos, na antiguidade, a trazer a *deisaimonía* para dentro da filosofia a título de uma extraordinária parceria em benefício da instrução popular. Foi por esse consórcio que o ensino filosófico ganhou naquela época a alcunha de *exotérico*, ou seja, destinado para os de fora (*éxo*) da comunidade acadêmica. O objetivo não consistiu apenas em alcançar o público leitor, que, aliás, era escasso, mas, sobretudo o grande público auditor: aquele acostumado a se instruir através dos rapsodos e dos sofistas perambulantes. Os sofistas foram os mestres que se interessaram em apropriar do ensino dos filósofos e se dispuseram a vender o saber (por eles adquirido) na mesma rota, um tanto congestionada, dos rapsodos. Nela também trilhavam os *mânticos*, os adivinhos, os curandeiros, os benzedeiros e todos os que encontravam na boa fé popular um meio de levar vantagem.

A razão pela qual Platão dedicou vários diálogos para renomados sofistas (Protágoras, Górgias, Hippias) e pela qual, inclusive, trouxe muitos deles (Pródico, Polo, Trasímaco) a participar de sua dialógica, teve um objetivo específico: confabular com os mestres de fora (*éxo*), especificada-

---

[243] D.L., 2005, VI, II, 45.

mente com os mestres dos jovens desocupados, dos filhos da riqueza, com tempo e dinheiro suficientes para "tirar proveito" (nas próprias casas, nos ginásios, nas ruas e nas praças) do ensino "vendido" por eles. A dialógica platônica está toda imbuída desta pedagogia: levar os sofistas para dentro do debate filosófico, a fim de reciclá-los, ou seja, de repensar o saber que difundiam, e assim, renovados, promover e difundir uma ilustração mais consistente e razoável. Foi, efetivamente, através dos sofistas que Platão fez chegar a sua obra (de imediato e na posteridade) aos ouvidos de um grande público. Epicuro, por sua vez, divulgou sua filosofia através das comunidades filosóficas locais (abertas ao grande público) e instruídas mediante cartas. Ele também encontrou em grandes poetas (como Lucrécio, Filodemos de Gadara) e em discípulos apaixonados (como Diógenes de Enoanda e o próprio Filodemos) mestres que se ocuparam em difundir ao máximo o éthos epicureu. Inegavelmente a felicidade (para não dizer o vigor) e a infelicidade de qualquer doutrina é proporcional ao mérito da inteligência dos que as preservam.

Nem Platão nem Epicuro no que concerne ao projeto educador assumido por ambos fizeram profissão de fé no mesmo nível das crenças populares. Se assim fosse, não seriam nem filósofos nem educadores, e sim, simplesmente, "populares". O objetivo consistia em levar a filosofia para dentro da crença e, com ela, reformar o aprendizado popular que encontrava sua fonte e sustento na religião (na *deisidaimonía*). Expressivo, nesse sentido, foi o gesto de Platão de mandar erigir ao deus Eros um altar na entrada da Academia. Disso não se segue que fosse um devoto ao modo do grego comum, e sim ao modo como a *philo-sophia* (que comporta um devotado *amor à sabedoria*) encontrava em éros (no amor) estímulo, dedicação e sustento.[244] Platão não esperava comodamente de Eros a inspiração ou algum ímpeto que o arremessasse na iniciativa do filosofar. Valeu para ele a mesma proposição que estimulou Epicuro: é inútil pedir aos deuses o que cada um pode fazer por si mesmo.

Do *fazer por si* (*choregêsai*, proporcionar, procurar para si), o *cuidado de si* (a *autárkeia*, a autossuficiência) se constitui no principal da proposição filosófica do éthos epicureu. A referida sentença, é inútil pedir aos deuses o que cada um pode fazer por si mesmo, se constituiu igualmente em regra tácita do éthos comportamental das comunidades filosóficas de Epicuro.

---

[244] No *Questões fundamentais da filosofia grega* (São Paulo: Loyola, 2006), dedicamos um capítulo sobre "Arch*é* da filosofia e o ér*os* do filosofar", p. 45-100.

Dos que se integravam ao cotidiano da vivência comunitária, esta era a regra principal: cuidar de si, *proporcionar* por si e para si o que é devido. Não era uma comunidade de encosto, tampouco de apoio ou arrimo, mesmo que lá se intercambiasse um amoroso apoio, amparo e proteção. Dos membros da comunidade o principal da piedade (da *eusébeia*) consistia, a título de um continuo aprendizado, em amar a si mesmo ao modo de quem ama o todo da comunidade nela integrado sob pressupostos da mesma *philía* que movia a filosofia e o filosofar.

Na relação entre os membros e, consequentemente, com o todo da comunidade, o principal não recaia na petição, e sim na *gratidão* (na *eucharistía*) intercambiada entre os membros que se dispunham a cuidar de si, a carregar e administrar seus fardos como quem cuida (ou seja, que não se põe como peso dentro) da comunidade. Não quer dizer que os membros não dispunham do companheirismo recíproco: lá também havia sempre um "ombro amigo" para se apoiar, mas um ombro leve! O cuidado do outro se impunha como uma obrigação de toda a comunidade quando o outro não estava em condições de se cuidar: na doença, na velhice e em outras circunstâncias. Era nessa atitude que se resumia o principal da piedade sustentada sob o conceito da *philía*.

Epicuro, no que concerne à religião (à *deisidaimonía*), jamais dissuadiu a prece, antes, e ao contrário, a estimulava, não, porém, como petição, e sim como *gratidão* e agradecimento que implicavam louvação. Epicuro, nesse sentido, renovou entre os gregos a ideia do culto concebido como um momento de louvar, a título de uma "ação de graças", o divino: não a louvação de graças recebidas mediante petições, e sim da gratuidade pelo maravilhoso dom da vida, que só tem sentido quando usufruída de modo sereno, alegre, prazeroso e feliz. Daí que os cultos e as celebrações no interior das comunidades de Epicuro consistiam em celebrar a alegria (o prazer) de viver, em cuja ocasião todos eram convidados a mirar-se nos deuses que levam uma vida quieta, não incomodativa, serena e feliz. De modo algum a comunidade dos epicureus se reunia para provocar ou amolecer a vontade dos deuses com preces, sacrifícios e homenagens. Os da comunidade tinham plena ciência de que não era responsabilidade dos deuses gerenciar (afugentar) malefícios e prover benefícios, tampouco apaziguar a alma e, enfim, dar sentido, valor e direção à vida humana.[245]

---

[245] "Mas os deuses epicuristas não *dão* sentido nem valor, eles ilustram exemplarmente uma felicidade que os supera e da qual eles são apenas um modelo realizado" (DUVERNOY, 1983, p. 68).

Os deuses de Epicuro — para escândalo da posteridade — não subjugam e nem libertam, não são benévolos nem malévolos para com ninguém. Eles nada proveem, apenas se mantêm quietos e impassíveis em sua comunidade de deuses e em seu próprio mundo, no *intermundia*, ou seja, nos espaços vazios dos intervalos entre os mundos, como se não habitassem lugar nenhum, mesmo assim habitando o mundo! Distantes, sem serem reféns de preces e de cultos, eles deixavam ao encargo dos humanos o que aos humanas por obrigação ou dever lhes pertence. Epicuro, de um ponto de vista do éthos comportamental punha na *autárkeia* (na autossuficiência enquanto cuidado de si) e no exercício da *phrónesis* (na prudência movida pelo exercício da inteligência e do arbítrio) o principal da prosperidade humana; de um ponto de vista da utilidade, prosperidade e conforto, ele punha as esperanças de melhoria e prosperidade no saber e na ciência.

São duas requisições indispensáveis: a do exercício da *phrónesis* (da inteligência, *noûs*, movida pelos anseios do coração, *phren*) e a busca por saber ou ciência, cujo fundamento de sua certificação se dá na evidência manifesta nos fenômenos e não na autoridade dos sábios, sequer dos deuses. Dos deuses busca-se a divindade e não palavras proferidas sob a assistência, interpretação e amparo dos hierofantes, cujos interesses nem sempre coincide com o divino. Em tudo (na saúde e na doença, no bem--estar físico e no serenar da alma) a ciência, do ponto de vista epicureu é indispensável. Apenas rezas e bênçãos (como generosa e altruisticamente procedia sua mãe no intuito de elevar o ânimo dos colonos, na carência) não bastam! Os gafanhotos, por exemplo, findam como uma responsabilidade humana: não dá para todos *apenas* rezarem para que a nuvem não passe em sua lavoura, porque, inevitavelmente, em algum momento poderá passar! *Apenas* porque a ciência não dispensa a prece, e a prece não dispensa a ciência.

O culto (a *eucharistía*) dos epicureus não tirava deles a obrigação do *cuidado de si* (da *autárkeia*), antes promovia a boa disposição do uso, em bom ânimo, da autonomia e do exercício do arbítrio como instrumento necessário de transformação e de mudança. Este era o preceito: o acesso aos bens desta vida depende, fundamentalmente, de responsabilidade nossa, de modo que temos, antes de tudo, que tomar a iniciativa de agir em nosso favor e de compartilhar essa iniciativa. Temos, sobretudo, a obrigação de criar em nosso meio, desde a comunidade (*koinós*) familiar à cívica, uma rede de convívio amigável, amistoso e solidário, a fim de nos habilitar na busca do melhor sob o pressuposto do que é divino: em favor não só de qualificação humana, como também de paz e de serenidade (*ataraxía*) relativas ao bem viver.

Por aí se observa como a autonomia, a autossuficiência e o "bastar-se a si mesmo" (a "senhoria de si" presumida pela *autárkeia* de Epicuro) nada têm a ver com egoísmo: porque, além de conjurar o necessário cuidado de si (ao modo de quem "ama a si mesmo"), de modo algum se desassocia ou se exclui da reciprocidade, da solidariedade e do cuidado compartilhado que só se edifica em uma comunidade de relações na qual prospera o cultivo da afeição, do companheirismo e da amizade. Egoísta não é quem cuida de si ou quem ama a si mesmo, e sim aquele que manhosamente requer que cuidem dele por ele, ou aquele que aguarda que o outro o ame *como ele é* sem se dar a necessidade de qualificar a si mesmo sequer um milímetro em vista de si mesmo e em favor (por força do cuidado de si) de seu amor pelo outro! O egoísta, afinal, é um ser destituído de solidariedade, que, por se interessar não propriamente por si mesmo, mas pelo que ele é (pelo "eu só sei *ser assim*", "você sabe como eu sou!", "quem me conhece sabe quem sou") finda cruel para com todos, inclusive, para consigo mesmo: se descuida, inclusive, do essencial, a ponto de sequer fazer a própria comida ou de lavar o próprio prato! O ato de fazer a própria comida é um extraordinário gesto de amor para consigo mesmo, nele vem imersa a capacidade de saciar a própria fome.

10.4 – Epicuro: um crente à margem das crenças gregas

Em conclusão, está visto que não cabe em Epicuro o conceito, feito um preconceito, de ímpio ou de *ateu*. Nele tal *preconceito* não cabe nem como crente nem como descrente. A conotação lhe foi dada por força de vários fatores, sobretudo, por seu distanciamento de uma compreensão a respeito dos deuses sob os parâmetros da cultura em nível meramente popular. Disso não se segue que Epicuro se colocasse contrário às crenças populares, visto que sequer questiona a existência dos deuses, para ele inegável, tampouco exclui a necessidade do culto de agradecimento e de louvação. Epicuro aos adeptos propunha que era preciso acreditar nos deuses, oferecer-lhes reverência, cultivar a piedade e, inclusive, sob *total gratuidade*, oferecer sacrifícios e fazer libações. O que Epicuro louva, em última instância, não são propriamente os deuses, e sim o próprio alçar-se na senda do *que é divino* do qual o crente carece de retirar uma continuada elevação e qualificação humana, de louvar o divino ao modo de quem afirma e se agrada do próprio empenho!

As proposições de Epicuro se punham um tanto fora dos parâmetros habituais dos gregos, em que os cultos eram caracterizados por intensos rogos e rezas, e também por suntuosos sacrifícios[246] recheados de oferendas e dádivas com o objetivo de impressionar bem mais os populares (os eleitores da *pólis*) que propriamente os deuses. Os mentores da pompa religiosa, de um lado, a classe dos hierofantes se empenhava no sentido de manter o agrado popular que dava sustento à sua função (da qual, inclusive, tirava o próprio sustento); de outro, os patronos financiadores das oferendas buscam, com seu feito, apoio popular para suas causas políticas. Em ambos os casos, tanto os hierofantes quanto os patronos buscavam essencialmente louvação para si, não para o divino, e se empenhavam em se parecer mais com o povo (com suas opiniões, seus anseios e suas crenças) do que com os deuses da devoção. Eram os maiorais da *pólis* que, em abundância, forneciam os animais, desde a galinha, o porco, a cabra, a ovelha e, inclusive (motivo de grande festividade), os bois para o sacrifício. A carne, especialmente a bovina (objeto raro no consumo do homem grego comum), era disponibilizada a todos e dava um tom de requinte e nobreza ao banquete sagrado. Toda a carne dos animais ofertados em sacrifício era consumida por todos, e nada era desperdiçado. Para os deuses findava mesmo sobrando a fumaça, feito incenso!

Assim ensinava Epicuro:

> Sacrifiquemos piedosa e retamente segundo as determinações (*thýomen hósios kaì kalôs oû kathékei*) e cumpramos tudo o demais em conformidade com as leis, sem nos deixar turbar pelas vãs opiniões acerca dos seres mais perfeitos e augustos.[247]

Aos epicureus não residentes nas comunidades filosóficas, Epicuro aconselhava seguir os hábitos religiosos e os cultos locais, participar, inclusive, das cerimônias com reverência e devoção conforme as determinações

---

[246] Citamos alguns testemunhos de Isócrates que nos dão uma certa noção das celebrações gregas: "Não faziam (Isócrates se refere aos antepassados) sacrifício de trezentos bois [...]. Não celebravam os festivais de cultos estrangeiros gastando muito... Pretendiam unicamente não enfraquecer a religião de seus pais [...]. Aos olhos deles, a piedade não consistia em gastos extravagantes..." (*Areopagítico*, PRIETO, 1989, p. 29ss.). Os ancestrais "não faziam consistir a piedade no luxo..." (*Areopagítico*, 29 e 30, PRIETO, 1989, p. 50).

[247] *Epicurea*, fr., 387, p. 258.

sagradas (*hósios*) e ao que era determinado por lei em conformidade com o estabelecido (*kathēkei*, com a *catequese*). Consta, na *Perì eusébeia* (*Sobre a piedade*) de Filodemos, que o mesmo Epicuro, talvez por temor *das leis*, requisitava de seus discípulos que respeitassem "todas as celebrações festivas e as cerimônias tradicionais — *pásais taîs patríois heortaîs kaì thysíais*".[248] Este, entretanto, era o pressuposto fundamental que deveria orientar o epicureu: que, quando orassem e sacrificassem em nome dos deuses era devido fazê-lo sob o amparo da alegria (da satisfação)[249] retirada do empenho cotidiano de experimentar em si mesmo, e nas próprias ações, os ideias de excelência de quem em tudo se põe na direção do melhor (do que é bom, belo e justo, em síntese, do que é divino).

Valia para o epicureu o seguinte princípio: não cabe aos sábios, aos cultores do saber e da ciência, desqualificar as crenças do povo, mas qualificá-las, elevá-las para além dos mitos, das superstições e, sobretudo, da opressão que faz da religião um fardo para a mente de quem está desprovido da educação do uso do arbítrio. O deus de Epicuro não é o mesmo do povo, e sim o da ilustração humana: um deus que eleva o humano em *virtude* e em capacidade de ser tal como ele. Não se trata, com efeito, de mera virtude moral, e sim daquela cuja caraterística consiste em elevar-se em humanidade, a começar pelo exercício ou uso de um intelecto instruído, daquele que, inevitavelmente, toma o divino, o que escapa à mera opinião, como "espetáculo" e alimento.

Epicuro, sob nenhum aspecto, viu qualquer necessidade de excluir os deuses de nossa vida. Os deuses, entretanto, não cabe a ninguém reverenciá-los ao modo como se fosse um tolo ou encabrestado sob o jugo, e sim de alguém que quer e que se empenha em ser tão sábio e divino como eles! Daí a razão pela qual Epicuro sempre defendeu a necessidade de reverenciá-los e, mais que isso, de nos ocupar com o conhecimento da natureza deles com o objetivo de colocá-los no lugar certo que lhes cabe no todo e na nossa vida. Diante da acusação de que os epicuristas eram ateus, Diógenes de Enoanda, retrucava dizendo que não eram eles que negavam a existência dos deuses, mas o outros: aqueles que aparentavam

---

[248] *Epicurea*, fr., 169, p. 151.

[249] "[...] puisque les dieux sont indiciblement heureux, les louer par la prière, se rapprocher d'eux en ces occasions solennelles où la cité leur offre un sacrifice, se réjouir avec eux aux fêtes anuelles, c'est prendre part à leur bonheur". "Voilà pourquoi le disciple d'Épicure sera fidèle aux prescriptions de la religion. Si les fêtes d'Athènes sont pour tous une occasion de liesse, l'épicurien a plus de raisons encore de se tenir en joie" (FESTUGIÈRE, 1997, p. 94).

ser piedosos, mas não eram.[250] Que piedade ou reverência haverá de ter um indivíduo que não tem nenhuma noção a respeito si mesmo, dos dotes de sua natureza, de sua própria verdade, de seu lugar no mundo e, ademais, sem nenhuma noção dos deuses, da verdade e do lugar deles no mundo?

Epicuro, efetivamente, não era nem ateu nem descrente: ele honrava os deuses em razão da excelência da natureza deles e não porque esperava deles algum benefício ou porque temia alguma maledicência. Só os que desconhecem a si mesmos, que não sabem se governar e gerenciar a própria vida põem todos os cuidados, que por si mesmo é devido ter, nas mãos dos deuses, ou, mais exatamente, dos que astutamente dizem representá-los. O culto e a reverência aos deuses não combinam com a irracionalidade, justo porque a irracionalidade não combina com a "humanização" do humano, de modo que, nesses termos, tanto o culto quanto a reverência ficam desumanizados e, consequentemente, distantes da senda do divino. Daí porque Epicuro honrava os deuses a título de uma demanda da razão que nos 'constrange' a reverenciar o grandioso, o perfeito, o melhor possível, numa palavra: o *divino*. Do fato de se apresentar à nossa mente uma ideia de *Deus* como expressão da perfeição ou excelência (manifestação daquilo do qual nada podemos atribuir de incompatível a um Deus) resulta, para nós, uma ideia indefinível e indecifrável e, mesmo assim, a ser honrada e reverenciada por uma boa vontade que moralmente quer se parecer com o que é divino.

Epicuro honrava os deuses de um tal modo reverente a ponto de jamais comerciar com eles mediante petições, libações, sacrifícios ou promessas que implicassem em barganhas em favor de algum interesse ou vantagem subjetiva. É uma impiedade (em nada condiz com o que é divino) acreditar que os deuses se deixam domesticar em favor de interesses meramente subjetivos ou de frivolidades. Os deuses de Epicuro são indomesticáveis: são seres que só se "deixam acessar" à medida que domesticamos não os deuses, mas a nos nós mesmos por aproximação ao que é divino. A qualquer barganha os deuses respondem com o silêncio. Quem, entretanto, com os deuses barganha, comporta-se como alguém que, de um modo profundamente egoísta, apenas espera e pede, e sempre ou de novo espera e pede sem nada colher; é feito alguém que quer colher sem plantar, quer que a frutífera carregue sem poda e sem cuidados: alguém, enfim, que não valoriza as flores enquanto espera os frutos!

---

[250] Diógenes de Enoanda, fr. 16, DELATTRE & PIGEAUD, (ed.), 2010, p. 1037.

Epicuro honrava os deuses sob a requisição a título de um dever, ou seja, ao modo de quem dá para si a obrigação de *viver como um deus* entre os homens:[251] de alguém sempre disposto a cuidar de si, sem exigir ou dar quer aos deuses quer aos próximos ou a quem quer que seja a obrigação de cuidar de tudo o que lhe era devido, e que ele pode (enquanto pode) por si mesmo se cuidar. Epicuro presumia a honra aos deuses fazendo o *bem* (concreto, não abstrato) a ser feito em favor de uma vida justa e moderada, a fim de manter-se saudável (com o que sempre poderia se cuidar sem transferir para os outros essa obrigação) e com bom ânimo. Além disso, ele urgia para si a necessidade (feito um dever) de levar uma vida prazerosa, alegre e feliz. Epicuro, enfim, não acreditava nos deuses ao modo de um crente que está certo de que basta uma prece chorosa ou lastimosa para o seu deus vir salvar sua vida, livrá-lo do mal, socorrê-lo no perigo e no infortúnio e, em última instância, perdoá-lo, isto é, lavar a consciência dos malfeitos deixando-a sempre pronta e bem disposta para continuar sempre igual e sempre a mesma.

São dois aspectos fundamentais na proposta moral do éthos epicureu: de um lado, excluir de nossa vida qualquer preocupação infundada a respeito da interferência dos deuses no dia de hoje e no amanhã; de outro, empenhar-se em favor de uma vida justa, porque, segundo Epicuro, os que cometem injustiças e transgridem as leis vivem uma vida miserável e com muito medo. Ao se esconder dos próprios crimes, não estão certos de que conseguirão, e assim, constantemente acuados pelo medo da punição (projetada no futuro), deixam de viver e de usufruir o presente.[252] Daí que, do ponto de vista dele, não é nem o medo dos deuses nem o medo da lei que nos leva a viver bem, e sim o cuidado de si (a *autárkeia*) que consiste fundamentalmente em se governar e se conduzir na senda do que é belo, bom e justo. Nessa direção há apenas um caminho: o do aprendizado (através da filosofia e da vivência) do uso da própria faculdade racional e, com ela, o uso do arbítrio que se exerce nas *escolhas* e nas *recusas* (tema fundamental do éthos epicureu). Em favor da prosperidade humana é preciso vencer o medo: no medo perante os deuses se estampa a derrota do humano perante a si mesmo.

O *ateu*, enfim, crente ou descrente, não é alguém que não cultua um Deus, e sim aquele que não toma para si, não se mira nos atributos mediante os quais a razão humana concebe *o que é divino*. O *ateu* crente é

---
[251] *Carta a Meneceu*, § 135.
[252] PLUTARCO, 2004, 6, 1086D.

alguém dominado por uma credulidade ignorante, destituído de embasamento racional ou de conhecimento (intelecção, entendimento) relativo à sua credulidade, de tal modo que adota para si falsas obrigações e temores inócuos, e deposita todo o seu empenho em mimar (alimentar) tais obrigações e temores, que, muitas vezes, não são propriamente seus, mas implantados por outros. O *ateu* é igualmente aquele que, mesmo cultuando um Deus, o faz em vista de levar vantagens, de prover benefícios próprios, de acobertar e assim se safar de suas malesas, de retirar boa fama pública estampando aparências sem levar uma vida pautada pela regência do que é divino. Um indivíduo que vai à sua Igreja, nessas condições, que faz suas preces, seus cantos, seus rituais religiosos, mas vive sem se dar regras de santidade (*hosiótes*), ou seja, sem tomar para seu humano empenho a métrica da excelência ou do melhor, pode, no final, levar a vida do pior dos ateus, isto é, daquele que vincula o seu Deus ao comportamento de quem vive *sem deus*! Ateu, em síntese, é aquele que exclui *Deus*, ou seja, tudo o que é efetivamente bom, belo e justo, para os propósitos de suas ações, e também para as proposições de sua mente e de sua língua, e até mesmo de seu olhar, a ponto de viver de qualquer maneira as relações cotidianas mais triviais.

Quando, enfim, se diz que alguém é ateu cabe efetivamente perguntar qual ateísmo: o dos crentes ou dos descrentes? É preciso cuidadosamente averiguar se lhe cabe uma ou nenhuma das pechas referidas: a de "ateu crente" ou a de "ateu descrente". O *ateu crente* é aquele que louva e reverencia Deus em casa ou nas igrejas, em particular ou público, mas não leva esse mesmo Deus para dentro de sua vida: de seu ser, de seu pensar e de seu agir. Trata-se de um crente protocolar, domesticado pela educação familiar ou cívica, que, entretanto, se comporta como se Deus não existisse. É alguém que cultiva inúmeras opiniões falsas a respeito do *que é divino*, e que se deixa conduzir (quando ele próprio não é um deles) pelos espertos que sabem como tirar proveito, sem que ele próprio se conduza pelos ditames do divino. Quanto ao ateu descrente, a rigor, não é propriamente aquele que não acredita que existam deuses ou que existe um Deus, e sim aquele que, assim como o *crente ateu*, não se importa com o que é divino. Não só não se preocupa, como também não leva os atributos do que é divino para a própria vida.

No contraposto de ambos, do ateu crente e do descrente, resta, enfim, apenas o crente: aquele que, independentemente de existir ou não um Deus, de frequentar ou não os templos, põe Deus — o que é divino — na própria vida, de tal modo que, nas relações humanas, a começar na relação consigo mesmo, se pauta pela busca do bem viver sob o pressuposto da divindade. É evidente que aquele que assim procede, além de crer, reconhece que *o que é divino* existe e que, inclusive, é possível tomá-lo, sob o *télos* do humano, como alimento e modelo do próprio existir. A virtude de quem crê não está em saber levar vantagem ou em saber trapacear ou em saber subornar ou, enfim, em saber tudo o que faz dele um ganhador implacável, e sim em saber promover em seu modo de ser, de agir e de pensar os atributos que a razão humana presume como divinos (independentemente de padrões morais estatutários). Eis, enfim, o ser humano crente e virtuoso, alguém que, inclusive, sob a coragem de ser quem é (no respeito de si mesmo, de sua natureza, de seus limites e de suas possibilidades, sem trair a si mesmo e a sua verdade), não se envergonha em considerar o que é divino como pressuposto de humana virtude.

CAPÍTULO II

A RELIGIÃO E A REFORMA MORAL

1 – Vínculos da teologia de Epicuro com o consuetudinário grego

1.1 – Compromissos de Epicuro com as crenças e as tradições gregas

Ao acolher a existência dos deuses como inquestionável, Epicuro manifesta um profundo compromisso com a cultura e com as crenças do consuetudinário grego. Apesar desse acolhimento, ele foi na posteridade considerado por muitos como um descrente, e por algumas razões:

a. porque pôs na pauta de sua reflexão filosófica não propriamente os deuses, e sim a ideia (noção ou conceito) do *divino* a título de um arrazoado da razão mediante atributos que somente um *ser divino* efetivamente é capaz de possuir e de em si mesmo preservar e conter;

b. porque pôs em crise as opiniões, por ele consideradas "falsas e vãs", que a maioria manifesta a respeito dos deuses sem qualquer vinculação aos atributos que concernem a um deus (entre os deuses);

c. porque, ao rejeitar as opiniões da maioria, ele pôs igualmente em crise a instrução teológica do mito da qual decorrem os falsos juízos e as falsas opiniões[253] cultivadas pela maioria e administradas pelos gestores estatais da religião;

d. porque a religião (a *deisidaimonía*) não promove compromissos com a filosofia, ou, mais exatamente, com a razoabilidade da ciência, a ponto, inclusive, de propagar definições arbitrárias a respeito da natureza humana e cósmica sem qualquer compromisso com as evidências certificadoras da realidade.

Não há em Epicuro qualquer presunção no sentido de desqualificar a religião e o consuetudinário religioso, especificadamente a piedade popular expressa nas celebrações e cultos promovidos no templo pelo

---
[253] *Carta a Meneceu*, § 124.

hieropoiós: pelo responsável da prática cerimonial religiosa. Epicuro apenas põe em crise as opiniões e a pedagogia dos promotores e gestores cerimoniais, que, em última estância, não estavam a serviço nem dos deuses nem da piedade manifesta pelo povo, e sim dos interesses mantenedores da *pólis*. O que, efetivamente, se observa em Epicuro é uma preocupação educadora no sentido de reverter as celebrações e os cultos em benefício do *que é divino* perante o qual ele acreditava ser indispensável o cultivo de "opiniões reverentes acerca dos deuses" e da piedade.[254] O principal de sua pedagogia consistia em promover o esclarecimento, em dar lume aos credos da *deisidaimonía* sem vulgarizar o logos filosófico e sem eriçar o ânimo religioso popular. O objetivo fundamental haveria de idealmente ser este: levar o templo a ser um lugar de culto (em termos de reverência e cultivo do *divino*), fazer dele um lugar privilegiado no qual o humano, ao se mirar no divino, se põe em condições de implantá-lo na própria vida.

O principal do projeto educador epicureu visava exatamente consorciar a filosofia e a religião em favor da educação para a qual não presume uma idade: "ninguém é muito jovem nem muito velho para prover a saúde da alma".[255] A ninguém cabe igualmente desonrar o divino, as noções que a respeito dele temos gravadas em nossa mente (*toû theoû nóesis hypegráphe*[256]), atribuir-lhe noções que lhe são incompatíveis. Filosofia e religião caminham juntas em Epicuro, visto que trabalham (ou deveriam trabalhar) com o mesmo objetivo: prover a saúde da alma humana, destituindo-a de temores e medos infundados, e levar os indivíduos a aprender (praticar e cultivar — *prâtte kaì meléta*[257]) tudo o que se faz necessário para trazer para a própria vida a felicidade. Epicuro nesse ponto também acompanha o desenvolvimento histórico da filosofia que sempre margeou a instrução religiosa como ocasião e meio de levar a educação filosófica a se consorciar com o território do *sagrado* (*hierós*), a fim de promover e espraiar o esclarecimento e a razoabilidade.

Os filósofos tradicionais findaram por se dar conta de que o sucesso da atividade filosófica carecia deste compromisso: de se consorciar com anseios do consuetudinário religioso popular, de, inclusive, fazer uso da *hierología*, da linguagem religiosa (do "logos sagrado"), como forma e meio de promover, em nível cívico, um mais amplo acolhimento da educação

---

[254] *Carta a Meneceu*, § 133.
[255] *Carta a Meneceu*, § 122.
[256] *Carta a Meneceu*, § 123.
[257] *Carta a Meneceu*, § 123.

racional e filosófica. Platão (que tomou para si o projeto educador de Sócrates) se colocou nessa mesma senda que implicava, como que necessariamente, se aproximar dos educadores populares, trabalhar com eles, instruí-los, razão pela qual se ocupou em promover vários diálogos com os quais se pôs a francamente confabular com os mais afamados sofistas de seu tempo: Protágoras, Hippias, Górgias etc., para os quais Platão, inclusive, dedicou um diálogo.[258] Feito um parênteses, cabe aqui dizer que o "sucesso" da filosofia de Platão não se deu em sua contemporaneidade, tampouco imediatamente depois, e sim no alvorecer do cristianismo quando os doutrinadores cristãos tomaram a doutrina filosófica de Platão como fonte subsidiária da formulação teórica do doutrinário cristão.

"Sucesso" vem entre aspas em razão de que a filosofia de Platão foi usada (comprometida) em favor da doutrina cristã, e não estudada em favor de um entendimento franco dela mesma. O primeiro a fazer esse tipo de uso em favor da religião foi Fílon de Alexandria. O que Platão denominou de *tópos noetós* (termo com o qual quis designar um topo ou cume a que a educação do pensar intelectivo deve empenhadamente buscar) Fílon verteu por *kósmos noetós* (no sentido de ordem ou arranjo inteligível) em benefício de suas explicitações teóricas. Fílon também, por comodidade doutrinária, renomeou o *theòs aisthetós* (*deus sensível*) de Platão por *kósmos aisthetós* (*mundo sensível*) e reverteu o *theòs noetós* (*deus noético ou inteligível*) por *kósmos noetós* (*mundo inteligível*)[259]. A razão dessa reversão, além de evidente, foi bem meditada: fazer com que ela a contento coubesse na dissertação teórica de sua doutrinação religiosa.

Acuado na periferia e na colônia, Epicuro se ocupou, sim, em levar a religião para dentro da filosofia como forma de qualificar a religião e também como estratégia e meio (ao modo do modelo socrático/platônico) de amplificar a instrução filosófica. Ao modo dos filósofos ancestrais, ele igualmente recorreu às máximas e sentenças breves como forma de difundir ao máximo a instrução filosófica por ele concebida com o objetivo de promover a vida pudente, prazerosa e feliz. Assim como os antigos filósofos, também Epicuro contava essencialmente com um público auditor e não leitor: um público habituado a ouvir os hierofantes, os poetas e os rapsodos, e não a ler. Naquela ocasião a máxima (tipo proverbial, proferida

---

[258] A título de ilustração, eis o que Platão fez constar na *Apologia de Sócrates* (19 e) a respeito dos sofistas: "considero verdadeira maravilha ser alguém capaz de ensinar outras pessoas, como se dá com Górgias, o leontino, e Pródico, de Céus, e também com Hípias, de Hélide. Todos eles, senhores, nas cidades a que chegam têm o dom de persuadir os jovens..." (tradução de Carlos Alberto Nunes).
[259] FÍLON DE ALEXANDRIA, 1961, p. 151-153.

na forma de oráculo) sempre foi de fácil absorção e de memorização, e assim facilmente corria de boca em boca promovendo esclarecimento e instrução. O provérbio detinha em si mesmo um saber condensado que se expandia rapidamente e levava consigo uma instrução concisa e atraente.

O que Platão, por exemplo, sentenciou a respeito dos sete sábios listado por ele (Tales de Mileto, Pítaco de Mitilene, Bias de Priene, Sólon de Atenas, Cleóbulo de Lindos, Míson de Queroneia, Quílon de Esparta) reflete bem a importância das máximas naquele tempo:

> Todos foram concorrentes [salientou Platão], partidários e adeptos da educação lacedemônia [espartana], sendo fácil certificar-se de que a sabedoria deles se parecia com a dos lacedemônios pelas sentenças concisas e dignas de memória atribuídas a cada um deles. Estes sábios, reunindo-se, ofereceram conjuntamente a Apolo as primícias de sua sabedoria e fizeram gravar no templo de Delfos essas máximas que estão em todas as bocas: *Conhece-te a ti mesmo* e *Nada em demasia*.[260]

Platão atribui aos sete sábios algumas qualidades comuns: o envolvimento com a educação popular e a elaboração de máximas ou sentenças concisas como forma e meio de difundir a instrução e amplificar a capacidade humana de "ver" a si mesmo e o mundo. Fato que merece destaque concerne à atitude por Platão atribuída aos sete sábios no sentido de "oferecerem conjuntamente a Apolo as primícias de sua sabedoria" e mandar "gravar no templo de Delfos" as suas máximas instrutoras. De Apolo, assim sentenciou Heráclito: "O senhor que distribui os oráculos que estão em Delfos não fala claramente (*oúte légei*), mas também não esconde (*oúte krýptei*), apenas dá sinais (*allà semaínei*)".[261]

Há uma explícita contraposição entre *légein* (presente do infinitivo ativo de *légo*, dizer, declarar, anunciar) e *krýptein* (de *kruptó*, cobrir, esconder, ocultar). *Légein* expressa, na proposição de Heráclito, uma intelecção apreensiva, no sentido de que comporta uma concepção da *nóesis* (da faculdade de pensar) segundo qual vem presumido um consórcio entre o logos, que, desvinculado da *nóesis*, resta vazio, insignificante e mudo, ou seja, encobre (oculta e esconde) o seu real significado. O logos da proposição heraclitiana nada enuncia sem a fertilização (significante) do pensar e, vice-versa, o pensar não se exercita sem o logos que

---

[260] *Protagoras*, 343a-b. Os parênteses foram acrescentados.
[261] DK 22 Heráclito, B 93, recolhido em Plutarco, *Porque a profetisa Pítia não proclama os oráculos em versos*, 21, 404D.

faculta a possibilidade de viabilizar sinais. A questão é que a *nóesis* do dispensatório íntimo do senhor de Delfos não diz exatamente respeito à faculdade de pensar do deus porque o logos distribuído por ele não é portador de um mensagem clara a respeito do que vem a ser ou do que possa acontecer ao auditor.

Este vínculo entre o ser e o acontecer vem escondido atrás dos signos, cuja significação só o auditor (aquele que se adentrou no templo, a fim de colher os referidos sinais) é capaz de para si revelar *ao vivenciar* sua própria sorte. Daí que há um terceiro elemento que se acresce para além do pensar e do logos que consiste justamente na ação que os conjuga em um só acontecer. O pensamento imerso no logos só adquire o seu real sentido se, enfim, resultar expresso na ação, caso contrário finda (o pensamento e a palavra) em uma abstração conceitual que não acolhe em si mesma as marcas da complexidade que, em cada ação, ronda um determinado destino (*phýsis*) ou uma determinada sorte. Esta é a dialética: o pensamento fertiliza a palavra, e a palavra, na qual o pensamento se fundiu, gera a ação, na qual, enfim, se dá como manifesto (evidencia como fenômeno observável) um determinado destino, que, para além da sorte, se constitui em uma efetiva realidade.

Nessa correlação entre pensamento, palavra e ação, a predição (*manteía*) do senhor de Delfos não se constitui em uma mera adivinhação, e sim em iluminação promovida pelo logos portador de um pensamento que ativa a cognição que move a capacidade do indivíduo (do sujeito auditor) a agendar o seu próprio destino. Sócrates, por exemplo, em sua passagem pelo templo de Delfos com o amigo Querofonte, retirou ali a máxima do "conhece-te a ti mesmo" com a qual delineou o seu projeto filosófico para além do ofício de soldado guerreiro, de cujo ofício retirava o seu soldo e a sua subsistência. Lá no templo, o depósito sapiencial tinha por função ecoar mensagens e conselhos divinos destinados a todos os que por lá buscavam luz para o bom governo de si mesmo e para as escolhas da melhor direção rumo aos destinos da vida. Foi assim que o deus Apolo vem a ser, não propriamente um adivinho, mas sim o iluminador das mentes, como tal, o deus do esclarecimento cultuado no templo de Delfos. Daí, por sua vez, que o templo de Apolo (e, portanto, a religião), veio a ser, na assertiva do projeto filosófico platônico, concebido como um lugar privilegiado da difusão da sabedoria e do encontro com a ação: com as destinações e determinações dos modos humanos diversificados de viver.

Se agregarmos aqui o que disse Platão, que os "sábios ofereceram conjuntamente a Apolo as primícias de sua sabedoria", Apolo há de ser visto como o depositário da sabedoria humana destinada a dar, não, em sentido abstrato, a *todos*, e sim a cada um a sabedoria de que carece para a fortalecer o ânimo e se instruir. A todos redunda em abstração em razão de que (e este vem a ser o pressuposto fundamental do éthos epicureu) a natureza humana não se constitui em uma pulsão única e idêntica para todos, como se o ser particular se constituísse em uma natureza ou em um *um* (ou eu) em tudo universal. Somos, sim, dotados de pulsões universais comuns a todos, porém, o que efetivamente nos especifica, manifesta, ou, mais exatamente, nos torna um fenômeno humano são as pulsões subjetivas concernentes a cada um: pulsões que, afinal, evidenciam o fenômeno humano acolhido como uma realidade subjetiva experimentada em uma vivência concreta.

***

Feito um parênteses: o elogio de Platão à educação lacedemônia (promovida em Esparta) se deu justamente por observar que Licurgo se apercebeu do quanto era fundamental, para a transformação das gerações futuras, investir na educação da infância: tarefa por ele concedida ao Estado.[262] Licurgo era o legislador e governante de Esparta; o seu projeto educador foi acolhido em Atenas por Drácon e Sólon[263] e espalhado por toda a Grécia. No mundo grego a instrução da "infância" (especificadamente do menino) ia até à chamada *lexiarchikón grammateîon*, ao ensino derradeiro (*lêxis*) dos princípios fundamentais da administração pública e do exercício da cidadania. Ela funcionava, sobretudo, como uma espécie de serviço militar na preparação conjunta do cidadão e do guerreiro. No final, todos recebiam o título de cidadão assegurado aos filhos dos cidadãos que poderiam a partir daí (dados como capacitados, *archikós*, para os ofícios da administração pública) exercer o pleno direito da cidadania. Fora do ensino básico (que encerrava por volta dos 14 anos) e da *lexiar-*

---

[262] SPINELLI, M. 2019. "Da ἀγέλη de Esparta ao γυμνάσιον de Atenas. A educação do παῖς sob os cuidados da πόλις". *Revista Circe*, de clásicos y modernos 23/1, p. 51-73, disponível em: https://cerac.unlpam.edu.ar/index.php/circe/article/view/3974/4057. *Educação e sexualidade no perímetro cívico da pólis* (São Paulo: Loyola, 2021), p. 300ss.

[263] Drácon viveu por volta do VII século a.C., e foi arconte de Atenas; suas rígidas leis repercutiram até Clístenes. Sólon viveu entre os anos de 638-558 a. C. (ARISTÓTELES. *Constituição de Atenas*, VI – XIII; Idem, *Política*, 1273 b 30ss.).

chikón, aos meninos (filhos de pais abastados) eram oferecidas várias possibilidades de acesso à instrução particular promovida pelos *sofistas*: mestres perambulantes que ganhavam seu soldo oferecendo a bom preço as mais diversas disciplinas instrutivas. Do próprio Epicuro temos um relato de que ele teve, para além do ensino básico, acesso ao ensino dos sofistas com os quais iniciou um contato disciplinado com a filosofia a partir dos 14 anos.[264]

Na comunidade de Epicuro, especificadamente na de Lâmpsaco, temos o caso do jovem Pítocles que se pôs a frequentar o magistério sofista. Conta que Epicuro (além da Carta a Pítocles que chegou até nós) lhe dirigiu uma outra carta, hoje perdida, da qual restou um fragmento com o seguinte conselho (ao modo de uma exortação *protréptica*): "Fuja, ó feliz rapaz, de toda *paideía*".[265] A pressuposta fuga da *paideía* a que se refere de modo algum diz respeito a um apego à ignorância pela falta de amplificação dos saberes fruto da atitude própria de quem se apega apenas a valores consuetudinários e foge deliberadamente da instrução. O que em vista da exortação mais importava consistia em estimular Pítocles a se apropriar da capacitação de produzir ciência conforme os *cânons* (as regras epistêmicas) da *Physiología* e da Ética de Epicuro. O apelo da carta se dá no sentido de promover em Pítocles uma ruptura com o ensino sofístico, cuja principal preocupação consistia em literalmente *vender* um saber pronto comprometido com os interesses e as prioridades do estabelecido sem qualquer perspectiva de renascimento ou transformação. Daí que o principal do apelo não recai sobre o instruir-se propriamente dito, e sim sobre os interesses e objetivos que recaiam sobre a paideia (instrução/educação) oferecida.

Epicuro apela a Pítocles que, sobretudo, se engaje no ensino promovido na comunidade epicureia de Lâmpsaco. Lá, assim como em Atenas, o saber epicureu oferecido se restringia particularmente ao ensino da Física e da Ética, e também a *canônica* (o conjunto de regras) com os critérios concernentes à produção de conteúdos quer quanto ao fazer ciência quer quanto ao comportar-se deste ou daquele modo. Em ambos os casos, tanto na produção epistêmica quanto na reprodução do éthos, o que o ensino primordialmente oferecia consistia apenas em regras formais abertas a uma deliberação subjetiva e autônoma, e não propriamente um conteúdo

---

[264] D.L., 1959, X, §2.
[265] D.L., 1959, X, § 6.

deliberado a ser acolhido e praticado. O teor das regras era fundamentalmente instrutivo, do tipo que não especifica um conteúdo a ser vivenciado na ação. O cânon fornece uma regra aberta no sentido de que cabe ao epicureu (ou quem quer que seja), em sintonia com o conhecimento de si e de suas pulsões naturais, buscar um conteúdo.

Alguns exemplos:

a. "Não é possível a vida prazerosa destituída de sabedoria, de moderação e de justiça". A máxima é aberta, não diz exatamente qual sabedoria, qual moderação e qual justiça, cabe ao sujeito prover.

b. "Nenhum prazer é em si mesmo um mal, porém aquilo que produz certos prazeres também promove perturbações". Todo prazer é passível de ser vivenciado, porém cabe a quem o vivencia avaliar para si os lucros e os ganhos em favor de uma vida agradável.

c. "Não se deve violentar a própria natureza, mas persuadi-la". Quer dizer: não cabe, a quem deseja viver agradavelmente, extirpar suas pulsões ou desejos, e sim governá-los ao modo de quem persuade a si mesmo quanto ao melhor meio de realizar seus anseios em favor da vida feliz.[266]

Assim funcionava a comunidade de Epicuro: como um reduto familiar no qual se engajava o pai, a mãe e os filhos.[267] Epicuro concebeu um modo inédito de promover a instrução e o saber em relação às demais "escolas" ou éthnos filosófico de então. Ele implicava o indivíduo e as suas circunstância quer pessoais quer existências. No recinto da comunidade todos nele conviviam feito uma *micropólis* na qual também eram acolhidos, a exemplo da multiforme *macropólis*, homens e mulheres solteiras independentemente de qualquer fobia, e sem qualquer preconceito. Não sabemos exatamente quais eram os critérios; entretanto, os que se engajavam no cotidiano da comunidade nela viviam como em um reduto familiar, em que os jovens solteiros, que algum momento se dispunha a casar, podiam se manter agregados (ou não) ao recinto comunitário.

---

[266] *Máximas principais*, V; VIII; *Sentenças vaticanas*, 21.
[267] Na posteridade histórica, a *didaskalía* cristã ideou uma pedagogia semelhante a dos epicureus e acresceu um elemento novo: levar a doutrina para o portão e para dentro das casas. Presumindo que o marido quase sempre estava fora, ocupado com o labor de seu ofício, o doutrinador cristão se dirigiu fundamentalmente à mulher (à esposa) restrita ao recinto familiar, por meio da qual atingia os filhos e o marido.

1.2 – Epicuro e a tradição teológica desde Xenófanes

Em busca de associar filosofia e religião em seu projeto educador, Epicuro se pôs na mesma tradição teológica fomentada por Xenófanes de Cólofon e por Heráclito de Éfeso pelos dois mestres da cercania periférica na qual viveu Epicuro até os 35 anos de idade (quando, em 306, se mudou para Atenas). Em Cólofon, ele exerceu, por mais de dez anos, a função de mestre-escola e organizou as proposições fundamentais de sua doutrina. De Xenófanes e de Heráclito, Epicuro acolheu as teses segundo as quais os deuses são entes extraordinários, em nada semelhantes aos homens, porque são sábios e em tudo excelentes.[268] Epicuro tende a insistir praticamente no mesmo ponto, naquele, por exemplo, em que Xenófanes explicitamente diz que Homero e Hesíodo atribuíram aos deuses tudo o que é inapropriado e vergonhoso a um deus: roubos, adultérios e fraudes recíprocas.[269] São atributos que se contrapõem ao que é divino, e que, portanto, tornam os deuses semelhantes aos homens, dotados da mesma natureza e das mesmas idiossincrasias e carências.

Epicuro foge do *antropoteísmo* ancestral que insistia em conceder aos deuses atributos humanos com o que findava por desqualificar, não a rigor os deuses, e sim a natureza do *que é divino* (sagrado, perfeito, maravilhoso, sublime), cuja desqualificação (desde o ponto de vista de Xenófanes) submetia o humano ao desalento, deixando-o sem um referencial superlativo para o bem viver. Ao se pôr na mesma senda da tradição teológica desde Xenófanes, Epicuro se ocupa em promover uma nova ideia de deus presumida dentro de outras configuração em que a *eusébeia* e a *deisidaimonía* se encontram em um só conceito: o da *eudaimonía*. *Eusébeia* e *deisidaimonía* são dadas a interagir reciprocamente de modo a fazer com que a *deisidaimonía* (o comportamento religioso caracterizado por um senso de temor, de distanciamento, de precaução, de circunspecção e de respeito) viesse a ser fertilizada pela *eusébeia*, por um comportamento cuja atitude fundamental haveria de consistir na supressão do temor em favor da piedade, do culto e da reverência e, sobretudo, da confiança humana depositada em si mesma.

Para escândalo de muitos, a *eusébeia* presumida por Epicuro (e, com ela, *eulábeia*: a precaução e a circunspecção perante os deuses) não põe a *confiança* (a fé) em um deus específico, mas nos homens, movido

---

[268] DK 22 Heráclito, B 83, *recolhido em* Platão, *Hípias maior*, 389 b; DK 21 Xenófanes, A 1, *recolhido em* Diógenes Laércio, *Vidas e doutrinas dos filósofos ilustres*, IX, 19.

[269] DK 21 Xenofonte, B 11, *recolhido em* Sexto Empírico, *Contra os matemáticos*, IX, 193.

pelo pressuposto de que cabe aos humanos, e não aos deuses, prover os bens de que cada um carece. Do ponto de vista de Epicuro, na medida em que os deuses existem, cabe a nós apenas conhecê-los e não se agoniar perante eles como se fossemos deles seus escravos. Cabe aqui o que sentenciou Duvernoy a respeito da teologia de Epicuro: "Os deuses não são objetos nem de uma fé nem de uma busca, menos ainda de uma inquietação".[270] Quer dizer: os deuses (enquanto existentes concretos) efetivamente não são, para nós, motivo de inquietude, mas *o divino* é. Dá-se que, de um ponto de vista conceitual, é do divino (que em si congrega o que é sagrado, excelente e sublime) que retiramos o modelo e o alimento de nossa qualificação humana e da vida bem-aventurada e feliz. Sem esse amparo conceitual restamos sem chão: sem o *télos* (o território) dentro do qual nos é dado (feito o cidadão na *pólis*) circunscrever o governo de nós mesmos e de nossa vida.

Eis o pressuposto de Epicuro dentro do qual se insere a piedade e reverência defronte ao que é divino: não há *eudaimonia* (ela não vem até nós) sem uma vida de cuidados,[271] assim como não há prazer (vida prazerosa) sem moderação. É por sobre esse pressuposto que Epicuro presume uma *delimitação* da vida prática restrita a um território (a um *télos*) que encontra a sua fronteira na circunscrição do sagrado. Foi pensando assim que Epicuro, de um ponto de vista teórico (conceitual), se ocupou em conjugar em um só sentimento, a piedade, o respeito, o culto e a reverência. Sob conceito de *divindade*, Epicuro não presumiu um deus, e sim o mesmo que disse Heráclito: que "o divino coincide com tudo o que é belo, bom e justo".[272] De um ponto de vista prático, a *eusébeia* da proposição epicureia presume uma nova relação entre o filósofo, o templo e a civilidade: uma relação assentada sobretudo na ideia de natureza divina em tudo serena, bem-aventurada e feliz. Não basta — eis a questão — conhecer apenas a própria natureza humana (quer de um ponto de vista das pulsões comuns quer das pulsões individuais, subjetivas), a fim de humanamente nos qualificar; se faz necessário igualmente conhecer a natureza divina e os atributos que lhe convêm.

Da natureza de um deus (entre os deuses), dizia Xenófanes que ela "é esférica e em nada semelhante à dos humanos".[273] Em tudo, ela é compatível com o que é divino, e em todos os deuses uniforme, sem multiplicidade

---

[270] DUVERNOY, 1993, p. 55.
[271] *Carta a Meneceu*, § 123.
[272] DK 22 Heráclito B102, *recolhido em* Porfírio, *Questões homéricas sobre a 'Ilíada'*, IV, v.4.
[273] DK 21 Xenofonte, A 1, *recolhido em* Diógenes Laércio, *Vidas e doutrinas dos filósofos ilustres*, IX, 19.

ou mistura, em si mesma idêntica e única. Por ser incompatível com o múltiplo, ela é distinta da humana, cuja natureza é una enquanto fenômeno universal (temos pulsões comuns), porém, múltipla e diversificada enquanto pulsão subjetiva (pessoal) caracterizadora do particular no qual o fenômeno humano se manifesta em todo o seu esplendor. Vinculado ao consuetudinário grego, Epicuro não presume a ideia de um deus único, e sim, ao modo de Xenófanes, de uma natureza divina única, idêntica e comum a todos os deuses, visto que em nenhum deus comparece qualquer dissuasão do divino enquanto fenômeno particular. É dessa ideia, racional e conceitualmente inferida, que Epicuro sai em busca de um modelo de vivência humana pautada no *como* os deuses *vivem* (como seres alegres, despreocupados, tranquilos e felizes), mas não, a rigor, *como agem*, e isso em razão de que, segundo ele, são seres impassíveis e inativos que não se ocupam "com nada e com ninguém".

Um deus é um ser eterno que não sofre de qualquer tipo de perturbação e que não perturba ninguém; é imune aos movimentos de ira (*orgé*) e de agrado (*cháris*), movimentos que promovem fraqueza e intranquilidade no ânimo.[274] Os deuses de Epicuro, para espanto da posteridade (sobretudo latina), não promovem nem a benevolência (a vontade boa) nem a malevolência (a vontade má): nem para si nem para os demais! Eles não são — eis a questão fundamental — seres voluntariosos, dotados de vontade, e isso em razão de que Epicuro presume que os deuses não sofrem em si mesmos de qualquer interferência natural constringente quer a partir de dentro deles mesmos quer vindos de fora. Não sendo dotados de vontade, também não são dotados de desejos (pulsões) e, consequentemente, de arbítrio: da capacidade (feito uma constrição) de escolher e de rejeitar. Destituídos de vontade, são seres aos quais não cabe (em termos humanos) o conceito de liberdade, e pela seguinte razão: porque existem de um modo absolutamente "livre", a ponto de "apenas" serem o que são, sem a provocação de qualquer antinomia relativa a pulsões do desejo ou a sentimentos de fúria ou de agrado. Enquanto em nós humanos a liberdade se apresenta como um direito a ser preservado ou preterido, nos deuses ela coincide (fenômeno que não estamos em condições e experienciar e, inclusive, de a contento entender) com a condição de seu próprio existir.

Nos termos de uma teologia negativa (apofática), os deuses do éthos epicureu não são escravos de nada; assim como não fazem o mal, também não fazem o bem, e tampouco padecem do bem e do mal que alguém possa

---
[274] *Máximas principais*, I.

lhes fazer ou lhes dirigir.[275] Em termos positivos (de uma teologia catafática) os deuses de Epicuro são tidos como entes que usufruem de tudo em sentido absoluto e em nível de perfeição: perfeita liberdade, perfeita alegria, perfeita serenidade etc.[276] Dado que a perfeição é destituída de qualquer movimento para mais ou para menos, que dela nada pode ser tirado ou acrescentado, e que, do mesmo modo, é destituída de um início e de um fim, sendo assim, ao ser dito (em sentido positivo) que os deuses "usufruem de tudo em sentido absoluto" resulta como se dissesse, em sentido negativo, que eles não usufruem igualmente de nada. Daí que o deus conceitual de Epicuro redunda, para nós, em tudo e em nada, por cuja antinomia nos põe necessariamente na senda de nós mesmos, com uma única possibilidade de viabilizar o caminho ascendente da *humanização do humano*: tomar a natureza do que é divino como modelo e alimento do agenciamento e governo de nossa própria natureza.

Ao conceder ao sujeito humano a tarefa de cuidar de si (nos termos da *autárkeia*), Epicuro presume esse cuidado no interno ou, no mínimo, nas cercanias de uma comunidade (a começar pela familiar) por ele concebida (em termos de *ideação* abstrata em busca de concretude), a partir do que presume da comunidade dos deuses gerida sob o modelo superlativo do que é *divino*. Epicuro, nesse ponto, é inegavelmente um idealista que acredita na possibilidade de o indivíduo, mediante dedicação e empenho, findar (como ele diz na *Carta a Meneceu*, §135) por viver "como um deus entre os homens": feliz, sereno e tranquilo sob o governo das próprias circunstâncias. Teve razão, nesse ponto, Sêneca que viu na doutrina de Epicuro uma profunda austeridade; assim disse ele: "os preceitos de Epicuro são santos e retos (*sancta et recta*) e, inclusive, se observados de perto, austeros (*tristia*, graves, rígidos)"; "Os meus correligionários (acrescenta) não entendem (*aestimant*) como o prazer em Epicuro é sóbrio e severo (*sóbria ac sicca*)".[277] O próprio Kant reconheceu em Epicuro e nos epicureus os filósofos que, mais do que quaisquer outros, "deram provas da máxima moderação no prazer" em favor da vida feliz.[278]

Ao modo de Sófocles, Epicuro efetivamente desvinculou dos deuses a bondade (a beneficência) e a maldade (a tirania). Se os deuses fossem ao mesmo tempo bons e tirânicos, seriam seres contraditórios e, sobretudo,

---

[275] *Carta a Meneceu*, § 124.
[276] D.L., 1959, X, § 121a.
[277] *De vita beata*, XIII, 1-2; XII, 4.
[278] KANT, 1992, L, A 35, p. 47.

fracos, dotados de inúmeras perturbações que desestabilizam o ânimo e polarizam as emoções. Um deus desse tipo sofreria com os movimentos ou os ataques da ira por sobre a bondade ou vice-versa, de modo que seria essencialmente um ser colérico forçado a lidar com sentimentos intensos de ódio, de mágoa e de rancor, e os seus contrapostos. Se assim fosse, findaria, inclusive, em crise a pressuposição de Xenófanes segundo a qual não é próprio de um deus dominar quem quer que seja, nem os homens nem os (outros) deuses. Xenófanes presumiu que não há entre os deuses, na comunidade deles um guia (*hegemonias*, uma autoridade) que se sobrepõe às demais.[279] Não há porque, entre eles, não existe qualquer desavença, competição ou o que quer que seja.

Se houvesse, findaria em uma comunidade de seres tirânicos carentes de um *hegemônico*, de um guia, a título de uma liderança e comando necessário para pacificar a comunidade inteira dos deuses. Foi assim que a *deisidaimonía* do consuetudinário grego concebeu Zeus: como deus dos deuses e não como deus dos homens. Dá-se que cada um tinha o seu *daímon*, de modo que, dos homens, não há propriamente um deus único, e sim deuses múltiplos padroeiros da devoção (*deisidaímon*) particular quer subjetiva (do cidadão individualmente considerado) quer objetiva (o deus padroeiro da família, da fratria etc.). Daí que a *deisidaimonía* grega não acolhia em um só credo um sentimento religioso universal, e sim particular, no máximo, de uma comunidade detentora de seu próprio deus. Por esse ponto de vista, a *deisidaimonía* universalmente considerada, congregava a *deisidaímon* da religiosidade particular em que cada um detinha a posse de um deus protetor/padroeiro para o qual o devoto convergia a sua piedade, o seu culto e a sua devoção, a fim de afugentar malfeitos e de conquistar favores. A *deisidaímon*, enfim, da religiosidade subjetiva dos gregos findava como se cada um (o indivíduo, a família, a tribo, a *pólis*) tivesse um deus particular, exclusivo, todo seu.

1.3 – Os deuses e a constituição material do cosmos

Epicuro ao afirmar que é evidente que os deuses existem, não cabe de saída a este respeito supor uma *evidência* (*enárgeia*) empírica, e sim um indício pertencente ao foro do intelecto nos termos da *prólepsis*.

Duas breves observações:

---
[279] DK 21 Xenófanes A 32, *recolhido em* pseudo-Plutarco, *Stromateîs*, 4.

a. o conceito de *enárgeia* (*enargés* = o que se mostra, claro, visível, evidente) não se confunde com o de *enérgeia* (*energés* = forte, eficaz, ativo, enérgico[280]);

b. a *enárgeia* remonta à tradição retórica grega a título de um recurso em vista do qual se requeria do orador popular precisão e clareza na proferição do discurso.[281]

Aqui também cabe destacar como Epicuro não se restringe ao mero empirista que costumeiramente lhe atribuem. Epicuro nesse sentido sofre o oposto do *mito* do simples idealista atribuído a Platão.[282] Em sua "tratativa" teórica a respeito dos deuses, bem como dos átomos, Epicuro de modo algum se restringe a um estrito empirista. Sob uns quantos aspectos, sorve, inclusive, de Platão alguns postulados que dão à sua doutrina facetas coincidentes do que corriqueiramente vem denominado de *racionalista*. *Tratativa* vem entre aspas porque não há, em Epicuro, um estudo sistemático a respeito dos deuses, tampouco a respeito de qualquer outro tema ou questão teórica restritamente considerada.

Epicuro, em certos pontos, é o filósofo da ambiguidade, e pelas seguintes razões:

a. uma delas, por exemplo, porque, apesar de adotar como explicação do ordenamento cósmico princípios da filosofia dita *materialista*,[283] introduziu nessa mesma teoria um fundamento metafísico: o do *clinamen* ou do desvio dos átomos como pressuposto teórico da possibilidade do acaso e do exercício humano do arbítrio;

b. outra, apesar de estabelecer a percepção sensível como único critério de verdade, encontrou no átomo (em um elemento imperceptível e "invisível", mesmo que passível de ser visto ou percebido) o pressuposto fundamental de suas explicações teóricas, físicas e metafísicas;

---

[280] Marcel CONCHE (2005, p. 104), na *Carta a Heródoto* (§48) em vez de *enargeías* (evidências – conforme consta em GASSENDI e USENER) optou deliberadamente por *energeías* (forças).

[281] Sobre o tema: BRUNHARA, 2015) p. 43-54.

[282] "Platão e alguns mitos que lhe atribuímos", *Trans/Form/Ação* [on-line]. 2007, vol.30, n.1, p. 191-204, disponível em: https://www.scielo.br/pdf/trans/v30n1/v30n1a12.pdf.

[283] Entre aspas porque o adjetivo *materialista* sobreposto à física de Epicuro carece de uma boa explicação para resultar claro o que efetivamente significa. Não dá para simplesmente dizer que "Epicuro é um materialista" e com essa frase dar por explicada a sua física e, além dela, o seu laborioso empenho intelectual, o de sua escola e o de seus intérpretes.

c. apesar de também questionar os pressupostos fundamentais dos mitos (tal como o da providência, dos favores ou graça divina, do temor aos deuses), Epicuro ensinava que era preciso acreditar nos deuses, cultivar a piedade e oferecer-lhes reverência e, inclusive, sob total gratuidade, sacrifícios.

Quanto à proposição segundo a qual o átomo é invisível, disso de modo algum se segue, para Epicuro, que ele pertence à esfera (mítica) *do invisível*, e sim que ele, em razão de sua pequenez infinitesimal, não está ao nosso alcance perceptivo imediato. O átomo é concebido por Epicuro como uma partícula elementar existente, de modo que, enquanto elemento existente, é material e visível. Ele não pertence à esfera da imaginação, e sim da evidência (da *enárgeia*). O átomo nada tem a ver com os "existentes" do mito que são invisíveis aos olhos: são existentes reais, partículas materiais mínimas,[284] passíveis, em nível de possibilidade, de serem visíveis. Daí que o mínimo existente enquanto átomo, nada tem a ver com os "existentes" do mito que se restringem a um pensar concernente ao domínio da imaginação[285] que igualmente habita a sede da intelecção humana.

O adjetivo *enargés*, que, em português, expressa o que se mostra, o que é claro, visível, evidente, tem um valor técnico no contexto da filosofia de Epicuro. Com ele, Festugière diz que Epicuro infere o que é *"manifesto aos olhos* (do corpo e da alma)".[286] Está visto que Epicuro não *restringe* a evidência ao estrito perceber sensível, pois a estende ao universo dos conceitos com o qual (para ficar dentro da linguagem de Festugière) opera a cognição ou a apreensão imediata do real pelo intelecto. Dito de outra maneira: mesmo reconhecendo no sensível a fruição da evidência sobre a qual se assenta a certificação fenomênica do conhecer, é, entretanto, mediante conceitos que, enfim, Epicuro reconhece a efetiva capacitação humana em termos de apreensão e de compreensão, ou seja, de dar significação racional ao mundo fenomênico.

Epicuro ao pressupor as cognições do intelecto como evidentes, ele apenas se refere às que não são contraditadas ou impugnadas pelas sensações. Por isso também, que, feito um racionalista, Epicuro não nega a

---

[284] *Carta a Heródoto*, § 56 e 59.
[285] Não queremos aqui lançar qualquer manifestação negativa quanto à faculdade humana da imaginação. Malebranche sentenciou que "a imaginação é a louca da casa – *l'imagination est la folle du logis*". Pelo que consta, entretanto, ela não é tão louca assim como quer Malebranche; porque, em muitas coisas, ela é uma lucidez extraordinária. O que seria de nós sem a imaginação? Sequer teríamos condições de nos colocar na senda de nossas esperanças!
[286] "[...] *enargés, manifeste aux yeux* (du corps ou de l'âme)" (FESTUGIÈRE, 1997, p. 86, n.3).

veracidade das sensações presumidas mediante certificação proposicional do intelecto mediante conceitos. As cognições (*prolépseis*) a respeito dos deuses não dependem de evidências sensíveis, e sim de indícios proposicionais do intelecto na reflexão sobre si mesmo. Disso não se segue, dado que são existentes presumidamente reais (a exemplo do referido em relação aos átomos), que sejam seres efetivamente ocultos e recônditos, longe do alcance dos olhos e das mãos, sem qualquer possibilidade de, em algum momento, se mostrar: se colocar perante nosso campo de observação e se deixar ver e tocar com as mãos.[287] Não ocorrendo uma tal amostragem, o colocar-se em nosso campo de observação e se deixar tocar, dos deuses restam apenas (imersas na mente) prenoções inteligíveis, de modo que, não sendo vistos com os olhos do corpo, podem ser certificados pelos da mente — *vix mente videtur*, conforme presumiu Lucrécio ou *sed mente cernatur*, conforme Cícero.[288]

Epicuro ao dizer que os deuses são constituídos de átomos, resulta então que são seres corporais (compostos de átomos), e isso em razão de que ele também nos assegura que tudo que existe, afora o vazio, é corporal. Disso não se segue que os deuses são seres materiais tais como os existentes gerados e mortais. Assim como os da alma, os átomos constitutivos dos deuses são por ele referidos como sendo extraordinariamente sutis a ponto de não serem imediatamente dados à percepção sensível. Do fato, entretanto, de serem *sutis*, disso não se segue (como sentenciou Cícero[289]) que aos átomos constitutivos dos deuses não se aplica o conceito com o qual Epicuro definiu os átomos em geral: o de *sterémnia*, ou seja, de solidez, de firmeza e de robustez. Dado que o adjetivo *stereós* expressa justamente o que é firme, duro, robusto, sólido; dado também que o conceito de *sterémnia* (pressupondo, inclusive, que o verbo *steréo* comporta o sentido de despojar, privar, negar, e que o substantivo *stérēsis* profere o de negação, de privação e de carência), resulta, enfim, que Epicuro valeu-se do termo *sterémnia* (de *solidez*) a fim de ressaltar um atributo específico de todos os átomos, inclusive dos constitutivos da alma e dos deuses: Todo átomo, em si mesmo, é tão firme e sólido que jamais experimenta qualquer despojo, privação ou perda e, tampouco, a necessidade de acréscimo, de adição ou ganho, porque, em si mesmo, de nada carece.

---

[287] No capítulo XII do *Helenização e Recriação de Sentidos*, "A fé, o testemunho e as provas: o evento Jesus filosoficamente considerado" (p. 509) procuramos em detalhes mostrar com a descrição dos evangelhos conceberam Jesus sob parâmetros da teoria do conhecimento concebida pelos gregos.

[288] Respectivamente: *De rerum natura*, V, 149; *De natura deorum*, I, XVIII, 49.

[289] *De natura deorum*. I, XIX, 49.

2 – Epicuro, o consueto latino e as indecisões de Cícero no *De natura deorum*

2.1 – Mal-entendidos de Cícero sobre Epicuro

Cícero, no *De natura deorum* — *Sobre a natureza dos deuses*, fez um registro a respeito de Epicuro que merece consideração. Disse Cícero que Epicuro "extirpa a religião pela raiz (*extraxit radicitus religionem*) quando nega a um deus a vontade de fazer o bem".[290] A consideração se faz necessária porque não cabe prontamente dar crédito ao que Cícero diz contra Epicuro, e tampouco cabe tomar como apropriada a opinião segundo a qual *a raiz da religião* está em "um deus com vontade de fazer o bem". Disso não se segue que a um deus seja por Epicuro filosoficamente negado atributos de excelência, de bondade, de justiça, de bem-aventurança, de imortalidade etc.; não é essa a questão. Também não cabe, relativo ao ponto de vista epicureu, atribuir-lhe a pressuposição segundo a qual a religião depende da boa vontade de um deus, como se a religião fosse obra dessa vontade e, do mesmo modo, como se o bem fosse algo a se esperar como obra dele e não primordialmente dos humanos. Aqui está o principal da questão, mas existe algumas outras a serem consideradas, especificadamente a que diz respeito à presunção de que um deus tem *vontade de fazer algo*, mesmo que seja a *vontade* de *fazer o bem*.

Como já ficou referido no item anterior, os deuses presumidos por Epicuro não só não têm vontade de fazer o bem, como não têm vontade de fazer nada, isto é, não têm vontade alguma, visto que, afinal, "levam uma vida imperturbável", sossegada e livre de preocupações.[291] Quem

---

[290] *De natura deorum*, I, XXII, 121.

[291] "[...] *deos securum agere aevom*" (LUCRÉCIO, *De rerum natura*, V, v.82; VI, v.58); o verso de Lucrécio também comparece nas *Sátiras/Sermones* (I, 5, v.101) de Horácio (que viveu entre os anos de 65-8 a.C., Lucrécio, entre 94-50 a.C.). Ao mesmo tempo em que se empenha em restaurar o sentimento religioso dos antigos costumes, Horácio, em vários pontos, deixa transparecer o seu vivo interesse pela doutrina de Epicuro. A *insaniens sapientia* por ele proferida na *Odes/Carmina* (1, 34, v.2), em referência a Epicuro, não cabe ser tomada como um desinteresse pela doutrina, antes como uma obrigação de quem se vê levado a defender (certamente por questões de sobrevivência) outros interesses que não os que gostaria de cultivar e de reformar. Nas *Odes*, ele assinala um retorno ao modo de quem (movido por *interesses errantes*) se vê *forçado* a retomar aos antigos rumos, tendo que se abstrair da *insaniens sapientia* de Epicuro que o levara a conceber as antigas crenças sob outros paradigmas: "Parcus deorum cultor et infrequens, insanientis dum sapientiae consultus erro, nunc retrorsum vela dare atque iterare cursus cogor relictos" – "Dedicava-me pouco ao culto dos deuses, e sem assiduidade, engajado que estava em uma sabedoria insana, mas hoje estou constrito a navegar de volta e mais uma vez refazer a rota que ficou para trás" (1,34, vv.1-5). A insanidade da doutrina de Epicuro não está nela mesma, e sim quando confrontada com a sabedoria religiosa tradicional, em cujo confronto, dependendo do ponto de vista, a referida insanidade muda de lugar. HORACE, 2012, *Odes*, texte établie et traduit par Fançois Villeneuve. Introduction et notes d'Odile Ricoux. Troisième tirage. Paris: Les Belles Lettres.

tem vontade tem desassossego! Atribuir a um deus a vontade de fazer (mesmo que seja) o bem corresponde a lhe atribuir a posse da faculdade da vontade e, com ela, todas as pulsões caracterizadoras da natureza humana, de modo que não mais estaríamos falando de uma natureza divina, e sim antropomórfica dotada de importunações concernentes ao querer que implica em escolhas e rejeições, em fazer ou deixar de fazer e, portanto, a viver uma vida intranquila. São atributos que, do ponto de vista epicureu, não concordam com a natureza divina. É a multidão que concede e louva nos deuses tais atributos que não lhes pertencem, por Epicuro ditas *opiniões vãs*, destituídas de sustento reflexivo racional, redundando filosoficamente em *suposições infundadas*. Atribuir a um deus a faculdade da vontade corresponde a conceder-lhe a mesma natureza humana com suas paixões e preocupações até mesmo no que concerne ao fazer o bem e o mal, a cultivar sentimentos conflitantes de amor e de ódio, e assim por diante.

Por detrás da observação feita por Cícero no *De natura deorum* compareçem outros interesses teóricos que não os de Epicuro, e uma outra concepção de deus e da religião. A proposição em si contém um outro modo de pensar o sentimento religioso que não o epicureu, a ponto inclusive de promover o mal-entendido segundo o qual Epicuro "extirpa pela raiz toda a religião", o que redunda em uma proposição completamente falsa. Do fato de Epicuro não conceber a religião ao modo como Cícero a reproduz na boca de Cota (*Gaius Aurelius Cotta*) não se segue que ele a erradicasse. Uma tal proposição não comparece nos escritos de Epicuro, e sim o desejo de trazer a religião em auxílio da função educadora (instrutiva) e civilizatória concernente ao filosofar. Cota era um conservador romano que se orgulhava do título político/religioso que cultivava: o de *pontifex*.

> Pois eu próprio, na condição de pontífice, julgo que cabe a mim vigiar que as cerimônias e os cultos públicos sejam invioláveis, em vista do que me cabe também ser o primeiro a estar persuadido de que os deuses existem, mas não apenas como uma opinião minha, e sim como uma verdade válida para todos.[292]

---

[292] "Itaque ego ipse pontifex, qui caerimonias religionesque publicas sanctissime tuendas arbitror, is hoc, quod primum est, esse deos persuaderi mihi non opinione solum, sed etiam ad veritatem plane velim." (*De natura deorum*, I, XXII, 61).

Se Cota disse isso ao modo de quem via em Epicuro um descaso pelas celebrações religiosas, cometeu um grande engano, visto que (como já referido) ele insistia que seus discípulos deveriam participar das celebrações públicas e festivas da *pólis* e prestar a máxima reverência ao divino e glorificar os seus atributos.[293]

Entre o que está subentendido na posição de Cota e o que a sua assertiva atribuía a Epicuro, temos, isto sim, a expressão de um conflito: de um lado, o de um sacerdote romano (Cota) que sai em defesa e quer preservar o *status quo* do consuetudinário religioso latino presumido como inviolável e como verdade válida para todos; de outro, Epicuro que quer reformar o estabelecido para o que presume a necessidade de vincular a filosofia e a religião como forma de, juntas (unidas), promover uma transformação educadora e civilizatória e, sobretudo (algo inédito entre gregos e latinos), humanizadora. Do lado de Cota temos um interesse manifesto no sentido de preservar e manter a religião dentro da canônica dos ritos, das cerimônias, dos cultos, das libações e dos sacrifícios estabelecidos pelo consueto religioso do qual o *pontifex* Cota era o administrador: ele exercia a função cívica (a título de um prolongamento do poder imperial) de fiscalizar, de defender e de preservar a *pietas* (a piedade), a *pax deorum* (a paz dos deuses no confronto da *civitas*) e a harmonia civil; do lado de Epicuro temos como proposição fundamental a necessidade de cultuar (celebrar) o divino quer de um ponto de vista conceitual (em termos de entendimento e de esclarecimento) quer prático em termos de resplandecência do que é divino no humano viver. Este é o pressuposto epicureu: não há como elevar o humano em *"humanidade"* sem trazer o divino para dentro do arbítrio (da exercitação do intelecto e do juízo) e, igualmente, para dentro da vida prática da qual a religião, junto com o esclarecimento filosófico, vinha a ser a ocasião e a mestra da referida humanização.

Não estando Cota/Cícero francamente interessado em entender Epicuro e o seu projeto filosófico, o que efetivamente sobressai no *De natura deorum* é uma constatação de que as 'opiniões' de Epicuro se constituíam em principal fonte de uma crise religiosa em meio à *civitas* romana. *Opiniões* vem entre aspas em razão de que não correspondiam propriamente a alguma máxima ou sentença de Epicuro, e sim a *entendimentos* da doutrina dele que corriam de boca em boca nos banquetes e salões de festas dos patrícios romanos. Apesar da presumida *láthe biosas* (*viva escondido*) da

---
[293] USENER. *Epicurea*, fr., 169, p. 151.

doutrina de Epicuro muitos políticos eram adeptos do epicurismo: Mânlio Torquato, L. Pisão, C. Veleius, Víbio Pansa, Caio Cassius (parceiro de Brutus no assassino de César). Até Júlio César e seu sogro Lúcio Calpúrnio Pisão foram admiradores e adeptos da doutrina de Epicuro. Esse é o lado da elite; do outro, Cícero relata nas *Tusculanas*, a existência de um grande número de "discípulos" de Epicuro que vicejava por Roma, segundo ele, escritores superficiais, desarticulados e sem a "devida elegância e ornamento de estilo" (critica, aliás, que em geral também se fazia a Epicuro). A *crítica* de Cícero, no entanto, se debate com uma dificuldade que diz respeito a ele próprio e que desqualifica a severidade de seu juízo: "não os desprezo [sentencia], mesmo porque nunca li as obras deles".[294]

A assertiva Cícero/Cota quer mesmo é confrontar duas concepções distintas a respeito da religião, mas não só, como também dois usos distintos concedidos ao sentimento religioso popular. Inerente à proposição de Cota (aquela segundo a qual ele diz considerar as cerimônias religiosas públicas invioláveis) fica patente um interesse no sentido de manter o *satus quo*, imutável, da "santíssima" tradição consuetudinária que identificava a religião ao cerimonial praticado nos templos.[295] Cicero, no contexto do *De natura deorum*, deixa em dois momentos transparecer que o conceito de religião coincidia efetivamente com o de culto: "*religionem, quae deorum cultu pio continetur* = a religião consiste em um culto piedoso dos deuses"; "*religione, id est cultu deorum* = a religião, isto é, o culto dos deuses).[296] Quando Horácio na *Odes* (1,34, v.1) diz que houve uma época em que dedicava pouco tempo "ao culto dos deuses – *parcus deorum cultor*" sob o conceito "culto aos deuses" se referia explicitamente à pratica religiosa. Lucrécio define a religião como um estado de ânimo (manifesto no culto dos deuses) que se intensifica com a carência:[297] quanto mais afetados pelos infortúnios, pelas dificuldades e carências da vida, maior é o ânimo dos crentes no sentido de promover, nos templos, sacrifícios, fazer oferendas e promover cantorias e preces aos deuses.

Cota/Cicero, na defesa da *religio* latina (profundamente envolvida com as estruturas políticas da *civitas* romana), se vale inclusive do princípio de autoridade que regia a organização e a canônica ritualística das

---

[294] *Tusculanae disputationes*, II, 7.
[295] DUMÉZIL, G., 2000. *La religion romaine archaïque*. Paris: Payot; GRIMAL, P., 1997. *Cicerón*. Paris: Fayard. BEARD, M., NORTH, J. & PRICE, S., 1998. *Religions of Rome: a history*. Cambridge: Cambridge University Press.
[296] *De natura deorum*, I, XLII, 117; II, III, 8.
[297] *De rerum natura*, III, vv.50-55; IV, vv.6-7.

celebrações e das festividades religiosas: "eu próprio um pontífice [...] julgo que – *ego ipse pontifex* [...] *arbitror*". No contexto da assertiva, Cota insiste em dizer que não tem dúvida, ou seja, que defende firmemente que "os deuses realmente existem" e que a existência deles não é fruto de um mera opinião subjetiva, e sim fruto de uma opinião da maioria, razão pela qual não poderia negar a existência deles! Surte aqui mais uma dificuldade decorrente da afirmativa segundo a qual "a existência dos deuses não é fruto de mera opinião", como se Epicuro, sob o pressuposto da *prólepsis*, admitisse tão só que os deuses não têm existência real, mas apenas abstrata, como se fossem meras inferências conceituais da razão.

Na *Carta a Meneceu* (§123), Epicuro sentencia de modo absolutamente claro e sem ambiguidade que "os deuses realmente existem" e que "é evidente o conhecimento que temos deles"; ao que acrescenta: "porém, eles não existem ao modo como a maioria acredita". Aqui está a dificuldade com a qual explicitamente se depara Cota/Cícero no sentido de que não se mostra plenamente de acordo que a certificação da existência dos deuses se basta com um "conhecimento subjetivo" ao qual tende a sobrepor a *opinião da maioria* justamente aquela que Epicuro presume como *vã* e *infundada*. Há evidentemente um mal-entendido, visto que, para Epicuro, a existência dos deuses não é presumida como mera opinião, e sim como um conhecimento que tira a sua veracidade e o seu sustento em conceitos da razão, uma vez que aos deuses não temos acesso direto (empírico). É fato, para Epicuro, que os deuses não se põem em nosso campo de observação como fenômenos, porém a existência deles nós a inferimos a partir do que, de uma *natureza divina*, nos é dado racionalmente conceber mediante noções (como a de excelência, de perfeição, de felicidade, de imortalidade) que a razão humana atribui, em sentido próprio e pleno, a um Deus. Epicuro justifica o seu argumento dizendo que os átomos existem, e deles podemos inferir vários atributos (indivisíveis, incorruptíveis, imutáveis, imperecíveis), sem que, entretanto, deles temos acesso direto na empiria,[298] tal como observou Diógenes Laércio (no interior da *Carta a Heródoto*): "um átomo jamais foi percebido pelos sentidos",[299] mas disso não se segue que jamais possa um dia vir a ser.

Dos deuses, do ponto de vista epicureu, o que temos de conhecimento certo diz respeito às noções (atributos) que formulamos da natureza divina, cuja atribuição tem por garantia a certificação de que a

---

[298] *Carta a Heródoto*, §42-43; §54.
[299] D.L., 1959, §44.

razão nada atribui de incompatível a uma natureza divina. Não se trata, com efeito, de um mera opinião subjetiva, sustentada por veleidades concernentes a uma certa crença particular ou a uma soma de crenças particulares idênticas que se constituem em *opinião da maioria*, cuja percepção comum atribui aos deuses qualidades que convém aos seus anseios e não propriamente à realidade (ou verdade) própria da natureza divina. Não há de ser, do ponto de vista epicureu, a *opinião da maioria* (maleável e flutuante ao sabor dos interesses estatutários e da eloquência retórica) o "fenômeno" que evidencia, como quer Cota, a certificação da existência real dos deuses. Não conhecemos os deuses — eis a questão fundamental presumida por Epicuro — enquanto fenômenos empiricamente evidenciados, do que não se segue que deles não temos uma *noção evidente* (*enargés... he gnōsis*[300]) a partir de noções habitantes da mente e que se aplicam somente a um ser ou seres divinos dotados de uma mesma e única natureza[301] comum a todos.

Também não se segue que, presumindo que os deuses efetivamente existem, em algum momento e algum lugar, mesmo que incerto, não possa um deles se apresentar e se deixar conhecer. O que se pode racional e conceitualmente dar como conhecido não é um deus enquanto ser efetivamente existente, mas os atributos de uma natureza divina que, inevitavelmente, a razão humana concebe. Se existe efetivamente ou não um deus, essa não é, para Epicuro, a questão maior. O que mais importa são duas questões previamente a se considerar: de um lado (não há como negar, tampouco deixar de levar em consideração), temos a presunção humana, do lado popular (sob o sustento de uma opinião firme da maioria), segundo a qual existem deuses; de outro, temos a exercitação da intelecção humana que opera mediante atributos concernentes ao que reconhecemos e admitimos que como da esfera do divino. São atributos (por exemplo, o de excelência e de perfeição) com os quais pressupomos uma natureza divina, que, para *todos*, se constitui em uma realidade (em termos de "ser verdadeiro") que não há como como desconsiderar, antes o próprio intelecto presume como atributos (ou qualidades) do que é divino e os toma como modelo e alimento de qualquer perspectiva de qualificação ou melhoria humana.

---

[300] *Carta a Meneceu*, §123.

[301] Ilustra a proposição de Epicuro a resposta de Basílio em controvérsia com Eunômio a respeito da trindade. *Helenização e Recriação de Sentidos*, p. 664ss.

Enfim, não dá para deixar de observar como Cota/Cícero traz para a religião e para a certificação da existência do deuses o princípio, o da *opinião da maioria*, que dava sustendo à "democracia" romana, com o qual o imperador estrategicamente retirava a certificação e a força de seu poder. A política romana buscava a sua certificação de veracidade neste princípio — no da *concordância da maioria* —, induzida mediante argumentação eficaz e persuasiva promovida pela arte da eloquência retórica. Daí que são duas coisas completamente distintas: a estratégia política (que fundamenta o "correto" e o "verdadeiro" na opinião da maioria em favor do interesse de um certo governo) e o método da ciência (que fundamenta o correto e o verdadeiro em princípios de evidência e de argumentação mediante a interação de conceitos, fatos, razões e provas). Do ponto de vista de Cota, representante religioso do consuetudinário latino, esta haveria de ser a grande questão: se os deuses (segundo Epicuro) não existem ao modo como a maioria acredita como então existiriam? Se a evidência da existência deles não decorre dos pressupostos segundo os quais a maioria crê, quais então seriam os pressupostos que garantem que "eles efetivamente existem" a ponto de (como presume Epicuro na *Carta a Meneceu*) ser "evidente o conhecimento que temos deles". Se o sentimento comum da maioria não serve como autenticador da existência deles, qual outra evidência (em termos de percepção humana), na presunção de Cota, haveria de servir?

2.2 – Se os deuses existem, que atributos de existência podemos lhes conceder?

O tema principal do diálogo conduzido por Cícero não é "sobre a existência", e sim *sobre a natureza dos deuses — de natura deorum*. Aí está o principal da questão que em Epicuro não comporta as mesmas proposições teóricas que em Cícero. No que concerne a Epicuro, a questão relativa à natureza dos deuses se restringe aos atributos que a razão humana pode presumir em termos do *que é divino*. Não se trata de provar a existência dos deuses; essa questão não é cogitada por Epicuro em razão de que são duas coisas distintas: uma, o universo das crenças em dependência das quais é evidente para a maioria que os deuses existem, de modo que, nesse sentido, eles estão limitados ao âmbito do fenômeno religioso; outra, a presunção de que *o divino* concerne aos atributos da razão, de modo que ele próprio (o divino) está limitado ao âmbito da conjetura racional humana e que a mesma razão não tem como negar que tais tributos concernem apenas a uma inegável natureza divina.

Não são, em Epicuro, duas questões divergentes, e sim convergentes: a existência dos deuses e a natureza que, de um ponto de vista racional humano, podemos lhes conceder. São, de certo modo, dois âmbitos conflitivos, que, entretanto, carecem de se confluírem reciprocamente em vista de qualquer projeto que se dê por objetivo promover a educação e a instrução popular. Dá-se que seria inviável e infrutífero qualquer projeto instrutivo/educador que se organizasse eliminando ou desqualificando as crenças populares submetidas ao âmbito da piedade ou da religião. Seria igualmente infrutífero e inviável um tal projeto que não se organizasse a partir de tudo o que racional ou intelectivamente concebemos dentro do plano de que denominamos de *divino* no qual se presume atributos de excelência, de perfeição, de bondade e de justiça. Por princípio, um projeto educador há de ser necessariamente transformador e libertador, visto que, sobretudo, é desafiador porque ele inevitavelmente incide nas opiniões derivadas da educação ou da cultura ou de sentimentos comuns acordados por uma maioria que toma por *saber* e ciência as opiniões conservadas do estabelecido.

A natureza dos deuses é por Epicuro presumida como fruto de inferências da razão manifestas na forma de uma crença firme e unânime derivada de noções (por ele denominadas de *prolépseis*) não, a rigor, *impressas* na mente, e sim promovidas pela mente e com as quais também a mente se promove. Foi Cícero quem difundiu a ideia de que Epicuro afirmava que "a natureza imprimiu (*impressisset*) em todas as mentes alguma noção a respeito dos deuses"[302]. O que diz Cícero combina com Platão e não com o que pensa Epicuro; a bem da verdade Cícero quis submeter as *prolépseis* de Epicuro à teoria das ideias de Platão, o que, efetivamente, não combina. São coisas distintas. Do ponto de vista de Epicuro noções que levam a mente humana a inferir *o que é divino* se impõem a todos, não por nascença, mas por uso. São noções que o operar da mente carece para agendar projetos de perfeição, de excelência, de bondade e de justiça, de tal modo que tais noções (perfeição, excelência, bondade e justiça) vêm a se constituir na *esfera do divino* com o qual a mente opera. São noções em decorrência das quais todos somos capazes de admitir uma natureza divina

---

[302] *De natura deorum*, I, XVI, 44.

como única detentora de tais atributos, aos quais agregamos, inclusive, o de imortalidade assim que presumimos uma tal natureza como existente de fato. Todos, afinal, com facilidade admitimos que os atributos imortal, excelente, perfeito, e também sereno e feliz (um ser perfeito não é nem infeliz nem intranquilo), só são passíveis de serem reconhecidos em um ser divino. No contraposto, todos igualmente sabemos que não somos assim, ou seja, imortais, excelentes, perfeitos etc., atributos que efetivamente só cabem a um ser presumido como divino.

Sob o tema da *prólepsis*, Epicuro infere uma sugestiva teoria da antecipação[303] segundo a qual as referidas noções indutoras do que é divino expressam dois aspectos entre si correlacionados: de um lado, o que os epicureus denominavam de noções verdadeiras, por si só evidentes, nas quais não comparece a falsidade; por outro, noções que em si denotam plenitude sem qualquer diminuição ou acréscimo relativamente ao que significam. São, portanto, nesse sentido, noções que não admitem nada para mais nem para menos quanto ao que é presumido como *ser divino*. Relativo às noções verdadeiras, os atributos, por exemplo, que inferimos ao que é divino (tais como "imortal", "perfeito", "excelente" etc.) são em si mesmas plenamente verdadeiras porque não lhes cabe qualquer falsidade imersa na inferência. O conceito, por exemplo que expressa o ser imortal não comporta qualquer presunção de mortalidade, o de perfeição, de imperfeição, e assim por diante. Um ser presumido (evocado) em si mesmo como imortal só pode ser imortal, se presumido como perfeito só pode ser perfeito sem qualquer outra presunção. Daí a razão pela qual são noções aplicáveis somente ao que é divino, que, por hipótese só pode existir assim, sem qualquer fissura ou cisão relativamente ao que os seus atributos denotam como verdadeiro sem qualquer fissura de falsidade.

São duas coisas distintas, mesmo que complementares, em uma mesma questão que implica, de um lado, uma inferência segundo a qual atributos tais como imortal, perfeito, eterno etc., são presumidos como pertencentes apenas a uma natureza divina; de outro, a presunção (a título de uma hipótese ou, como diz Epicuro, *hypólepsin*, suposição ou conjetura[304]) no sentido de que um ser com tais atributos e com uma tal natureza possa existir enquanto fenômeno a ponto de ser visualizado ou tocado com as mãos. Sem essa certificação, dizer, por exemplo, "*este aqui*

---
[303] D.L., 1959, §33.
[304] D.L., 1959, §34.

é um deus" não contém a mesma evocação de *"este aqui é um homem"*. A eficácia declarativa das duas assertivas são distintas. Na palavra pronunciada, no *som (phthóggos*[305]*) homem* emitido, advém de imediato em nossa mente (presumindo que já vimos um homem) um conhecimento anterior (empírico e conceitual) que confirma, por *antecipação*, a realidade (sinônimo, entre os gregos, de verdade) do que é referido na proposição *"este aqui é um homem"*. Fora desse plano, todo ser, objeto ou coisa por nós empiricamente desconhecida, que nunca vimos antes, e que, portanto, não se colocou em nosso campo de observação sensível e conceitual, carece de conhecimentos posteriores a fim de confirmar e, assim, certificar empiricamente (segundo a especificidade do perceber próprio de cada órgão sensível) que tal ser ou coisa efetivamente existe.

Ora, o mesmo não se aplica à proposição "este aqui é um deus": não temos por antecipação a figura empírica de um deus que o confirma enquanto ser real existente; temos, com efeito, por antecipação, os atributos (juízos ou julgamentos) da razão com os quais presumimos a natureza de um ser divino, para além de cuja presunção resta-nos apenas a expectativa de confirmação posterior. Há, nesse aspecto, uma reversão do princípio segundo o qual "nada chega ao intelecto sem antes ter passado pelos sentidos";[306] dá-se, pois, ao contrário: o que passou *antes* pelo intelecto carece de passar *depois* pelos sentidos, a fim de encontrar confirmação (evidenciação) e certificação. Tais atributos referidos a uma natureza divina se dão na inteligência e na capacidade humana de conhecer de modo semelhante aos nomes e sons (*phthóggois*) dentro dos quais recolhemos a ideia de algo empiricamente observado do qual formamos na inteligência uma representação mental que nos torna capazes de conceber, dentro de determinados parâmetros humanos, e de falar (intercambiar) conhecimentos, *notações* sensíveis e conceitos inteligíveis a respeito de algo.

Dos deuses não temos a mesma correlação que experimentamos relativamente aos seres ou coisas previamente observadas, entretanto temos uma ideia na forma de *sons* (nomes, noções ou conceitos) com

---

[305] *Carta a Heródoto*, §37.
[306] A fórmula é de Tomás de Aquino com a qual se "pretendeu" sintetizar (com ela minimizou) a teoria aristotélica do conhecimento: "*nihil est in intelectu quod prius non fuerit in sensu* = nada (chega ou) está no intelecto que antes não tenha (passado ou) estado nos sentidos". Na *Summa contra Gentiles*, T. de Aquino se expressou assim: "o nosso conhecimento intelectual, conforme o modo próprio da vida presente, tem seu ponto de partida nos sentidos corporais, de tal modo que tudo o que não cai sob o domínio dos sentidos não pode ser apreendido pela inteligência humana = acum intellectus nostri secundum modum praesentis vitae, cognitio a sensu incipiat; et ideo ea quae in sensu non cadunt, non possunt humano intellectu capi" (*Summa contra Gentiles*. I, 3, BAC, 1952, p. 100).

significados empíricos e intelectivos concebidos antecipadamente (o que Epicuro denomina de *prolépseis*). Aqui, ao modo como se dá relativamente ao sensível se observa de um ponto de vista inteligível. Nem todos, por exemplo, de um ponto de vista empírico, *notam* perceptivamente as coisas do mesmo modo em termos de visão, audição, tato, olfato e palato. Em termos de visão ou audição as notações empíricas dependem de fatores decorrentes de não estar necessariamente localizado no mesmo plano de percepção: ou mais embaixo ou mais em cima ou de um lado e não de outro, mais perto ou mais longe etc. O perceber sensível interfere na conceituação, assim como a cultura, a educação e instrução interferem na conceituação.

A esse respeito, e de um ponto de vista estritamente filosófico, Cícero no *De natura deorum* insiste em dizer que a teologia de Epicuro se resolve na presunção de um deus meramente conceitual, entenda-se estritamente racional sem levar em conta conceitos da cultura, da educação e do consuetudinário. Nesse ponto, Epicuro acompanha Demócrito perante o qual, entretanto, não se manteve fiel. Ele acompanha Demócrito quanto ao pressuposto de que o divino é inferido conceitualmente pela razão, porém discorda de Demócrito que o ser ou natureza divina só é ou pode ser reconhecida mediante atributos intelectivos (de perfeição, excelência etc.) sem que possamos ultrapassar esse nível a ponto de nos permitir afirmar existência real de um ser divino dotado, na realidade, dos referidos atributos. Demócrito em favor de seu ponto de vista inferiu a mesma proposição do *Timeu* de Platão segundo a qual Deus, que é eterno, é incorporal", sem corpo, por força do princípio segundo o qual "tudo o que tem um começo é corporal, visível e tangível": "o mundo (*horatós*) nasceu, por isso é visível, tangível e corporal".[307]

Aqui se dá um certo imbróglio, não a título de mal-entendido, mas de presunção lógica da questão. Demócrito/Platão/Epicuro não são coincidentes quanto à lógica do pensar. Os deuses de Demócrito, ao contrário dos de Platão e de Epicuro, só existem como entes da razão; eles não têm existência real, apenas conceitual. Veleio, o porta-voz epicureu no *De natura deorum*, se expressou assim:

> Quando ele [Platão] admite que deus é incorporal [dito pelos gregos *asomáton*] fica impossível compreender o que isso quer dizer, visto que, necessariamente, deus seria

---

[307] Respectivamente: *Timeu*, 31 b e 28 b; *cf.* também Timeu, 34 a.

privo dos sentidos e, portanto, da prudência e do prazer; atributos que reconhecemos como inerentes à noção que temos de deus.[308]

Aqui está a questão, perante a qual Demócrito se mantém restrito ao labor intelectivo da mente, sem levar em conta as crenças populares tampouco os estatutos consuetudinários instrutores da cultura popular. Platão admite e trabalha com a ideia de deuses existentes reais, mas de um modo distinto de Epicuro, visto que os concebe como incorporais. Os deuses de Epicuro, uma vez presumidos (mesmo que hipoteticamente) como existentes, são necessariamente corporais, e pela razão apresentada por Veleio: um deus incorporal (sem corpo) é "privo dos sentidos" e de tudo o que sentidos em um existente concreto promove.

Tal como os epicureus, também os estoicos (conforme registro de Clemente de Alexandria) atribuem corpo aos deuses: "Os estoicos [...] não são dignos de elogio quanto dizem que Deus é um corpo (*sõma*), porque unem o mais belo dos seres com a mais vil das matérias (*tês atimotátês hýlês*)"[309]. Sem entrar aqui no mérito da inusitada proposição de Clemente ("o corpo é o mais vil das matérias") basta observar que a corporeidade foi concebida como um atributo do divino tanto para os estoicos quanto para os epicureus.[310] A ideia de deus presumida por Epicuro concebe o *ser divino* (enquanto existente na forma de deuses) como corporal, dotado de corpo e, consequentemente, da faculdade sensível, com a qual todo existente em si viabiliza a possibilidade desse conhecer e de proporcionar para si mesmo uma vida prudente e, enfim, sentir e fruir prazeres atributo fundamental do existir. O *prazer*, do ponto de vista epicureu, se constitui no atributo fundamental que dá sustento, promove (no sentido de fazer prosperar) o viver. Se o atributo fundamental da vida fosse a dor (o desprazer, a tristeza e

---

[308] "Quod vero sine corpore ullo deus vult esse (ut Graeci dicunt *asomáton*), id, quale esse possit, intellegi non potest: careat enim sensu necesse est, careat etiam prudentia, careat uoluptate; quae omnia una cum deorum notione conprehendimus" (*De natura deorum*, I, XII, 30).

[309] *Strômateîs/Miscelânea*, I, XI, 36.

[310] Clemente se perde com o conceito "Deus é um corpo" a ponto de se recusar a atribuir a Jesus um corpo, e o faz sob uma justificativa que soa pior que a proposição. Esta é a justificativa: porque "a alma" de Jesus "não é escrava das paixões – *apathês tên psychên*" – como se as almas (até a de Jesus) fossem, por natureza "escravas das paixões". Clemente, na sequência, tece o seguinte malabarismo retórico: Jesus "é um Deus revestido de figura humana – *theòs en anthrôpou schêmati*', ou seja, ele não é um Deus com um corpo, mas uma "figura humana" revestida com "uma forma divina – *schêmati theós*" (*Pedagogo*, I, II, 4). No *Strômatêis*, à medida que Clemente combate os demais gnósticos, ele foi entretanto levado a conceder a Jesus um corpo, porém, dotado de uma *energia divina*, isto é, distinto do humano, não estritamente material, mas regido por uma outra natureza (ou seja, por outras pulsões) e por outras necessidades — com o que Clemente formulou uma heresia no sentido de que Jesus não se revestiu da humanidade em sentido pleno.

a infelicidade) a vida não prosperaria; tampouco os "viventes" (que seriam seres infelizes e tristes que usufruem apenas do sofrimento e da dor) presumiriam a existência de um maligno e não de um deus, que, por índole de sua natureza, só pode fruir um viver prazeroso, alegre e feliz. Daí que se os deuses de Epicuro, além de *inativos* fossem *insensíveis*, então seriam destituídos de tais sentimentos (prazer, alegria, felicidade). Como breve observação cabe dizer que os deuses de Epicuro não são inativos e insensíveis em relação a si mesmos e à comunidade dos deuses. Ocorre que, para si mesmos e para os da comunidade dos deuses, a sensibilidade dos deuses não aflora como angústia nem como incômodo nem como preocupação.

O pressuposto de Epicuro vem a ser este: se admitimos que efetivamente deus existe, temos que necessariamente lhe conceder os atributos sensíveis que dão a um ser condição de existência e de fruição da vida, que, de todos, é o primeiro e o maior dos bens. Aqui, pois, há uma dificuldade que Cícero/Veleio não põe ressalva e, tampouco, põe em debate. O diálogo foge da preocupação de explicar como efetivamente um ser pode existir sem corpo ou como, existindo, com um corpo, vem a ser um deus. Em outras palavras, e aqui está o conflito: de um lado, como um deus sem corpo pode, mesmo assim (como presumem os crentes latinos), manifestar sentimentos humanos de ira e de bondade, de afeição e de consternação, de alegria e de tristeza, de prazer e de desprazer etc.; de outro, como pode um deus existir com corpo e, como querem os epicureus, ser *indiferente* e, mesmo assim, dotado da faculdade sensível, ser prudente e fruir prazer. Há uma real dificuldade aqui, que, entretanto, do ponto de vista epicureu, se restringe ao pressuposto segundo o qual uma natureza divina existe dentro de parâmetros de excelência ou de perfeição.

São parâmetros em relação aos quais a referida *indiferença* se constitui, ela própria, em um atributo da perfeição, concebida nos termos supracitados: como seres que não se incomodam nem consigo mesmos nem com ninguém e que fruem dos sentimentos de prazer, de alegria e de felicidade em sentido pleno. Se se incomodassem não seriam indiferentes, de modo que se colocariam nos mesmos parâmetros próprios de uma natureza humana que sofre das antinomia do prazer e da dor, da alegria e da tristeza etc. A dificuldade finda nestes termos: a) como poderia um deus *existir* sem corpo, visto que, "ter (ou melhor, *ser*) corpo"[311] é condição *sine*

---

[311] Nós não *temos* um corpo, *somos* um corpo. A terminologia do "ter", que normalmente utilizamos para caracterizar o nosso corpo, decorre de uma mentalidade ancestral que dividiu o mundo entre "matéria e espírito" e entre "corpo e alma" como se o mundo não fosse integralmente uma coisa e outra. Tudo em nós é idêntico a nós mesmos e é vivenciado em uma só unidade: não são, por exemplo, nossos olhos que veem, somos nós que vemos etc. Num gesto, numa palavra, numa atitude que seja, o "eu" pessoal está sempre presente.

qua non de existência; b) um deus que é corpo, sofre necessariamente das prerrogativas do perceber sensível próprias do que nós humanos experimentamos enquanto seres corpóreos; c) não sendo, entretanto, humanos, mas deuses, então o conceito de "corporeidade" concedida a um deus haveria de presumir atributos apenas divinos, de tal modo que o próprio conceito de corpo implica o atributo de divino, e que nesse plano a um deus seria dado fruir de sentimentos próprios vivenciados tão só por um ser divino.

Epicuro não nega aos deuses sabedoria, tampouco, prudência e fruição de prazer. Dado que não nega, então fica visto que a prudência e a fruição de prazer (que, na explicitação dele requer a posse de um corpo, sustento da faculdade de sentir) só podem ser concebidos sob parâmetros concernentes a uma natureza divina constitutiva de um ser perfeito. A questão é: como se dá nos deuses a prudência, e como neles igualmente se dão a fruição do prazer? Antes de qualquer resposta cabe considerar que, em Epicuro, "ter um corpo" significava "ser um corpo", que, por sua vez, quer seja divino ou humano, não comportaria qualquer duplicidade, cisão ou fissura no que concerne à união (enquanto arranjo, ordem, harmonia) entre corpo e alma. Ora, a resposta de Epicuro é relativamente "simples": os deuses são prudentes porque eles se mantêm *indiferentes* quanto a tudo o que é para mais ou para menos fora dos parâmetros tanto da prudência quanto do prazer. Eles exercitam a prudência dentro dos limites da prudência, sem qualquer cisão (nos mesmos termos tais como o ser perfeito não comporta cisão) e, do mesmo modo, fruem o prazer dentro da esfera do prazer, de tal modo que, como seres perfeitos, desfrutam do prazer puro a ponto de coincidir com o sentimento da felicidade. A prudência e o prazer concernentes à sensibilidade de um deus coincidem com o estado de ataraxia (de impassibilidade) própria da natureza de um ser perfeito aferido como um deus. Nele (do ponto de vista epicureu), não há qualquer possibilidade de cisão, conflito ou discórdia no que concerne à vontade, que, na natureza humana, é propulsora do arbítrio e gestora da liberdade vivenciada em cada um como uma experiência pessoal, por cuja experiência, inclusive, nos é dado qualificar; não é propriamente pelo conceito que nos "maturamos", mas por meio da ação.

A grande questão posta por Epicuro parte do pressuposto segundo o qual a maioria se põe de acordo que existem deuses, porém essa mesma maioria carece de ilustração filosófica a respeito do existir dos deuses e das relações que eles podem ter entre si e com os humanos. Em favor dessa ilustração, se impõe, do ponto de vista epicureu, a máxima segundo a qual não cabe, sob uma intenção educadora, peremptoriamente rejeitar a crença da maioria quando há disposição de ilustrá-la: de promover nela o saber e o entendimento. Não é difícil, segundo Epicuro, despertar na maioria a convicção de que os deuses são seres perfeitos, excelentes e imortais, por cujos atributos são também alegres, tranquilos e felizes. Não é difícil conceder que um ser excelente e perfeito seja tranquilo, e que, do fato de ser perfeito, é feliz. Não como presumir um ser perfeito intranquilo e infeliz. Também não há como um ser perfeito, tranquilo e feliz, não ser imortal: porque não há como presumi-lo com tais atributos, ou seja, tranquilo e feliz, angustiado com a ideia da morte, justamente com aquilo que, para nós, é dado como "o mais terrível de todos os males"[312] mesmo que efetivamente não o seja.

A felicidade e a imortalidade (*tò makárion kaì áphtharton*[313]) são as duas fundamentais noções que Epicuro considera como as mais apropriadas (adequadas, compatíveis) com a natureza do divino.[314] Um ser feliz e imortal — eis a questão presumida por ele — não tem em si mesmo qualquer tipo de perturbação e, evidentemente, não perturba ninguém. Dotados de tais atributos, o divino necessariamente está isento de sentimentos de raiva, de ódio e de ira (que, inevitavelmente, promovem sofrimentos) e está livre, inclusive, de sentimentos de afeição, que, de um ponto de vista humano, promovem igualmente sentimentos conflituosos de amor e de desamor, de bem-querer e de malquerer; sentimentos que, assim como os de raiva, atiçam o descontrole e a fraqueza de ânimo, cindem o coração com alegria e tristeza! Dado, com efeito, que o desejo de perfeição, de imortalidade (que isentaria em nós a ideia da morte) e de felicidade são as aspirações humanas mais almejadas, só por essa razão, devemos então nos dar a obrigação de reverenciar e de honrar (com cultos e cerimônias) os deuses, que, afinal, para nós, são exemplos de vida e fecundam nossas esperanças de uma vida prazerosa, serena e feliz.

2.3 – Os deuses hiperativos de Cícero e os inativos de Epicuro

Na proposição de Cota/Cícero, na qual consta que Epicuro "nega a um deus a vontade de fazer o bem" (por cujo negar presume que Epicuro "extirpa a religião" e, com ela, "os cultos e as cerimônias"), fica patente

---

[312] *Carta a Meneceu*, §125; sobre a presunção de que a morte, entretanto, não é nada, veja o §124.
[313] *Máximas principais*, I.
[314] *Carta a Meneceu*, §123.

uma preocupação conservadora e não transformadora própria de quem efetivamente se acerca da filosofia e do filosofar. Por *filosofar* não cabe entender simplesmente uma capacidade técnica de discorrer sobre questões tidas como filosóficas, tampouco discutir metodicamente sobre um tema qualquer, e sim, acima de tudo, fazer uso do intelecto em busca da melhor intelecção possível a respeito de qualquer questão ou de qualquer tema. O que caracteriza a filosofia e o filosofar é um senso intelectivo que se expressa em uma investigação ou meditação ou discussão essencialmente aberta em vista do melhor ou do excelente relativo ao qual se presumem a mudança e a transformação do pensar em busca do que é divino no universo da razão humana. Daí porque, no exercício do filosofar, não cabe o pensamento conservador, fechado, obtuso em suas crenças com as quais o intelecto, indisposto a ouvir e a confabular consigo mesmo e com o seu acervo de opiniões, se fecha na mente humana com suas velhas crenças feito um molusco em sua concha.

Da parte de Cota, do *pontifex*, é evidente a presunção de quem quer se manter ao abrigo da mentalidade popular estabelecida quanto aos cultos e às cerimônias públicas da *religio* latina que colocava sob a responsabilidade e encargo dos deuses o governo da vida humana. Cícero, no introito do *De natura deorum*, defende explicitamente a posição de Cota em meio a uma crítica dirigida aos epicureus. No diálogo, ele faz falar Cota (representante dos Acadêmicos), Veleio (porta-voz dos epicureus) e Balbo (porta-voz dos estoicos); uma pequena observação: nenhum deles representa efetivamente o que, na escrita de Cícero, aparenta representar. Cota não representa, a rigor, o pensamento dos membros da Academia de Platão, assim como também Veleio, a rigor, não representa a doutrina de Epicuro, e assim Balbo em relação aos estoicos. O que efetivamente eles representam é o debate filosófico travado entre políticos e ricos patrícios romanos simpatizantes desta ou daquela linhagem filosófica recepcionada por eles em Roma.

Cícero, de sua parte, logo de saída (ao modo de quem ressalta qual é o lado de sua preferência dentro do debate[315]) avisa que não vai se colocar como "um auxiliar de Cota", e sim que será apenas "um ouvinte imparcial".[316] Em vários pontos fica, entretanto, evidente de qual lado Cícero se

---

[315] Do Ceticismo romano, é costume dizer-se que o maior expoente foi Cícero (106-43 a.C.), mas isso não é exatamente verdadeiro. Tampouco é especialmente correto dizer que ele foi um estoico: nem bem uma coisa nem outra. Cícero foi um pouco de tudo, daí ter sido o que convenientemente se denominou de o mentor do *Ecletismo* latino.

[316] *De natura deorum*, I, VII, 17.

pôs. Vale destacar a estratégia retórica (bem calibrada) da qual se serviu: reproduzir o que pensa, por exemplo, um epicureu, mas não para entender ou difundir o pensamento de Epicuro. O objetivo de Cícero é outro: consiste em se valer do que, por exemplo, a intelectualidade patrícia romana admitia a respeito de Epicuro, e por sobre esse entendimento difundir, por escrito, o que ele próprio (Cicero) pensava. A estratégia é esta: Cícero se vale do que pensa um epicureu a fim de instigar o leitor a pensar diferente de Epicuro e, enfim, pensar como ele (como Cícero). Daí que não é propriamente a doutrina (o pensar) de Epicuro que ele quer difundir e entender, tampouco está interessado em fazer com que o leitor a entenda.

Eis, no introito, o que diz Cícero, em cujo dizer ele põe em evidência as principais proposições de Epicuro a respeito dos deuses: "não se preocupam com o governo das coisas humanas", "são inativos", "indiferentes", de modo que "deles nada temos o que esperar nem temer". Mas, eis o que efetivamente diz Cícero ao modo de quem critica Epicuro: "Alguns filósofos antigos e atuais realmente acreditam que os deuses não se preocupam com o governo das coisas humanas". Ora, se é assim, questiona, se os deuses nada fazem ou por nada se movem (*nihil agant, nihil moliantur*), se são inativos, "que piedade, que santidade, que religião pode existir?". Se os deuses imortais "são indiferentes", se deles "nada podemos esperar" e deles "nada temos a temer", por que, então, devemos lhes dirigir cultos, rezas e honras? Se eliminamos "a virtude da piedade" (prossegue), "necessariamente tolhemos a santidade e a religião" e inevitavelmente instauramos entre nós uma vida intranquila, perturbada e confusa; "subtrair a piedade para com os deuses" corresponde a extinguir "a boa-fé, a sociedade civil e a mais excelente de todas as virtudes, a justiça".[317]

Ora, o que aqui diz Cícero a respeito de Epicuro não manifesta nenhuma preocupação no sentido de entender as proposições de Epicuro, e sim apenas contestá-las mediante certas proposições às quais Cícero dá crédito e quer difundir entre os patrícios romanos. Cícero, sem *explicar*, se contenta em, por sobre o que diz Epicuro, promover o que ele (Cícero) pensa. Entender e explicar, afinal, é complexo, carece de empenho em favor do entendimento e do manejo da reflexão teórica e discursiva. Cícero não se ocupa em entender e explicar nenhuma das proposições de Epicuro: por que, por exemplo, os deuses são *indiferentes*, por que não se *preocupam* com a administração das coisas humanas e com o governo do mundo? A

---
[317] *De natura deorum*, I, II, 3-4.

assertiva de Epicuro soa para ele, peremptoriamente, inadmissível: existir deuses que nada fazem em favor dos humanos é, do ponto de vista dele, simplesmente inaceitável. Ora, por princípio, e como ponto de partida do modo de pensar epicureu, os deuses são, sim, *indiferentes* e, inclusive, não se preocupam com o governo da vida humana, mas pela seguinte razão (que Cícero não diz): porque essa é uma tarefa fundamentalmente humana. Trata-se de uma *preocupação* que concerne ao governo do humano, que, de modo algum cabe *ser indiferente* quanto ao bem-estar não só da própria vida, como ademais de toda a comunidade da qual participa.

Com toda a pobreza e a fome que, naquela ocasião, existiam no Império romano; com toda a barbárie (guerras e explorações de toda ordem) que aquele mesmo Império, no tempo de Cícero, espalhava pelo mundo, dizer que eram os deuses os governantes da vida humana, com certeza, carecia de uma boa explicação: servia como ilusão e consolo, mas não como solução. Aqui a principal questão: como, afinal, em tais circunstâncias, se manter tranquilo "na virtude da piedade", no cultivo da boa-fé e da vida serena, manifestar apenas piedade e temor aos deuses sem enunciar esta mesma piedade e temor perante o sofrimento humano? Há uma evidente translação de *indiferença*: os deuses de Cícero não eram indiferentes perante os homens, mas os homens eram indiferentes perante a si mesmos! Que religião, que piedade, que boa-fé, que justiça haveria de ser esta que defende a ferro e fogo a dignidade dos deuses, mas não a dos homens? Eis aí a questão fundamental do éthos epicureu, que se encerra na seguinte proposição: não estimular nos homens a vontade de fazer o bem, de ser justo, de se desfazer da indiferença, não há religião que tenha sentido, não há culto e cerimônia que manifeste piedade, não há, em sentido positivo, temor a Deus!

Quanto ao temor, esse é um dos temas principais da filosofia de Epicuro, mas não ao modo como concebe Cícero, como se os deuses fossem os promotores da virtude humana, inclusive da justiça, valendo-se de ferrolhos e de açoites! Dos deuses de Epicuro não cabe efetivamente esperar nada: nem o prêmio nem o castigo, nem a carícia nem o açoite. Os deuses de Epicuro não existem para serem temidos nem para serem amados: o que o ser humano mais deve temer é a si mesmo e também se amar. Por isso a necessidade de conhecer a si mesmo, especificadamente as pulsões da própria natureza a fim de se governar (de cuidar de si): quem não se cuida, podendo se cuidar, não se ama! Daí que cabe ao humano, antes de amar os deuses, amar a si mesmo e uns aos outros; além disso não cabe aos humanos aguardar do divino a santidade, porque essa é uma tarefa humana a ser buscada, não na gratuidade ou barganha com os deuses, mas no falquejo e labuta da própria edificação humana. Não cabe aos humanos implorar aos deuses com cultos, rezas e honras que o santifique. Cabe a cada um, mirando-se no que é divino, se santificar: promover a própria boa-fé e a boa-vontade. O crente forjado pelo éthos epicureu não vai ao tempo pedir governo, santidade, justiça, boa-fé e vida tranquila; ele vai ao templo levar tudo isso em sua pessoa, ao modo de quem se oferece em forma de ação de graças, de louvação e de culto: ele próprio se constitui na oferenda.

Cícero (independentemente de todos os seus méritos) era fundamentalmente um político e retórico muito habilidoso que, ardilosamente, visava, em última instância, ao interesse de seu público, de sua corporação e dos patrícios que lhe davam sustento, voz e crédito político. A religião que Cícero defende se constrange essencialmente em estatutos morais e não em normativas do direito e da justiça, de fraternidade e de empatia. Não foi sem razão que, no *De natura deorum*, ele tomou como seu "porta-voz" preferencial Cota, um *pontifex* (administrador) da *religio* romana (eivada de moralismos). A rigor, Cícero em geral não se enquadra na *parrésia* própria do *espírito livre* caracterizador *do filosofar* grego. Sob esse aspecto, em comparação a Platão, os "diálogos" de Cícero apenas *se assemelham* a um diálogo, visto que ele não se ocupa em fazer dos interlocutores indivíduos que *confrontam* opiniões, que buscam confabular entre si e se entender quanto ao pensamento um do outro, tampouco entender a doutrina dos filósofos que as geraram. Cícero, ao fazer as doutrinas filosóficas confabular na voz de representantes da elite romana, sempre se mostra bem disposto (o que é legítimo) a defender as suas próprias opiniões e, inclusive, a se aproveitar (aqui mora o problema) do que concorda das opiniões dos outros, a fim de fortificar as suas, sem a preocupação de buscar entender o que discorda. Um aspecto curioso está em que os interlocutores que falam pela pena de Cícero, de um modo geral não se escutam. Eles tampouco reproduzem fielmente a doutrina dos filósofos, a não ser as opiniões vigentes entre os de uma certa elite intelectual romana simpatizante deste ou daquele filósofo ou movimento filosófico!

No *De natura deorum*, a respeito da forma humana atribuída aos deuses, Cícero põe na fala de Veleio (o porta-voz latino dos epicureus romanos) a seguinte consideração na qual claramente combina um pouco do que pensava Epicuro com um pouco do que diziam os epicureus da elite romana. Eis o que disse: conhecemos a natureza dos deuses mediante noções primeiras (*primas notiones*) da razão, visto que é por meio dessa mesma razão que nos certificamos, por um lado, que os deuses são seres felizes e imortais (duas qualidades que combinam com a noção de ser perfeito); por outro, que ele detêm a mais bela forma de todos os existentes: a forma humana. Do que diz Cícero, pela fala de Veleio, fica a impressão de que todos os deuses têm forma humana; porém, sabemos, pelo que consta na *Máxima* I que não é exatamente assim: uns detêm a forma humana, outros detêm formas incognoscíveis. Quanto ao conceito de *primas notiones* da razão, elas dizem respeito àquelas cuja evidência se restringe a elas mesmas, de tal modo que se definem por si sem o recurso de outras noções ou parâmetros da empiria.

Na proposição que põe em dúvida a corporeidade dos deuses, Cota/Cícero lança a ambiguidade segundo a qual os deuses de Epicuro são seres corporais, e não incorporais, como presumiram Platão e Demócrito. Do ponto de vista epicureu, assim como os demais existentes, também os deuses efetivamente são constituídos de um arranjo (compósito) de átomos que obedece, sob outros parâmetros, o fluir da vida do *todo* ciclicamente sujeito a um eterno arranjar-se. Na proposição de Veleio/Cícero a questão vem expressa nestes termos:

> Os deuses de Epicuro têm forma humana, porém, não digo que eles efetivamente tenham corpo [...], e sim algo como se fosse um corpo; [ao que Veleio acrescenta: trata-se de] uma distinção um tanto perspicaz e sutil, que o próprio Epicuro não fazia questão de tornar acessível para os que não tinham condições de compreender; [entretanto, acrescenta] para os que as coisas ocultas e profundas eram de fácil acesso à inteligência, como se, por assim dizer, eles as tocassem com as mãos, Epicuro ensinava que os deuses não são antes acessíveis através dos sentidos, mas sim através da razão.[318]

Esse ponto combina com o que já ficou referido anteriormente a respeito dos atributos da natureza divina que se antecipam na mente enquanto *conhecimento* conjetural antes de qualquer confirmação (*epimartýresis*[319]) possível mediante evidências do sensível. Trata-se de atributos

---

[318] "Nec tamen ea species corpus est, sed quasi corpus [...]. Haec quamquam et inventa sunt acutius et dicta subtilius ab Epicuro, quam ut quivis ea possit agnoscere, tamen fretus intellegentia vestra dissero brevius, quam causa desiderat. Epicurus autem, qui res occultas et penitus abditas non modo videat animo, sed etiam sic tractet ut manu, docet eam esse vim et naturam deorum, ut primum non sensu, sed mente cernatur," (*De natura deorum*, I, XII, 49).

[319] D.L., 1959, §34; *Carta a Heródoto*, §§50-51; *Máximas principais*, XXIV, XXXVII.

que induzem na mente a ideação de uma natureza presumidamente divina a ser evidenciada na experiência, ou seja, a ser manifesta defronte ao nosso campo sensível de observação e experimentada sob cinco modalidades: visão, audição, tato, olfato e palato. Aqui a dificuldade lógica se impõe no sentido de como podemos empiricamente acessar, recolher notações sensíveis concernente a um ser existente real com todos os referidos atributos *divinos*: imortal, perfeito, excelente etc. Sabendo que os nossos sentidos são limitados a certas modalidades (ou notações), como poderíamos acessar empiricamente um ser em si mesmo perfeito e excelente?

Concretamente, com os olhos vemos apenas o que denominamos de figura e cor (ninguém vê, por exemplo, um cavalo, porque *cavalo* é apenas um nome com o qual designamos aquele animal com uma forma "x" e cor ou cores "y"); com a audição percebemos o que referimos como sendo sons ou ruídos (o relinchar do cavalo vem a ser um "relinchar de cavalo" caso sabemos de antemão que o ruído corresponde ao som produzido por aquele animal que denominamos de cavalo); com o tato presumimos o liso ou rugoso ou o que denominamos de textura de algo, e também o quente ou frio com suas variações; com o olfato, sentimos odores; com o palato, sabores. No conjunto, são todas percepções que, referidas a um mesmo ser, objeto ou coisa nos dão, dentro de uma certa amplitude o conhecimento empírico que temos do referido ser, objeto ou coisa.

O conhecimento empírico nos é dado espontaneamente, enquanto o conhecimento conceitual carece de instrução quanto ao uso e manuseio intelectivo dos símbolos da linguagem. Do conhecimento mediante conceitos só temos acesso mediante ilustração, que, quanto mais primorosa melhor a nossa eficiência no exercício intelectivo do entendimento e da comunicação. Sem essa instrução, o intelecto opera em nível meramente sensível a título de exercitação de uma sagacidade, astúcia ou estratégia natural que implica manutenção e preservação da vida. São, entretanto, dois universos distintos: os das coisas visíveis (empiricamente certificadas) e os da invisíveis (conceitualmente conjeturas, que, todavia, podem ou não excluir a possibilidade de certificação empírica[320] ainda mais no que diz respeito a um ser presumido como *perfeito*). Os átomos, por exemplo, da proposição de Epicuro são invisíveis a olho nu, porém, dado que têm magnitude (se constituem em partículas enquanto mínimo sensível e existente[321]) então podem vir a ser visíveis. No que concerne aos deu-

---

[320] *Carta a Heródoto*, § 76 ss.
[321] *Carta a Heródoto*, §58-59.

ses, dado que eles são igualmente seres corporais compostos de átomos (mesmo que etéreos, semelhantes aos da alma), é plausível a possiblidade de serem de algum modo perceptíveis. Mesmo assim, é, do ponto de vista epicureu, mais plausível presumir um existente divino inferido em atributos na mente que empiricamente manifesto, visto que haveria (um tal ser) de se pôr perante nosso campo de observação dentro de condições empíricas sob notações compatíveis com as que nos é dada a capacidade de sentir ou perceber.

3 – Cícero e a defesa da religiosidade estatal romana contra Epicuro

3.1 – Cícero e as vozes da elite intelectual patrícia romana

A afirmativa de Cicero/Veleio segundo a qual "Epicuro não fazia questão de tornar acessível" pontos importantes de sua doutrina é difícil de certificar com rigor a sua veracidade. A tirar, entretanto, pelo que consta em Diógenes Laércio, que Epicuro foi um dos escritores mais férteis de toda a filosofia, que produziu cerca de trezentos volumes,[322] é de se supor que tinha uma boa disposição para explicar tudo o que sabia. No final da *Carta a Heródoto*, Epicuro explicitamente manifesta que o resumo das noções elementares, ali apresentado, careceria de maiores investigações, não só dele, como também dos discípulos, em particular daqueles (segundo diz) que estavam dispostos a se dedicar ao estudo dos ensinamentos escritos, e não apenas se apropriar dos orais.[323] Isso efetivamente demonstra que a sua doutrina era aberta e não fechada, e transportava em si mesma a consciência de uma constante melhoria em termos de dar luz (promover esclarecimento) a certos temas que careciam de mais e melhores explicações. Existem, efetivamente, dentro do pouco que restou de sua obra, pontos que merecem mais *acribia* (precisão ou rigor); mas, esse, afinal, não é um "defeito" só dele, e sim, digamos, de todos os que se ocupam com a senda da ciência e do saber que, em si mesmo, nunca se fecha, mantém-se sempre aberto em vista de outras e novas explicações.

Do lado de Cícero, no *De rerum natura*, o que, para ele, em sua explanação mais importava não era aprofundar e entender a fundo a doutrina que os filósofos proferiram, e sim expandir as opiniões dos interlocutores, dos *doutos romanos*, a respeito das doutrinas e, por meio dessas opiniões

---
[322] D.L., 1959, X, § 26.
[323] *Carta a Heródoto*, §83.

(submetidas a uma compreensão sua), dar visibilidade e voz aos debates costumeiros travados nas residências e nas rodas de amigos filosoficamente cultivados. A estratégia tinha por objetivo promover uma confrontação dos argumentos e objeções (*sententiae*) dos da elite romana (*doctissimorum hominum*[324]) adeptos das três entre si mais discrepantes correntes filosóficas: a estoica, a epicureia e a cética. O mesmo Cícero, logo no introito do *De natura deorum*, reconhece que se Lúcio Calpúrnio Pisão "estivesse lá", o debate findaria completo, visto que "as quatro mais importantes correntes filosóficas estariam representadas". Lúcio Pisão foi um dos sogros (o último, do quarto casamento) de Júlio César com Calpúrnia. Ele era um adepto do aristotelismo, mas também simpatizante de Epicuro, visto que foi ele quem findou como o protetor do poeta e filósofo epicurista Filodemos de Gadara (110-40 a.C.). Foi na vila, em Herculano, pertencente a Pisão, que Filodemos construiu e equipou a mais importante biblioteca filosófica da antiguidade dedicada às obras de Epicuro e do epicurismo. Filodemos foi o tutor de Virgílio e influenciou a poesia de Horácio: todos vinculados à arte poética de Lucrécio.

É evidente que Pisão não esteve lá na casa de Cota debatendo com Veleio e Balbo porque Cícero, no *De natura deorum*, o deixou propositadamente de fora. Pisão era um desafeto de Cícero ao qual dirigiu dois ácidos discursos:

a. *De provinciis consularibus*, no qual Cícero acusa Pisão de diversos crimes e imoralidades quando era cônsul na Macedônia;

b. *In L. Calpurnium Pisonem Oratio*, no qual Cícero responde ao discurso de Pisão proferido no Senado em defesa das acusações de Cícero no *De provinciis*.

Cícero efetivamente mostra uma profunda animosidade contra Pisão, tanto que inicia o discurso contra Pisão chamando-o de *belua*, termo que, em português, cabe o sentido de animal, de fera, de bruto, de imbecil. Cícero também acusa Pisão de ser um "pobre homem, um falso Epicuro feito de argila e lama – *homullus, ex argilla et luto fictus Epicuro*". Se não bastasse, Cícero chama em vários momentos Pisão de improbo, de cruel, de ladrão, de sórdido, de teimoso, de arrogante, de imoral e de tantas coisas mais (*In Pisonem*, I e XXVII). Ficava, pois, evidentemente difícil promover um tranquilo e produtivo debate filosófico, lá na casa de Cota, nessas condições de ânimo.

---

[324] *De natura deorum*, I, I, 1.

Pisão, o quarto sogro de Júlio César, era um "filósofo" da elite romana simpatizante de Aristóteles e, inclusive, de Epicuro, do qual Cícero diz ser um discípulo de "de barro e lama". Pisão, ademais, era amigo pessoal (*familiarem tuum*[325]) de Balbo, do representante estoico entre os romanos, do qual Cícero diz ser "tão conhecedor da doutrina estoica a ponto de se igualar aos gregos mais excelentes da escola".[326] No caso de Pisão, se, em relação a Epicuro, era comparável a um discípulo "feito de argila e lama *ex argilla et luto fictus*", em relação a Aristóteles, enquanto aristotélico, Cícero não diz nada. De qualquer modo, além de razões decorrentes da desafeição política, Cícero registra no *De natura deorum* uma cândida razão justificando porque o "amigo" Pisão não estava lá. Diz Cícero que Pisão não tomou parte do diálogo porque "os estoicos e os peripatéticos estão sempre de acordo em muitas coisas, praticamente em tudo; apenas diferem em termos".[327] Sendo assim, então era mesmo mais prático fazer confabular duas opiniões que se contrapunham que trazer para o debate alguém disposto a promover uma disputa sem fim.

Entre Veleio (o epicureu) e Balbo (o estoico), Cícero põe na condição de debatedor, Cota, um dos (dito por ele) "prudentes Acadêmicos, daqueles que, perante as coisas incertas, suspendem o juízo – *prudenterque Academici a rebus incertis adsensionem cohibuisse*".[328] Cicero não diz, mas há de se considerar que seria mesmo confuso, pouco produtivo, trazer para o debate alguém que era defensor e simpatizante de Epicuro, e que, além disso, era um aristotélico, ou seja, alguém que, como alerta Cícero (não sem exagero), concordava em tudo com os estoicos. A observação de Cícero não é tão plana assim, ou seja, não cabe de pronto admitir que os estoicos e os aristotélicos concordassem tanto assim, a não ser, por certo, os estoicos e aristotélicos romanos; daí que é mesmo de se supor que haveria entre eles bem poucas *coisas incertas* que levassem Cota a suspender o juízo.

De um lado, fica evidente que Cícero tende, senão propriamente harmonizar (o que redundaria, na correção estoico/epicureu em tarefa infrutífera), ao menos assinalar as diferenças e as contrariedades, visto que as duas doutrinas — a estoica e a epicureia — findaram em Atenas por se contrapor em muitos aspectos, por cuja contraposição se apoiaram

---
[325] *De natura deorum*, I, VII, 16.
[326] *De natura deorum*, I, VI, 15.
[327] *De natura deorum*, I, VII, 16.
[328] *De natura deorum*, I, I, 1.

e se edificaram reciprocamente; por outro lado, não aparenta ser intenção do diálogo abrir ou promover espaços em favor de uma transformação ou mudança do modo de pensar de cada um deles, mas apenas fazer confabular entre si, para o que Cícero elege Cota (o acadêmico e *familiarem meum*[329]) como uma espécie de moderador. Daí que o diálogo reproduz não propriamente uma interação entre ambas as doutrinas, o que iria contra a arquitetônica do próprio diálogo que intencionalmente se ocupa em promover uma verdadeira disputa entre as opiniões correntes e *concorrentes* dos estoicos e epicureus na contemporaneidade romana.

O diálogo, em última instância, se efetiva em um monólogo, na medida em que a principal opinião que permeia todo o diálogo é a de Cícero, que, desde o início, se põe na condição do "auditor imparcial".[330] Alguém que se diz livre para sustentar opiniões divergentes, sem a obrigação de se pôr na defesa desta ou daquela linhagem filosófica e, tampouco, fazer alguém falar em seu nome. Aí está a razão pela qual não comparece no diálogo a preocupação de "analisar" uma opinião pela outra no intuito de as fertilizarem reciprocamente: tarefa fundamental da dialógica filosófica, da qual Platão foi o mestre. *Analisar* vem entre aspas em razão de que Cícero se vale do verbo *adgredior/aggredior* (atacar, agredir, sondar, aproximar-se) ao modo como se expressa Cota perante a fala de Veleio: "Mas antes de examinar a proposição que estás a defender, vou dizer o que penso a teu respeito – *Sed ante quam adgrediar ad ea, quae a te disputata sunt, de te ipso dicam, quid sentiam*".[331] Defronte a Veleio, Cota se porta como o soldado que *examina* o opositor antes de partir para a luta.

Cota, o *pontifex*, ao dizer que "defende as cerimônias e os cultos públicos" como *invioláveis*, tende a manter o *status quo* do estabelecido, para o que não se constrange em *atacar* qualquer outra opinião que o colocasse em risco, e assim evitar qualquer tipo de *intranquilidade* que viesse a modificar a opinião da maioria religiosa da qual era o pacificador. A proposição de Cota é essencialmente conservadora, visto que presume a necessidade de manter tudo igual, sem desarranjo, livre de qualquer transformação que especificadamente os epicureus insistiam em promover. O objetivo de Cota (perante o qual Cícero se acerca — afinal, era o *pontifex* representante do consuetudinário romano) é bastante explícito:

---
[329] *De natura deorum*, I, VI, 15.
[330] *De natura deorum*, I, VII, 17.
[331] *De natura deorum*, I, XXI, 57.

não intranquilizar os padrões institucionais e, consequentemente, manter a fé popular sob o aconchego do consueto romano. Era importante, pois, encontrar bons argumentos para se contrapor aos epicureus.

3.2 – De como a natureza dos deuses estatais romanos é distinta dos de Epicuro

Cota ao acusar Epicuro de "extirpar a religião pela raiz", sob tal "acusação" subentende que "a religião tem suas raízes", ou seja, encontra seu amparo e sustento na vontade de um deus de fazer o bem. Trata-se, no entanto, de uma questão que não é assim tão plana como quer Cota, cuja questão por sua vez, nada tem a ver com Epicuro, e pelas seguintes razões:

a. porque as raízes (o sustento) da religião, do ponto de vista epicureu, não está no *benfazer* de um deus perante o qual o crente, ansioso, recorre a rogos, sacrifícios e preces a fim de lhe estimular a vontade como se esse mesmo deus fosse um ser por si mesmo inerte, desanimado, sem iniciativa de voluntariamente fazer o bem. Diante do deus presumidamente *inativo* de Epicuro, o deus de Cícero/Cota só vem a ser *ativo* se estimulado com preces, sacrifícios, cultos e tudo o mais;

b. na celebração presumida por Epicuro, é o *benfazer* humano que, na cerimônia e no culto do templo, vem a ser estimulado em favor do bem viver e também *gratificado* sob o pressuposto de que o crente tomou para si (trouxe para sua vida) atributos da natureza divina, e que, portanto, se reúne no templo com os da comunidade para celebrar todos juntos o mesmo feito. Se não há *benfazer* humano — eis a questão — não há benfazer divino, de modo que, não havendo bondade humana, a bondade divina não se manifesta e nem colhe. A bondade e a beneficência de um deus, do ponto de vista de Epicuro, não se dão de um modo abstrato sem a mediação da bondade e do benfazer *in concreto* exercitado pela boa vontade humana, de tal modo que a referida bondade ou beneficência não concerne à boa vontade de um deus, e sim do humano;

c. o culto ou a cerimônia de louvação do ponto de vista epicureu só faz sentido se o *benfazer* humano se constitui em uma realidade prática, concreta e eficaz. Essa é a razão pela qual o crente com preces, sacrifícios e rogos celebra o *fazer divino* que ele próprio efetivou em sua vida (em seu próprio *benfazer*) sem ficar esperando ou aguardando que deus faça por ele o que lhe é devido, a começar pelo cuidado e governo de si;

d. o *fazer divino* presumido por Epicuro vai além de pressupostos canônicos morais ou estatutários, visto que diz respeito ao fazer humano que tomou por cânone os atributos divinos em favor do governo e da 'melhoria' da natureza humana. *Melhoria* vem este aspas em razão de que só 'melhoramos' a nossa natureza quando a conhecemos e, por esse conhecer, a governamos, cujo sustento fundamental desse referido governo consiste no ato de *cuidar*.

São outros aspectos ainda a se considerar, especificadamente quanto ao conceito de *deuses voluntariosos*. A esse respeito, Epicuro, para espanto dos *pontífices* gregos e romanos, não concede aos deuses o atributo da *vontade*, razão pela qual Cota é levado, em última instância, a se valer do argumento de autoridade (supra referido): "*ego ipse pontifex* [...] *arbitror* – eu sendo um pontifex [...] defendo (arbitro)". Os deuses de Epicuro não têm vontade porque não têm arbítrio, e não têm arbítrio porque essa é uma prerrogativa natural própria do humano que consiste na faculdade de escolher ou de rejeitar. Escolher e rejeitar comportam sempre uma inevitável perda, porque toda escolha implica em rejeição. Os deuses de Epicuro nada escolhem e nada rejeitam: se escolhessem fazer o bem, então teriam a faculdade do arbítrio, que, por índole desta faculdade humana permite, por exemplo, até mesmo no fazer o bem, o risco de fazer o mal. Daí que os deuses de Epicuro não são por natureza capacitados a fazer ou deixar de fazer algo, nem o bem nem o mal, tampouco são dotados de vontade: nem da vontade boa nem da má. Um ser divino necessariamente coincide, sob todos os aspectos, com o bem, razão pela qual não dispõem de vontade, cuja faculdade se define pela arbitragem do querer. Trata-se de uma força natural interior que se move impulsionada pelos desejos em vista de algo perante o qual a cada um é dado escolher ou rejeitar em vista de fins livremente presumidos.

Nem com o fazer do mundo Epicuro vincula a ação (a título de uma *providência* deliberativa) de um deus. Os deuses de Epicuro existem todos no mundo, e não fora dele, de modo que são existentes no mundo e, portanto, não há em sua proposição cosmológica uma identificação entre Deus e Mundo. São questões que tratamos na física de Epicuro. Aqui importa dizer que, do ponto de vista epicureu, tudo o que no mundo se faz é feito em vista do bem relativamente ao fazer-se cósmico, de modo que até mesmo as catástrofes (que, na maioria das vezes se apresentam como um terrível mal para a vida humana e que os populares atribuem à vontade dos deuses) são efetivadas em vista de um bem cósmico para si. É assim que os populares concebem os deuses: como seres voluntariosos ao mesmo tempo benignos e malignos, dispostos a fazer o bem e o mal, resultando em deuses cruéis e justiceiros a ponto de deliberadamente permitirem dores e sofrimentos supostos como por vezes promovidos na forma de castigos expiatórios ditos, inclusive, como "merecimento" humano. Daí que a par da condição de "fazedores do bem", a opinião popular atribui igualmente aos deuses a condição de feitores do mal. A maioria recorre ao deuses para que lhes encha de bens e que afugentem todos os males, para o que se vale da prece, da louvação, dos cultos de libações e de sacrifícios, a fim de promover a vontade dos deuses dos quais busca socorro e proteção.

Os deuses de Epicuro, na relação com os humanos, não têm outra função senão a de servir de modelo e exemplo de como a natureza divina se efetiva (toma existência) em realidade e verdade. Aos deuses (por Epicuro denominados de "existentes imortais e felizes") nada devemos lhes atribuir que seja incompatível com *o que é divino* (em si mesmo perfeito e excelente).[332] Os deuses filosoficamente concebidos por ele (na contramão do consuetudinário grego e latino) não são nem protetores nem socorristas: não fazem o bem para uns e o mal para outros, atendem as preces (em geral discordantes) de uns em favor de outros (por exemplo, os que querem a chuva para plantar e os que querem o sol para colher). De modo algum cabe afirmar que os deuses de Epicuro não são, todavia, *merecedores* de admiração, de homenagens, de orações, de sacrifícios e de cantos. Epicuro, aliás, como vimos, resume o culto em uma só palavra, *eucharistía*,[333] cujo termo denota gratidão, reconhecimento, ação de graças. No que ele concebe por *eucaristia*, a maior oferenda não consiste em sacrificar ou oferecer outra coisa que não "a si mesmo", cujo sacrifício consiste em impregnar-se do *que é divino*, a fim de, no templo, ofertar a si mesmo em gratidão.

O mesmo Cícero, no *De natura deorum*, confirma que os deuses de Epicuro "são merecedores de homenagens e de orações", e pela seguinte razão: "porque a natureza deles", conforme admite o mesmo Epicuro,

---

[332] *Carta a Meneceu*, § 123.

[333] Esse é mais um dos pontos em que o culto cristão mirou-se em Epicuro: o da *eucharistía*. O cristão se aproxima da *eucaristía* como forma de promover uma *comunhão* com o divino, do qual se alimenta.

"detém todas as perfeições".[334] É por força dessa premissa que Cota/Cícero constrói o argumento segundo o qual Epicuro se mostra contraditório, nos seguintes termos: Epicuro concede aos deuses a posse de "todas as perfeições", mas não "a vontade de fazer o bem" e, sendo assim, então "retira dos deuses as duas mais valiosas e fundamentais perfeições: a bondade e a beneficência – *bonitate et beneficentia*". A fim de dar mais peso retórico ao argumento, Cota/Cícero lança para o leitor a seguinte questão: "O que há de melhor e de mais valioso que a bondade e a beneficência?". Cota evidentemente não responde, porque dá como universalmente válido o pressuposto segundo o qual um deus (qualquer que seja) é necessariamente benevolente e beneficente. Aqui se põe mais uma vez a dificuldade teórica suprarreferida, visto que cabe destacar o princípio teológico minimalista de Epicuro segundo o qual "não se atribui a um deus nada que seja incompatível com a divindade", tampouco dele se retiram ou acrescentam atributos que lhe pertencem.

Dizer, com efeito, como diz Cota/Cícero que Epicuro retira dos deuses as duas mais valiosas perfeições — a bondade e a beneficência — não faz jus ao modo de pensar epicureu. Além disso, cabe observar que as expressões latina *bonitate et beneficentia* comportam significações etimológicas que não combinam com as proposições de Epicuro relativamente a uma natureza à qual se concede o atributo de *divina*. Não combina porque Epicuro não presume o ser bom (no sentido de ser bondoso ou de ser *benevolente* como sendo uma qualidade própria de um deus, e sim dos homens aos quais é dado ter uma vontade boa (*bene/volência*) em favor de suas *ações*; do mesmo modo se aplica o conceito de *beneficência* (de fazer benfeito), que implica a preocupação de fazer o bem, angústia que não perturba um deus. Ora, ambos os conceitos implicam perturbação em favor da ação, do comportamento, da aquisição de habilidade, de mestria, de eficiência etc., cuja agonia não cabe ou convém a um deus. Dado, ademais, que os deuses de Epicuro são presumidos como *inativos*, então tais conceitos só cabem efetivamente aos humanos que são seres *ativos*, e que, forçosamente, carecem de infiltrar (a fim de que a vontade seja boa e que a ação seja eficiente) atributos do divino: da natureza que retém em si, em sentido pleno o bem, a perfeição, a excelência.

O argumento de Cota/Cícero trabalha com o seguinte raciocínio (na verdade um sofisma) proferido como se fosse de Epicuro, e que haveria de ser um arranjo argumentativo corriqueiro entre os correligionários de Cota:

---

[334] *De natura deorum*, I, XLIII, 121.

[...] se um deus não é dotado da vontade de fazer o bem, então ele não é dotado de bondade; se não é dotado de bondade, então não promove beneficência; se não promove beneficência é incapaz de amar; se é incapaz de amar então os deuses são efetivamente inativos, sem a capacidade de prover graças e benefícios aos que deles buscam socorro.[335]

Fica patente que se trata de duas concepções distintas de deus e da religião. A argumentação Cota/Cícero passa longe das teses de Epicuro, e reflete a defesa de um ponto de vista arcaico comprometido com o consuetudinário latino em que os deuses são seres dados como voluntariosos capazes de fazer o bem, mas não por uma espontaneidade franca e pura da natureza divina, e sim quando instigados por preces, cantos, sacrifícios, libações etc. A bondade dos deuses gregos e romanos só se efetiva (se exerce) mediante estimulação humana como se um deus carecesse de ser gratificado a fim de fazer o bem. As teses de Epicuro são as de um reformador enquanto as de Cota são as de um conservador que atende outros interesses além do filosófico, tais como o da eloquência, da retórica, da política e do *status quo* do consueto religioso latino profundamente envolvido com os interesses, não propriamente dos deuses, e sim da elite patrícia romana.

3.3 – "O que, afinal, devemos a deuses que nada nos dão?"

Na sequência da exposição do suposto debate registrado por Cícero entre o estoico Balbo, o epicureu Veleio e o acadêmico Cota, eis algumas questões levantadas a partir do que atribuem a Epicuro no sentido de que os deuses são seres insensíveis: seres que não se amolecem (nem se enfurecem) com as petições, rogos e súplicas humanas. Em cada questão formulada por Cota comparece sempre o ponto de vista de Epicuro com o objetivo não apenas de contestá-lo, e sim de viabilizar o pensamento de Cícero/Cota subjacente à questão; exemplo: "Por que motivo, afinal, nos obrigaríamos a pensar nos deuses, já que eles não pensam em nós, nada cuidam e nada fazem?".[336] Subjacente à pergunta, não há qualquer preocupação de entender o ponto de vista de Epicuro, e sim apenas assegurar que "se os deuses não cuidam de nós e nada fazem", não temos razão para cultuar ou *sequer para pensar* neles!

---

[335] *De natura deorum*, I, XLIII, 121.
[336] "Quid est enim, cur deos ab hominibus colendos dicas, cum dei non modo homines non colant, sed omnino nihil curent, nihil agant?" (*De natura deorum*, I, XLI, 115).

Que obrigação — eis a questão de Cota — haveríamos de ter perante os deuses se deles não merecemos sequer uma graça? O próprio Cota insiste: "O que, afinal, devemos àqueles que nada nos dão?". O mesmo Cota (sabendo que para o epicureu tratava-se de questões descabidas) responde: "A piedade é uma justiça para com os deuses – *Est enim pietas iustitia adversum deos*".[337] A lógica do acadêmico Cota é um tanto perversa: se não merecemos dos deuses graças, então eles também não merecem nada nosso, não temos, digamos, obrigação alguma de compactuar com o divino. Cota toma, inclusive, como exemplo, o que ele próprio pensava a respeito das relações humanas: "O que, afinal, devemos para aqueles que nada nos dão?". Cota segue à risca a *lei de talião*, cujo nome foi convencionado a partir do latim, de *lex talis* (literalmente, *tal lei*), e expressava uma reciprocidade (*para tal crime tal lei*) tão ferrenha que resultou na máxima por todos conhecida do "dente por dente olho por olho", mediante a qual ao agente da ação era aplicado como pena o mesmo crime por ele cometido.

Está aí o conceito de justiça defendido por Cota, e que nada tem a ver com o de Epicuro. Cota, ao dizer que "a piedade é uma justiça para com os deuses", tem por pressuposto justamente a *lex talis* do consueto latino por ele tomado como definição de justiça. Do ponto de vista dele a piedade (entenda-se a *religio* por ele concebida entre homens e deuses) é uma justiça porque devemos aos deuses devoção, amor (afeição) feito um pagamento de alguma dívida contraída entre nós e eles. Os termos *religio* e *pontifex* carregam uma forte reciprocidade etimológica:

a. o verbo *religare*, do qual deriva a *religio*, denota em latim o significado de ligar e religar, mas também de soldar ou desatar, no sentido de livrar ou de libertar;

b. o termo *pontifex* decorre da junção dos conceitos de *pons/pontis* (ponte) e *facio/facere* (fazer, produzir, estabelecer), de modo que, literalmente, resulta em "fazer ou produzir ou estabelecer pontes" entre o humano e o divino. Caberia, pois, ao *pontifex* estabelecer pontes (ligações, liames, vínculos) entre os homens e os deuses.

Consoante à *lex talis*, a proposição de Cota comporta uma reciprocidade (em termos de justiça) entre deuses e homens perante os quais ele se sentia o "construtor de pontes". O fato é que Cota concebe a relação deuses/homens sob um ponto de vista de uma justiça opressora no sentido

---

[337] *De natura deorum*, I, XLI, 116.

de que um faz pelo outro aquilo em vista do que recebe como feito. Se os deuses pelos homens nada fazem — eis a questão —, nada lhe devemos: nem devoção, nem amor, nem afeição nem piedade. O mesmo se aplica na reciprocidade. Trata-se de um a concepção teológica e religiosa que passa longe das duas fundamentais características que definem a teologia e a religiosidade promovidas pelo éthos epicureu: a da libertação (que concede à *religio* a função de "desoprimir") e a da gratuidade (da *eucharistía*). Cota vai ainda um pouco além (não sem alguma arrogância de um *pontifex*): "se os deuses por nós nada fazem, o que eles poderiam exigir de nós?".[338] (Quer dizer: não temos, segundo ele, perante o que é divino obrigação alguma, caso o divino (expresso na figura cultivada de um deus padroeiro ou protetor) por nós nada faz! Só temos, pois (ou nem isto), a obrigação de nos dar o dever de ser melhores, de nos qualificar, se deus fizer alguma coisa por nós!

Do ponto de vista epicureu aí está uma concepção de religião e de culto religioso perante o qual o que é divino se apresenta de modo absolutamente tacanho: pequeno, manhoso, mesquinho e, inclusive, arrogante, a ponto de fazer do deus nosso refém. Ora, é assim efetivamente o que presume a teologia de Epicuro: que não cabe a deus algum cuidar e fazer por nós as obrigações que, perante o que é divino, devemos nos dar. O mesmo se aplica no contexto da comunidade humana de relações: faço o que é devido, dou amor e afeição, e aguardo, evidentemente, reciprocidade, mas não é a reciprocidade que define e me empurra (impulsiona, urge) a fazer o que devo. Eis aí a fundamental proposição de Epicuro que o registro de Cícero de modo algum se importou em entender e explicar. Quanto ao pressuposto ("por que nos obrigar a pensar nos deuses uma vez que eles não pensam em nós, não cuidam e não se interessam por nós?"), em Epicuro esse tipo de presunção não é obrigação de um deus, mas dos homens. Os deuses de Epicuro não barganham: não aceitam preces, libações e sacrifícios a fim de fazer pelos humanos (enquanto cuidado e interesse por si) o lhes cabe de ser feito. A questão de Epicuro é outra: não cabe aos deuses o desassossego de nos cobrir de graças, de benesses ou de favores em troca de preces ou do que quer que seja: sacrificar, por exemplo, se relativamente pobre, um *galo* ou frango, se rico, um boi, só para agradá-los e assim conseguir deles o bem que desejamos! O benfazer divino não se compra, e o do humano não vem de graça.

---

[338] *De natura deorum*, I, XLI, 116.

Cabe a nós, a cada um (sob o conceito de *se dar a obrigação*) por si mesmo e em comunidade, quer dizer, mediante ajuda cordial recíproca, nos cobrir dos bens que carecemos subjetiva e coletivamente alcançar. Trata-se de uma tarefa nossa, que é devida a nós mesmos nos dar, para o que, entretanto, só há um bom meio de fazê-la prosperar: tomar o divino como ocasião e modelo de nossos cuidados, quer enquanto cuidado de si por si quer no intercâmbio de cuidados com os da proximidade (da comunidade imediata de relações). Não depende de Deus diretamente promover por nós os bens a alcançar, deixando-nos livres, a começar pelo *pontifex*, de qualquer responsabilidade nesta direção. Não era, por certo, de um ponto de vista epicureu, função do *pontifex* administrar o dízimo recolhido no templo e, com ele, amolecer a boa vontade divina! Também não era função do *pontifex* usufruir de grandes bens (de considerável parte do dízimo), como paga por seu extraordinário esforço e cansaço em intermediar (construir pontes entre) os interesses humanos e os divinos. Há por detrás da proposição de Epicuro uma mentalidade que os interlocutores de Cícero (nem o estoico Lucílio Balbo, nem o acadêmico Cota, nem mesmo o epicurista Veleio nem o próprio Cícero) estavam naquele momento em condições de entender.

Fato curioso, ademais, consiste em ver Cícero fazer de um político, do senador Veleio, o porta-voz da doutrina de Epicuro; e o faz pela seguinte razão: porque, entre os romanos, era "o expoente máximo dos epicureus – *tum Epicurei primas*". No mesmo contexto, diz Cícero do estoico Balbo, que ele "era tão versado na doutrina a ponto de se igualar aos mais excelentes dos estoicos gregos."[339] Do fato de Veleio ser um político (senador) mostra como a *láthe biósas* de Epicuro tinha outros significados prioritários que não propriamente a exclusão da política na vida de um epicureu. Também é curioso ver Cícero contrapor dois universos de opiniões, a estoica e a epicureia, que entre si se refutam sem se completar, a ponto de, sob vários aspectos, o estoico não entender o que diz o epicureu ou vice-versa, sem que haja entre eles a boa disposição de querer reciprocamente se entender e se explicar. Em meio a ambos, Cicero insere o cético acadêmico, Cota (*familarem meum* — "meu amigo", como ele diz[340]), que fora aluno (com Cícero) de Filon de Larissa (154-84 a.C.), quando, por volta de 88 a.C.,

---

[339] "[...] *qui tantos progressus habebat in Stoicis, ut cum excellentibus in eo genere Graecis compararetur.*" (*De natura deorum*, I, VI, 15).
[340] *Tusculanae disputationes*, II, 9.

esteve por uns tempos em Roma. Cicero, inclusive, relata que ouviu Fílon "muitas vezes", e que Fílon, em suas lições tinha "o hábito de ensinar em separado os preceitos dos retores e o dos filósofos".[341]

Recai também sobre Cota o fato de ele ser o *pontifex* romano, e esse é um dado que é preciso sempre levar em conta no contexto do debate, e pela seguinte razão: temos um simpatizante do ceticismo, que, entre os romanos, é o *pontifex* (o administrador estatal dos templos e o curador das relações entre o religioso e o político). O patrício romano admitia que a religião fosse acolhida sob a ignorância dos populares, mas não que ela fosse administrada ou gerenciada sob a ignorância da hierarquia sacerdotal: a começar pelo *pontifex maximus* (pelo sacerdote supremo na hierarquia) do qual era requerida uma esmerada instrução. Na hierarquia religiosa, depois do *pontifex* vinha o *rex sacrorum*, o *rei das coisas sagradas*: aquele que oficiava os ritos e aviava os sacrifícios nas celebrações públicas estatais; depois vinham os *flâmines*, as *vestais* e, enfim, os demais eclesiásticos.

Na condição política de *pontifex* também era dada a Cota a função de *interpretar* e de *explicar os mistérios* da religião. Daí ser ele apresentado por Cícero como um indivíduo circunspecto, elegante e sóbrio; não poderia mesmo ser muito diferente, afinal era função dele manter, *elegantemente*, tudo igual. Não seria, pois, exatamente este indivíduo, Gaio Aurélio Cota (124-73 a.C.), que, aliás, lembra Plutarco (46-120 d.C.), também ele um *pontifex* da *religio* romana, que haveria de buscar entender, em profundidade, as teses reformadoras de Epicuro. Cota, assim como Plutarco, ambos se ocuparam não propriamente em unir (ligar) as crenças populares a um viver pautado pelos ditames do *divino*, e sim em harmonizar e promover a serenidade do Estado com a vontade popular e, a vontade popular, com a vontade divina.

Na fala de Cota, o *De natura deorum* adverte o leitor de que se ocupará em refutar os argumentos dos estoicos, não, a rigor, os dos epicureus. A justificativa é esta: porque os argumentos dos estoicos são bem mais fáceis de entender e, consequentemente, de refutar, enquanto os dos epicureus eram bem mais complexos, difíceis de entender e cheios de obscuridades. Traduzindo: os argumentos dos estoicos eram bem mais aparentados (equacionados) com o estabelecido de modo que não careciam de grande esforço para entendê-los e, consequentemente, para reformá-los naquilo em que destoavam da argumentação habitual. Bastava pequenos retoques aqui e ali e tudo se refundia no que era antes! Cota não observa o mesmo nos epicureus,

---

[341] *De natura deorum*, I, VI, 15.

cujos argumentos pediam por uma reforma profunda do estabelecido, o que, consequentemente, implicava em estratégias de entendimento e de implementação. Entender significava colocar em crise os próprios argumentos e não propriamente os dos epicureus. Tratava-se, pois, de uma modalidade de refutação muito mais difícil de agendar. É sempre mais fácil retocar os argumentos dos outros, adequá-los aos nossos, que retocar os nossos adequando-os aos dos outros. Só os espíritos livres, arrojados, dotados da *parrésia* (da liberdade) caracterizadora do filosofar são capazes de um tal feito.

Não foi sem razão que Cícero advertiu Cota e Veleio de que iria apenas ouvir, e que ele próprio não se sentia em condições de ajudar Cota a entender e explicitar os argumentos dos epicureus (expressos nas demandas de Veleio). O cenário descrito por Cícero foi este: assim que ele foi introduzido na casa de Cota, levado até ao escritório onde confabulavam Cota e Veleio, o mesmo Veleio logo se apressou em dizer: "não é para mim, mas para ti que está chegando ajuda – *non mihi, sed tibi hic venit adiutor*"; e acrescentou rindo: "afinal, ambos aprenderam com Fílon a nada saber – *ab eodem Philone nihil scire didicistis*".[342] A resposta de Cícero veio na sequência: "Do que aprendemos, cabe a Cota mostrar; tu, porém, Veleio não penses que vim em auxílio de Cota, e sim apenas como ouvinte, mas um ouvinte imparcial (*aequum*), livre para julgar, sem a necessidade de me restringir a um certo modo de pensar, tampouco defender como certa esta ou aquela opinião específica".[343]

Cícero se apresenta ao modo de quem quer se dar a parrésia: a liberdade de expressão (a *parrēsía*) própria do tribuno, dos poetas e dos filósofos gregos. Cicero sabia, entretanto, que a referida parrésia, como ensinou Isócrates, só era efetivamente um arrojo praticado pelos *insensatos*, que, nas tribunas e nos púlpitos, se valiam *francamente* da mentira a fim de proferi-la como verdade.[344] A mentira, para ser eficiente, carece de alguma habilidade de quem mente e alguma estupidez de quem a acolhe. O apelo à parrésia (ao *libero iudicio*, na expressão de Cícero) se constituía ela própria em uma manifestação retórica, que, a bem da verdade, expressava o reverso da franqueza; esta é a estratégia, que pode ser expressa nestes termos: digo a todos, em alto e bom som, que tudo o que

---

[342] *De natura deorum*, I, VII, 17.
[343] "Tum ego: Quid didicerimus Cotta viderit, tu autem nolo existimes me adiutorem huic venisse sed auditorem, et quidem aequum, libero iudicio, nulla eius modi adstrictum necessitate, ut mihi velim nolim sit certa quaedam tuenda sententia" (*De natura deorum*, I, VII, 17).
[344] ISÓCRATES, *Discurso sobre a paz*, 14, PRIETO, 1989.

vou dizer obedece ao espírito livre e à franqueza, mas, na verdade, digo exatamente tudo aquilo que o estabelecido quer ouvir, e que, inclusive, quer que eu assim *livremente* o diga. A própria parrésia findava em uma astúcia e ardil mediante a qual o tribuno, ou quem quer que seja, se dava o direito de "falar a verdade", de expressar com "sinceridade" e franqueza os próprios pensamentos e desejos, ou seja, de certificar as suas opiniões em favor dos interesses condizentes com as proposições da verdade mimada pelo consuetudinário ou pelo poder estabelecido.

Quanto à chacota de Veleio no sentido de que Cota e Cícero "aprenderam com Fílon a nada saber", trata-se de uma clara referência ao fato de ambos terem frequentado, em Roma, o ensino de Fílon de Larissa. Fílon cultivava os ideais da chamada Academia Nova, e teve em Roma como opositor Antíoco de Ascalon (que viveu uns tempos na casa de Lúculo) e que defendia as ideias da antiga Academia. Plutarco, nas *Vidas Paralelas*, descreve-o como um estudioso "eloquente e de grande elegância no falar".[345] Cícero tem em comum com Cota o acolhimento do ensino e da confabulação filosófica desenvolvida pela chamada Academia Nova concebida inicialmente por Lácides de Cirene, discípulo e sucessor de Arcesilau na direção da Academia de Platão. Lácides substituiu Arcesilau por volta de 241 e ali permaneceu até 215 a.C., e foi substituído por Carnéades (219-129 a.C.) que veio a ser, como fez constar Cícero nos *Acadêmicos*, "o quarto escolarca depois de Arcesilau".[346] Carnéades foi um crítico do estoicismo, contra o qual fez "numerosas objeções".[347] Clitómacos de Cartago (187-110) sucede Carnéades; depois de Clitómacos é que vem Fílon de Larissa seguido por Antíoco de Ascalon, com o qual se encerra o período cético da Academia, e se dá o início do chamado período *eclético*.[348]

Ao se fazer presente no diálogo, Cícero se põe próximo de Cota, mas não, a rigor, coincidente com ele: "Do que aprendemos, cabe a Cota mostrar – *Quid didicerimus Cotta viderit*". Cícero, ademais, ao dizer que não se sujeita a um determinado modo de pensar ou a um certo universo

---

[345] PLUTARCO, 1940, *Vidas Paralelas*. IV. Luculo. XLII – Traducción de Antonio Ranz Romanillon, Buenos Aires: Losada, p. 79.

[346] "[...] qui quartus ab Arcesila fuit" (CÍCERO. *Os acadêmicos*. I, XII - *Les académiques/Academica*. Traduction José Kany-Turpin. Paris: Flammarion, 2010). D.L., (1959), I, § 14. SEXTO EMPÍRICO, *Les esquisses pyrroniennes*, 33, § 220, trad. par Geneviève Goron. Paris: Aubier/Montaigne, 1948, p. 205); BONAZZI, M. & CELLUPRICA, V., 2005. *L'eredità platonica. Studi sul platonismo da Arcesilao a Proclo*. Napoli: Bibliopolis.

[347] *De natura deorum*, I, III, 4; Cf. *Bacon, Galileu e Descartes: o renascimento da filosofia grega*. São Paulo: Loyola, 2013, p. 245ss.

[348] DILLON, J. 1977. *The Middle Platonists. A Study of Platonism 80 B.C. to A.D. 220*. London/Ithaca: Cornell University Press.

de opiniões põe efetivamente em evidência uma postura *eclética* que o caracterizava em seus escritos, nos quais se mostra como o intelectual que aprova apenas as opiniões de seu agrado, com as quais concorda, e rejeita as que discorda. Não importa se a opinião é estoica ou epicureia ou cética ou de qualquer outra linhagem. Ao dizer, por sua vez, que quer ser um "ouvinte imparcial, libre para julgar" e ao se pôr (retoricamente) ao lado da *parresía* (da liberdade e franqueza) que caracterizava o espírito livre próprio do filosofar grego, ele o faz na condição do eclético que quer sempre se pôr favorável perante os argumentos condizentes com o seu próprio modo de pensar. Seu maior objetivo, nesse sentido, consistia em enriquecer seus próprios argumentos, seus arrazoados e as suas opiniões (*sententia*), mas não propriamente em reformá-las.

O método praticado por Cícero no sentido de aproveitar (agregar) tudo o que era bom para o seu pensar, e de descartar o que não era (sobretudo o que colocava em crise o seu pensar) encontrou extraordinário sucesso na posteridade. Na proposição proferida por ele, no sentido de que ele estava "livre para julgar, sem a necessidade de se restringir a um outro modo de pensar" estampa claramente a metodologia da qual em geral se serviu. Ele não é parcial em relação ao modo de pensar dos outros e, portanto, não se dá a obrigação de se limitar ou mesmo de se refrear (*nulla eius modi adstrictum necessitate*) perante o modo de pensar dos outros, visto que ele próprio é livre para se manter adstrito aos seus arrazoados sem a necessidade de se reciclar. Ele é imparcial (*aequum*) no sentido de quem não escolhe e toma partido, ou de quem se põe de um lado ao modo de quem se filia a um determinado campo ou linhagem de pensamento; ele é imparcial porque acolhe apenas o que lhe convém sem tomar parte desta ou daquela doutrina. Não o faz, porque ele próprio tem lado, tem partido, tem as próprias convicções a preservar, perante as quais quer ser equitativo e justo.

3.4 – A natureza única dos deuses e a natureza uma/múltipla dos humanos

Cícero passou alguns anos na Grécia, de 79 a 77 a.C., dedicando-se ao estudo da retórica e da filosofia.[349] Em Atenas, segundo atesta o próprio Cícero, ele frequentou por seis meses as lições de Antíoco de Ascalon,

---

[349] "En revenant de la Cilicie, il passa d'abord à Rhodes et ensuite à Athènes, où il séjourna quelque temps avec plaisir, par le souvenir des habitudes qu'il avait eues autrefois dans cette ville. Il y vit les hommes les plus distingués par leur savoir, et qui tous avaient été ses amis et ses compagnons d'étude" (PLUTARQUE. *Vies. Démosthène. Cicéron. Caton le censeur*, XVVIII, p. 107).

dito por ele como "o mais sábio dos filósofos da velha Academia".[350] Não havendo uma corrente filosófica que o absorvesse exclusivamente, Cícero, em Atenas, aproveitou a ocasião para frequentar tanto os filósofos do Pórtico, os estoicos Panécio e Possidônio, quanto os epicureus da Casa do Jardim, onde ouviu preleções do escolarca Zenão de Sídon e de Fedro (sucessor de Zenão como escolarca da Casa do Jardim):

> Quando estava em Atenas, muitas vezes ouvi Zenão, a quem Fílon denominava de 'o corifeu' dos epicuristas; inclusive, foi o próprio Fílon quem me aconselhou a escutá-lo [...]. O modo dele expor as questões era [...] preciso, sério e elegante – *distincte, graviter, ornate*".[351] Se Fedro e Zenão [...], dos quais ouvi as preleções, não me mentiram, mesmo que para mim nada conseguiram provar, a não ser o quanto são empenhados, todas as sentenças de Epicuro são por mim suficientemente conhecidas.[352]

Fica visto que Cícero não fora um aluno muito disposto a reciclar os seus preceitos bem resguardados: "nada para mim conseguiram provar, a não ser o empenho deles – *cum mihi nihil sane praeter sedulitatem probarent*"! É difícil saber se Fedro e Zenão lhe mentiram; de qualquer modo, é certo que Epicuro jamais ensinou a Fedro e Zenão de que era necessário "extirpar toda a religião pela raiz". Trata-se de uma "falsa proposição" (na verdade uma ilação) que nada tem a ver com a doutrina de Epicuro. Epicuro tampouco pode ser enquadrado como alguém que nega a existência dos deuses; ao contrário, ele se mostra reverente para com eles, alguém que acolhe a religião como uma realidade perante a qual um filósofo (com uma mínima preocupação de estender o saber filosófico para um maior público) carece necessariamente de inclui-la em sua tarefa educadora. Daí que esta, para ele, vinha a ser a principal questão: não há como educar reproduzindo as mesmas opiniões que a maioria professa se "sabe" e se diz instruída; não há, do mesmo modo, como promover uma reforma de tais opiniões (e, consequentemente, na mente de quem as cultiva) rejeitando-as peremptoriamente sem qualquer preocupação no sentido de lançar sobre elas luz, esclarecimento e inteligibilidade.

---

[350] "Cum venissem Athenas, sex menses cum Antiocho, veteris Academiae nobilissimo et prudentissimo philosopho..." (BRUTUS, *La perfection oratoire*, XCI – Traduction nouvelle avec une introduction, des notices et des notes par François Richard. Paris: Garnier, 1934). PLUTARQUE, *Vies: Démosthène, Cicéron, Caton le censeur*, IV, p. 58-59.

[351] *De natura deorum*, I, XXXI, 59; *De finibus bonorum et malorum*, I, V, 16.

[352] "Nisi mihi Phaedrum, inquam, tu mentitum aut Zenonem putas, quorum utrumque audivi, cum mihi nihil sane praeter sedulitatem probarent, omnes mihi Epicuri sententiae satis notae sunt" (*De finibus bonorum et malorum*, I, V, 16).

A religião (a *deisidaimonía*, termo que, entre os gregos, expressava a reverência e o culto às divindades), do ponto de vista de Epicuro, nada tem a ver, como quer Cota, com a função de habilitar templos e neles reunir pessoas a fim de instigar um deus a fazer ou deixar de fazer algo, a comovê-lo e, portanto, a mover sua vontade em conformidade com os caprichos da vontade humana. A frequentação do tabernáculo ou do templo não tem (ou ao menos não haveria de ter) por estímulo ou motivação promover celebrações, cultos e louvações como forma de coação da vontade de um deus em busca de bens ou de favores, a não ser como sujeição da vontade humana ao que é *divino*. Celebram-se os deuses na expectativa de trazer *o que é divino* para a vida, sem qualquer preocupação no sentido de pôr nos deuses, forjadas mediante valores e credos subjetivos, vontades e interesses nossos presumidos como sendo os deles.

Fica visto, pois, que, por esse modo de pensar, a questão fundamental imersa no ponto de vista epicureu não recai na afirmativa, conforme Cícero, segundo a qual Epicuro "nega a um deus a vontade de fazer o bem": uma negação, segundo Cícero, que *extirparia* "pela raiz toda a religião". São modos distintos de pensar. Do ponto de vista de Cícero, esta é a lógica: "a religião só é possível se admitimos um deus voluntarioso disposto a fazer o bem"; esta é a de Epicuro: "só é possível a religião se admitimos uma boa vontade humana de fazer o bem (para o que se faz necessário tomar o divino como modelo e alimento)". Sem essa boa vontade humana não existe *religião*, cujo termo, em Epicuro, coincide com o conceito de *deisidaimonía*, termo que, entre os gregos, expressava um sentimento de respeito movido por receio (medo e temor) das forças por eles ditas *daimônicas* (benignas e malignas) habitantes do *Kósmos*. Ora, Epicuro nem desqualifica nem descarta a *deisidaimonía* dos gregos. O que ele pretende consiste em distanciá-la das proposições do mito, em favor do que promove a chamada *Physiologia*: o logos investigativo sobre a natureza. Só a *Physiologia*, ou seja, a instrução a respeito das forças (*dýnamis*) atuantes na natureza (humana e cósmica), é capaz de reverter o *temor* (édeisa/*deído*, o ter receio) em serenidade e paz. Só a ciência da natureza é capaz de promover um outro olhar sobre os deuses e uma nova abordagem, e dar, inclusive, uma outra e nova utilidade à *deisidaimonía*. A atitude temerosa, Epicuro quer transformar em respeitosa e reverente e, os deuses, em seres benignos, tão benignos a ponto de viverem sossegados e tranquilos a vida perfeitamente prazerosa e feliz que só eles são capazes de vivenciar.

Mesmo que alguém possa dizer, como Cícero, que um deus só tem vontade para o bem, Epicuro simplesmente observaria que um deus não tem vontade alguma, para nada, nem, inclusive, para o bem, e por uma razão, segundo ele lógica: deus não se move para o bem, tampouco faz o bem que cabe aos humanos a responsabilidade de fazer. Por princípio, o bem é uma concretude que coincide com o ser de deus, de tal modo que, por sua natureza, não comporta (não manifesta ou exercita) uma vontade concernente ao bem. O mesmo se aplica ao que é belo e justo, e aos demais atributos próprios da natureza do que é divino, que, em si mesma é única, enquanto que a natureza humana é uma de um ponto de vista universal, mas múltipla relativamente aos existentens particulares.

O deus da teologia de Epicuro não sofre do sentimento de desejar ou de querer alguma coisa, tampouco é instigado por alguma disposição ou pulsão voluntariosa (nem natural e ainda menos fútil) de realizar. Dá-se que ele não é determinado por nenhuma necessidade física ou emocional em busca de sensações de prazer ou de deleite ou em vista de uma vida feliz. Em um deus, razão e coração coincidem perfeitamente, assim como coincidem o sentir e o pensar. Daí que o deus de Epicuro não tem aspirações naturais ao modo de quem se deixa mover por algum capricho fútil, por alguma pretensão ou desejo a título de uma *escolha* em vista de um bem (que lhe faça bem), inerente à qual inevitavelmente (a tomar pelas escolhas humanas) comparece a exercitação do arbítrio por força de alguma preocupação de, para si, afugentar a possibilidade do mal, ou fruir um prazer e, com isso, fruir da felicidade.

Se os deuses fossem dotados de vontade, mesmo que para o bem, a comunidade de deuses findaria como sendo uma comunidade semelhante à dos homens, visto que haveriam, cada um, de em si deter a "faculdade do querer", que implica escolha e exercitação da liberdade de praticar ou não o presumido querer. Haveríamos então de conceder aos deuses uma força interior que impulsiona o *querer* realizar um bem com o qual se almeja atingir certos fins, como se tais fins não coincidissem com o próprio querer do deus e com ele mesmo. Nesse caso ainda, haveríamos de presumir um deus dotado do desejo de fazer o bem, com o que fica igualmente presumido um ânimo, uma determinação, uma firmeza concedida a um deus, como se o *território* e, portanto, o *télos*[353] do bem se localizasse fora dele. Ora, um

---

[353] Brevemente poderíamos aqui dizer que o *télos* dos gregos ou o *finis* dos latinos não diz respeito a alguma *finalidade* a se alcançar fora do sujeito ou além desta vida, e sim dentro do que é lhe imanente, ou seja, dentro do *território* de si mesmo e do ciclo da vida. *Télos*, nos termos de um *território*, expressa o que engloba ou pertence dentro de certos limites, como o território ou circunscrição territorial da *pólis*.

deus, por sua natureza, não tem vontade ao modo de uma força interior (a título de uma posse) ou um ânimo ou uma determinação que o move. São conceitos, do ponto de vista epicureu, impróprios a um deus, que todo inteiro é *deus* sem mais nada a acrescentar nem a diminuir ou retirar. Nesse ponto, Epicuro tomou para si a máxima de Xenófanes de Cólofon segundo a qual "deus todo inteiro vê, todo inteiro pensa, todo inteiro ouve"[354]. Daí que, ao deus (conceitual) de Epicuro, não cabem as faculdades nem a de conhecer nem a da vontade, dessa que, inevitavelmente, implica arbítrio (ao menos em termos tal como o concebemos relativo a nós, visto que, de outra maneira, não saberíamos sequer como pensá-lo).

Se os deuses tivessem a faculdade do arbítrio, mesmo que determinada em favor do bem, então nesse caso e, de um lado, teríamos que conceituar os deuses sob um princípio de *determinação* natural que os rege; de outro, presumindo que estão, por determinação, aptos a fazer apenas o bem, podemos humanamente conjeturar ao menos três possibilidades:

a. à medida que concedemos aos deuses a condição de seres *voluntariosos*, mas, ao mesmo tempo, restringimos a vontade deles a ter uma só e única vontade — a de fazer somente o bem —, resulta então, por princípio, como se não lhes concedêssemos vontade alguma (quem tem uma só e única vontade é como se não tivesse vontade alguma);

b. ou concedemos aos deuses a liberdade de fazer e deixar de fazer (e, portanto, os pensamos como seres livres, e aí os igualamos aos humanos) ou não lhes concedemos liberdade alguma, a não ser em termos absoluto, ou seja, no sentido de que não estão submetidos a nenhuma força constrangedora, sequer à força que os move a fazer o bem, porque se o "fazer o bem" decorre de uma força constringente, remove-lhes a liberdade;

c. se dotados da vontade de fazer o bem e, portanto, da faculdade do arbítrio, temos então que aventar a possibilidade do acaso mediante o qual um deus (da comunidade dos deuses) poderia, em liberdade (na exercitação de um arbítrio voluntarioso), assim como fazem o bem, deixar (por força de algum capricho ou qualquer outra movimentação de ânimo) de fazê-lo.

---

[354] *Oûlos horāi, oûlos dè noeî, oûlos dé t'akoúei* (DK 21 B 24, recolhido em Sexto Empírico, *Contra os matemáticos*, IX, 144).

Resulta, enfim, que a liberdade relativa a nós, conforme o éthos epicureu, é tida como o maior fruto da *autárkeia*, da autossuficiência: "Da *autárkeia* o fruto maior é a liberdade".[355] A *autárkeia*, entretanto, somente germina a liberdade sob o pressuposto do cuidado de si (do gerenciamento da própria vida), que tem por requisito o exercício do arbítrio nas escolhas e no governo das complexidades naturais concernentes a cada um. É por esse gerenciamento que, no exercício do viver, cada um (aqueles que se ocupam em se conhecer e se governar) germina para si a liberdade como o maior dos bens, de modo que é a autossuficiência que gera em cada um a *autonomia* — *autós* (por si mesmo) + *nomós* (lei) = a capacidade de, por si mesmo, se dar leis.

A liberdade (a *eleuthería*) assim como a natureza de cada um se constituem em bens particulares, razão pela qual são plurais, visto que, afinal, tanto a liberdade quanto a natureza, e assim também a vida, se evidenciam em cada um como um bem singular. Não existe uma única natureza humana, a não ser a que concebemos mediante conceitos universais e que a denominamos de *natureza universal* (não existe, do mesmo modo, uma só liberdade ou um só modo de vida). Natureza, vida e liberdade são bens concretos e não meros ideais abstratos. A natureza singular é um bem concreto de quem em si a detém, enquanto a natureza presumida como *universal* é abstrata, conceitual: aquilo do qual todos, em comum, temos a posse de um modo particular. Concretamente existe apenas a natureza subjetiva manifesta (evidenciada) em cada um como sendo *o fenômeno humano*. Assim como a natureza e a vida, a liberdade é igualmente um bem concreto e não abstrato, razão pela qual é tida como fruto da *autárkeia*.

Mas, enfim, Epicuro, para espanto da posteridade, sob o pressuposto da *autárkeia*, pôs tudo sob o cuidado do sujeito humano, ao qual cabe prover por si tudo o que para si *como um bem* carece, com o que, entretanto, presume a necessidade das relações humanas amorosas e amigáveis. Tirando os movimentos naturais (aqueles que dependem das pulsões da *phýsis*[356]), tudo o resto, isto é, tudo o que concerne ao uso da faculdade racional (que implica a vontade e o arbítrio, o sentimento de desejar e as pulsões do querer, e os anseios do coração) depende de nós (de cada um): da força interior, do bom ânimo e da autodeterminação da vontade em se governar sem tiranizar a si mesmo (nossas pulsões naturais) e sem se

---

[355] "Tês autarkeías karpòs mégistos eleuthería".

[356] Tudo o que diz respeito ao nosso ser orgânico ou físico (estatura, aparência física etc.) não depende de nós, mas do consórcio (do arranjo e enlace) das sementes.

render aos açoites do acaso. Pulsões naturais e acaso são os dois móveis primordiais da vida que ativam em nós o acolhimento e o autogoverno em busca de um viver prazeroso, sereno e feliz. Epicuro aprendeu, com Sófocles, que "não é fácil concordar a tirania e a piedade".[357] Dá-se que a piedade e a tirania se repelem: ambas não se mesclam, a não ser sobre o pressuposto da mentira e da falsidade. Quem, por exemplo, tiraniza suas pulsões e se rende ao acaso mente para si e se falsifica, porque não se ocupa consigo nem governar a si mesmo. Se os deuses, da parte deles, combinassem neles mesmos, como quer a maioria, o ser tirânico (a opressão, o despotismo e a crueldade) e o ser piedoso (o amor, o compadecimento e a misericórdia) eles passariam ao longe do que é um ser divino!

4 – Os deuses existem, mas não ao modo como a maioria acredita

4.1 – É mais plausível afirmar do que negar que os deuses existem

Na *Carta a Meneceu* (§123-124), a respeito dos deuses, Epicuro constrói o seguinte raciocínio:

a. os deuses (*theoí*) existem;

b. é evidente o conhecimento que temos deles;

c. as *prolépseis* que deles guardamos em nossa mente asseguram que eles efetivamente existem (*eisín*);

d. podemos afirmar, mas não negar que os deuses existem.

Na sequência, Epicuro faz algumas ressalvas a respeito das quais cabe contrapor algumas considerações:

1.ª A primeira ressalva de Epicuro diz o seguinte: que "os deuses nos quais a maioria tem por costume acreditar não existem – *oi polloì nomízousin, ouk eisín*".

Sobre ela podemos tecer as seguintes observações:

a. Se é assim, ou seja, se os deuses que a maioria tem *por costume* acreditar não existem, de imediato cabe perguntar quais deuses existem? De imediato também cabe observar que a referida exis-

---
[357] "Tón toi týrrannon eusebeîn ou hráidion" (*Ajax.* v. 1350, SÓFOCLES, 1958, I).

tência ou não dos deuses está intimamente vinculada à veracidade ou à falsidade concernente às opiniões que humanamente lhes atribuímos. O pressuposto lógico sobre o qual se assenta a ressalva de Epicuro vem a ser este: o que existe é necessariamente verdadeiro e, sendo assim, deve ser tratado mediante pressupostos de verdade. O que é verdadeiro, do ponto de vista epicureu, corresponde ao que é real, que, como tal, pode ser certificado pela evidência. O falso não existe, de modo que se proferirmos o falso sobre o verdadeiro negamos ao verdadeiro sua própria existência, ou seja, eliminados dele a sua razão de ser e, portanto, deixa de corresponder a uma realidade. A falsidade não tem correspondência na realidade e, portanto, padece de certificação mediante evidência. Diante, pois, da pergunta — "quais deuses existem?" — essa vem a ser a resposta: os deuses verdadeiros, ou seja, aqueles dos quais podemos racionalmente certificar a veracidade do seu existir.

b. Diz Epicuro que *aquilo* a respeito dos deuses que a maioria costuma acreditar não corresponde (no sentido de que não há coerência em relação) ao que cada um tem *depositado na mente – ou gàr phyláttousin autoùs oíous nomízousin*". Por esse dizer fica efetivamente explícito que Epicuro pressupõe a existência dos deuses em dependência de conceitos coerentes entre o pensar sábio, verdadeiro, e o ser sábio, que tem compromisso com a verdade. Na correlação entre falso/verdadeiro ou verdadeiro/falso, não há como inferir uma coisa da outra, ou seja, do verdadeiro retirar (presumir) o falso e/ou do falso, o verdadeiro. Nesse contexto, fica em Epicuro evidente o pressuposto filosófico segundo o qual *tudo o que existe* por natureza é real e *verdadeiro*, visto que de modo algum cabe racionalmente inferir que seja falso. Esta é a premissa que dá sustento ao raciocínio: se existe, é verdadeiro e tem que ser presumido como tal, caso contrário, se suposto como falso, a falsidade estará na presunção e não no ser real, que, em si mesmo, é sempre verdadeiro.

Decorre ainda desse dizer que a existência dos deuses fica estritamente vinculada aos conceitos positivos (sábios) da mente; por ele cabe igualmente pressupor que os deuses de Epicuro são "seres" consoantes ao reconhecimento racional da verdade que não comporta qualquer presunção de falsidade, antes, sintetiza o conceito fundamental quer da constituição do ser quer do exercício do pensar. Ocorre que tanto o ser quanto o pensar enquanto falsos em si não detém nada a não ser a negação de si mesmos visto que o falso é aquilo que invalida a si próprio como existente a ponto de redundar em um nada, ou seja, no absurdo do "ser destituído de si mesmo". Há aqui a necessidade de forçosamente reconhecer em Epicuro o pressuposto tradicional da filosofia grega segundo o qual o verdadeiro e o real são sinônimos e expressam o ser e o existir em sentido próprio.

c. Pressupondo, enfim, como diz Epicuro, que os deuses, conforme crê a maioria, não existem — isso em razão das noções falsas (*hypolépseis pseudeîs*) e negativas (*apopháseis*) que lhes são atribuídas —, sob tal proposição ele evidencia, de modo explícito, que somente noções verdadeiras a respeito do divino nos dão conta de que efetivamente os deuses existem. Dá-se que "noções verdadeiras" coincidem com o que é divino, e o *divino* coincide com o ser dos deuses, cuja existência se restringe à condição segundo a qual em si nada comporta de negativo (qualquer tipo de injustiça ou de maldade) e nada de falso (só o que é perfeito e excelente).

2.ª A segunda ressalva de Epicuro recai sobre a crença que a maioria cultiva a respeito dos deuses inerente à qual ele observa uma profunda contradição: por um lado, atribui aos deuses princípios de bondade mediante os quais eles vêm pressupostos como seres benignos que fazem o bem só para os bons; por outro, como seres malignos, que fazem ou promovem o mal só para os maus, como se fossem, enfim, deuses de ocasião, uma espécie, digamos, de deuses camaleões. Esse modo de crer era corriqueiro entre os gregos incultos, segundo os quais os deuses se adaptavam ao humor, aos atributos e às qualidades dos humanos: deuses que, feito hipócritas, mudavam de comportamento e de atitude conforme as circunstâncias e interesses ocasionais relativamente aos humores do crente e do descrente.

Crítias (460-403 a.C.), primo de Platão e um dos 30 tiranos que governou Atenas[358], afirmava que os antigos legisladores inventaram Zeus como uma espécie de vigilante das boas e das más ações[359]. Foi o que também

---

[358] D.L., 1959, III, §1. PLATÃO. *Timeu*, 20 d. Cármides era tio de Platão e, junto com Crítias, seu primo em segundo grau, foi um dos 30 tiranos que governaram Atenas no ano de 404 a. C., logo após a guerra do Peloponeso. Platão teria por volta de 24 anos.

[359] "Crítias, um dos tiranos de Atenas [...], declara que os antigos legisladores inventaram a ficção dos deuses, mostrando-os como uma força que se punha a cuidar das ações justas e injustas dos homens, a fim de que ninguém, inclusive às escondidas, fizesse algo contra o seu próximo, tendo sempre que se resguardar dos castigos dos deuses" (DK 88 Crítias B 25, *recolhido em* Sexto Empírico. *Contra os matemáticos*, IX, 54).

sentenciou Sófocles: que, "no Céu, o grande Zeus tudo vigia e governa"[360]. As legislações oportunizaram uma translação de sentidos: por comodidade e estratégia fizeram com que Zeus, o guardião do *Kósmos*, assumisse também a função de guardião da *pólis* (da vida cívica) e dos valores consuetudinários.

O nome de Zeus não comparece nas assertivas remanescentes de Epicuro. A alusão na sentença vaticana 33 decorre de uma inserção feita pelos primeiros editores.[361] A questão não é relevante. O que mais importa diz respeito não propriamente a Zeus, e sim à alma popular que atribui valores e qualidades que os deuses não têm ou prerrogativas que não lhes cabem. Aqui está a questão fundamental da tratativa de Epicuro que, de modo algum, nega a existência ou se ocupa em desqualificar a importância dos deuses, a não ser as falsas opiniões com as quais os populares concedem aos deuses funções cívicas e morais, sobretudo existenciais, que não lhes competem. A alma popular (eis a questão fundamental do proposto por Epicuro) não cultua Zeus nem os deuses pelos atributos excelsos, sublimes, elevados, concernentes à natureza deles, e sim pelas vantagens (benefícios) que, para si, cada um quer retirar, ou pelas desvantagens (malefícios) que, para os outros (igualmente, portanto, em favor de si), se dispõem a proporcionar.

Todos os crentes estão sempre muito bem-dispostos a fazer uso dos deuses em seu favor, mas bem poucos estão dispostos a "viver como um deus entre os homens" — eis aí a principal questão promovida por Epicuro. A maioria quer levar vantagem fazendo dos deuses escudo de proteção dos "bens passageiros", visto que bem poucos querem se assemelhar aos deuses na busca de "bens imortais (*athanátois agatoîs*)":[362] ser bom, justo, amoroso e benevolente. Epicuro observa que há, entre os populares, uma efetiva disposição no sentido de cultuar os deuses com um objetivo sempre bem preciso: obter vantagens, garantir cuidados e obter favores ou milagres. Daí que os deuses findavam por serem adaptados aos caprichos e à ignorância de cada um, com a seguinte consequência: quanto mais ignorante e inculto o crente, mais ignorante e inculto o deus de sua crença.

Foi dentro desse pressuposto que Xenófanes satirizou os deuses *pandêmios* (populares), dizendo que o povo cria deuses à sua própria imagem e semelhança. Eis o que disse: "se os cavalos pudessem pintar,

---

[360] "Éti mégas ouranoi Zeús, hòs ephorāi pánta kaì kratýnei" (Eletra. vv. 174-175, SÓFOCLES, 1958, I).

[361] A inserção do dativo *Diì* foi feita por Hartel tomando por base o que consta em Eliano: USENER, 1966, fr. 602, p. 339; RAMELLI, 2002, p. 722.

[362] *Carta a Meneceu*, § 135

pintariam deuses semelhantes a cavalos, os bois semelhantes aos bois, cada animal reproduziria deuses semelhantes a si próprios"; e ainda disse mais: "Os etíopes dizem que os seus deuses são negros e de nariz chato, os trácios que são de olhos azuis e têm cabelos vermelhos".[363]

 Houve uma dialética perversa observada pelos antigos entre o poder derivado dos mitos e a ansiedade popular no sentido de retirar dos deuses todas as vantagens possíveis. O povo cultuava os deuses na busca de graças e de favores para todas as suas causas sem se ocupar com as contradições. Pelo que consta em Diógenes de Enoanda, Epicuro estava ciente de que a tradição (que, em geral, tem por suporte o domínio do estabelecido) faz dos deuses justiceiros, inimigos atentos e poderosos a seu favor, sempre prontos a condenar os "desviados" e os infratores (do estabelecido), com o que, enfim, instauram a intranquilidade e o medo a fim de manter homens dóceis e domáveis.[364] Os deuses de Epicuro perdem por completo tais funções, e são conceitual e intencionalmente remodelados em vista de outros fins relativamente aos quais o conceito da *prólepsis* se constitui em tema central.

 Epicuro, de um ponto de vista lógico, punha nestes termos a questão: como nós homens, limitados, finitos e mortais, podemos seguramente reconhecer que cada um dos deuses (da comunidade de deuses) é um deus? Não será humanizando-o (responde Epicuro), porque um deus humanizado não seria, a rigor, um deus, visto que estaria sujeito a mesclar em si mesmo sentimentos de misericórdia com ataques de ira. Um deus não tem adversários, nem na comunidade dos deuses nem da dos homens: se tivesse, viveria arquitetando planos de escape ou fuga a ponto de fazer residir toda a sua sabedoria em estratégias ardilosas de autopreservação e de manutenção do próprio bem-estar.

 Um deus rigorosamente humanizado (ao modo como os mitos descreveram os deuses gregos) se apresentava, para Epicuro, como incompatível com a ideia e a figuração intelectiva de um deus da comunidade dos deuses. Um deus é um deus não pelos poderes que têm, por sua truculência "divina", e sim pelos atributos ou qualidades *divinas* que possui. "Humanizá-lo", no sentido de conceder-lhe atributos que são nossos, corresponde a desqualificar sua natureza, a ponto de pôr nele a justificação e a legitimação de nossos males e não dos bens que nos

---

[363] DK 21 Xenófanes B 14, 15 e 16, recolhido em Clemente de Alexandria, *Miscelâneas/Strōmateîs*, V, 109-110; VII, 22
[364] Diógenes de Enoanda, fr. 18.

é devido apropriar. Portanto, de modo algum carecemos de rebaixar os deuses como forma de entendimento ou de apropriação do que é divino, e pela seguinte razão: porque um deus rebaixado, sujeito às condições humanas, deixa de ser divino!

Na proposição de Epicuro, um deus é semelhante a outro deus, assim como um sábio se assemelha a outro sábio. Daí que os deuses dos postulados teóricos de Epicuro são, enquanto deuses, concebidos como sábios, aos quais cabe apenas conceitos nobres e grandiloquentes. Ao reconhecer, por exemplo, que um deus é incorruptível e imortal, com tais atributos Epicuro se referia, não estritamente aos deuses como seres sábios e divinos, mas também como detentores da posse da sabedoria em sentido pleno: posse que, entre os homens, recai no universo das *possibilidades*, mesmo entre os mais sábios. Ao dizer, do mesmo modo, que a maioria se alimenta da "esperança de que os deuses podem ceder às preces e homenagens",[365] Epicuro, no contraposto, assegura que eles, entretanto, não cedem, porque, se cedessem, teriam que tomar para si o governo e a gerência da causa humana, deixando aos homens apenas o encargo da petição e do aguardo. Todos queremos que os deuses nos cubram de bens,[366] que nos aliviem dos pesos e dos males da vida, que sejam os guardiões da vida cívica e humana; porém, segundo Epicuro, isso é obrigação nossa e não deles. Os bens que queremos acumular e os males que desejamos não sofrer exigem de nós a busca de meios inteligentes de prover os bens e de afugentar os males, e daí a importância de fazer prosperar entre nós a educação e a ciência.

4.2 – Os deuses não se incomodam com nada e não incomodam ninguém

Sêneca, em sua *Apocoloquintose*, teceu uma sátira dedicada ao imperador Cláudio: àquele que, por volta de 41 d.C., substituiu Calígula no governo do império romano. Em 54, foi sucedido por Nero, do qual Sêneca fora preceptor. *Apokolokintosis* significa literalmente *transformação em abóbora*. Assim como, entre nós, existe a alcunha de *cabeça de melão*, a dos latinos era *cabeça de abóbora*. Sêneca zomba assim de Cláudio: "qual deus queres que seja este sujeito [o imperador Cláudio]?"; e o próprio Sêneca responde:

---

[365] *Carta a Meneceu*, §134.
[366] "[...] notre habitude est de demander aux dieux des biens, mais Épicure prétend que la divinité se détourne de nous" (*Les esquisses pyrrhoniennes*, I, XIV, 155, SEXTO EMPÍRICO, 1948, p. 189).

Um *deus à maneira* dos epicureus não é possível: seria um deus que *não se preocupa com nada e não incomoda ninguém.* Um deus estoico? Mas como poderia? Teria de ser *redondo* – conforme as palavras de Varrão – *sem cabeça e sem prepúcio.* Mas espera um momento [exclama Sêneca]: no imperador Cláudio há alguma coisa do deus estoico: não tem coração nem cabeça.[367]

No que concerne ao deus dos epicureus, a assertiva é suficientemente clara: ele *não se incomoda com nada e não incomoda ninguém.* Quanto ao deus dos estoicos, ele é satirizado como um *ser redondo* em razão de que nele os estoicos identificavam (faziam coincidir com a divindade dele) o universo esférico. O restante da assertiva é gracejo e chacota, além de umas quantas insinuações que não cabe aqui dissertar! Mas, enfim, o mais inusitado entre os gregos e os latinos ilustres, consistia em aclamar um imperador de *divino* (ainda mais para uns tipos devassos como Calígula, Cláudio e Nero). Chamá-los de *divinos*, ao modo de quem chama um desqualificado de *mito*, só mesmo a plebe infame se deu tal insânia e luxo. Os gregos, mesmo os que não cultivavam a lucidez e o bom senso, não foram assim tão longe ou tão ousados! Eles jamais chamaram de *divino* mesmo os seus mais extraordinários e valiosos governantes, a não ser apenas os sábios, que, entretanto, se recusavam em aceitar. Não só recusavam o título de divino como também a própria denominação de *sábio*. Platão referindo-se aos sábios da velha Grécia, para os quais Fedro buscava uma denominação apropriada, fez a seguinte observação: "A palavra *sophós*, Fedro, parece demasiadamente sublime. Ela convém somente ao divino; a expressão amigo da sabedoria (*philosophós*) ou outra semelhante é mais adequada".[368]

O dito de Sêneca, de que "os deuses não se incomodam com nada e não incomodam ninguém",[369] corresponde ao que Diógenes Laércio registrou em adendo na *Máxima* I: são "seres bem-aventurados e eternos" que "não têm perturbações e não perturbam ninguém".[370] Trata-se, aliás, de um modo de conceber que também nos leva a Xenófanes que dizia ser "indigno a um deus dominar outro deus, de modo que não existe entre eles qualquer tipo de supremacia".[371] Assim são os deuses de Epicuro: seres

---
[367] SÊNECA, 1980, p. 255.
[368] *Fedro*, 278 d.
[369] SÊNECA, 1966, *Apocoloquintose do divino Cláudio*, VIII, 1.
[370] D.L., 1959, X, § 138. *Máximas capitais*, I.
[371] DK 21 Xenófanes A 32, recolhido em Pseudo-Plutarco, *Miscelâneas/Stromateîs*, 4.

quietos (alegres e felizes) que vivem cada um em seu canto, cuidando de si e do que lhe concerne, sem se sobrepor uns aos outros, e sem incomodar e sem ser incomodado. São seres que, do fato de serem deuses, de um outro nada carece. Se carecessem, já não seriam, em sentido pleno, deuses. São seres que depositam total confiança em si mesmos, e que, sobre si mesmos, desvelam todo o cuidado e governo. Por isso são autônomos e livres, isentos de medos e de temores, de modo que se regem mediante leis próprias do governo do que é divino. São seres livres justamente por isto: porque vivem em favor de si mesmos (*pròs seautoû*), e também porque retiram do que é divino suas motivações e propósitos, ou a métrica e a pulsão próprias do éthos comportamental concernente à natureza de um Deus em sentido próprio.

Na vida particular e cívica dos gregos, os deuses exercem uma extraordinária função consoladora, mas, na contrapartida, também promoviam grande terror em razão de serem louvados como senhores do bem e do mal, da vida e da morte. O Zeus de Homero era tido como o administrador da justiça e o guardião das leis;[372] assim também era proclamado o de Hesíodo, por ele tido como aquele que "tudo vê e tem ciência de tudo (*ophtalmòs kaì pánta noésas*)", razão pela qual profere "as mais justas sentenças".[373] Do fato do Zeus de Homero e de Hesíodo administrarem a justiça mediante critérios humanos, promovendo prêmios (benefícios) e castigos (malefícios) em suas sentenças, Epicuro presume que, em nenhuma circunstância, o malfeito e a maldade combinam com um Deus. Não é próprio de um Deus se pôr à margem do estabelecido ou do requerido pela lei divina. Toda sentença condenatória que impõe pena e impiedade se exerce à revelia do que é divino. Uma sentença divina jamais contraria o bem, tampouco sofre das circunstâncias que sujeitam um Deus a fazer escolhas, a ajuizar ou a decidir. Um Deus que se dispõe a escolher carece de se dispor a perder algo, porque toda escolha pressupõe alguma perda!

Sófocles atribuiu aos deuses, especificadamente ao seu deus padroeiro e de devoção (cada cidade, família e indivíduo tinha o seu) a tarefa de cobrir o fiel de bens e de libertá-lo de todos males.[374] Trata-se de uma concepção comum entre os gregos. Mas nem ela Epicuro esteve disposto a admitir, e pela seguinte razão: porque essa não é uma tarefa

---

[372] *Ilíada*, I, vv.237-238.
[373] *Os trabalhos e os dias*, vv.263-267.
[374] "Que possam os *daímones* te aliviar de teus males assim que desejares" (*Filocteto*. vv. 462-463, SÓFOCLES, 1958, T.II).

que cabe aos deuses ou a um deus particular, e sim ao empenho humano ao qual cabe prover os bens de que para si carece e livrar dos males que podem lhe afligir. A todos os homens foi facultada a condição de prover a si mesmo do saber de que precisa a fim de, com firmeza, gerenciar a própria vida e a própria conduta. Esta é a crítica de Epicuro: o povo deixava a si mesmo e o próprio destino sob outros cuidados que não os seus, a ponto de aparecer sempre alguém disposto, em nome de algum deus, a cuidar por ele. Epicuro se lamenta da maioria ocupar (a título de astucia, suborno e barganha) em zelar bem mais pelo que é de Zeus que em cuidar de si, gerenciar a própria vida e a própria sorte.

Resultado: pareceu a Epicuro que só os órfãos das divindades (os que não viviam pelos templos manifestando publicamente o seu fervor) se mostravam capazes de tomar para si o governo e as rédeas da própria vida, de cuidar de si mesmos, sem transferir para outros o gerenciamento da própria mente e da própria sorte. Cada um tem sua própria sorte, exatamente aquela que ele gerencia ou deixa de gerenciar! Conclusão: urgia, pois, segundo ele, mudar este estado de coisas, e com o que queria dizer instruir e *educar*, sem, de todo, desqualificar as crenças, e de, sobretudo, promover uma ideia excelsa de *Deus* e, com ela, a piedade e a reverência. Em favor dessa tarefa educadora, Epicuro se põe na senda tradicional característica da filosofia grega baseada no seguinte princípio: é sempre "mais fácil", enquanto acolhimento e resultado, incutir novos conceitos, inclusive, reformar, que destruir os antigos. Este, então, veio a ser o seu objetivo: revolucionar o modo grego de pensar sem destruir suas crenças, e sim adequá-las a um novo modelo de compreensão, de devoção (que implica afeição e dedicação) e de acolhimento: por exemplo, fazer dos deuses modelos de vida sábia, serena, feliz e, enfim, *virtuosa*.[375]

Os deuses da concepção de Epicuro são modelos porque, simplesmente, são deuses, ou seja, sábios, serenos, felizes e virtuosos. Imagine um deus (entre os deuses) ignorante, intranquilo, infeliz e sem virtude! Não seria, por certo, um verdadeiro *Deus*, que, por sua natureza, há de ser sábio, sereno, feliz e virtuoso. Um deus que é afetado pela injustiça e pelo sofrimento, que se comove pelas afetações, que sofre, e que, por

---

[375] "Si Épicure vénère les dieux, c'est parce qu'il voit en eux les modèles de cette félicité à laquelle se sage peut parvenir" (BRUN, 2003, p. 87). "Não existe entre os homens nenhuma sociedade naturalmente instituída; os deuses não se envolvem com as coisas humanas [...]. Eis o que Epicuro nos ensina" (*Entretiens*, II, 50, EPICTETO, 2002). "[...] Epicure, quand il s'agit de parler au peuple, concède l'existence de Dieu, mais il s'y refuse complètement quand il s'agit de la nature réelle des choses" (*Contre les physiciens*, 58, SEXTO EMPÍRICO, 1940, p. 67).

empatia, chora com muitas lágrimas, é um deus transformado em homem (ànthr*o*pos): capaz de sofrer e de amar segundo as circunstâncias e complexidades humanas. Ora, Epicuro não presumiu esta possibilidade — a de *um deus que se faz homem*[376] —, e sim esta: um homem que se faz deus (*h*o*s theòs em anthrópois*[377]). Esse homem presumido pelo éthos epicureu é o sábio: aquele que se colocou no plano do *que é divino* e dentro do qual vivencia a condição de sua *humanidade*. O deus entre os homens presumido por Epicuro é o sábio que dá para si regras racionais (*logismós*[378]) de modo a se dar um viver o mais ordenado possível (*ataraktótatos*[379]). O sábio, no dizer de Epicuro, vem a ser "um deus entre os homens", "porque, de modo algum, se assemelha a um animal mortal, porque vive em si mesmo os bens imortais".[380]

A perspectiva do sofrimento e da dor acentua o lado do humano e não o do divino, mas, à medida que nos damos *o viver divino*, como o humano (segundo Epicuro), podemos viver uma vida cheia de graça, alegre, serena e feliz dentro de nosso próprio território (*télos*) natural do *padecer*. O divino, sob esta perspectiva, a do sofrimento e da dor, não requer para si o padecer como uma forma de se encontrar, tampouco de fruir da graça do bem viver ou ainda da possibilidade e do sentido do amor. O pressuposto de um deus carente, sofredor e choroso não coincide com a figuração do divino presumido por Epicuro. Até mesmo o divino do paradigma cristão (sob o pressuposto contrário de Epicuro — o do *Deus que se fez homem*) não presume uma natureza divina carente e chorosa, mesmo que se atribua carências e choros. O exemplo cristão de Jesus no trajeto do calvário e da cruz, mesmo em um momento de sofrimento inestimável, é descrito como alguém que encontrou serenidade e força para advertir as piedosas mulheres que chorassem por elas e por seus filhos.

De modo semelhante ao pressuposto epicureu do sábio que vive como um deus em meio aos homens, a proposição cristã do *Deus que se fez homem* não se restringe simplesmente ao pressuposto de vivenciar (sofrer) a humanidade, e que assim se fez para ser cultuado por isso (por esse feito), e

---

[376] A grande inovação teológica do cristianismo está justamente no pressuposto segundo o qual Deus se fez homem e tomou para si a experiência da *humanidade*. Foi em vista dessa crença que o tema da trindade se transformou em questão fundamental que alimentou o debate teológico/filosófico, sobretudo entre Basílo e Eunômio, nos primórdios do cristianismo. *Helenização e Recriação de Sentidos*, p. 629-704.

[377] *Carta a Meneceu*, § 135.

[378] Máximas *principais*, XVI.

[379] Máximas *principais*, XVII.

[380] *Carta a Meneceu*, § 135.

sim para demonstrar como é possível e absolutamente necessário vivenciar a condição do divino na vivência humana. Nesse ponto, a proposição de Epicuro e a cristã são aparentadas. De modo semelhante também ao éthos epicureu, o éthos dos primórdios do cristianismo acentuou (priorizou) a necessidade da vivência e não a do culto. Toda essa algazarra, aliás, que, nos templos, entra pela madrugada, não encontra nenhum exemplo na lúcida e despojada figura de Jesus de Nazaré: não há relato de que ele se reunia em cultos para incomodar por horas e horas toda uma região e uma vizinhança (sem levar em conta as crianças, os idosos e os doentes em repouso) com intermináveis lamentos, gritos e cantos de louvor que não têm outras função benéfica (para o participante) senão a *catártica*.

4.3 – De como o *comum*, entre os deuses, é real, entre os humanos, abstrato

De um ponto de vista conceitual e metodológico, a questão fundamental veio a ser esta: Epicuro deliberadamente conflita e conjuga, sob o conceito de *deus*, o consueto e o lógico, o cultural e o filosófico, o divino e o humano. A grande mudança operada por ele no confronto da concepção popular e institucional dos gregos a respeito dos deuses consistiu em fazer deles modelos de vida, para o que se viu levado a transformar o conceito tradicional sem desqualificá-lo. Perante a crença corriqueira de que os deuses estavam sempre prontos a prover, nesta vida, castigos (propensos bem mais a castigar que premiar), Epicuro descarta qualquer preocupação, expectativa ou ansiedade quer para o bem quer para o mal. A crença corriqueira era esta: para os que faziam o bem, ou seja, para os que se mantinham dentro dos moldes do estabelecido, os deuses simplesmente reconheciam que tais cidadãos não faziam mais que a própria obrigação (e, portanto, o prêmio consistia em viver serenos e tranquilos sob o jugo do estabelecido); para os que se colocavam fora dos moldes era dado, nesta vida, o rigor das penas da lei e, na outra, os castigos da justiça divina. Aos insubmissos pesava, pois, a opressão na forma de antídoto contra o descumprimento da lei: eram oprimidos justamente pelo fato de não se deixarem oprimir pelo jugo do estabelecido.

O que mais importava — eis a questão que indispõe o éthos epicureu — não eram as diferenças no sentido do reconhecimento de que cada um está sujeito às próprias circunstâncias e complexidades naturais subjetivas, e sim a igualdade perante a lei derivada dos moldes presumidos pelo interesse do estabelecido enquanto deliberação e poder. Entre os gregos, os primeiros filósofos a se incomodar com o conceito de "igualdade perante a lei" (entendem-se "leis universais" concebidas sem presumir as diferenças que requerem reconhecimento por meio do direito) foram os pitagóricos. É deles o conceito de "proporcionalidade" agregado ao de *direito* como forma de dissolver a igualdade universal tirânica e de apelar pela justiça presumida na forma da lei, como garantia do respeito e reconhecimento cívico das diferenças. Em Epicuro, esta presunção pitagórica da proporcionalidade se enquadra no princípio segundo o qual não existe um humano concreto enquanto universal abstrato, de modo que não cabe submeter o indivíduo por inteiro a um *um comum* abstrato forjado na forma da lei como uma inferência conceitual que promove a união, sem levar em conta as diferenças que rogam por acolhimento, por compreensão e por respeito.

Do fato de sermos semelhantes uns aos outros, isso não justifica a existência de leis tirânicas que nos fazem todos iguais sem resguardar a pluralidade e, com ela, o direito enquanto reconhecimento das diferenças. O *comum abstrato* — eis a questão fundamental do éthos epicureu — torna igualmente abstratas as diferenças que clamam por empatia, por entendimento, compreensão e reciprocidade, mas também pelo resguardo do direito e da lei. Ninguém quer ser amado por aquilo que não promove nenhum desconforto no universo das relações, e sim, ao contrário, por aquilo que quer ser acolhido, compreendido e respeitado. A natureza humana não arranja de modo homogêneo, sem que com isso Epicuro endossa o conceito que admitia uns ter nascidos escravos, outros livres etc. Epicuro não pactua de modo algum com tal conceito, que, relativo ao éthos epicureu, se constituiria em um preconceito. É sobre o pressuposto da não homogeneidade do arranjo natural humano (no sentido de que cada um composta pulsões, circunstâncias e complexidades naturais comuns e distintas) que se assenta o conceito de altruísmo promovido pelo éthos epicureu e que se estende ao conceito de *humanidade*, que, por sua vez, não se restringe (perante o diferente) aos conceitos de *doce* e de *afável*, mas se estende aos de útil e de *interesse* que implicam concretude. O diferente requer leis que o protejam, assim como quem tem fome carece de um prato de comida antes de meiguice ou de afabilidade. O mesmo se aplica para quem se "vê" (se sabe, se conhece) acercado de circunstâncias e complexidades que são efetivamente suas e que rogam por direito e justiça, por expressar-se em liberdade em um convívio comunitário e cívico respeitoso, sereno e tranquilo no consórcio dos demais.

Relativamente ao altruísmo dos deuses, Epicuro não lhes concede qualquer ingerência na vida humana: são seres, segundo ele, bem-aventurados que não sofrem perturbações e não perturbam ninguém, e assim vivem felizes e recolhidos na própria quietude.[381] Eles não carecem de serenidade porque vivem tranquilos; e vivem tranquilos não porque não ajudam ou não se ocupam com nada, e sim, ao contrário, porque não carecem de ajuda e, tampouco, necessitam de que se ocupem com eles. A busca por serenidade é uma tarefa humana e é nela que está o ponto de partida do altruísmo humano: buscar serenidade para si como meio primordial de promovê-la em meio aos outros, com aqueles com os quais intercambiamos preocupações e cuidados.[382] O humano carece de ajuda, a começar de si por si mesmo, de eliminar em si e por si o mais possível as perturbações, a fim de não viver perturbado e de não perturbar ninguém com suas próprias inquietudes, complexidades e dramas. É nesse sentido que Epicuro *idealiza* a parecença humana com o que é divino, inferida como um assemelhar-se aos deuses em termos de cuidado de si (de autossuficiência) e de não ingerência e, enfim, no sentido de cultivar relações assentadas em princípios de sabedoria, de tranquilidade e de felicidade.

Epicuro denomina de *asebés* (ímpio, imoral, irreligioso)[383] aquele que atribui aos deuses ações malévolas, que os vê dispostos a fazer o bem para uns e o mal para outros, como se um deus sofresse em sua natureza bipolar. Trata-se, segundo Epicuro, de um juízo falso, de uma crença equivocada que desqualifica a natureza excelsa do que é divino e, consequentemente, da religião; ambos, Deus e a religião, são úteis do ponto de vista da libertação e não da opressão. Daí a sua crítica à religião popular que promove a excitação emocional e não a elevação intelectual: a ilustração. Mas Epicuro não dirige a sua crítica diretamente ao povo, sequer ao comportamento religioso popular e à religião em particular, e sim aos mentores que fazem da religião um instrumento útil para outros propósitos que não o da elevação e ilustração humana. Daí que a religião é por ele respeitada como um fenômeno cultural a ser estimulado em favor da edificação e qualificação, para o que se faz necessário uma instrução que faça fluir o *divino* no humano a ser reverenciado e cultuado, e não destruído ou descartado. Daí também que a maior reverência humana perante o divino não se dirige a um *divino abstrato*, e sim concreto, existen-

---

[381] *Máximas principais*, I.
[382] *Sentença vaticana*, 79.
[383] *Carta a Meneceu*, § 123-124.

cialmente vivido e presente no humano (em pessoas concretas). O *divino* da proposição de Epicuro é fundamentalmente conceitual, interiorizada (nos termos das *prolépseis*) na mente humana, e que só encontra a sua efetivação (ganha ser), enquanto verdade ou realidade, na vivência, no comportamento e na ação humana.

Temos que levar em conta que, entre os gregos, a hipocrisia não estava sedimentada no comportamento religioso, e sim no cívico, sobretudo imersa naqueles cidadãos (em conluio com religiosos oportunistas) que usavam da religião, além de outros fatores, como forma de tirar vantagens sobre as falsas opiniões e a maleabilidade dos populares. Não era a religião que ditava entre os gregos o comportamento moral, e sim o éthos cívico, de modo que a virtude era derivada da civilidade consuetudinária e não da religiosidade. A religiosidade era um fator ou elemento inerente e, de certo modo, subalterno à civilidade. Nesse ponto, tudo é bem distinto dos nossos dias em que a hipocrisia decorrente da prática religiosa e é elevada em dependência da capacidade subjetiva do religioso ou crente de camuflar sua devoção e piedade a um nível cívico de "virtude". Trata-se de um fenômeno que atinge (quando atinge) todos os níveis da comunidade religiosa. Dado, pois, que a hipocrisia, entre os gregos, não é um fenômeno religioso, mas cívico, relativo ao comportamento cidadão, então a crítica religiosa de Epicuro não se dirige diretamente ao povo, e sim aos que adotavam os juízos do povo, a fim de usá-los, de servir-se deles para propósitos que não promoviam a ilustração em sabedoria e edificação humana desse mesmo povo.

5 – Os *liturgos*, a santidade dos deuses e os encargos da religião

5.1 – Nada contra os deuses do mito, mas contra os mitos a respeito dos deuses

Era especificadamente entre os *liturgos* que imperava o farsante da piedade (da *eusébeia*) e da fé e, consequentemente, da irreverência, no sentido de que não acolhia nem acatava o viver sábio e virtuoso no alinhamento da própria vida. Mesmo não se dirigindo diretamente ao povo, Epicuro dialoga indiretamente com ele, visto que dele se aproxima, e não dos indivíduos que promoviam, em um só tempo, crenças maléficas para o povo e benéficas para si, com dividendos políticos e econômicos. Epicuro a esse respeito lamenta que o deus promovido por tais indivíduos nada manifestava de divino. Por isso não os procura, nem se consorcia ou confabula com eles, e sim com o povo, com sua fé (na maioria das vezes sincera) e com seus valores, mesmo que, por vezes, falsos, mas tomados como verdadeiros, e carentes de ilustração. Muito da veracidade das opiniões e princípios falsos acolhidos pela maioria depende de uma "veracidade" promovida por farsantes que se apresentam e são acolhidos como "ilustres", porém são embusteiros que não têm por objetivo ilustrar e libertar a mente humana, e sim escravizá-la com opiniões que promovem o medo e a desesperança em nome da esperança, ao modo de quem inventa a doença para a qual sabe de antemão a cura.

O maior de todos os males, entretanto, está, por um lado, na ignorância do crente que não sabe distinguir o sábio do farsante; por outro, decorre do fato de que o farsante sabe muito bem como reverter a libertação (a *sotería*) em opressão, ou seja, em promover a opressão como forma de "libertação" e assim levar o crente a se regozijar com sua própria condição de oprimido porque encontra no farsante a promoção dos "valores" dos quais a sua mente está cheia. Trata-se de uma astúcia perversa, mediante a qual o objetivo não consiste em libertar ou salvar, tampouco ilustrar, e sim, simplesmente, oprimir oferecendo ao crente aquilo que ele já está de posse, e que, entretanto, se compraz em ouvir como se fosse um "saber respeitável e divino". A desgraça cívica vem a ser maior quando, sob essa concepção perversa, se une a religião e a política, como se ambos, o religioso e o político, viessem a cultivar juntos a mesma "piedade" e os mesmos preconceitos como opiniões valiosas. O resultado é o obscurantismo que reverte todos os valores a ponto de fazer do falso o verdadeiro, e de levar esse *verdadeiro* a ser acolhido como ilustração. A estratégia consiste em oprimir a título de libertar, como se, enfim, essa presumida libertação (que consiste em acolher "valores" cheios de ignorância, mas vazios de sabedoria) como se fosse o grande bem.

Os deuses de Epicuro não são nem moralizadores nem justiceiros, assim como a natureza não é nem moral nem imoral. Não são os deuses, tampouco a natureza, que promovem e garantem a justiça cósmica e humana, porque não são eles que governam as coisas humanas e cósmicas. Também não é o *acaso* (*týche*, a sorte, a fortuna) que rege a vida humana e cósmica. Na *Carta a Meneceu*, Epicuro diz que "*týche* não é um deus como a maioria acredita que seja", e não é, pela seguinte razão, "porque um deus não faz nada ao acaso", ou seja, independentemente de alguma ordem ou plano estabelecido.[384] Vimos, aliás, como os deuses de Epicuro não são seres *bipolares* condicionados à alteração de humores, de desejos ou de vontades. De um Deus em sentido pleno, não cabe esperar algo incerto, porque ele não age movido por causas incertas ou inconstantes (*abébaion aitían*), descontroladas. Um Deus, sob o conceito da plenitude divina, em tudo há de agir como um Deus visto que, nele, todo o seu ser, todo o seu pensamento e toda a sua ação se restringem ao que é divino. Se compararmos esse Deus pleno da referência de Epicuro com o sábio é preciso logo observar que esse Deus é em tudo sábio, ao contrário do sábio (humano) que é sábio em algumas ou em muitas coisas, mas não necessariamente em tudo.

São quatro questões aqui a se observar:

a. uma, a que diz respeito ao que Epicuro, na *Carta a Meneceu*, §134) se refere como sendo não propriamente "os deuses do mito", mas "*o mito a respeito dos deuses – tõi perì theõn mýthoi*", ou seja, o modo como o mito concebe os deuses e os propagam;

b. outra, a que Epicuro (sempre na *Carta a Meneceu*, §134) denomina de "as determinações pelo destino (concebidos) pelos físicos – *tẽi tõn physikõn eimarménei*". A *eimarméne* (destino, fado, o *fatum* dentre os latinos) a que se refere Epicuro, é presumida como um princípio (subjetivo) inexorável de determinação mediante necessidade, a ponto, inclusive, do conceito ser aplicado nos termos de uma "maldição" no sentido de que é inevitável. Nesse caso, Epicuro claramente diz que é preferível aceitar o mito a respeito dos deuses que a escravidão do *destino* (*eimarméne*) concebido pelos físicos, e pela seguinte razão: porque o mito a respeito dos deuses fomenta pelo menos a esperança (individual) de que podemos amolecer os deuses através de cultos e de homenagens que lhes prestamos;

c. uma terceira, diz respeito ao acaso (*týche*), que, como vimos acima, a maioria concebe como um deus, e que, segundo Epicuro, é completamente falso: se o *acaso* fosse um deus ele agiria mediante impulsos descontrolados da vontade e ao sabor dos desejos e, portanto, seria um deus *instável* que não obedece causas, não tem planos e nem finalidades;

---

[384] *Carta a Meneceu*, § 134.

d. uma quarta observação recai sobre a concepção propriamente dita de Epicuro a respeito de um deus (não propriamente único, mas um deus da comunidade dos deuses). Em nenhum momento comparece nos escritos de Epicuro o conceito de Deus único, e sim de um deus presumido enquanto indivíduo membro da comunidade dos deuses. De um deus (entre os deuses), Epicuro se refere fundamentalmente à divindade (à natureza divina) deles, à qual confere os seguintes atributos existenciais: o da *imortalidade* (expressão da vida eterna), o da *ataraxia* (da vida serena e tranquila) e o da *felicidade* (a d vida prazerosa, alegre e feliz).

O conceito de *deus/deuses* da proposição de Epicuro não se enquadra em nenhuma das três pressuposições acima referidas. Os deuses são tidos, no geral e individualmente, como seres peculiares, habitantes do mundo, que, entretanto, não coincidem nem com a natureza, nem com as determinações e nem com os acasos concernentes ao mundo. Eles também não interferem na natureza do mundo, que, independentemente deles, é regida por determinações e acasos que ocasionalmente quebram as redes (movimentos) causais de determinações. Se os deuses interferissem, então eles teriam que se pôr fora da natureza do mundo, ser a causa das determinações e dos acasos, o que seria contraditório, visto que eles próprios estariam sujeitos a princípios de determinações e de acasos. Daí que eles também não sofrem das condições que circunstanciam a natureza, nem das determinações e nem dos acasos que ocorrem no mundo, visto que, se sofressem, não mais seriam deuses porque estariam sujeitos às determinações e aos acasos regentes da natureza e de tudo o que existe no *Kósmos*.

Tudo o que acontece no mundo, sentencia Epicuro, decorre "ou por necessidade, ou por acaso, ou por nós mesmos"; e explica: o que depende da necessidade não tem um responsável, o que deriva do acaso é instável e o que depende de nós não tem outro senhor senão nós mesmos[385]. Se tudo dependesse apenas da necessidade, teríamos que excluir do acontecer o acaso e, com ele, a nossa própria senhoria sobre o mundo e sobre nós mesmos. Em outras palavras: se admitimos apenas a necessidade excluímos o acaso e, com ele, o pressuposto da liberdade. O acaso promove a instabilidade (da ordem estabelecida), e a instabilidade atiça o arbítrio: o agendamento de uma nova ordem. Sob o governo exclusivo da necessidade teríamos, de certo modo (ao modo dos físicos), de admitir

---
[385] *Carta a Meneceu*, § 133.

o *destino* como o senhor de tudo, como se o todo fosse escravo de uma só vontade, da qual toda a geração e todo o fazer-se resultam dependentes e, inclusive, sem outra esperança senão a depositada na providência regida por essa mesma vontade.

Epicuro contrapõe o acaso à necessidade como forma de preservar a possibilidade da liberdade tida por ele como o fruto majestoso da *autárkeia*: da senhoria de si.[386] Se tudo acontecesse por necessidade, sem a possibilidade do acaso, tudo então (conforme a raciocínio dele) estaria restrito a uma pura determinação, e nada estaria em condições de se pôr em uma senda de autonomia da qual desponta a possibilidade da exercitação do arbítrio. Não quer dizer que é *o acaso* que promove a liberdade; ele apenas a possibilita, visto que a liberdade propriamente dita só frutifica quanto o sujeito humano passa a cuidar de si e a tomar para si as rédeas do governo (da destinação) da própria vida. Mesmo sob o gerenciamento de si, o acaso cisma em continuamente se apresentar como forma de instabilizar o estabelecido, de seccionar a constância, clamando sempre de novo pelo restabelecimento da autonomia e pela exercitação do arbítrio (da liberdade) na tarefa das rejeições e das escolhas. É o acaso, pois, que em nós reativa o ânimo, que provoca os desejos e que impulsiona a livre exercitação da vontade em busca de serenar o ânimo e de acalmar os desejos. Daí que não são nos deuses que Epicuro põe a administração e o governo da vida humana, tampouco põe neles a administração da justiça, e sim nas deliberações humanas subjetivas e coletivas.

Os deuses de Epicuro são por ele considerados como seres absolutamente divinos quanto ao modo de ser, de pensar e de agir. Eles são, por sua natureza, tão sábios e justos a ponto de não interferir em nada e na vida de ninguém. Não cabe a eles promover o bem e o mal, tampouco a vida feliz ou infeliz. Eles não se enquadram dentro dos conceitos de *bem* e de *mal* tal como nós humanos os concebemos restritos, na maioria das vezes, aos estatutos da cultura, das crenças e dos interesses. Bem e mal, felicidade e infelicidade, justiça e injustiça são antinomias do mundo humano e não dos deuses. Tais antinomias só existem porque, no fazer humano, se impõe o *acaso*, que não se dá no divino, porque nele não se instala o conflito e, com ele, a possibilidade da exercitação do arbítrio: a faculdade de escolher e de rejeitar, de fazer e deixar de fazer, de querer e de não querer, de se dar e de reformar leis etc. Distintos dos humanos, os

---

[386] *Sentença vaticana*, 77.

deuses de Epicuro são seres livres, e não, tal como nós, seres necessitados de liberdade. Ocorre que nossas escolhas, fazer e deixar de fazer, querer e, enfim, optar por isto ou por aquilo não redunda em um ato rigorosamente livre, mas sim, sempre carente e necessitado, diante do que fez, do que deixou de fazer, do que escolheu perante o que deixou de escolher etc. Não se trata, com efeito, de mera indecisão humana, e sim de carência por força da ausência da plenitude e da completude entre o ser, o pensar e o agir que só à natureza dos deuses detém.

5.2 – As insurgências de Epicuro em busca de uma religiosidade civilizatória

Na proposição de Aristóteles, os deuses antropomórficos (semelhantes à forma humana) e os zoomórficos (semelhantes à forma de outros animais) foram inventados pelos mitos com uma função, segundo ele, útil para a "persuasão popular, e em proveito da lei e da unidade pública"[387]. Aristóteles via nessa entronização dos deuses na vida cívica um bom meio de congregar o povo sob uma *unidade comum*, conceito que, hoje todos sabemos, pode redundar em perversão na medida em que descaracteriza, retira direitos ou deixa de fora os que não enquadram nessa suposta unidade. Além do acordo (*tò symphéron*) estabelecido e derivado da lei que promove a obrigação, o povo (ainda segundo Aristóteles) seria reunido (no sentido de unificado quanto ao modo de ser e pensar) pela crença mediante a qual se promove a confiança e a persuasão (a *pístis* e a *peithō*).

Ora, foi justamente assim, sob o peso da justiça decretada pela lei que, entre os gregos, nasceu a sanção: a pena e a recompensa como meio de manter a unificação do ser e do pensar. É totalmente insensato, porém, considerar que tudo o que está decretado por lei é justo. Com a lei, portanto, nasceu a "justiça", assim como da crença nasceu a esperança: a expectativa posta fora do lugar e da experiência vivida na qual o indivíduo atualmente se encontra. Muitas vezes a esperança coincide com a mera ilusão; mas, em qualquer circunstância se apresenta como um consolo que não dá para deixar de se levar em conta. Em ambos os casos, na aplicação da sanção e na promoção da esperança, se impôs também a possibilidade do engodo do qual a Sofística (a mestra dos aristocratas e

---
[387] *Metafísica*. XII, 8, 1074 b 4-5; *Política*, VII, 12, 1331b.

da aristocracia política) findou por se tornar a *ciência* (nos termos de uma *téchnê*) especializada. A Sofística era a mestra dos aristocratas em razão de que somente os filhos da riqueza, para além da obrigação escolar[388], tinham acesso. No *Górgias*, como palavras de Sócrates, Platão registrou que tanto a sofística quanto a retórica eram "o simulacro de uma parte da política"[389]. Eram simulacro (*eídolon*) em razão de que se constituíam, em termos de sabedoria e arte, em uma cópia defeituosa e malfeita do que realmente a arte política haveria de ser: a instrutora do "ser bom cidadão" e do ser bom homem e, portanto, promover em um só tempo a civilidade e a humanidade.

No confronto das coisas do alto (a ciência que os gregos denominaram de *meteorologia*), os gregos admitiam forças do invisível e dos deuses (particularmente dos deuses astrais), e se punham a todo tempo atentos e vigilantes, a fim de que nada de mal viesse a lhes ocorrer ou que algum mal agouro tomasse conta da vida particular, familiar e cívica. Ao mesmo tempo em que eles, atentos às coisas do alto (do que se passava no céu, e suas consequência imediatas), construíam uma experiência consolidada na forma de uma arte, ciência ou saber, promoviam igualmente uma piedade na forma de uma reverência, culto e louvor. Foi assim que, entre eles, a ciência e a religião caminharam juntas. Do cidadão grego, o maior dos medos consistia em que algum mal (derivado de forças do alto e invisíveis) se instalasse debaixo de seu teto e promovesse o infortúnio em sua casa. Livrar-se do mal, de infortúnios (acasos) genericamente considerados, esse era o maior dos anseios que um grego comum poderia almejar. Todos sabiam, mesmo os mais simples, que o percurso da vida oscila constantemente entre a felicidade e o infortúnio, o remanso e a turbulência, o costumeiro e o trágico, o constante e o casual, visto que o maior bem consistia em ter o pão de cada dia e saúde o bastante para dele, com satisfação, usufruir. A ciência ficava sempre para depois, e por obra de quem poderia se dar ao ócio ou apenas se contentar com pouco, a fim de pôr sua própria inteligência, seu labor e sua vida em promovê-la.

> Quando a vida nos sorri [sentenciou Sófocles], devemos aumentar o zelo, porque lá onde afrouxamos a guarda é que a ruína se esconde;[390] [ao que acrescentou:] É velha

---

[388] *Protágoras*, 326 c.
[389] "[...] *politikês moríou eídolon*" (*Górgias*, 463 d).
[390] *Filocteto*. vv.505-506, SÓFOCLES, 1958, II.

como o mundo a sabedoria que diz ser necessário aguardar o termo final da vida de cada um, antes de afirmar que foi venturosa ou desgraçada.[391]

Não dá para se alegrar demais, nem para se pôr muito triste enquanto a vida se escorre no tempo. Não dá para antecipar o amanhã, tampouco querer decifrá-lo, porque o principal da vida sempre se dá hoje, e quem, aqui e agora, não o vivencia, vive apenas de propósitos e de ansiedades vindouras. Quanto mais longo o caminho, maior as chances da efetivação dos bons propósitos, mas também a possibilidade do infortúnio!

Já naquela época, todos sabiam que a ruína não é mera ilusão, que a carga, por mais leve que seja, finda por pesar ao longo do tempo e se torna difícil de carregar. Não são, a rigor, os acertos que nos tornam experientes na vida, e sim os erros que se acumulam até a velhice; mais que os erros, é o empenho em não errar que nos alerta mediante a experiência e nos afina o arbítrio. A experiência nos torna alerta, mas, na mesma proporção em que ela nos qualifica (afina as escolhas e as rejeições), também costuma aumentar o rigor (o escrúpulo) e diminuir a ousadia: frear a coragem e a audácia. A fim de que a experiência seja efetivamente valiosa, ela própria carece de findar em uma ousadia, em um saber maturado a ponto de ser ele próprio instrumento e meio de renovação! A experiência que resulta meramente conservadora, em apenas cautela, não agrega em si a conotação do aprendizado a título de uma habilidade (conhecimento ou destreza) qualificadora da vivência que se consolida como uma sabedoria.

A experiência, entre os gregos, e desde os povos antigos, se constituiu no mais elaborado corpo sapiencial (teórico e prático) enquanto fonte de instrução e de qualificação. A experiência, entre eles, coincidia com o saber consuetudinário preservado como um legado (uma herança) da qual retiravam o sustento e o apoio do que concebiam por civilidade. Os gregos não cultivavam a religião nos termos de um sistema de doutrinas, crenças e práticas morais estabelecidas segundo uma determinada concepção de divindade e de humanidade. Não havia uma instituição religiosa detentora de um corpo de saber, mas disso não se segue que as legislaturas (nos termos da *politeía*) não regulas-

---

[391] Os termos *venturosa* e *desgraçada* foram traduzidos de *chrestós* e *kakós* (*As traquínias*. Prólogo. 1-3, SÓFOCLES, 1958, T.II). "Pour le texte de Sophocle, les deux sources principales sont des copies manuscrites d'époque assez tardive: l'une, du Xe siècle, est conservée à la Bibliothèque Laurentienne de Florence; l'autre, le manuscrit de Paris, que possède la Bibliothèque Nationale, est du XIIIe siècle" (PIGNARRE, R. "Note Bibliographique", SÓFOCLES, 1958, I, p. 1).

sem o culto e as crenças religiosas mediante uma casta hierática bem normalizada, influente e bem estabelecida no âmago do poder consuetudinário familiar e estatal[392].

Estrabão (63 a.C.-24 d.C.), na *Geografia*, assegura que os poetas (aqueles que, no dizer de Platão, foram "os pais e os guias da sabedoria" grega[393]) não foram os primeiros a se valer dos mitos, visto que as cidades e os legisladores (*nomothétai*) também se beneficiaram deles como um expediente útil, com o seguinte objetivo: atender (no dizer de Estrabão) "à predisposição natural do animal pensante", que, ao cultivar o amor por aprender (*phileidémon*) não dispensava o amor pelo mito (*tò philómython*)[394]. *Phileidémon* (*philo* = amigo + *eidémon* = escolar, aluno) designava o amor pelo aprendizado, derivado, sobretudo, do gosto de ver, de observar (*eído*) o que se passa ao redor. Sob esse pressuposto, o que, na verbalização dos gregos expressava o aprendizado, discorria do olhar atencioso do escolar ou aluno perante o qual o mestre era o *Eros* que atiçava a paixão, o gosto e o entusiasmo. Era imerso em uma certa tradição familiar e cívica, entre a casa (os ditames da *oikía*), a oficina (a exercitação nas artes manuais) e a escola (o aprendizado útil para a administração da *oíkos* familiar e dos afazeres cívicos) que a maioria dos gregos retiravam a instrução, o saber e a civilidade.

O sucesso do aprendizado sempre dependeu e depende de um certo deleite que o ensinamento (teórico e prático) comporta, de tal modo que é esse mesmo deleite que finda por definir as escolhas. Trata-se de um aprender que toma por fundamento o deleitar-se com o sensível, que, desde tenra infância, desperta o desejo de aprender, ativa o exercício do pensamento e também o imaginário. Esse processo foi expressivo entre os gregos (os da maioria dedicados à vida laboral), que buscavam e, consequentemente, encontravam na *empeiría* (na experiência) o principal corpo de saber ou ciência enquanto principal fonte de ilustração e aprendizado. Daí a razão pela qual as narrativas dos mitos vieram a ocupar boa parte do

---

[392] "Assurément on ne pouvait rien imaginer de plus solidement constitué que cette famille des anciens âges qui contenait en elle ses dieux, son culte, son prêtre, son magistrat. Rien de plus fort que cette cité qui avait aussi en elle-même sa religion, ses dieux protecteurs, son sacerdoce indépendant..." (FUSTEL DE COULANGES, *La cité antique*, IV, disponível em: http://remacle.org/bloodwolf/livres/Fustel/livre4.htm).

[393] "[...] *patéres tês sophías eisìn kaì hegemónes*" (*Lísis*, 214 a).

[394] ESTRABÃO, *Geografia*, I, II, 8: "predisposição natural do animal pensante" foi traduzido de "*tò physikòn páthos toû logikoû zóiou*", a partir da tradução francesa de Amédée Tardieu que verteu por "disposition naturelle de l'être" e também por "animal pensant". Fonte disponível em: http://remacle.org/bloodwolf/erudits/strabon/livre12.htm.

aprendizado não só da escolaridade como também da civilidade imersa na qual a religião (a *deisidaimonía* — a reverência aos deuses e ao poder do sagrado) se constituía igualmente em fonte civilizatória.

O próprio Estrabão diz que os gregos encontraram nas fábulas dos poetas uma pedagogia valiosa em favor da instrução, a ponto de terem feito dos poetas os mestres principais da educação básica. A reverência e o amor dedicado aos mitos (*tò philómython*), segundo ele, é facilmente comprovado pelo gosto e atenção, pela provocação e estímulo que promoveram nas crianças, nos jovens e no cidadão grego. Daí que o mesmo Estrabão louva a poesia e as narrativas do mito (independentemente da qualidade do saber) como estratégias fabulosas no sentido de ativar o imaginário, de despertar a curiosidade inventiva e a reverência, sobretudo juvenil, pelo maravilhoso[395]: os mitos ativavam o encantamento (*páthos*) e este a devoção e a piedade (a *eusébeia*).

Antes de Estrabão, Políbio (historiador grego que viveu entre os anos de 203 e 120 a. C.), registrou que os ancestrais introduziram deliberadamente, em meio ao povo, falsas opiniões a respeito dos deuses e da vida futura, a fim de refrear a licenciosidade, a ira irracional e a paixão violenta que tomaram conta dos sentimentos instáveis desse mesmo povo. Não era objetivo de Políbio (quase um século depois da morte de Epicuro) questionar ou condenar tal feito, e sim estimular os políticos de seu tempo a resgatar a mesma estratégia que, segundo ele, tinha sido de grande sucesso na ancestralidade. Há aqui uma questão importante a se considerar: que, menos de um século depois da morte de Epicuro, a religião já não tinha a mesma força do temor e do refreio que em seu tempo. É curioso, inclusive, observar que Políbio, enquanto destaca o sucesso dos antigos, se lamenta que, em seu século, era um grande erro rejeitar a existência dos deuses e desprezar o efeito que ela exerce no refreio do comportamento popular.

Forçado a viver em Roma, Políbio exerceu grande influência na elite patrícia e governante de romana. Políbio, em favor de sua tese (a do uso de entes divinos e da religião como meio de contenção popular), promoveu um sugestivo paralelo entre a república de Roma e a de Atenas. A respeito de Roma, diz que foi a *deisidaimonía* (ou seja, o culto aos deuses, a reverência aos *daímones*) que mais contribuiu para o progresso da república romana. Segundo ele, o temor aos deuses e o medo do invisível se cons-

---
[395] *Geografia*, I, II, 8

tituíam em elementos fundamentais de união popular e de manutenção do Estado romano.[396] Por isso a necessidade de fomentá-lo, de dar uma função "positiva" à *deisidaimonía* (ao culto religioso) em favor do Império.

Positiva colocamos entre aspas porque se trata evidentemente de uma função perversa, de um reverso negativo de opressão e de submissão popular, concedido à religião em favor de interesses econômicos e políticos e, consequentemente, da desqualificação humana. Quando a religião não é nem educadora nem libertadora se constitui em perversão: antes de salvação, traz desamparo, intensifica a marginalização humana perante os bens fundamentais que elevam a dignidade humana, sempre carente de pão, de abrigo, de entendimento, de compaixão etc.

Ora, aí está exatamente o estado de coisas perante as quais Epicuro, em seu tempo (no qual imperava a tirania da Macedônia) se insurgiu. Ele via (desde criança acompanhando sua mãe em Samos) no culto e na reverência aos deuses, a possibilidade de a religião exercer uma função cívica essencial e realmente *positiva* em sentido edificador e altruísta. Ele via na religião um bom meio de se promover a educação e, com ela, a elevação do ânimo popular (humano), o cultivo da serenidade e da paz, e assim, enfim, dar luz (iluminar) e amplificar a inteligência humana. Um Deus, afinal, não existe para ser usado como opressor, para trazer e administrar o jugo, o sofrimento e a dor, mas para despertar um coração alegre, sereno, esperançoso e feliz. O crente, da proposição de Epicuro, necessariamente é aquele que louva o seu deus padroeiro e protetor para manifestar a sua alegria, não para se lamentar; o culto é por Epicuro concebido como um momento de regozijo e de gratidão (de *eucharistía*) pelos bens da vida: momento de se encontra consigo mesmo e com o que é divino, e não com seus demônios! Daí que a religião não existe para implantar o medo e a ignorância, e sim para estimular o desenvolvimento do saber ou ciência, porque, afinal, sem *sabedoria* não há divindade nem religião!

---

[396] Eis o que, por exemplo, escreveu Políbio (na tradução de Manuel Balasch Recort): "Pero la diferencia positiva mayor que tiene la constitución romana es, a mi juicio, la de las convicciones religiosas. Y me parece también que ha sostenido a Roma una cosa que entre los demás pueblos ha sido objeto de mofa: me refiero a la religión. Entre los romanos este elemento está presente hasta tal punto y con tanto dramatismo, en la vida privada y en los asuntos públicos de la ciudad, que es ya imposible ir más allá. Esto extrañará a muchos, pero yo creo que lo han hecho pensando en las masas. Si fuera posible constituir una ciudad habitada sólo por personas inteligentes, ello no sería necesario. Pero la masa es versátil y llena de pasiones injustas, de rabia irracional y de coraje violento; la única solución posible es contenerla con el miedo de cosas desconocidas y con ficciones de este tipo" (POLÍBIO, 1981, *Histórias*, VI, 56, p. 218).

5.3 – Não é da essência da religião se submeter aos caprichos do mito

Cornford ridiculariza e descarta a tese de que a aristocracia e os ricos da Grécia se servissem *da religião* (seria melhor que tivesse dito, *dos mitos*) "como meio de manter os pobres no seu lugar", de fomentar neles a "esperança ilusória de uma sorte melhor depois da morte".[397]

Dizemos ser preferível *dos mitos*, em razão de que a tradição cultural dos gregos não comportava a ideia de *religião* nos termos com a concebemos hoje[398], sequer como veio a se desenvolver na posteridade romana. Foram os mitos da tradição poética, desde Homero, Hesíodo, Ésquilo, Píndaro etc. que vieram a constituir a chamada *deisidaimonía* dos gregos, cujo termo, literalmente, expressa "o medo perante à divindade", bem como o culto ou a devoção ou a reverência aos *daímones* padroeiros ou protetores. Traduzir *deisidaimonía* por superstição é insuficiente e, por religião, é um pouco demais[399].

As razões, todavia, apresentadas por Cornford mostram bem como a "religião" (ou, como dissemos, as crenças, o culto, a piedade, a devoção) compactuava com o *status quo* da época. A esse respeito, o mesmo Cornford, sem muito senso crítico (aliás, bem pouco), diz que a prosperidade econômica da *pólis* se estendia a todos. Trata-se de um dizer que, por um certo ponto de vista não deixa de ser verdade. Afinal, como de sólito (isto Cornford não diz), lá nas *póleis* gregas, como ainda hoje aqui, o pobre sempre se mantinha e se mantém em seu *status* corriqueiro de pobre independentemente da prosperidade da *pólis*. Não é porque o pobre usufrui, no fim de semana, do mármore do aeroporto (para ver pousar e decolar os aviões), que, com isso, participa da prosperidade da *pólis*. Por lá o pobre usufruía do fausto e da magnificência dos templos quando participava dos cultos e das celebrações, usufruía das construções públicas (de fóruns esplendorosos) apenas para cumprir alguma obrigação cívica: deixava o casebre para fazer petições de justiça no *palácio da justiça*!

À medida que a *pólis* se enriquecia, ela ampliava as possibilidades de acesso ao bem-estar, ao glamour e à riqueza como um bem público em cujo ambiente o cidadão da periferia (do casebre) vinha se espairecer como

---

[397] CORNFORD, 1989, p. 18.
[398] DES PLACES, Édouard, 1969. *La Religion grecque: dieux, cultes, rites e sentiment religieux dans na Grèce antique*. Paris: Picard.
[399] Pierre Boyancé constatou o mesmo: "*Superstition* est en français une traduction insuffisante, mais *religion* est une traduction trop forte" (BOYANCÉ, 1978, p. 45).

se estivesse em casa! A riqueza acumulada da cidade não se endereçava à qualificação da vida cidadã em particular, e sim da fortificação do poder estabelecido sob a retórica do *bem comum*, como se pisar no mármore dos templos e do *palácio da justiça* consistisse em usufruir da riqueza da *pólis*. Por mais bela e elegante que seja a arquitetônica da ponte, morar debaixo dela nada tem a ver com uma mansão. Foram vários fatores que levaram a um usufruto fictício de riqueza, sobretudo, decorrente da política praticada no campo.

A tendência dos donos das terras (influentes na vida política e promotores das leis regentes da vida cívica) nunca se deu no sentido de compartilhá-las, e sim de instituir arrendamentos rigorosamente legalizados e que favoreciam, além da posse, a absorção da mão de obra, caso qualquer fator, inclusive, a intempérie (coisa corriqueira na vida do campo) comprometesse as colheitas. Não podendo pagar o arrendamento, as leis facultavam aos donos submeter os arrendatários (eles próprios, mais as mulheres e os filhos) como seus escravos, a ponto de as terras findarem nas mãos de uma minoria.[400] Aristóteles a esse respeito relata que, entre patrões e arrendatários, se criou um sistema de empréstimo em que o locatário ou rendeiro pagava com o trabalho da terra, de cujo resultado, inclusive, era, no final, cobrado um dízimo. Certo dia, Pisístrato (tal como registrou Aristóteles) admirado de ver alguém arar e preparar um terreno totalmente pedregoso, perguntou-lhe o que iria extrair daquele chão? O homem respondeu: infortúnios e sofrimentos e, deles, pagar o dízimo.[401]

A justiça da lei dava, pois, ao mais forte todo o direito de esfolar o mais fraco, promovia a doença da injustiça, de modo a regular, por lei, a própria maldade humana! Outro registro de Aristóteles mostra como a relação do homem grego com a terra se constituía em grande fator de jugo e submissão, e nele se inclui a "religião" (cultos, liturgias e festividades para o povo) como redutor de ansiedade e de tensão:

> Simão [registro que consta, na *Constituição de Atenas*, de Aristóteles] dono de uma fortuna principesca, antes de mais nada, desempenhava magnificamente as liturgias públicas, e ainda provia sustento a inúmeros membros de seu demos.[402]

---

[400] *Constituição de Atenas*, I e IV (Aristóteles, 1995, p. 17 e 21).
[401] *Constituição de Atenas*, XVI (Aristóteles, 1995, p. 41).
[402] *Constituição de Atenas*, XXVII (Aristóteles, 1995, p. 63, na tradução de Francisco Murari Pires).

Os que mais exploram são, em geral, os que mais conseguem sobras e, com elas, financiam a quermesse, as cerimônias e as festas do deus padroeiro a ponto de o povo e o *liturgós* (quando não o próprio deus padroeiro) se sentirem todos gratos e devedores perante tão generoso doador, que, inclusive, na festa, quando em pavoneio aparece, come de graça!

Tudo entre os gregos era rigorosamente administrado em conformidade com a lei, que em si mesma detinha as determinações da vontade comum dos governantes e dos patrões. Todas as festividades, incluindo-se as das grandes Panateneias (quadrienais), eram organizadas e gerenciadas pelos administradores e fiscais dos templos. Os templos não eram apenas suntuosos recintos de liturgias, com também centros administrativos que implicava na gerência, inclusive, de templos menores ao seu redor, de parques (de terras), de ginásios e de *palestras* (lugares públicos, tipo campos de futebol, onde os gregos se exercitavam nas lutas, nas corridas, no manejo das armas etc.).[403] O território dos templos gozava de uma severa vigilância pública, além das presunções da severidade divina! Era aquele território que sediava os seleiros (da cevada, do trigo, dos alimentos em geral), os tonéis de bebidas (particularmente do vinho); no interno dos templos (lugar devocional e sagrado, inviolável, sujeito às duras penas das leis humanas e das divinas) eram guardados os tesouros da cidade e também o sinete com o qual se cunhava as moedas, imprimia os selos e os emblemas do poder público. Daí a importância da casta *hierática* administradora dos templos, das festividades, das liturgias, dos sacrifícios, das oferendas e dos cultos.

Diógenes, o cínico, mesmo na forma de anedota, zombou assim de um lado frágil da referida casta. Diz que ele, ao observar os guardiões do templo (*hieronémonas*) arrastando um serviçal que roubara um cálice do tesouro sagrado, exclamou: "Eis os grandes ladrões prendendo um pequeno ladrão".[404] Dado que, entre os gregos, a religião não se organizava na forma de instituições, o que se viu foi uma ascendente proliferação dos mânticos, dos profetas e dos adivinhos, dos intérpretes (decifradores ou porta-vozes dos sinais), daqueles que, dos sinais, verbalizavam a palavra e a vontade dos deuses. Quanto maior o sucesso de cada um deles, maior a reverência, a ponto de muito deles findar "santificados" quase feito um deus perante o povo. A força da reverência fez deles "reverendos" e,

---

[403] SPINELLI, 2021, *Educação e Sexualidade*, Cap. III, item 4: "Da *agéle* de Esparta ao *gymnásion* de Atenas: a ginástica e a educação da infância".
[404] D.L., 1959, VI, 2, § 45.

dos sacerdotes e dos guardiões dos templos *hierós* (augusto, admirável, sagrado, santo), e dos financiadores das festas, homens do bem (*kalòs kaì agathós*) e respeitáveis.

Hiereús era o nome com o qual substantivavam a figura do sacerdote ou ministro do templo. *Hiéreia* era a sacerdotisa; *hiereîon* a vítima do sacrifício, que, depois de morta, era oferecida em refeição. A *hierourgía* era a celebração do sacrifício com todo o seu ritual e seus "mistérios", que, por sua vez, eram ensinados e explicados pelo *hierofantes*.

Visto, porém, que os gregos não admitiam a divinização de um *homem*, mesmo assim se permitiram reconhecer nesses homens o atributo do *hósios*: do *consagrado*, do *santo*. Foi esse reconhecimento cívico e popular, que, por sua vez, estimulou a filosofia e o filosofar, particularmente na figura de Sócrates, a reconhecer não propriamente o *homem santo* (visto que, em tudo, ninguém consegue ser santo), e sim a *ação santa* (*toû hosíou*, o que é santo, o que faz o cidadão ser virtuoso) e a ação não santa (*toû anosíou*, o que é ímpio ou que não é virtuoso).[405] Como dizia Aristipo, discípulo de Sócrates, até mesmo os insensatos (áphronas) manifestam algumas das formas de virtude.[406] Aqui está uma das questões que deram sustento e viço sobretudo aos primeiros diálogos de Platão ocupados em decifrar o que é ser piedoso e o que é ser ímpio, o que é ser justo e o que é ser injusto, enfim, o que é ser virtuoso. A *ação santa* foi, por Sócrates/Platão, colocada no mesmo nível da *dikaiosýne* (do que é justo) e da *sophrosýne* (do que é sábio), de tal modo que as três, juntas, como se fossem uma só, viessem a especificar a virtude própria, não exatamente do ser (do homem) cidadão, e sim do homem virtuoso (*andròs aretén*)[407] cujo ser nunca se restringiu a alguém especificadamente.

Ora, é nessa mesma senda (na de que a *ação santa* não se restringe ao homem religioso) que se coloca Epicuro, e que, entretanto, de modo algum nega valor humano e cívico à religião ou ao ser religioso. Em vista do proposto por Sócrates e Platão, o que ele efetivamente põe sob suspeita são *atitudes*, ações ou comportamentos da crença (em particular das que subjugam) que colocam o humano sob uma cômoda condição de subserviência perante os *poderes* divinos (que, muitas vezes não deixam de ser poderes humanos) a ponto de subtrair, cada um de si próprio,

---

[405] *Eutífron*, 4 e, 6 d-e, 7 a, 8 a etc.;
[406] D.L., 1959, II, 8, 91.
[407] *Protágoras*, 325 a; 329 c – 331 e.

a tarefa do desenvolvimento e da capacitação necessária ao gerenciamento e aprimoramento de si mesmo. Daí que, efetivamente, a grande indisposição de Epicuro no confronto da religião recaiu na *atitude*, mais especificadamente, naquela mediante a qual o crente retirava de si mesmo o labor de sua edificação ou qualificação mediante práticas de virtudes, particularmente da *dikaiosýne* (que implica o viver justo) e da *sophrosýne* (o viver sábio), pressupostas como fundamentais na efetivação do que Epicuro denominou de *makaríos zên* (vida feliz) sinônimo de *hedéos zên* (vida prazerosa, agradável, feliz).[408]

O que diz Duvernoy — "a religião priva de validade o julgamento que cada um de nós faz da existência humana e de seu sentido"[409] — só cabe, quando, por religião, fomentarmos apenas o mal-entendido de que se trata de um modo opressor de promover juízos e de controlar o arbítrio, o que, a rigor, não condiz com Epicuro e com o que ele concebe por *religião*. Não é, do ponto de vista dele, na religião que está o problema, e sim, por um lado, no consórcio espúrio entre o político, o econômico e o religioso que faz da religião uma empresa extraordinariamente lucrativa quer em dividendos políticos quer econômicos, quando não de umas quantas contravenções "lavadas" em nome dos deuses; por outro, nos tais "representantes legítimos" que, em nome de um *deus* favorito, se apresentam como os detentores do juízo correto e do verdadeiro sentido da vida, sem nenhuma preocupação educadora do arbítrio ou do juízo, inclusive, deles próprios. Daí que não há, efetivamente, em Epicuro e nas bases do epicurismo uma negação da religião; ao contrário, a doutrina insufla a necessidade da tarefa humana de tomar para si a destinação do humano como um empenho e um bem próprio, sem requerer que os deuses (mediante petições, sacrifícios, libações, oferendas etc.) se dispusessem a fazer da vida de cada um, uma vida boa, bela, justa, prazerosa e feliz.

Epicuro, enfim, se recusa a atribuir aos deuses qualquer competência técnica ou outras habilidades alcançadas pelos humanos: elas provêm, segundo ele, forçadas pela necessidade e pela carência, e aprimoradas pela experiência humana que combina inteligência e empenho no conflito acerto/erro exercitado no decurso do tempo. A indisposição dos epicureus para com os usos da religião também nada tem a ver com um suposto declínio da religiosidade romana, cuja tendência sempre se

---
[408] *Carta a Meneceu*, § 128 e 132.
[409] DUVERNOY, 1993, p. 68.

deu no sentido quer de alimentar uma estratégica política de tolerância (perante os povos sob seu domínio) quer de acolher, com a ascensão do cristianismo, uma unificação religiosa mediante um só credo no intuito de sedimentar um só modo de ser e de pensar (mais facilmente ordenador e governável). Não houve, no que concerne à religião, um declínio no império romano, e sim mudanças de colorações: "ao contrário do que habitualmente se diz [observou corretamente Marcel Le Clay], o fim da República romana não foi marcado por um declínio da religião".[410] Outro fator, enfim, decisivo que fomentou a postulação teórica e a agenda filosófica transformadora de Epicuro e do epicurismo diz respeito ao conceito e à prática da virtude, que, tanto na Grécia quanto em Roma, era ritualística, festiva, tradicionalmente competitiva, medida pelo olhar, pelo aplauso e pela consideração pública.

6 – "Dos deuses temos uma noção comum gravada (*hypegráphe*) na mente"

6.1 – O que Epicuro quis dizer com "noção comum gravada na mente"

Como introito é preciso logo observar que a assertiva "dos deuses temos uma noção comum gravada na mente – *hẹ koinè toû theoû nóẹsis hypegráphẹ*" comporta um viés bem característico da ambiguidade com a qual a reflexão teórica de Epicuro por vezes se move. A ambiguidade referida na *Carta a Meneceu* (§123) estampa uma estratégia, que poderíamos dizer ser retórica ou pedagógica mediante a qual afirma duas coisas simultaneamente: que existem deuses (no plural — cuja assertiva salva o consuetudinário), e que, entretanto, esses deuses participam de uma natureza comum própria de um só deus (com o que salva o pensamento lógico). Se existem deuses — eis a questão —, todos haverão de ter uma natureza única, ou melhor, apenas única, e não, como nós humanos, que, além de uma natureza comum, temos uma natureza própria, específica, concernente às pulsões e complexidades naturais de cada um. São essas pulsões subjetivas que ativam em nós o livre exercício do arbítrio: fazer e deixar de fazer, escolher e rejeitar, ajuizar o bem e o mal etc. Daí que a

---

[410] "[...] contrairement à ce qui est souvent affirmé, la fin de la République romaine n'est pas marquée par un déclin de la religion" (LE CLAY, 1990, p. 266). "A Rome, le sentiment religieux a, de fait, presque toujours une coloration nationale" (*Idem*, p. 19).

referida assertiva de Epicuro pode ser filosoficamente lida do seguinte modo: "temos gravada, na mente, uma noção comum a todos os deuses". Do que aparenta, pois, ser plural, finda, em última instância, *singular*: os deuses são múltiplos, porém, dotados de uma natureza comum e única condizente aos atributos próprios de um deus subjetivamente considerado. Há, evidentemente, uma dificuldade lógica aqui, com a qual, entretanto, fica posta a questão teológica fundamental: a existência de deuses múltiplos com natureza única.

Em princípio, a existência ou não dos deuses não é, para Epicuro, uma questão a ser demonstrada, porque, como ele também registra na *Carta a Meneceu*, "os deuses efetivamente existem, e é evidente a noção (*gnōsis*) que temos deles".[411] Esse *temos*, da assertiva de Epicuro, faz referência a *todos* os humanos, genericamente considerados, cuja maioria vive não propriamente do cultivo do intelecto, e sim da absorção do que advém mediante ensinamentos públicos e consuetudinários. Do ponto de vista de Epicuro, a consequência fundamental de quem cultiva o intelecto está na constatação de que esse mesmo intelecto só é capaz de a contento operar mediante conceitos de excelência, que pressupõe, evidentemente, *o que é divino*. A pressuposição do que é maligno, malfeito, desqualificado de modo algum promove a contento um uso eficiente do intelecto. Cícero reproduz, no *De natura deorum*, o mesmo dizer de Epicuro, nestes termos: "é necessário reconhecer (*intellegi necesse*) que os deuses existem"; e acrescenta: isso porque a respeito deles *temos depositadas* (*insitas*) em nossa mente cognições inatas (*innatas cognitiones habemus*). O *habemus* de Cícero comporta a mesma generalidade retida na referência de Epicuro, de tal modo que ele diz respeito a uma posse ou a um *ter* relativo não propriamente à cultura, e sim à natureza da razão disponível (em exercício ou não – porém, só se manifesta no exercício) em cada um.

O conceito de *hypegráphę*, em vez de gravadas ou escritas (grafadas) ou registradas, Cicero traduziu por *insitas* (inseridas, introduzidas), com o que, do ponto de vista dele, vem pressuposta alguma ingerência. Quanto ao referido *intelligi necesse*, de sua exposição, ele expressa uma necessidade lógica de apenas reconhecer que as tais *innatas cognitiones* encontram-se depositadas na inteligência humana feito um fenômeno essencialmente natural (não cultural), quer seja a de um filósofo quer a de um indouto (*non philosophos solum, sed etiam indoctos*) por cujo *depósito* somos *todos*

---
[411] *Carta a Meneceu*, § 123.

naturalmente levados a consentir (caso haja algum empenho nesta direção), como verdadeiro, que os deuses existem (*esse deos*).[412] Cícero, em sua referência, aparenta concordar com Epicuro, mas, na verdade, concorda mesmo é com os neoplatônicos de seu tempo, em razão de que (como foi analisado) o conceito de *innatas cognitiones*, enquanto *insitas* na mente, nos leva mais a Platão que a Epicuro.

Na análise mencionada, observamos como Cícero, mesmo ajudando a explicar as *prol<u>é</u>pseis* de Epicuro complicou um pouco mais; quer dizer: mesmo tendo lançado luz sobre o que Epicuro entendia dizer, deixou, todavia, a questão um tanto restrita e obscura quer quanto às explicações que deu quer pelo fato dos escritos remanescentes de Epicuro não comportarem uma explicação mais clara a esse respeito. O que aqui, entretanto, cabe destacar, é que a afirmativa de que, segundo Epicuro, os deuses existem, assume uma conotação categórica, ou seja, sem a necessidade de promover, a respeito dela, grandes reflexões. O tom categórico, entretanto, decorre de uma certificação da cultura antes que do intelecto (ou seja, de um empenho em termos de certificação racional), de modo que a assertiva soaria aproximadamente assim: os deuses existem porque a maioria dos povos acredita em sua existência, e não há como (é contraproducente e sem efeito) querer qualificar essa maioria destruindo a sua fundamental crença, tampouco adotando-a sem nenhum senso crítico em vista da elevação humana. Só a educação, entretanto, na qual implica o aprendizado do uso (para além do meramente técnico) da razão, pode mudar esse quadro.

Até podemos dizer que questionar a existência dos deuses corresponderia, para Epicuro, a promover um pseudoproblema de um ponto de vista quer lógico quer cultural. Do ponto de visa lógico, o conceito *deus* é filosoficamente dado como coincidente (no que Epicuro acompanha Platão) com as ideias do belo, do bom e do justo, e que, portanto, sob um uso *franco* (não maligno ou meramente estratégico) da razão não há como negá-lo; de um ponto de vista da cultura popular, a ideia de *deus* é tão arraigada na mente do povo que não há como promover e almejar qualquer qualificação desconsiderando (na mente deles) a existência dos deuses adstrito quer à natureza da razão quer às crenças e valores ínsitos (em termos consuetudinários) na mente. Daí que, em ambos os aspectos, só um mestre insano se disporia, de um lado, a desvincular a

---

[412] *De natura deorum*, I, XVII, 44.

reflexão teórica, concernente ao éthos humano, do *que é divino*; de outro, não dá para desqualificar de um povo, justamente daquele que se quer qualificar, os seus valores e suas crenças por mais racionalmente precárias e rudimentares que sejam. Não há como esvaziar a alma de um povo e, abruptamente, preenchê-la com outros valores, crenças e propósitos mais eficientes, sem trazê-los a um processo educador e qualificador do humano dentro do qual se dispõe a preencher (reformar) a mente sem violentar.

Epicuro, ao dizer que *dos deuses temos uma noção comum gravada* na mente, dá a entender pelo menos três coisas:

a. que não temos inscrita na mente a noção *deus* ou *deuses*, e sim uma *noção*, que implica em um certo conhecimento comum ao que é divino, por nós reverenciado sob o nome ou conceito *deus* pressuposto racionalmente como detentor dos atributos sendo concernentes a uma natureza divina referida a *cada um* dos deuses;

b. que por *noção comum* cabe entender não apenas um conceito universal acessível em cada um de nós na mente, mas também uma noção comum a todos os deuses, como se, conceitualmente, fossem apenas um deus;

c. que não se trata de *uma* noção no sentido de *um* só conceito, mas de um *saber* (*gnōsis*) a título de *cognições* fidedignas (merecedoras de confiança ou crédito) que deles podemos ter mediante atributos de excelência (relativo ao que é ser *belo, bom* e *justo*): conceitos que evidenciam qualidades próprias da natureza de um deus, cuja existência é pressuposta em conformidade com a intelecção humana construída mediante os referidos atributos.

6.2 – Sobre os conceitos de "noção comum" e "evidência em nós"

São dois conceitos proferidos por Epicuro [o de *noção comum gravada* na mente (*hē koinè... nóēsis hypegráphē*) e o de *evidência em nós* (*par' hēmîn... tò enárgēma*)] que aqui merecem uma atenção específica. Estão expressos em lugares diferentes: o primeiro, na *Carta a Meneceu* (§123); o segundo, na *Carta a Heródoto* (§72). Ambos se completam. Sobre o conceito propriamente dito de evidência (*enargés*), já referido acima e também tratado no *Epicuro e a base do epicurismo* I (2013, p. 132ss.), o que mais importa aqui destacar diz respeito ao conceito de *evidente para nós* nos termos de uma evidência disponível em nós, que carregamos conosco. Vimos, aliás, como, no contexto da referência, *par' hemîn... tò enárgema* diz respeito ao que é evidente de um ponto de vista subjetivo, porém, objetivamente válido para todos, ou seja, com valor objetivo, universalmente válido enquanto subjetivamente por todos passível de ser certificado. Daí que na afirmativa a *Meneceu* (§123), "os deuses existem (*theoí... eisín*), pois é evidente a noção que temos deles (*enargès gàr autôn estin he gnôsis*)", a evidência a que Epicuro se refere é do mesmo tipo.

Daí que o *enargès* (adjetivo com o qual expressa o que se mostra ou que é claro, visível, evidente) da assertiva não diz respeito ao sensível, e sim ao inteligível. Refere-se a uma visibilidade, clareza ou evidência derivada da intelecção racional: do ver inteligível ao modo como concebeu Platão, um ver epistêmico, falquejado pelo empenho conceitual do labor derivado da ciência. No caso específico, entretanto, de Epicuro, não é apenas a mente sábia ou maximamente cultivada que pode ter acesso ao conhecimento evidente que uma inteligência humana em si mesma pode ter. Epicuro não pressupõe um suprassumo de intelecção, e sim a fazer uso do próprio intelecto em favor da compreensão da posse de sabedoria e, consequentemente, do que é divino. *Consequentemente* em razão de que a sabedoria pressupõe conceitos relativos ao que é divino não ao que é maligno: à edificação do que é belo, bom e justo, não do que é feio, mau e injusto.

A busca pelo *que é divino* não se restringe a Epicuro. Desde os primórdios do filosofar, este tem sido o pressuposto fundamental: não há como o intelecto humano acessar a sabedoria sem se apossar do que é divino (*tò theîon*). Não há como buscar o bem trilhando o caminho do mal, assim como não é possível acercar-se da sabedoria odiando-a! Não foi, pois, sem razão que a busca por sabedoria recebeu o nome de *filosofia*: de *amor* ao saber. O ódio nada constrói; com ele nasce e prospera a indiferença, que, por sua vez, anula a empatia e, com ela, a capacidade humana de promover o entendimento, a afeição e, enfim, de ver no outro uma certa extensão de si mesmo. Daí porque a filosofia historicamente sempre foi concebida como afim da religião, e que toda escola filosófica se pareceu com uma comunidade religiosa: porque a principal tarefa do pensamento consiste em encher (ocupar) a própria mente de conceitos ou noções valiosas da esfera do que é belo, bom e justo ou excelente, em favor da verdade e não da mentira, do amor e não do ódio, em uma palavra, *sabedoria*.

Quanto à assertiva presente na *Carta a Meneceu*, o de "*noção comum gravada*", a primeira observação nos leva a Cícero que verteu a expressão grega *nóesis hypegráphe* por "*notionem impressisset*", ou seja, por "noção impressa" na alma, ali *depositada* (*insitas*) feito uma cognição ou conhecimento inato (*innatas cognitiones*).[413] Ora, foi essa tradução de Cícero e o debate no *De natura deorum*, por ele promovido, que deu a tônica das interpretações posteriores. O conceito de *innatas cognitiones*, do qual se valeu, findou por inevitavelmente remeter Epicuro à teoria das ideias de Platão. Tratou-se, com efeito, de uma remissão que, antes de esclarecer, complicou um pouco mais a questão, visto que o conceito de *cognições inatas*, no sentido de *conhecimentos adquiridos*, sob a mesma conotação da teoria das ideias de Platão, não condiz exatamente com o ideário filosófico de Epicuro.

Impressisset, Cícero traduziu de *hypegráphę* derivado de *hypográphǫ*, cujo verbo comporta, no contexto da filosofia grega, tanto um sentido relativo aos bosquejos das matemáticas (particularmente da geometria) quanto da escrita *grafada* nos "cadernos" ou "quadros" ou lousas da época. Naquele tempo imperava o "quadro ou lousa", em geral, de madeira, coberta de parafina, utilizada pelo professor em sala de aula e também pelo aluno, na forma de uma pequena tabuleta, com a qual circulava de casa para a escola e da escola para casa. Os livros eram escritos ou em coro de cabra ou de ovelha ou até mesmo de boi e, mais raro, no pergaminho; informações cívicas eram esculpidas e veiculadas em uma prancheta de madeira ou de pedra. O verbo *hypográphǫ* poderia ser em português traduzido por escrever ou bosquejar, no sentido de traçar as linhas gerais (delinear, esboçar, contornar, entalhar) quer em termos de figurações geométricas quer da escrita propriamente dita. O substantivo *hypographeús* nomeava, em geral, o escrevente, o copista, o secretário e, portanto, alguém habilitado em esculpir, feito um desenhista ou pintor, símbolos *gráficos* da língua grega. Daí que o *hypographeús*, enquanto escrevente, gozava do mesmo *status* do escultor, do pintor ou do desenhista ou do artista em geral. Nem sempre o filósofo ou pensador grego coincidia com o *hypographeús* (com o escritor de seus próprios textos), em geral, contratado e pago em função de sua atividade. O *hypographeús*, por exemplo, de Demócrito foi Protágoras, o dos pitagóricos foi Filolau, o de Sócrates, Platão, o de Epicteto, Arriano, o de Plotino, Porfírio.

Aqui, a fim de entendermos bem o ponto de vista de Epicuro a respeito da referida *noção comum* (*koinè... nóęsis*) *gravada* na mente, por *hypegráphę*, não cabe entender algo inato no sentido de *nascido com* e, menos ainda,

---

[413] "[...] in omnium animis eorum notionem impressisset" (*De natura deorum*, I, XVI, 43); "insitas eorum, vel potius innatas cognicitiones habemus" (Idem, I, XVII, 44).

o de estampado ou de esculpido na mente por algum artífice (*leitourgós*) celestial feito o demiurgo imaginário (por analogia ao *pólis*) concebido por Platão. Só poderíamos atribuir o conceito de "*inato*" ou de "*nascido com*", caso concebêssemos a dita *noção comum* (que não se restringe a um único conceito, mas a vários concernentes ao que é *divino*) sob dois sentidos:

a. um, que leva em conta a "divindade" da própria razão no sentido de que ela, a contento, somente se exercita em plenitude, feito uma atividade amorosa, sob a positividade do que é bom, belo e justo. Não foi, aliás, como já dito, sem motivo que os gregos denominaram a atividade racional de *philo-sophia*, de amor à sabedoria;

b. outro sentido diz respeito à busca por excelência enquanto labor essencial da razão consorciada à vida prática, ao que hoje denominamos de 'experiência de vida'. Trata-se de um feito que transladada, nas mentes, de geração em geração: quer dos pais para os filhos, quer dos mestres para os educandos, e quer, enfim, através dos mecanismos próprios da transferência consuetudinária.

Sem ir mais longe na questão, o fato é que, mesmo sob um sentido amplo concedido às *prolépseis*, de modo algum a proposição de Epicuro comporta o mito relativo aos *conhecimentos adquiridos* pela alma em outras vidas passadas, a não ser nesta vida (transladados de geração em geração). No que concerne às noções *gravadas* na mente (relativas ao que é divino), elas, na proposição de Epicuro, dizem essencialmente respeito a conceitos próprios do operar da razão sob pressupostos de bom senso, de discernimento e de razoabilidade. Daí decorre um outro aspecto importante: o da necessidade de destacar como se dá a referida *hypegráphe*, ou seja, a *gravação* (*inscrição* ou *impressão*) na mente da *noção comum* (*koinè... nóesis*) referida aos deuses. A questão é importante, visto que o conceito de *noção comum* independe das *prolépseis* restritas a um *éthos* (em termos de um conjunto de usos e costumes ou de valores), tampouco a um *éthnos* (povo, tribo, comunidade, cultura ou mesmo uma linhagem familiar) ou a um consuetudinário (*synéthes*) que "rege" (no sentido de que interfere ou condiciona) tanto o modo de pensar, que implica formular e proferir opiniões, quanto o modo de se comportar próprio de um determinado éthnos (linhagem cultural).

A *noção comum* (*koinè... nóesis*) a que Epicuro se refere ultrapassa a província do estatutário ou de um éthnos específico, visto que tem caráter universal, ou seja, se insere em todos os povos (tribo ou nação) com seu éthnos e, portanto, está presente em todo o macrocosmos humano, e, enfim, não se reduz a uma mera questão conceitual ou de linguagem. A questão diz respeito à faculdade racional e ao seu uso, que, em qualquer circunstância, quer quanto à capacidade técnica de cálculo ou de resolução de problemas, quer quanto à aptidão de educar a própria razão em vista da ilustração, do entendimento e da compreensão, quer quanto à habilidade de avaliar e de ajuizar etc., pressupõe uma faculdade intelectiva que se move mediante noções (também por Epicuro referidas como *prolépseis*) de excelência concernentes ao que é divino, e não pelo seu oposto.

Todas as *prolépseis*, não só as consuetudinárias, dizem respeito a uma memória contemporânea, que está aí, sempre disponível no reservatório mnemónico da mente. São passíveis de serem sempre revisadas, ao modo de quem dá um passo atrás em busca de fazer melhor, de aprimorar (quer pelas experiências da vida quer por força da educação e da instrução) suas crenças, seus preconceitos e fobias como um ganho em compreensão e em alargamento de horizontes. No universo das *prolépseis* — eis, neste contexto, a principal questão —, toda a qualificação e edificação humana passa por uma *noção comum do que é divino*. Ninguém, afinal, se qualifica fora desse plano (da dimensão *tò theîon*): não há como ser melhor, aspirar por *excelência*, desejar aquilo que os gregos denominavam de *béltistos* (superlativo de *agathós*), querendo ser pior ou propondo-se a fazer malfeito, cujo fazer, para, efetivamente, ser *bem* malfeito, carece igualmente de ser benfeito!

Como, afinal, ser bom promovendo o que é ruim, associando-se com a desqualificação ou com o que é desonroso, sem reputação ou racionalmente asqueroso? Como ser justo promovendo o injusto ou elevando ao governo o preconceito, a infâmia, a ignomínia, a injúria, a mentira contumaz e o desacato? Quando há esse tipo de governo, não há espaço para a prosperidade e, quem o elege, está em si mesmo fechado na perspectiva da qualificação humana: se acha pronto e acabado em sua própria brutalidade e ignorância, em si reverenciado como "sabedoria". Aqui está toda a questão, que se resolve, finalmente, em *noções* ou conceitos, visto que, afinal, somos seres conceituais, entre eles fundamentalmente o de belo, bom e justo: conceitos que implicam a excelência ou o *béltistos*. Não se trata de meras palavras, e sim de conceitos que circunscrevem uma *noção comum* e que se fazem presente em todos os éthnos ou linhagens culturais. Não há um povo ou uma nação sequer que põe a busca por qualificação e prosperidade humana assentada no cultivo da maldade, do ódio, da mentira, da injúria e da injustiça. Só o insano toma a desqualificação como qualificação, o desacerto como acerto, e assim por diante. Daí que mesmo um povo de bandidos carecerá de parâmetros de qualificação e de acerto para, a contento, exercer a sua *bandidagem*. Até o ladrão, para ser eficiente, haverá de ser habilidoso a fim de ser reconhecido pelos seus pares como um "bom ladrão".

Como derradeira observação, fica patente em Epicuro, no contexto da *Carta a Heródoto*, a consideração segundo a qual é próprio dos éthnos (*tõn éthnōn* = dos povos, das culturas, das tribos ou nações) e também da natureza humana (*tàs phýseis tōn antrópōn*) a fixação de conceitos que promovem noções comuns, entre os que dizem respeito ao que é bom (referente ao bem), ao que belo (humanamente honroso, nobre, valioso) e ao que é justo (imparcial, reto, honesto, legitimado pela verdade): conceitos que, enfim, de posse da mente, nela imprimem e facultam o reconhecimento humano do que é *divino*. A questão de modo algum comporta a percepção segundo a qual foram os deuses, ou um deus entre os deuses que se ocupou em grafar na mente humana as *prolépseis* relativas ao que é divino. Nenhum dos deuses — assim concebe Epicuro — inventou a palavra humana, mesmo as mais grandiloquentes como as do bom, do belo e do justo. Elas se inscrevem em nossa mente por força de uma necessidade da razão, que, ao se exercitar, as apresentam para nós o bosquejo ou traço da natureza do divino como modelo e alimento da qualificação humana.

Ainda a respeito da origem das palavras, Epicuro as concebe como símbolos que, mesmo sendo convencionais, não foram, a rigor, impostos nem por decreto nem por instrução. Nem a assembleia do povo nem o mestre-escola (como registrou em Diógenes de Enoanda) se ocuparam em determinar, por exemplo, que "isto vai se chamar *pedra* ou *madeira*, ou *homem*, ou *cachorro* ou *boi*", e assim por diante.[414] Na *Carta a Heródoto* (§ 75), mesmo considerando que os nomes (*tà onómata*[415]) não tiveram a sua origem restrita à convenção, Epicuro aprendeu com Demócrito que a convenção não decorre apenas de uma *instrução*, como também de uma espontaneidade natural. O fato é que Epicuro repele a pressuposição mítica segundo a qual foram os deuses ou quem quer que seja que dotaram os humanos da palavra.

---

[414] "Quant aux sons articulés [...] et ne croyons pas non plus ceux des philosophes qui disent que les ont été imposés aux choses par convention et instruction, a fin que les hommes disposent de [signes] appropriés... à la manière d'um maître d'école qui [...] touchant chaque chose, expliquerait: 'ceci doit être appelé *pierre*, cela *bois*, ceci *homme*, ou *chien* ou *boeuf*..." (Diógnes de Enoanda, fr. 12, DELATTRE & PIGEAUD, 2010, p. 1035).

[415] *Carta a Heródoto*, § 67, 70, 77.

Eis o que a esse respeito registrou Lucrécio, no *De rerum natura*:

> Quanto aos vários sons da linguagem, foi a natureza que permitiu emiti-los e a utilidade obrigou a dar nomes às coisas [...]. Desse modo, pensar que foi alguém que, em algum momento, distribuiu nomes às coisas, e que, posteriormente, os homens aprenderam os primeiros vocábulos, carece de bom senso.[416]

No que concerne a Demócrito, temos dois fragmentos que nos permitem inferir o que ele pesava a respeito:

a. um atribuído ao próprio Demócrito: "O nome de Zeus é o símbolo e a imagem vocal da realidade demiúrgica";[417]

b. outro, sob um comentário de Galiano: "Por convenções (*nómoi*), Demócrito entendia o que é relativo aos costumes e, o eu, o que é relativo a nós (*nomisti kaì pròs hemãs*)".[418]

Epicuro, defronte a Demócrito, se posicionou assim: que faz parte da natureza humana atribuir nomes aleatórios às coisas, mas, em geral, tais nomes são derivados de afecções (*páthe*) e de imagens (*phantásmata*) particulares próprias dos usos e costumes deste ou daquele povo individualmente considerado (*kath' ékasta éthne ídia*).[419] Assim sendo, a linguagem não foi e não é fixada por alguém individualmente, e sim derivada de designações (palavras, nomes) que remetem a determinadas afecções e percepções naturais humanas no confronto dos seres e das coisas, cujo objetivo consiste em prover o entendimento, o convívio e o intercâmbio humano. Mas as palavras, como escreveu Lucrécio, não nascem de outra maneira se não mediante uma engenhosa articulação (harmonização) de sons: "Quando, do fundo de nosso corpo, fazemos sair vozes e as emitimos pela boca, a móvel língua, obreira das palavras, as articula e, com a ajuda dos lábios, lhes damos forma".[420]

---

[416] "At varios linguae sonitus natura subegit mittere et utilitas expressit nomina rerum, non alia longe ratione atque ipsa videtur protrahere ad gestum pueros infantia linguae, cum facit ut digito quae sint praesentia monstrent. [...]. Proinde putare aliquem tum nomina distribuísse rebus et inde homines didicisse ocabula prima, desiperest." (*De rerum natura*, V, vv.1028-1032; 1041-1043).

[417] "[...] tò toû Diòs ónoma sýmbolón esti eikón en phonêi demiourgikês ousías..." (DK 68 B 142, recolhido em Hiérocles. *Comentário sobre os Versos de ouro de Pitágoras*, 25).

[418] DK 68 A 49, recolhido em Galiano. *Os elementos segundo Hipócrates*, I, 2. DK 68 B 125, apud Galiano. *Sobre a medicina empírica*, fragm. ed. H. Schöne, 125. DK 68 A 134, recolhido em Sexto Empírico, *Hipotiposes pirronianas*, II, 63.

[419] *Carta a Heródoto*, § 75 e 76; veja a tratativa de Diógenes Laércio no § 33.

[420] "Hasce igitur penitus voces cum corpore nostro exprimimus rectoque foras emittimus ore, mobilis articulat nervorum daedala lingua, formaturaque labrorum pro parte figurat." (*De rerum natura*, IV, vv.1047-1050).

7 – *Prólepsis* e *hypólepsis*: sobre a existência real e conceitual dos deuses

7.1 – A prova da existência dos deuses: uma pseudo questão para os gregos

Não comparece em Epicuro uma real preocupação no sentido de provar que os deuses existem. Não só Epicuro, como também os filósofos gregos, em geral, não cultivaram esse tipo de preocupação, e pela seguinte razão: porque seria uma necessidade do descrente e não do crente. O pressuposto no qual Epicuro se apoia vem a ser este: apenas os descrentes carecem de provas de que existem deuses, visto que estes mesmos descrente, assim como os crentes, uma vez que se empenham em educar a própria razão, nela encontrarão como que impressos os *atributos* do que é divino inscritos nela. Outro aspecto ainda, e sob um outro ponto de vista, é de que os deuses etéreos da concepção mitológica grega são filosoficamente reconhecidos como da mesma "percepção" humana dos fantasmas ou das bruxas ou dos espectros que povoam a mente de muitos, até da dos descrentes, e ninguém, por mais ardilosamente teórico que seja, consegue provar que não existem. Não conseguem porque, como pressupõe Epicuro, se sustêm mediante suposições que não têm fundamento conceitual na razão, de modo que, sem amparo racional, promovem opiniões falsas derivadas dos receios e medos (irracionais) humanos, e também da falsa crença (ou conjetura) de que os deuses promovem o bem para os bons e o mal para os maus.[421]

Não é razoável e, inclusive, para os gregos, era totalmente desnecessário provar a não existência dos deuses ou dos *daímones* ou de *entes* celestiais. Trata-se, com efeito, de *entes*, que, sob a mentalidade grega, não são seres *sobrenaturais*. Esse é um conceito estranho à mentalidade grega, visto que, para eles, tudo o que existe é natural e se insere dentro deste plano. A questão filosófica fundamental a esse respeito, e tendo em conta a despreocupação no sentido de buscar provas, não recai no sentido de sair em defesa da real existência dos deuses, e sim de questionar como se ocupar (trabalhar) na educação (na ilustração) dos populares sem levar em conta as crenças arraigadas na mente deles. A questão se complica um pouco mais quando se pergunta a respeito do método ou da pedagogia de como fazê-lo.

---
[421] *Carta a Meneceu*, § 124.

São duas questões distintas a se considerar: uma, a existência real dos deuses da crença tão arraigada no consuetudinário da mente popular que não há como qualificar (educar) essa mesma mente sem levar em conta sua reverência aos deuses em geral e ao seu deus ou deusa favorita (padroeira, devocional) em particular; outra, a dimensão *tò theîon*, do que é divino, enquanto atributo conceitual habitante da razão, por cujo habitar é dado almejar por excelência, por uma fonte idealizada de humana qualificação e melhoria. Quanto aos chamados *deuses astrais*, os filósofos, à medida que o povo cultuava entes celestes *visíveis*, tal como o Sol, a Lua e todos os demais astros reconhecidos como *deuses*, se deu como evidente a *não necessidade* de provar que tais deuses (Sol, Lua etc.) existem, visto que, afinal, efetivamente existem, restando apenas a necessidade, feito uma obrigação, de explicar o porquê, como ou de que modo, ou para que existem! Foi nesse momento que, entre os gregos, imersa na Filosofia, nasceu a ciência, por Platão referida no *Protágoras*, "sobre a natureza e as leis que regem os astros – *dè perì phýseós te kaì tōn meteóron astronomikà*",[422] cuja ciência fazia parte do rol de disciplinas, com a do cálculo, da geometria e da música, do ensino dos sofistas.[423]

Foi, efetivamente, nesse momento que a Filosofia, enquanto *ciência da natureza*, cunhada por Epicuro, a partir de Aristóteles, de *Physiología* (de "o logos reflexivo sobre a *phýsis*"[424]), foi alçada a um outro patamar, entre si vinculados, quer como *meteorologia*, como "ciência das coisas do alto" (do que está elevado na abóboda celeste) quer como *teologia* (relativo a um *logos divino* que tudo move e que tudo governa). Por *logos divino*, é preciso de imediato considerar que não se trata propriamente de um ser existente, e sim de uma (por nós) suposta inteligência e vontade a título de uma força ou vigor que independe de qualquer movimento externo à natureza (e, evidentemente, de nós). De um lado, os filósofos gregos chamam de inteligência e vontade por analogia a nós mesmos, sem que isso efetivamente venha a induzir que haja uma inteligência e uma vontade (em termos de algo real, concreto) atuantes na natureza, razão pela qual (ou seja, por não se configurar como real, concreto) denominam de *divino*; de outro, no pressuposto segundo o qual *independe* de movimentos exter-

---

[422] *Protágoras*, 315 c.
[423] "[...] *logismoús te kaì astronomían kaì geometrían kaì mousikèn*" (*Protágoras*, 318 e). O termo astrologia é corriqueiro em Aristóteles: *Metafísica*, I, 8, 989 b 33; III, 2, 997 b 16; etc.
[424] "[...] alguns dos fisiólogos (*tōn physiológon*) depois de supor que o ente (*tò ón*) é um [...] dizem que é imóvel" (*Metafísica*, I, 5, 986b 14-19); *Metafísica*, I, 8, 989 b 30-31.

nos à natureza comporta a ideia de que nada existe fora da circunscrição cósmica e, ademais, em termos de administração ou governo do fazer-se natural, no que diz respeito a nós, cabe-nos compreender e explicar como forma primordial relativa a qualquer gerência sobre o *Kósmos*.

Sob essas conotações, de *meteorológica* e de *teológica* (cujo termo não comportava exatamente o mesmo sentido que lhe concedemos hoje), os filósofos (*physiológoi* ou *physikoí*[425]) tomaram para si a tarefa (em favor da educação e da edificação humana) de compreender e de explicar tudo (*normatizar*) o que se passa no "alto do céu". Por *meteorologia* cabe entender, de um ponto de vista da ciência dos gregos, o logos da investigação humana a respeito das coisas se se passam no alto (*metéoros*); por *astrologia*, o logos a respeito dos astros, e, por *astronomia*, a norma ou as normas naturais regentes desses mesmos astros.

Na tarefa de explicar os luzeiros celestes, desde Tales e Pitágoras, o principal da dita filosofia da natureza ou cosmologia grega consistiu em entender como, por exemplo, o deus Sol, a deusa Lua e todos os deuses astrais se relacionavam e se harmonizavam entre si, e com a vida do cosmos e com o viver humano. Resultou, pois, a esse respeito ser bem mais "fácil" e eficiente tecer explicações e, consequentemente, obter um bom acolhimento a respeito dos *entes celestes visíveis*, que dos deuses invisíveis: seres conceituais desconhecidos, etéreos e imperceptíveis. Daí a principal razão pela qual a filosofia grega se assumiu fundamentalmente como uma *cosmologia* (termo cunhado por Kant) como uma ciência do *kósmos* ou *physiología* (ciência da natureza), e não propriamente como uma *teologia* – mesmo que entrasse a tomar parte da explicação; entrava justamente porque os principais astros regentes do *Kósmos* eram cultuados e reverenciados pelo povo como deuses.

Todo esse empenho no sentido de explicar e compreender a Natureza remonta a Tales e a Pitágoras e aos demais sábios da Grécia (primeiros mestres da filosofia e da ciência) com valiosas contribuições sobretudo de Anaximandro e de Anaxágoras que ainda hoje são válidas. Não só os filósofos se orientaram nesta direção, como também os *filómitos* (os amantes dos mitos) juntamente com os poetas. Filósofos como Platão e Epicuro, se valeram da cultura e do mito como método de aproximação popular. Parece estranho, mas cabe nesse rol incluir também Heráclito apesar de ter sido denominado de *o obscuro*.[426] A alcunha não lhe faz justiça; ela contrasta

---

[425] *Metafísica*, I, 8, 990 a 3; I, 10, 993 a 11 etc.
[426] DK 22 Heráclito A 3a, *recolhido em* Estrabão, *Geografia*, XIV, 25, p. 642; DK 29 Zenão A 3, *recolhido em* Eusébio, *Cronografia*; *Filósofos Pré-socráticos*, 3. ed., p. 157ss.

com o que a respeito de Heráclito disse Diógenes Laércio: "Alguns de seus escritos (*syggrámmati*) são extraordinariamente brilhantes (*lamprôs*) e claros (*saphôs*), acessíveis inclusive aos mais obtusos, nos quais promovem elevação na alma".[427] Foram a brevidade e a concisão que deram aos seus escritos um tom de obscuridade, sem falar dos comentadores e intérpretes que o tornaram bem mais complexo do que na verdade haveria de ser. Há um fenômeno humano difícil de entender que consiste justamente na extraordinária dificuldade de lidar com a simplicidade e a clareza e, inclusive, com a verdade!

São muitas as sentenças de Heráclito que mostram uma profunda preocupação em transformar o *status quo* da cultura vigente e promover uma reeducação. Com elas vem manifesta uma verve profundamente crítica, que, sem dúvida, o colocou em uma condição de isolamento defronte ao poder político e da elite mantenedora do consuetudinário de seu tempo. Ele censurou os poetas e as crenças do povo, e foi isso, sem dúvida, que o colocou em uma condição de isolamento e de obscuridade, levando-o a se instalar na quietude. Eis algumas sentenças, que, certamente, não caíram no agrado dos que preservavam a sabedoria tradicional estabelecida:

> O povo dirige orações à estátuas, mas ignoram o que são os deuses e os heróis; Os asnos preferem a palha ao ouro; Homens que não sabem nem escutar nem falar, mas sabem dissimular a própria ignorância; A polimatia não instrui a inteligência, senão teria instruído Hesíodo, Pitágoras, Xenófanes e Hecateu; Homero deveria ser expulso dos certames (literários) públicos; A maioria tem por mestre Hesíodo [...] que não sabia distinguir o dia da noite; Os homens se enganam no conhecimento das coisas visíveis; Más testemunhas, para os homens, são os olhos e os ouvidos, se suas almas são bárbaras; A todos os homens é facultado conhecer a si mesmos e o pensar correto.[428]

Nem Platão nem Epicuro e nenhum dos filósofos daquele tempo se ocuparam em escrever para os sábios, e sim para um público mais amplo, sobretudo, o juvenil, razão pela qual foram levados a escrever em grego ao modo de quem, movido pelo desejo e pelo amor ao saber, quer comunicar este mesmo saber de forma agradável e acessível. É um fenômeno próprio de nosso tempo o especialista filósofo escrever para um outro especialista,

---
[427] DK 22 Heráclito A 1, *recolhido em* Diógenes Laércio, *Vidas e doutrinas dos filósofos ilustres*, IX, 1, 7.
[428] Citamos apenas o número dos fragmentos conforme a sequência em que foram citados: 5, 9, 19 (no qual foi incluído parte do frag. 95), 40, 42, 57, 107 e 116.

a ponto de, nesse entremeio, entre a escrita e a publicação (ou seja, antes de alcançar o especialista leitor), se impor ainda um outro especialista que dá o parecer técnico próprio de um verdadeiro e reconhecido especialista![429] Lá na Grécia antiga os filósofos fizeram da língua e da cultura grega o instrumento e o chão do filosofar sem nunca se perguntarem se era mais fácil filosofar na língua deles ou na dos outros, se era conveniente fazer filosofia mirando-se na própria cultura ou na dos de fora, se era mais apropriado questionar a si mesmos (o homem grego) ou o vizinho? Filosofaram de tal modo a fazer caber a si mesmos e os demais!

7.2 – De Xenófanes a Epicuro: convergências entre o filosófico e o religioso

Xenófanes, o mestre de Heráclito e de Parmênides, foi o primeiro dos filósofos gregos a colocar em questão a cultura popular no intuito de repensá-la em busca de qualificação e de edificação a partir das crenças fundamentais cultivadas pela *maioria*. Quando se diz aqui *popular* ou a *maioria* nada tem a ver com riqueza ou pobreza, com quem tem algum estudo ou não, com quem tem habilidades (capacitação técnica, teórica e prática) de ofício ou não, e sim com quem tem alguma sabedoria que implica em ajuizamento crítico e reciclagem defronte aos valores derivados da cultura ou do consuetudinário. Ocorre que todos nós, indistintamente, estamos inseridos em uma certa tradição e cultura, de modo que a dificuldade se põe quando não reciclamos a mente com o saber sobre o qual se assenta a possibilidade humana de edificação e de qualificação: restamos oprimidos pelas crenças e valores da maioria, caso os cultivemos sem boa vontade e disposição de reciclá-lo.

Não faz muita diferença ser um serviçal, desde o diarista, o pedreiro, o carpinteiro, o médico, o dentista, o veterinário, o professor, se todos pensam tal como os ancestrais: cultivam acriticamente os mesmos valores

---

[429] De modo algum cabe aqui conjeturar qualquer negação do estudo ou da pesquisa especializada, tampouco negar que a especialização é um fato. Existem disciplinas especializadas promovidas por indivíduos especializados que confabulam entre si em favor do primor da ciência ou de um saber técnico específico com o qual se ocupam. Mesmo no que concerne à própria filosofia, há disciplinas que requerem conhecimentos e habilidades específicas, inclusive, técnicas, como, por exemplo, relativas à lógica, ou mesmo às disciplinas tais como a filosofia da matemática, da física, da história etc., cujas junções entre "filosofia" e "matemática", "física" e "história" etc., pressupõem conhecimentos também de matemática, de física e de história. Trata-se de uma questão que atiça um amplo debate que não reduz a filosofia a um saber meramente técnico comprometido apenas com ele mesmo, sem levar em conta a função educadora do filosofar quer quanto ao uso do intelecto quer quanto à promoção dos anseios humanos de bem-estar e de civilidade.

(que, por vezes, nada tem a ver com "valores"), crenças (que, na verdade, são "descrenças"), conceitos (que são "preconceitos"), e assim por diante. Só a posse do *diploma* não faz ninguém adiantar sequer um centímetro no modo de ser e de pensar subjugado aos conceitos e preconceitos consuetudinários ou ancestrais. Sem reciclagem não há prosperidade. Quem sai do recinto acadêmico com a mesma mentalidade que lá entrou, resta sempre o mesmo, sem capacidade de transformar e de iluminar! A experiência subjetiva da vida não basta: sua plenitude nos alcança na velhice quando já não mais carecemos dela e quando bem poucos estão dispostos a nos escutar, e quando, inclusive, querendo ou sem querer findamos por nos aquietar.

Eis aí, afinal, o *asebés* (o ímpio ou descrente) da proposição de Epicuro: trata-se de uma seita de humanos que, apesar de detentores de alguma instrução (em geral, técnica), continuam reverenciando os mesmos princípios precários, quando não falsos, que a maioria cultiva.[430] A esse respeito a questão fundamental relativa à reflexão teórica de Epicuro, não está em reverenciar os deuses, tampouco cultivar a religião, e sim os princípios precários que alimentam a mente (daí que o problema está na mente) dos que, apesar de deter algum nível de intelecção (técnica, teórica ou prática) se mantém no mesmo nível da "ignorância" popular. *Ignorância* vem entre aspas em razão de que se trata de um atributo que não cabe especificadamente aos populares, aos que não tiveram oportunidade de acesso à instrução, e sim aos que tiveram, mas restaram estacionados no nível dos preconceitos (a título de discriminações, deformações e fobias) estruturais da "educação" e da cultura. Daí que o verdadeiro *ignorante* vem a ser aquele que teve acesso ao estudo e à qualificação, que, inclusive, desenvolveu habilidades aprimoradas (é um bom médico, bom advogado, bom dentista, bom veterinário, bom matemático, bom lógico), mas, mesmo assim, restou no mesmo nível da dita "ignorância" popular! Não se trata, com efeito, de uma "ignorância" que atinge apenas o "diplomado", mas todo o sistema "educador" que o gerou, e que igualmente carece de reciclagem e de reforma.

A afirmação, como que categórica, de Epicuro segundo a qual "os deuses existem porque é evidente o conhecimento que temos deles",[431] funciona como uma forma de certificação de um consenso popular no sentido de assegurar, sem negar e sem refutar, apenas requalificar uma

---

[430] *Carta a Meneceu*, § 123.
[431] USENER. *Epicurea*, fr 38, p. 107.

crença indiscutível do senso comum e promovê-la como um mecanismo de pacificação e de tranquilização do ânimo humano. Epicuro quer ensinar filosofia e, com ela, promover o exercício do pensar em benefício da prudência, do cuidado de si e do cultivo da vida serena e feliz. A crença nos deuses e nos *daímones* e o reconhecimento de que eles existem eram inquestionáveis para o grego comum. Os populares davam crédito aos deuses na administração do bem e do mal, a ponto de submeterem à iniciativa deles todo o acontecer humano e cósmico. Tudo era por graça deles. Foi no contraposto desse modo de pensar que Epicuro convergiu a sua dita "teologia" a título de uma requalificação filosófica das crenças sem afrontar o estabelecido, ocupando-se, ao contrário, em promover um consenso lógico assentado no pressuposto de que cada um, dentro de si, encontra disponível *uma noção* quer da natureza do que é humano quer *do que é divino*, de cuja natureza fortificamos a responsabilidade humana de governar a própria vida.

No que concerne à natureza dos deuses (*do que é divino*), a primeira questão a ser por Epicuro considerada veio a ser esta: que os deuses existem porque na mente humana se apresentam *noções* (*prolépseis/hypolépseis*) que evidenciam (informam, certificam) a existência deles, tais como a de eternidade, de felicidade, de bondade e de justiça. São, entretanto, duas coisas a se considerar: uma relativa à natureza do *que é divino* passível de ser unicamente conhecido pelo pensamento consoante aos conceitos (positivos) de imortal, de bom, de belo, de justo, de feliz, de tranquilo etc.; outra relativa às antinomias da natureza do que é humano em decorrência das quais nos certificamos de que *não nos é dado* intelectivamente admitir que o divino possa ser mortal, maligno, infeliz e injusto. *Não nos é dado* não porque não queremos, mas porque o *divino*, enquanto *prenoção*, se esculpe em nossa mente como uma *informação* do que é excelente, em si mesmo destituído de antinomias, cuja informação para nós enuncia o que é *divino* em sentido pleno.

A principal questão da pedagogia filosófica de Epicuro consiste em promover na mente popular a convicção de que a existência dos deuses não depende dos ensinamentos dos mitos ou dos que dizem os físicos ou das profecias dos adivinhos ou da explanação dos astrólogos. A existência deles, especificadamente da natureza do que é divino, diz respeito aos ensinamentos que podemos (todos podem) ter acesso na intimidade da própria razão. Foi em termos semelhantes que Cícero, no *De natura deorum* (*Sobre a natureza dos deuses*) registrou a proposição de Epicuro a respeito de como temos naturalmente acesso à natureza do deuses a ponto de nos certificar de que os deuses existem. Não se trata, segundo a explanação dele, de um encontro com o divino fora de nós, e sim dentro de nós, na intimidade de nossa razão. Quanto mais familiaridade estabelecemos com ela, ou seja, quanto mais conhecemos a natureza da razão, mais nos aproximamos (em saber *o que é*) da natureza divina. Não se trata, pois, de uma crença fruto de opinião imposta por quem quer que seja, ou pelos costumes, mas de um conjunto de noções concernentes à natureza da razão que as disponibiliza tanto ao sábio quanto ao ignorante, e que aflora no empenho da razão em se autoconhecer e se autorregular.

Assim se expressou Cícero:

> Aquela mesma natureza que nos deu o conceito dos deuses, esculpiu em nossa mente que os deuses são eternos e felizes. Se isso é assim [observa Cícero], então assume plena verdade a conhecida afirmação de Epicuro segundo a qual 'um ser feliz e eterno que não se ocupa em perturbar a si mesmo nem criar perturbação aos outros, nem, além disso, em provocar ira nem dispensar graça, visto ser sentimentos que exprimem debilidade'.[432]

No contraposto dos deuses justiceiros e irados da instrução do mito, Epicuro tende a filosoficamente argumentar que são seres totalmente diversos de nós, que nada têm a ver com nossa natureza, mesmo os que têm forma humana, e tampouco têm a ver com qualquer outra natureza animal, mesmo quando assumem a forma deste ou daquele animal. (Nesse aspecto, os gregos mantinham crenças semelhantes às dos egípcios que representavam uns quantos deuses, com corpo humano, mas com o rosto de algum animal, tido como sagrado, por força de sua profunda estimação). Do fato de serem deuses, dotados da natureza do que é divino, por necessidade só haveriam de operar ou de se exercitar dentro da esfera do que é divino e sagrado de modo que na esfera humana restam totalmente inativos.

Os deuses da proposição de Epicuro são espontaneamente levados (por força da natureza deles) a fazer uma *comunidade* exemplar entre si. Aqui uma pequena observação: ela é *exemplar*, mas não nos serve (a

---

[432] "Quae enim nobis natura informationem ipsorum deorum dedit, eadem insculpsit in mentibus, ut eos aeternos et beatos haberemus. Quod si ita est, vere eita illa sententia est ab Epicuro, quod 'beatum aeternumque sit, id nec habere ipsum negotii quicquam nec exhibere alteri, itaque neque ira neque gratia teneri, quod, quae talia essent, inbecilla essent omnia'" (*De natura deorum*. I, XVII, 45). A *sententia* de Epicuro a que Cícero se refere corresponde à *Máxima principal* n. I, § 139.

nós humanos) por completo, e isso em razão de que um *deus* se basta a si mesmo, sem, entretanto (coisa que não se aplica para nós), carecer de um outro deus para ser um deus. Daí que a autossuficiência (*autárkeia*) de um deus não é idêntica à nossa, e seria, inclusive, arrogância, e até mesmo cairíamos em egoísmo, fazer da *autárkeia* (de cada um) deles a nossa. Somos entes que só nos qualificamos no altruísmo e na empatia, sentimentos sem os quais nos autodestruímos como indivíduos e como gênero ou espécie.

Enfim, um outro aspecto da questão diz respeito a uma intenção ou proposição educadora: de que não há como elevar quem quer que seja destruindo suas crenças e seus valores, inclusive, seus amuletos ou crendices com os quais buscam levar uma vida serena e tranquila. Daí que a proposição filosófica de Epicuro consiste em manter a crença e a piedade, qualificando-as, mediante o fomento de uma lógica educadora que encontra alento e sustento no desejo de promover a instrução e a qualificação popular sem se desfazer de suas crenças e de seu valores, e sim aprimorando-os em sabedoria e lucidez humana. Se carecemos de deuses para vivermos de modo sereno e tranquilo, para levar uma vida sem dramas, para manter um coração alegre, desacelerado e feliz, pois, então — eis a proposição de Epicuro —, que cultivemos os deuses e que os reverenciemos, porém, em lúcida piedade, sem dissimulação e de modo honesto, ou seja, sob os atributos inferidos relativamente à natureza do *que é divino* e que exerce sobre nós, não por força dos deuses, mas tomando como nossa a necessidade de conhecer e de reverenciar essa natureza.

7.3 – As projeções (filosóficas) da mente e as suposições do senso comum

As referidas *noções inscritas na mente* (que, aliás, não são muitas) são tomadas por Epicuro como atributos do divino e, portanto, como *evidências* mediante as quais, filósofos e indoutos (*non philosophos solum, sed etiam indoctos*, como disse Cícero), todos são capazes de reconhecer e de compreender (inteligir) *o que é o divino*. A argumentação de Epicuro se assenta no seguinte raciocínio: que o conhecimento dos deuses encontra a sua evidência na veracidade de noções que se antecipam, isto é, que promovem por hipótese ou suposição (mediante projeções da mente) um saber filosófico a respeito do existir dos deuses presumidos a partir da realidade ou verdade da *natureza* deles. Noções tais como *imortalidade*, *perfeição*, excelência, em particular essas duas últimas aplicadas a outras noções, por exemplo, à felicidade, à alegria, ao ser bom, ao ser belo, ao ser justo, e tantas mais, por si só evidenciam (em sentido superlativo) *a natureza do divino*, que não pode ser outra senão essa. Trata-se, em referência ao *ser divino*, daquilo que os filósofos gregos concebiam (relativo aos seres e as coisas) como o existir *assim* de algo: um existir de uma certa maneira, no sentido de que cada ser ou coisa é dotado de uma certa natureza e não de outra, daquilo que os latinos (medievais) presumiram como sendo a *essência* ou a *quididade* das coisas ou dos seres existentes.

São duas coisas distintas a se considerar: uma, as projeções (filosóficas) da mente; outra, as suposições do senso comum. As primeiras dizem respeito a noções que evidenciam a natureza daquilo que denotam: a noção de imortal nos leva a presumir a existência de um ser imortal, a de excelente, um ser em tudo excelente, a de perfeito um ser em tudo perfeito, que, enquanto projeção da mente, só pode existir na condição de um ser divino; quanto às suposições do senso comum, elas decorrem de prejulgamentos forjados mediante opiniões e juízos, em geral, falsos a respeito da existência de seres divinos que contrastam com a realidade ou verdade condizente com uma natureza divina presumida mediante noções de perfeição e de excelência. De um lado temos antecipações que filosoficamente garantem um saber a respeito do que é divino: *um saber*, aliás, que se dá como disponível a todos os seres racionais independentemente de serem cultos ou incultos (qualquer um, quando pensa no conceito de *ser imortal* ou de *ser perfeito* ou de *ser excelente* não presume outro ser senão o divino); de outro, temos a presunção do vulto que supõe conhecer tudo a respeito dos deuses, mas, na verdade, não faz que difundir uma série de opiniões equivocadas que dão sustento a um saber igualmente equivocado, na verdade ímpio, sobre a divindade. A maioria, por exemplo, não é capaz de conceber um deus não incomodativo, que, por exemplo, tem por natureza divina o preceito de que a felicidade sua não pode promover a infelicidade de ninguém, que os seus planos ou desígnios não podem se sobrepor aos planos ou desígnios de um outro etc.

É preciso ter presente que, entre os filósofos gregos, não se admitiam os conceitos de transcendente e de sobrenatural. Sob esses termos poderíamos conceber o que eles presumiam relativo à dimensão *tò theîon* concernente ao que é divino. Anaximandro, por exemplo, dizia que o elemento fundamental constitutivo da natureza do todo era *tò ápeiron* (o infinito ou o ilimitado) por ele definido nestes termos: o ápeiron "é o divino (*tò theîon*) porque ele é imortal e imperecível".⁴³³ Quer dizer: ser imortal e ser imperecível corresponde a ser *tò theîon: o divino*. Heráclito costumava dizer que "a maioria das coisas divinas (*theîon*), escapa ao conhecimento por falta de confiança"⁴³⁴. Empédocles, assim como Heráclito, dizia mais ou menos a mesma coisa: "Não nos é possível colocar (a divindade) ao alcance de nossos olhos ou de apanhá-la com as mãos (*en ofthalmoîsin*), principais caminhos pelos quais a persuasão penetra o coração do homem (*peithoûs anthrôpoisin*)"⁴³⁵.

Há, pois, entre os gregos, um universo de noções que expressam a referida dimensão *theîon*. Trata-se de intelecções/noções que, do ponto de vista epicureu, se põem no plano da *evidência* (*enargès*) intelectiva no sentido de que é por meio das referidas noções que o presumido como sendo *o divino* se mostra e vem conceitualmente expresso de modo claro e evidente, mesmo que invisível, ou seja, fora do plano da percepção sensível. Afora uma aceitação tácita de que *o divino é real* (como presume a maioria), existente e verdadeiro (não existe um *ser divino* e, tampouco, um ser verdadeiro falso), há que se relevar em Epicuro uma translação intelectiva entre a existência conceitual (conceitualmente inferida nos termos de uma *natureza divina*) para a existência real de um *ser divino* concreto, existente de fato, que se coloca, como dizia Empédocles, "ao alcance de nossos olhos" (das nossas afecções sensíveis), a ponto de podermos "apanhá-lo com as mãos". Como pressuposto desse modo de pensar, há, do ponto de vista de Epicuro, o reconhecimento de uma apreensão intelectiva comum, por ele dita *koinè nóēsis*, relativa a uma *natureza divina* evidenciada como um "conhecimento" claro (*enargès gnōsis*) mediante noções do intelecto por meio das quais a todo ser racional (*noético*) é dado admitir, por antecipação ao sensível, o modo de ser (ou de existir) de uma natureza presumida como divina.

Aqui se impõem algumas considerações:

a. Uma relativa à concepção grega (igualmente presente em Epicuro) de que *ser real e ser verdadeiro* e, por consequência, ser existente, são sinônimos. Em tudo o que atribuímos o conceito de existente, a fim de que seja efetivamente existente, tem de igualmente caber

---

⁴³³ ARISTÓTELES, *Física*, III, 4, 203b 14-15; ou como também está dito na *Meteorologia*: "O ápeiron (o divino) é imortal [...] e imperecível" (DK 12 A 27, *recolhido em* Aristóteles, *Meteorologia*, II, 1, 353b 6).
⁴³⁴ "Állá tôn mén theîon tá pollá, kat' Herákleiton, apistíni diaphyggánei mê gngnôskesthai" (DK 22 B 86, *recolhido em* Plutarco, *Vida de Coriolano*, 38).
⁴³⁵ DK 31 B 133, *recolhido em* Clemente de Alexandria, *Miscelâneas*, V, 81.

nele os conceitos de real e de verdadeiro. Um implica o outro: não há como racionalmente conceber um existente que seja falso e/ou irreal em relação a si mesmo.

b. A outra diz respeito ao modo humano de abordar o presumido como existente real e verdadeiro que para nós é acessível mediante afecções sensíveis (relativas à visão, à audição, ao tato, ao olfato e ao palato) e mediante enunciados com os quais designamos o que é *ser tal coisa*, por exemplo, *homem, cavalo, cachorro* etc.

c. Uma terceira tem a ver com a correlação entre a primeira e a segunda em que, para nós, ser real e verdadeiro consiste em fundamentalmente se deixar observar de certa maneira em conformidade com os cinco modos das afecções sensíveis, modos pelos quais somos levados, mediante enunciados denotativos da linguagem simbólica, a caracterizar (significar e remeter) mediante um nome, noção ou conceito o por nós presumido como real e verdadeiro.

d. Uma quarta questão recai sobre o conflito entre os modos humanos de perceber e de enunciar (de remissão conceitual) e o modo efetivo de existir de algo por nós presumido como real e verdadeiro. Tudo o que empiricamente percebemos finda circunstanciado pelos cinco sentidos (pela visão, pela audição, pela palato, pelo tato e pelo olfato) e também enunciado mediante conceito. O que enunciamos, por exemplo, como sendo um *cachorro*, diz respeito a um modo de existir consoante a uma convenção intelectiva da linguagem, mas também circunstanciado pelas afetações sensíveis relativas ao dito ser *cachorro* que nos proporcionam percepções diferenciadas em termos de visão, de audição etc. Há, pois, um conflito entre o ser enquanto real e verdadeiro dado na existência e o que dele temos acesso quer por meio das notações de nossas afecções sensíveis quer mediante convenções intelectivas com as quais dizemos *ser assim* o referido existente real e verdadeiro em si mesmo convencionado (em favor do entendimento humano), no caso, como sendo um *cachorro*.

e. Cabe ainda considerar que o *algo referido pelo conceito* se desdobra ainda em vários outros conceitos decorrentes da percepção sensível que dele temos. Do *cachorro*, no que concerne à percepção do ver (que implica um consórcio equilibrado de luz e sombra) não vemos, por exemplo, *cachorro*, visto que *cachorro* é um enunciado convencional da linguagem (que requer instrução adequada, a fim de proferi-lo verbal e graficamente), de modo, enfim, que, do dito *cachorro*, o que efetivamente todos vemos são apenas forma e cor. Foi dito *todos* em razão de que nomeamos *cachorro* em português, coisa que um francês prontamente não entende, porque diz *chien*, o inglês *dog*, o italiano *cane* etc. Quanto à forma todos veem, por exemplo (verbalizado na própria língua) cachorro *magro* ou *gordo*, *grande* ou *pequeno* etc.; quanto à cor, *preto*, *branco* etc. Além do ver, temos ainda umas outras quantas particularidades que igualmente são submetidas ao conceito, em conformidade com a aferição de cada um dos sentidos. Há ainda que se observar que, enfim, ao dizer "forma", "cor" etc., fica sempre (em nível convencional da linguagem oral e escrita, numérica ou gráfica) um mundo simbólico ordenado mediante números, traços/linhas/riscos, caracteres e sons.

Foi por força do consórcio entre o ser tal coisa intelectivamente concebida e o ser "real" observado (experimentado, provado mediante conotações sensíveis) que os filósofos gregos conceberam o contraposto entre sensível e inteligível entre si consorciados. Especificadamente, na linguagem de Platão, ele de modo claro concebeu esse consórcio sob a denominação de *theòs aisthetós* (*deus sensível*) e de *theòs noetós* (*deus noético ou inteligível*).[436] Trata-se de dois conceitos que, por obra de Fílon de Alexandria, sofreram uma reversão, visto que, em favor de seus interesses teóricos, os renomeou nestes termos: o *theòs aisthetós* (*deus sensível*) de *kósmos aisthetós* (*mundo sensível*) e o *theòs noetós* (*deus noético ou inteligível*) de *kósmos noetós* (*mundo inteligível*)[437]. Nenhum destes dois termos, *kósmos aisthetós* (*mundo sensível*) e *kósmos noetós* (*mundo inteligível*) compareçem em Platão, a não ser os de lugar ou plano visível (*tòpos horatós*) ou lugar ou plano invisível (*tòpos ahoratós*), sem pressupor ou admitir qualquer *cisão* entre ambos e assim referidos como planos de existência. O que fez Fílon nada mais foi que, ao querer explicar, minimizar a profunda riqueza filosófica que imperava na linguagem de Platão, na qual o termo *theós* expressava justamente a dimensão do *inabordável* humano perante

---
[436] *Fédon*, 82 d.
[437] FÍLON DE ALEXANDRIA, 1961, p. 151-153.

o sensível que se reverte igualmente em *theós* inteligível. Foi o prurido religioso que levou Fílon a descaraterizar a riqueza filosófica do conceito *theós* em favor de uma concepção teológica minimalista.

Do ponto de vista da reflexão teórica de Platão, é um mito ocupar-se (mesmo que a posteridade dos teólogos insistiram[438]) em lhe atribuir uma cisão entre o sensível e o inteligível.[439] Também não lhe cabe a alcunha de alguém que manifesta em sua obra desprezo pelo sensível feito um asceta que desvalorizasse o corpo em favor da alma, ou (para usar a lingagem religiosa de Fílon) se abdicava do "mundo sensível" em favor do "mundo inteligível", como se fosse possível fazer ciência de olhos fechados perante os fenômenos e as evidências. Ele sabia que a ciência não se faz só com o dedo, mas também sabia que não se alcança bons resultados sem ele! Do ponto de vista da obra dele não há cisão entre sensível e inteligível porque o que é visível só pode efetivamente ser "visto" (reconhecido) através do inteligível e, vice-versa, o que é invisível (por exemplo, o *cachorro*/conceito na relação ou em referência ao cachorro/real) finda por se intercambiar com o que é "visível" (real).

Ficou visto que *cachorro*, enquanto conceito, é palavra, convenção, ou seja, mero conceito, enquanto o real (o efetivamente real) é o que está aí, posto diante de nosso campo de observação e que podemos vê-lo, tocá-lo, sentir seu cheiro, ouvir (no caso do cachorro) o seu latido. Trata-se de conotações sensíveis que, defronte ao existente, lhe atribuímos decorrentes do tato, do olfato, do palato, da visão e da audição. São os cinco modos com os quais nos relacionamos com o mundo. Fora deles, entramos no universo da noção, da denominação e do conceito: nos colocamos no plano convencional da linguagem oral ou escrita, numérica ou gráfica. Não é o nome que nos dá ciência, que vai bem além. O nome consiste apenas em uma conotação da linguagem com a qual substantivamos o ser existente e o *qualificamos* mediante modos (pensamos aqui nas categorias conce-

---

[438] Não esqueçamos que o sucesso da filosofia de Platão se deu na posteridade, particularmente entre os primeiros doutrinadores cristãos (com Panteno, no decurso do século II) que misturaram o neoplatonismo e o platonismo em um só conjunto como se tudo fosse a mesma coisa. Platão morreu por volta de 348-347 a.C. ocasião em que (a partir de 350 a.C.) o poder político da Macedônia começava a imperar com força entre os gregos a partir de Atenas. Com a morte de Platão, a Academia buscou outros caminhos, visto que, a fim de subsistir, foi levada a confabular com os vários movimentos filosóficos que se instalaram em Atenas. Na ocasião, logo após a morte de Alexandre, em 323 a.C., a filosofia saiu da rua para se reter em recintos fechados. Ela deixou de lado a discussão política e civilizatória em favor de outros interesses não conflitantes com o poder repressor da Macedônia.

[439] "Platão e alguns mitos que lhe atribuímos". *Revista Transformação*, 30, 1, 2007: 191-204, disponível em: https://www.scielo.br/j/trans/a/SBVYHymvgnKMhGc4TGcBHhK/?lang=pt&format=pdf.

bidas por Aristóteles) de predicar o *ser* e de gramaticar o discurso lógico expressamos o *que é* (*tí esti*) relativo aos modos de ser presumidos como real e verdadeiro[440].

É no consórcio entre o sentir e o pensar que "*o que é*" sensível e "*o que é*" inteligível compactuam das mesmas conotações, e as intercambiam (no que tange à realidade e ao conceito) evidências entre si a ponto de, por exemplo, o cavalo/conceito existir coincidir com o cavalo/real. Nesse contexto ainda sobressai uma dificuldade que concerne ao intercâmbio conceitual entre *o que é* (o suposto existente como) *falso* e *o que é* (o efetivamente existente como) *verdadeiro*. A esse respeito os gregos formularam o seguinte princípio: só existe *o que é* real e verdadeiro, porque o que é falso não existe, é irreal. Não existem, por exemplo, uma vaca ou cavalo ou cachorro falso. Tudo o que existe é, necessariamente, real e verdadeiro e, como tal, bom (gerado sob um princípio de verdade), e belo (sem nenhuma desqualificação natural concernente a si mesmo) e justo (dentro dos limites e das possibilidades restritas ao governo da natureza universal e sob tons particulares). Daí o pressuposto segundo o qual tudo o que existe, e que é real e verdadeiro, é bom, e se é bom é belo, e se é belo é justo. Daí que o ser bom, belo e justo, são atributos da ordem natural do existente, do que é real e verdadeiro em máximo grau, porque não incitam dúvidas quanto à pureza e à veracidade de sua natureza.

Por pertencer à esfera do existente não cabe qualquer minoração ou acréscimo visto que não existe algo que "mais ou menos" existe. Também não cabe pressupor *o que é* bom, belo e justo como contraposição de um suposto "*que é*" (enquanto ser existente, verdadeiro e real) mau, feio e injusto, e pela seguinte razão: porque, do fato de que tudo o que existe é verdadeiro e real e, ademais, bom, belo e justo, então não há como pressupor o não existente como falso e irreal e, além disso, como sendo (*o que*, entretanto, *não é*, não existe) mau, feio e injusto. Foi, aliás, Parmênides o filosofo que pôs em uma questão o que pode ser resumido nestes termos:

> Necessário é dizer e pensar que só o ser é; pois o ser é, e o nada, ao contrário, nada é: afirmação que bem deves considerar; [...] não há como conhecer o que não existe nem como expressá-lo em palavras (*oúte phrásais*). Pois jamais se demonstrará como sendo o que não é (*eînai mê eónta*), de modo que resta apenas um único caminho de discurso: *que é*.[441]

---

[440] *Tópicos*, I, 9, 103b 27-35.
[441] DK 28 Parmênides B 6, 1-2; B 2, 1-8; B 7, 1-2; B 8, 1-2.

8 – De como as noções comuns (h*e* koin*è*... nó*e*sis) são *subscritas* na mente

8.1 – Tudo, na natureza, se constitui em um arranjo harmonioso

Epicuro, profundamente imerso na tradição filosófica grega, estava ciente das proposições segundo as quais as noções relativas ao que é belo, bom e justo são qualidades próprias do ser verdadeiro, mas também da exercitação do entendimento e do juízo:[442] meios através dos quais (incluindo neste exercício a virtude da prudência e da retitude) se promove o que ele denomina de "vida bela", "vida boa" e "vida justa" decorrentes de boas escolhas.[443] "Não é possível viver com prazer sem que se viva de modo sensato, honesto e justo, tampouco é possível viver de modo sensato, honesto e justo sem viver prazerosamente".[444] Viver prazerosamente significa viver bem, ou seja, cultivar a *vida boa*, expressa, enquanto conceito e enquanto vivência, sob três termos gregos dos quais Epicuro se vale: o de *kalõs z*ê*n* (de vida bela), de *h*e*déos z*ê*n* (de vida prazerosa) e de *makaríos z*ê*n* (de vida feliz).

Genericamente falando, o bem é o vivido que produziu felicidade, de modo que coincide com as coisas boas (*toîs agathoîs*) do viver (da vida prazerosa), que, por sua vez, contrastam com as coisas ruins (*toîs kakoîs*) do viver infeliz.[445] Trata-se de *coisas*, entretanto, que dizem respeito não só a percepções externas (nos termos das *aisth*é*sei*) mas também internas, visto que as sensações às quais Epicuro se refere atingem o todo corporal que se constitui, para ele, em um todo orgânico inseparável. É nesse sentido, por exemplo, que comporta a assertiva segundo a qual "todo bem e todo o mal residem nas sensações – *pãn agathòn kaì kakòn en aisth*é*sei*".[446] Nesse seu dizer, é, pois, necessário levar em conta que corpo e alma se constituem em uma unidade senciente única, em um só *tato*, como sentenciou Lucrécio, no *De rerum natura*.[447]

O *tato* ao qual se refere não se reduz apenas ao senso das mãos, mas ao *todo sensitivo tátil humano*: ao extenso órgão da pele que nos faz um todo senciente dos pés à cabeça. Somos corpo e alma inseparáveis dentro de uma só unidade encasulada na pele, feito um invólucro que faz de cada

---

[442] *Carta a Pítocles*, §84, 104, 116;
[443] *Carta a Meneceu*, §123, 126, 132, 135.
[444] *Máximas principais*, V.
[445] *Carta a Meneceu*, §122 e §124.
[446] *Carta a Meneceu*, §124.
[447] *De rerum natura*, II, vv. 434-435.

existente um todo sensitivo externo e interno, em que os bens do corpo se constituem em bens da alma e vice-versa: *bens*, por sua vez, promovem a vida prazerosa e feliz. Presumindo a concordância entre bem/prazer, dela, então, a dissonância se dá na correlação mal/desprazer, ou, mais exatamente, mal/dor das quais, bem/prazer versus mal/dor, despontam o grande bem (*dè agathòn méga*) que reside na *autárkeia*, no cuidado ou governo de si. São, com efeito, bens ou males que se despontam do exercício (ou não exercício) da *phrónesis*, que, para nós, quando exercitada, porém, mesmo que enquanto faculdade passiva, redunda no maior dos bens.⁴⁴⁸

Presumindo, pois, que é na *phrónesis* (na prudência), isto no que concerne à vida prazerosa e feliz, que está a origem (*arché*) promotora dos bens ou dos males, então a vida feliz comporta várias prerrogativas:

a. saber escolher e saber rejeitar (aprendizado que exige um exercício continuado, e sempre renovado, do arbítrio em favor das boas escolhas);

b. cultivar os bens naturais necessários: bens que se encontram nas coisas simples e fáceis de se obter, para o que se faz necessário o governo da *autárkeia* (a senhoria de si) e o exercício da prudência;

c. cultivar um juízo reverente perante os deuses: juízo que implica em tomar a natureza do que é divino como modelo e alimento da natureza humana;

d. dispor-se internamente de uma maior indiferença possível perante a morte, sentimento (*aísthesis*) que, em nós, insiste em se apresentar como um grande mal/grande dor.⁴⁴⁹

Eis aí os chamados quatro remédios (*tetraphármakon*) de Epicuro: não temer os deuses (mas reverenciá-los); vencer o medo da morte (que, para o morto, insensível, não representa nada); admitir que a felicidade é possível (e empenhar-se em favor dela); suportar com coragem as dores (com a consciência de que elas não nos derrotam, mas nos fortalecem).

As noções relativas ao que é belo, bom e justo pertencem a um plano de conceitos intelectivos da esfera da *enargès*, por si mesmas claras e evidentes, e que, por uma índole própria de nossa razão se inscrevem em nossa mente quando a exercitamos em busca do melhor e da excelência, da vida prazerosa que coincide com a vida bela e feliz. É próprio da

---

[448] *Carta a Meneceu*, §128-130, 132.
[449] *Carta a Meneceu*, §133.

exercitação racional sair em busca do melhor. Do que é pior, afinal, não há sequer necessidade de racionalmente nos empenhar, a não ser que tomemos a maledicência, o malfeito, a mentira e o ódio (como fazem o nazismo e neonazismo, o fascismo e neofascismo tão em voga nos dias de hoje) como sustento das relações humanas na vida cívica. Nessa perspectiva ou direção há que se ocupar racional e astuciosamente mais do que a busca do benfeito. A implantação do malfeito vem sempre de modo lento e muito bem calculado, mediante estratégias de acurado primor, e isso porque carece, inclusive, de subornar a própria razão e, do mesmo modo, a razão dos que dão sustento à barbárie em nome de ideais grandiloquentes com os quais se sentem agradados em seus "valores".

A senda do benfeito converge para a natureza da razão cuja faculdade consiste em voltar-se para si mesma a fim de reconhecer e admitir (a começar pela valorização da própria vida) que "o que existe" é real e verdadeiro e também belo, bom e justo, e que é por essa direção que a razão cabe se reger e se orientar. Daí que bom, belo e justo, além de noções que se sobrepujam à mente humana, são igualmente qualidades inerentes à natureza do existir. São noções que intercambiam entre si significados visto todas as três, conjuntamente, expressam as ideias (e ideais) de perfeição, de excelência e de verdade. Por isso se agrupam no plano do *que é divino*, visto que todas dizem fundamentalmente respeito a uma dimensão do ser natural que se harmoniza consigo mesmo e com o universal[450] e que, por sua vez, requer uma harmonização com *o que é intelectivo* que, em vista dessa finalidade, toma o divino como modelo e alimento.[451]

Assim como o todo natural se harmoniza entre si, do mesmo modo há que projetar o empenho da razão em favor das relações humanas, de cuja projeção, *in concreto*, a amizade se constitui no grande bem intelectivo promovido pela sabedoria humana. É no pressuposto da amizade que se assenta a possibilidade de promover o contrato (*tàs synthékas poieîsthai*) que ativa a presunção cívica de não promover e de não sofrer maledicências (malfeitos, ódios, mentiras) recíprocas.[452] Do "justo por natureza"[453] promove-se, então, o justo como um bem comum,[454] e, com ele, um sólido sentimento, de proteção e de segurança.[455]

---

[450] *Máximas principais*, XVII.
[451] *Máximas principais*, XXV.
[452] *Máximas principais*, XXXII e XXXIII.
[453] *Máximas principais*, XXVII.
[454] *Máximas principais*, XXXVI-XXXVIII.
[455] *Máximas principais*, XL.

Todas as noções da esfera do divino são tão claras a ponto de até termos dificuldades de defini-las para além do que o conceito de *divino* em si encerra como sendo o bom, o belo, o justo, o excelente, o perfeito etc. São noções que em si mesmas contêm umas às outras, e ainda mais: quando, por exemplo, pensamos no que é perfeito, lhe agregamos a conotação do eterno e do imortal, termos igualmente compatíveis com *o que é divino*. Trata-se, com efeito, de noções pelos filósofos gregos reconhecidas como congênitas à natureza da razão. São *congênitas* não porque nasceram ou nascem da reflexão teórica, e sim porque inevitavelmente acompanham a reflexão na busca de sabedoria quer teórica quer prática. Até poderíamos dizer que são *inatos*, sem que com isso, porém, vinculemos Epicuro a Platão, para o qual o *inato* da referência admitia a crença que dava crédito a uma inteligência (uma alma) preexistente à atual.

A esse respeito, o que, do ponto de vista de Epicuro, preexiste são apenas os átomos (corpos simples, partículas elementares) e o vazio. Tudo o demais é posterior e se constitui de um arranjo de átomos, ou seja, são corpos compostos constituídos de corpos simples que se arranjam no vazio infinito. Inclusive, a inteligência, do ponto de vista de Epicuro diz respeito a uma especificidade própria do arranjo material dos corpos compostos de corpos simples (de átomos), que, enquanto corpo sensível, vem a ser igualmente corpos inteligentes, de modo que, enfim, não há uma inteligência fora da matéria que se arranja como um todo ordenado e harmônico. Epicuro, nesse ponto, levando em conta a referida e significativa diferença, não discorda de Platão que concebeu o *todo* (*tò pān*, o universo, o mundo) como um animal vivente e inteligente.

8.2 – Os conceitos de *syggenikós* (natural) e de *sýmphytos* (nascido com)

O *todo* de Epicuro, ao modo da concepção pitagórico/platônica diz respeito a um animal sensível e inteligente, que assim vem a ser em seu arranjo (na forma de corpos compostos de átomos), e que deixa de ser assim no desarranjo dos compostos (de átomos). São os compostos que constituem o *todo*, visto que é do arranjo dos átomos tais compostos se formam e em cujo desarranjo esses mesmos corpos compostos se desfazem.[456] Não dá, pois, para conceber o conceito de *inato* em Epicuro

---
[456] *Carta a Heródoto*, § 42.

sob a mesma conotação platônica, visto que, em tudo o que, no mundo, vem a ser é contemporâneo a si mesmo. Ocorre que nada, do ponto de vista epicureu, preexiste fora da existência que se dá inerente ao arranjo mediante o qual o que nasce vem a existir. A esse respeito ele se vale de dois conceitos o de *syggenikós* e o de *sýmphytos* com os quais tende a explicitar o que ele denomina de noção comum *impressa* ou *subscrita* na mente (de *hē koinḕ... nóēsis hypegráphē*):

a. com o conceito de *syggenikós*,[457] ele expressa *afinidade* e também lhe concede o sentido de aquilo que vem com a gênese, que é conatural, que nasce junto, sem que disso possa ser inferida qualquer antecedência senão contemporaneidade com o arranjar-se dos átomos. Contemporaneidade em razão de que é no agregado (*áthroisma*) de átomos que se promove as qualidades (em termos de naturezas ou modos de ser) do que vem a existir mediante o composto de átomos. Ocorre que os átomos, isoladamente, em si mesmo, não têm as qualidades das coisas que se dão mediante o arranjo. Eles apenas têm (mesmo que infinitesimais) forma, peso e *tamanho*, ou melhor, mínimas "diferenças de tamanhos" entre eles (o suficiente para que se encaixar em um todo bem arranjado e harmonioso). Eles, em si próprios, não têm qualidades, porque as qualidades mudam (conforme os arranjos) e o átomo em si mesmo é sólido, eterno, insolúvel e imutável;[458]

b. com o conceito de *sýmphytos*,[459] ele expressa o sentido de aquilo que nasce junto, no agora do arranjo, de modo que faz parte (compartilha) do mesmo movimento da gênese, e que, portanto, se *desenvolve* (*phytón*) com todos os elementos ou partículas átomos com as quais, o que vem a ser, é constituído na imediatidade do arranjo do que vem a ser. Não existe, do ponto de vista epicureu, um outro incorpóreo (*asṓmaton*) que não seja o vazio. Tudo o resto é corpo, inclusive a alma cujas partículas se agregam por todo o corpo, no qual, esparsas, formam com ele uma só unidade no todo complexo enquanto organismo. Quando Epicuro diz "corpo inteiro", ele se refere a um organismo no qual se arranjam, de modo harmonioso e inseparável, partículas corporais incluindo-se

---

[457] *Carta a Heródoto*, § 72; *Carta a Meneceu*, § 129
[458] *Carta a Heródoto*, § 54-55.
[459] *Carta a Meneceu*, § 129; *Carta a Heródoto*, § 54

as da alma. São partículas corpóreas que se aderem entre si, por cujo aderir compõem um "corpo inteiro" cuja natureza agrega em si todas as qualidades que vem a se constituir em uma harmonia e não em amontoado delas. Dizer, pois, como ele sentencia, que "a alma é incorpórea", significa proferir "palavras vãs". Os átomos, que concorrem para formar a natureza da alma, findam dispersos quando o agregado (constitutivo do todo existente) se desfaz.[460]

Ambos os referidos conceitos, o de *syggenikós* e o de *sýmphytos*, são entre si sinônimos e expressam uma simultaneidade no sentido de *algo* que está *inerente* ao fazer-se generativo com o qual algo existente se contemporiza em um todo inteiro organizado. Aqui a questão fundamental da proposição de Epicuro diz respeito ao conceito que ele próprio concebeu enquanto *inteligência* nos termos de um *lume* cuja natureza não comporta escuridão no que concerne ao arranjo fenomênico dos existentes. Todo arranjo se constitui em uma inteligência que se efetiva com o próprio arranjo. Não há, pois, uma inteligência anterior, senão a que se efetiva com o arranjo. Ocorre que o fazer generativo (o arranjar-se) dos seres e das coisas não se dá de modo arbitrário, mas não fruto de um inteligência ordenadora, e sim da composição dos átomos em decorrência da forma, do peso e das diferenças de tamanhos. Dado que os átomos são *eternos*, existem no sempre da existência (no qual não se presume anterioridade) não há um início fora da inter-relação do aglomerado de corpos simples na gênese dos corpos compostos (no ciclo do tempo), em cujo arranjo sempre de novo se efetiva (acende) uma certa inteligência feito um lume em um candeeiro. Uma inteligência que não é luz não é propriamente uma inteligência, e sim uma irracionalidade portadora de ignorância (de desarranjo). Daí que, de um ponto de vista antropológico, sem lucidez não há sabedoria, de modo que lucidez e sabedoria convergem entre si a ponto de se edificar uma pela outra.

Eis a razão pela qual a natureza da inteligência corresponde ao que é divino, porque, do ponto de vista epicureu, ela vem iluminada por princípios de beleza, bondade e justiça, conceitos que, juntos, circunscrevem a natureza de ente pressuposto como divino. Por princípio, ele é um ente da razão, porque a referida *noção comum* (no que concerne ao divino) *subscrita na mente* só vem a lume mediante o exercício da mente, que, por sua vez, opera mediante conceitos, para o que, entretanto, carece de alguma educação para bem exercitar-se (quanto mais educada, mais

---
[460] *Carta a Heródoto*, § 65-69.

eficiente). Por isso, enfim, que o dito "conhecimento evidente de que os deuses existem", dos quais podemos inferir uma natureza divina, passa pelo exercício da mente, cujo alcance requer alguma instrução racional. Por isso a importância do fomento da educação filosófica e do filosofar, a fim de que a *hypegráphē* da comum intelecção do divino se explicite na mente. Ela é importante em razão de que a *noção comum subscrita na mente* (*hē koinè... nóēsis hypegráphē*) não decorre de uma espontaneidade, e sim de uma intelecção que carece de algum empenho ou esforço, *algum* em razão de não é preciso de extraordinário empenho (mesmo as pessoas comuns têm logo acesso), a fim de reconhecer que o *benfeito* (em termos do melhor possível, da excelência e da perfeição) se põe como modelo e alimento de qualquer exercício do pensar e da ação.

Fica explícito, sob os conceitos de *syggenikós* e de *sýmphytos*, que a *hē koinè... nóēsis hypegráphē* diz, sim, respeito a uma capacitação natural comum a todos, mas ela não nos é dada mediante gratuidade natural ou de um modo *inato* que dispensa o empenho da razão (em benefício do pensar) e o exercício da *phrónēsis* (em favor da arte de viver, da *tòn bíon téchnē*). Ao dizer, como diz Epicuro, que "nos é possível admitir a existência dos deuses", mediante as noções do divino que afloram na mente, disso *não* segue, como entendeu Festugière, o pressuposto de uma "intuição direta" feito um conhecimento imediato no sentido de que, de uma *noção comum*, se conclui imediatamente pela existência de um ente divino concreto. Ora, se fosse assim, de modo direto, mediante (como diz também Festugière) uma "visão imediata", então, Epicuro, por certo, não se lamentaria no sentido de que a maioria cultiva opiniões falsas a respeito dos deuses. Do que consta ainda em Festugière de que em nós "emana, da pessoa dos deuses (*de la personne de dieux*), imagens sutis que se imprimem diretamente em nosso espírito (*sur notre esprit*) nele criam o *conceito universal* (*hē koinè nóēsis*) de deus",[461] cabe considerar ao menos duas coisas:

   a. que, com esse dizer, Festugière pressupõe um conceito, o de *emanação* (sem falar do de *pessoa* e de *espírito*), condizente com a mentalidade estoica e cristã, absorvido, inclusive, pelo neoplatonismo de Plotino, e que não combina apropriadamente com a mentalidade de Epicuro;

---

[461] Festugière fez constar em nota a seguinte observação: "*enargés*, manifeste aux yeux (du corps ou de l'âme) designe chez Epicure ce qui est vu par une intuition directe, et qui est donc évident. Nous connaissons les dieux par une sorte de vision immédiate, en ce sens qu'il émane, de la personne de dieux, des images subtiles qui s'impriment directement sur notre esprit et y créent le *concept universel* (*hē koinè nóēsis*) de dieu" (FESTUGIÈRE, 1997, p. 86, n.3).

b. que Festugière, ao dizer que "emana, da pessoa (*de la personne*) dos deuses" o *conceito universal* certificador da existência deles, concede a Epicuro uma mentalidade que não lhe pertence, completamente estranha, qual seja, a de que são, enfim, os deuses que põem na mente humana o *conceito universal* com o qual todos (em termos de possibilidade) se certificam ou são levados a crer que os deuses existem.

Ora, os deuses de Epicuro são inoperantes, e sequer cabe lhes conceder qualquer tipo de ingerência direta ou indireta sobre a natureza do todo ou sobre a natureza humana. São os humanos, do ponto de vista de Epicuro, que se fazem carecer dos deuses e não os deuses dos humanos, dos quais de nada carecem, sequer da necessidade de fazer algum bem ou algum mal ou prover alguma justiça ou impedir a injustiça, a fim de se realizarem em sua própria divindade! Cabe aqui o que escreveu no muro de sua cidade Diógenes de Enoanda: "um sinal de evidência de que os deuses não podem impedir as ações injustas" encontra-se no próprio povo judeu, que, mais que qualquer outro, era piedoso e temente e, mesmo assim, foi o povo, junto com os egípcios, que mais sofreu de abomináveis injustiças.[462]

Não temos, do ponto de vista epicureu, nenhuma razão plausível que, com segurança, nos permite afirmar que os deuses têm por obrigação ou por qualquer outra razão altruísta de serem para com os humanos justos ou injustos, bons ou maus, piedosos ou impiedosos. Não são eles, afinal, que nos cultuam, e sim nós que os cultuamos, e que, neste cultuar, devemos proceder do melhor modo possível, e de uma única maneira: como bons, justos e piedosos. De modo algum os deuses estão a serviço de nossa mera eloquência retórica em vista de tirar proveito da ingenuidade dos simples a fim de conseguir neles apoio para interesses e intentos escusos defronte ao que é divino: uso, por exemplo, o nome do *meu deus* perante os parceiros de minhas crenças (muitas vezes forjadas) a fim de buscar (subornar) apoio e aplauso para meus interesses e ganâncias. Quanto mais educada a inteligência, mais eficiente e sincera a piedade, com o que, enfim, fica dito, por um lado, que o suposto "conhecimento evidente de que os deuses existem" passa, segundo a pressuposição de Epicuro, pela educação da mente, ou seja, pelo fomento da educação filosófica e do filosofar, condição *sine qua non* no sentido de que a *hypegráphē* (de que a comum intelecção) do divino se explicite na mente; por outro, fica mais

---

[462] Diógenes de Enoanda, fr. 20 + NF126, 3, DELATTRE & PIGEAUD, 2010, p. 1039.

uma vez dito que a *he̱ koinè... nóe̱sis hypegráphe̱* nada tem a ver com pura espontaneidade, com uma intelecção sem empenho ou sem esforço (nos limites da malícia e da ignorância).

A ideia de Deus, em nível de conceito — eis enfim a questão — não se *esboça* na mente humana sem indagação reflexiva e teórica, ou seja, sem acender na mente humana o lume da inteligência, com o que se apaga o da astúcia e da impiedade. O seu lume, como já dito, não chega até nós mediante pura gratuidade natural (de modo *inato*). Se, aparentemente, ela vem de graça, por certo não é de luz própria, e sim de lume alheio, cujo candeeiro contém e expande a luz (a verdade) de um outro, deixando-nos, mesmo assim, reclusos na escuridão de nós mesmos. É indispensável o lume alheio, tanto que cada um de nós guarda sempre gratidão para com os nossos mestres da instrução acadêmica/escolar e da sabedoria vida. Mesmo que, entretanto, acendemos o nosso lume no candeeiro dos mestres cultores do saber e da inteligência, se faz absolutamente necessário alimentá-lo do combustível necessário, a fim de iluminarmos a nossa própria realidade (nossa natureza) por sobre a qual edificamos a nós mesmos em virtude e em humana civilidade.

9 – A abrangência enunciativa das *prolḗpseis* e a reforma moral

9.1 – *Prolḗpsis* e *hypolḗpsis*: dois conceitos que se complementam em Epicuro

As *prolḗpseis* bem como as *hypolḗpseis* da proposição de Epicuro não se restringem à noção platônica relativa ao conceito de *inato*, do que, entretanto, não se segue, que, entre elas, não haja similaridade ou parentesco. Ambas as noções, a de *prólḗpsis* e a de *hypólḗpsis*, têm em Epicuro uma abrangência enunciativa que comporta (sob o conceito da *noḗsis hypegráphe̱* = noções grafadas na mente[463]) uma especificação bem mais clara e precisa que a chamada *anámnḗsis* (recordação, rememoração ou reminiscência) de Platão. Epicuro descarta o mito das supostas "vidas passadas" vinculado à crença popular segundo a qual as almas imortais vagam de corpo em corpo levando consigo o saber ancestral acumulado no curso do tempo, e que, em novas vidas, se desperta. Platão, entretanto, pelo que consta no *Filebo*, reconhece, por exemplo, que as sensações atuais despertam a memória na qual se encontram acumuladas, feito em

---
[463] *Carta a Meneceu*, § 123.

um seleiro, explicações (*alēthē gráphei* = verdades grafadas), que afloram como um saber escrito na alma.[464] Aristóteles, no *Memória e Reminiscência*, pressupõe que a *aísthesis* ativa a memória e que em nós desperta uma consciência espontânea do tempo.[465]

Livre do mito e também da crença de que *a alma é imortal*, a proposição de Epicuro (aquela segundo a qual as "noções gravadas na mente" transitam de geração em geração, de pai para filho, pela senda do consuetudinário e da cultura) não destoa por completo da proposição do *Filebo* e da anamnese (da remoção) platônica. Não destoa em razão de que o pressuposto segundo o qual há um trânsito conceitual de mente para mente, mesmo que sob conotações distintas, a proposição de ambos se equivalem, visto que Epicuro, ao descartar o mito, é mais explícito que Platão, pois afirma claramente que o reservatório mnemônico do saber e da cultura (não só em termos de ciência teórica mas também de ciência útil) translada de boca em boca, pela senda da inteligência (ou da memória, *mnémē*) imersa no consuetudinário, na cultura, nos reservatórios do saber, na instrução, no livro de leitura, na conversação etc. Sob formulações distintas, ambos evocam "vidas passadas" como um seleiro ou morada do saber, que, nas outras e novas vidas do presente, aqui e agora renovadas, transladam o saber, que, de certo modo, "foge"[466] de alma para alma, de inteligência para inteligência, na qual sempre de novo se recicla e, portanto, não se perde no *esquecimento*, antes, e ao contrário, se deixa amarrar por outros e novos raciocínios. Daí a importância do livro: em um livro se dá a amplificação do intelecto e a consolidação da memória.

Aqui, feito um parênteses, cabe dizer que a teoria platônica da reminiscência mais se parece com uma exposição do modo humano de conhecer (que implica em transferir de geração em geração conhecimentos) que propriamente com uma teoria do conhecimento, em que o processo de conhecer corresponderia a um feito local subjetivamente considerado. Daí que a questão se estende para uma, digamos, epistemologia do conhecimento quanto à sua produção e ao translado histórico. Por esse ponto de vista, a própria teoria da transmigração das almas se põe sob uma outra configuração: a de que a alma humana transmigra de geração em geração, não como uma entidade (como quer o mito), e sim como uma sabedoria ou como a posse de uma inteligência ou um saber que, no

---

[464] *Filebo*, 39 a.
[465] *Memória e Reminiscência*, 450 a 19-25.
[466] *Mênon*, 98 a.

curso do tempo, se recicla (em termos de retitude) na reforma das opiniões e na elevação do conhecimento em consistência e veracidade. Assim como Aristóteles (que, na *Metafísica*, nos assegurou que é da capacidade de recordar, da memória, que deriva a aptidão para a prudência e para o aprendizado,[467]), com Platão e Epicuro aprendemos que é no poder da rememoração que se encontra (se dá) o fenômeno humano civilizatório no translado do saber. É pela memória que estamos sempre de posse do saber ancestral: de um saber que não se escapa da mente humana e que continuamente, de geração em geração, se permite de novo renascer ou se arranjar no curso do tempo.

Não esqueçamos que os conceitos de *prólepsis* (*pró* + *lambáno*) e o de *hypólepsis* (*hypó* + *lambáno*) são, por Epicuro, tomados como sinônimos, e se expressam, sob a designação do verbo *lambáno*, como uma possessão que implica em acolhimento ou recepção em sentido passivo (de aceitação acrítica) e ativo (crítica). *Pró* comporta a ideia de antecipação ou antecedência, enquanto *hypó* referenda um domínio em termos de uma possessão. Ambos os verbos (*prólambáno* e *hypólambáno*) comportam um senso de acolhimento e de aprovação, e também de uma posse que, inexoravelmente, toma a dianteira a título de uma preconcepção perante qualquer outra e nova concepção. Sob o verbo *katalambáno* (do qual Epicuro se vale na *Carta a Meneceu*, §132) comparece a ideia relativamente a um ato (ou atitude) de *tomar para si* uma opinião ou "saber", que, no curso do tempo, se apodera da mente e exerce sobre ela um extraordinário domínio, a ponto de circunscrever um certo modo de pensar sempre pronto a se anteceder a qualquer outra nova opinião ou saber.

O termo *prólepsis* é por Cícero[468] atribuído como uma invenção de Epicuro; já o termo *hypólepsis* é de uso corriqueiro na linguagem filosófica grega. Epicuro busca explicar o conceito de *prólepsis* valendo-se do de *hypólepsis*, de modo que ambos tomam parte de um mesmo emaranhado harmonioso em benefício da explicitação, da comunicação e da clareza. Com o termo *prólepsis*, neste contexto, cabe sinteticamente dizer que Epicuro se refere a todo e qualquer acolhimento prévio, antecipado, em termos de noções, conceitos, opiniões ou argumentos (submetidos ao pensar crítico ou não) que são recepcionamos e findam guardamos no depósito da mente. Trata-se, em última instância, de um "depósito" que

---

[467] *Metafísica*, I, 1, 980b 25-29; 981a 1-2.
[468] *De natura deorum*, I, XVII, 45.

compõe o que denominamos de nosso saber junto ao qual se dão nossos valores e nossas crenças com as quais subsidiamos o nosso comportamento (nosso éthos existencial), nossas virtudes e, enfim, nossas opiniões atuais, e até mesmo os nossos *valores*.

Prolépsis e *hypolépsis* se completam na assertiva filosófica de Epicuro. Ambos denotam juntos a explicitação da *noésis hypegráphe*, das *noções grafadas* na mente, cujo conceito não se restringe ao das *innatas cognitiones* (*cognições inatas*) da proposição de Cícero. As *noésis hypegráphe* (*noções grafadas* na mente) da proposição de Epicuro se antecipam a qualquer juízo atual em razão de que estão sempre subjacentes ao nosso pensar e continuamente interferem na contemporaneidade de nossas reflexões teóricas e de nosso agir em decorrência do pensar. Referidas como *prolépseis* ou como *hypolépseis* tais *noções* podem ser falsas ou verdadeiras: se verdadeiras, o nosso pensar se move em boa direção; se falsas, aí se põe a dificuldade e o problema. A dificuldade, entretanto, se põe na busca de averiguar a veracidade e a falsidade delas, particularmente no concerne à falsidade, visto que, aquele que a conserva depositada na mente, de sólito as toma como verdadeiras.

Por isso a necessidade constante, e como que habitual (que só a educação e a instrução podem promover), relativa à exercitação do juízo com a finalidade de continuamente *filtrar* os conceitos armazenados (subjacentes) no depósito da memória e no refúgio da mente. É essa filtragem que traz qualificação e prosperidade intelectiva ao humano em termos quer subjetivo quer coletivo (independentemente das habilidades ou da quantidade, digamos, de "diplomas" que alguém possa ter). Sem a referida filtragem, sem o exercício crítico dos princípios, valores, crenças que cada um em si conserva, a tendência é manter-se estacionado no mais remoto modo humano de pensar, que, não necessariamente implica o modo de ser, e pela seguinte razão: em função da capacidade humana de camuflagem (não, a rigor, para si, subjetivo, na penumbra), mas para o coletivo perante o qual tende a reproduzir no modo de ser o modo de pensar requerido pelos estatutos regimentais.

Atitude relevante nesse processo consiste em um comportamento movido por um contínuo desejo de se instruir. Daí a importância da educação nesta direção, qual seja, na da atenção voltada para o estudo e a leitura, feito uma espécie de curiosidade intelectiva no sentido de reformar, da mente, em particular as *prenoções* que nela temos esboçadas e que se apresentam (se antecipam) continuamente no exercício atual do pensar e do agir. Temos, pois — eis a questão fundamental da proposição de Epicuro — noções (*prolépseis* e *hypolépseis*) forjadas e oriundas de várias fontes no decorrer da vida, inclusive a ditas *inatas*: noções tidas como *divinas* destituídas de *toda* e qualquer *impureza* (*pãn katharón*[469]). Elas são inatas porque são *katharós* (puras, sem mistura, límpidas) em razão de que, por um lado, aquilo que denotam não sofre de nenhuma interferência prévia ou subjacente ao significado que veiculam, ou, dito de outro modo, não estão sujeitas a nenhuma outra noção (nos termos da *prólepsis*) da qual recebe interferência quanto ao que efetivamente significam (no conceito de perfeito cabe apenas o que é perfeito etc.); por outro, porque elas próprias se antecipam (*pró*), estão como que sedimentadas (*hypó*) na mente a ponto de se constituírem em verdadeiras *prolépseis* que emergem no exercício do pensar e do agir, cujo exercício só faz sentido em vista do que é perfeito ou excelente, em uma palavra, *divino*.

Aqui, todavia, há uma dificuldade que precisa ser esclarecida. Dado que, como visto no item anterior, elas são tidas como inatas (porque se dão contemporaneamente ao exercício da mente), ao dizer que elas são *katharós* (em si mesmas límpidas, sem mistura), isso significa que são dadas sem qualquer consórcio com outras noções, e sem, inclusive, sofrer interferências quer da percepção sensível quer do consuetudinário, ou seja, do bem, do belo e do justo do senso comum ou derivado de opiniões cultivadas pelos usos e costumes da tradição (do *éthos* consuetudinário) ou de estatutos regimentais. Do fato de tais noções (a de perfeição, de excelência, de beleza, de bondade e de justiça) ultrapassarem o próprio exercício da *phrónesis* (da ação do pensar, da razoabilidade) e da *sophrosýne* (do pensar prudente, senhor de si), de estarem a salvo, inclusive, de qualquer interferência externa advinda do exercício da reflexão racional/filosófica, redundam em noções — como Sócrates e Platão sentenciaram — de cujo conteúdo não temos plena *ciência*, e pela seguinte razão: porque não sabemos exatamente o que é ser perfeito, ser excelente, ser bom, ser belo e justo em sentido pleno.

Quem arrogantemente diz que sabe — foi o que ensinou Sócrates[470] — faz da ignorância (ou seja, de seu não saber) a colaboradora e a serviçal de seu modo de pensar e de ser, visto que toma o bom, o belo e o justo por aquilo que, em sentido absoluto, não é e, portanto, fica reduzido ao próprio

---

[469] USENER, *Epicurea*, fr. 38, p. 107
[470] *Cármide*, 173 c – 174 e; *República*, VI, 506 a – 509 b, VII, 534 b-c.

mundo mental em que se encontra (seguro de si, satisfeito e estabilizado). Aqui o dilema humano: não temos um conhecimento exato a respeito da *ciência* do bem, do belo e do justo por excelência; porém, mesmo assim, ou justo por isso, temos que continuamente buscar tal conhecimento. Pela seguinte razão: porque tais noções não carregam consigo uma outra *carga* de intelecção a não ser a que reside nelas mesmas, cuja carga, para nós, ao mesmo tempo em que se mostra, também se esconde. São noções que resultam mais ou menos assim como ver a luz sem conseguir apanhá-la com as mãos. São noções, aliás, que não condizem exatamente com a expressão de nossa realidade, com os nossos limites e com a nossa finitude.

Bem por isso, se impõem à natureza do humano como protótipos ou modelos e, inclusive, como paradigmas do pensar e do dizer, e do ser e do agir. É, pois, em razão da possibilidade de mirar-se no universo da perfeição e da excelência que nós, como seres dotados da faculdade racional, nos vemos capazes de qualificar e de desenvolver a nossa humana inteligência. Por sua índole natural, a nossa inteligência é estritamente utilitária e animal, de modo que carecemos de muita instrução a fim de nos elevar como seres efetivamente racionais. Não somos, por natureza, racionais, e sim apenas dotados da faculdade, em potência, do uso da razão. Sem instrução relativamente ao uso da razão e sem a sua exercitação permanecemos em um nível intelectivo deplorável. Do ponto de vista epicureu e no que tange à adesão a pressupostos racionais de excelência, não há como um indivíduo de inteligência ilustrada não dar crédito ao que é *divino*, visto que dele carece como estampa (modelo) e alimento. O divino, para Epicuro, não coincide exatamente com um deus, e sim com uma natureza que, por hipótese, convém apenas a um ser imortal, em tudo excelente, perfeito e feliz.

É na adequação ao que é divino (nos termos prefigurados) que, no dizer de Epicuro, o humano se fortalece em razoabilidade e em humanidade. É a instrução que promove a verdadeira piedade (o *eusebés*), que liberta a mente humana da posse de opiniões precárias e que leva a inteligência a reconhecer a existência e, além disso, a se adequar à natureza do que é divino. O que observou Diógenes Laércio, no contexto da *Máxima principal*, n. 1, no sentido de que só temos acesso à natureza dos deuses mediante a exercitação do logos teórico/racional (*lógoi teoretoús*[471]), presume justamente a instrução da inteligência como ocasião e meio desse

---

[471] *Máximas principais*, I.

acesso. O comentário de Diógenes, aliás, reproduz, em outras palavras, o que Epicuro escreveu *a Meneceu*: que o sábio é aquele que cultiva "sobre os deuses uma opinião pura – *perì teôn ósia doxazontos*"[472]. Sob o conceito *ósios* (puro, justo, santo), Epicuro expressa um modo de conceber condizente com o que é passível de ser intelectivamente presumido sob parâmetros do *logos teorético* através do qual, além da natureza do que é divino, é dado saber em que efetivamente consiste a verdadeira piedade (a *eusébeia*) a ser cultivada pelo *eusebés*.

Está porque Epicuro presumiu, em seu tempo, a necessidade de instruir a inteligência lógica, de qualificar o seu uso, a fim de promover opiniões consistentes em favor da qualificação e da humanização. Esta é a assertiva: é a inteligência instruída que dá veracidade às opiniões. Daí que ao afirmar que "é evidente o conhecimento que temos dos deuses", a *evidência* a que se refere recai sobre a exercitação do *logos teorético* por ele presumido como o do sábio: um logos capaz, segundo ele, de proferir *opiniões puras* sobre os deuses. Daí também que *o conhecimento* (ou, mais exatamente noção ou conceito) *claro* (*enargès... he gnôsis*) da assertiva proferida por ele na *Carta a Meneceu* encontra a sua certificação nas ditas *noções comuns* (*koinè nóeseis*): naquelas que sem a ser *esboçadas* ou *grafadas* (*hypegráphe*) na mente humana. Trata-se de noções nascidas do cultivo da inteligência, para o que se faz necessário, segundo ele, promover o interesse e o empenho no sentido de pôr o *divino* ao alcance do logos reflexivo.[473]

Da ciência, esta é regra canônica principal da proposição epistêmica defendida por Epicuro: tudo o que em forma de pensamento se dá na alma carece do respaldo das evidências. Toda suposição, conjetura ou presunção carece de ser considerada dentro da regra canônica que prescreve como *falsas* (*pseudeîs*) as ideias que não são confirmadas ou contraditas pelas evidências. As opiniões *verdadeiras* obedecem à regra contrária: são verdadeiras quando confirmadas ou não contrariadas pelas evidências.[474] Aqui há um aparente conflito entre o dito *conhecimento claro* (*enargès... he gnôsis*) a respeito dos deuses e o conhecimento claro a respeito dos fenômenos observáveis. Daí que cabe considerar o termo *gnôsis* não propriamente no sentido de *conhecimento*, e sim em termos de *noção* ou conceito no que concerne à natureza divina deles. Dizemos "dos deuses", mas, a bem da verdade, a questão filosófica em Epicuro diz respeito ao

---

[472] *Carta a Meneceu*, § 133.
[473] *Carta a Heródoto*, § 44, 54 e 56.
[474] D.L., 1959, X, § 34.

que é divino dado como um fenômeno do logos racional do *sábio*, ou seja, daquele estudioso que exercita ou faz uso do pensar teórico em favor da ósia doxazontos; o conflito é aparente por razões já vistas no sentido de que o referido conhecimento evidente do sábio, a respeito do *que é divino*, é conceitual e não factual (empiricamente presumido).

Epicuro, ao considerar que a maioria legitima opiniões falsas sobre os deuses, por esse dizer põe em crise não propriamente as convicções (*nómisma*) cultuadas pelos populares, e sim as difundidas pelos cultores dos mitos (pelos *filómitos*): mentores de uma instrução consuetudinária promotora de um *entendimento* destituído de respaldo filosófico conceitual. Epicuro, no confronto da maioria, mostra-se complacente e, sobretudo, convicto quanto à carência de saber que aflige a mente e as aspirações do imaginário popular necessitado de instrução e de educação e, sobretudo, de uma *reforma moral* (de um novo éthos comportamental). Epicuro de modo algum combate os populares, tampouco o fenômeno das crenças, e sim apenas as presumidas opiniões e convicções falsas (*hypólepseis pseudeîs*) das quais eles têm a posse. Aqui, aplica-se a Epicuro, o pensamento posterior de Epicteto: "Quando alguém te incomoda e te irrita, saiba que não é propriamente ele que te irrita, e sim as opiniões que ele defende".[475] No caso específico dos populares, o que "incomoda ou irrita" Epicuro são as opiniões falsas proferidas e validadas pelos *mitólogos* (instrutores populares) oferecidas como se fossem verdadeiras. As opiniões que proferem (que saem da boca deles) vêm desamparadas do exercício do pensar (do juízo): são proferidas a título de suborno retórico que toma as *convicções* populares como meios de promover o embuste e a trapaça em favor de outros interesses que não o da instrução popular.

9.2 – A reforma moral enquanto proposição educadora do bem viver

Da reforma moral ideada por Epicuro, a *autárkeia* se constitui no princípio fundamental. Ela é fundamental porque é dela que nasce o mais extraordinário fruto que um ser humano pode almejar: o da liberdade. "O maior fruto da *autárkeia* [sentenciou Epicuro] é a liberdade (*eleuthería*)".[476] Por *autárkeia* cabe restritamente entender *o cuidado de si*; por *eleuthería* a autossuficiência que se reverte em autonomia: na capacidade que um ser

---
[475] *Pensamentos*, XXIX.
[476] "Tês autarkeías karpòs mégistos eleuthería" (*Sentenças vaticanas*, 77).

humano se apropria no sentido de se dar normas de autodeterminação e de gerenciamento (de governo) da própria vida. Só é efetivamente livre — eis o princípio do éthos epicureu — quem se governa, e que, portanto, se põe em condições de escolher e de rejeitar tudo o que, sob o exercício do arbítrio, promove para si um modo de vida condizente com os fins que se dá em vista de um viver prazeroso e feliz. A liberdade que a esse respeito Epicuro presume não diz respeito à derivada da lei cívica que garante ao indivíduo a possibilidade de fazer ou de não fazer tudo o que concerne à permissão ou proibição da lei.

A liberdade, fruto da *autárkeia*, não deriva de uma concessão ou governo externo, e sim interno, e não é uma condição para depois, e sim do desenrolar subjetivo e humano do percurso. Epicuro se valeu do conceito de *karpós* (de fruto), em vista do pressuposto segundo o qual a liberdade se constitui em um permanente germinar, de tal modo que ninguém é suficientemente livre a ponto de não poder ser, no curso do tempo, um pouquinho mais. Dado que a referida liberdade não vem de fora, que a ninguém é dada como concessão, então ela frutifica em dependência da *permissão* subjetiva que cada um se outorga a título de uma conquista, feito uma disposição exercitada no arbítrio das opções ou das escolhas. Presumindo, entretanto, que, em Epicuro, a boa vida é a vida prazerosa e feliz, que, ademais, a vida só é prazerosa e feliz caso se mantenha no plano do prazer (que é o mesmo da felicidade), então a referida *permissão* também é, ela própria, uma conquista. Ocorre que a ninguém chega a *permissão* (que implica *proibição*) sem que ela venha a título de uma concessão autônoma própria, que, por sua vez, implica um exercício de moderação no qual impera o equilíbrio entre o muito (o excesso) e o pouco (a carência).

Referindo-se estritamente à vida prazerosa (que, para Epicuro, é sinônimo de vida feliz), esta é a regra: "O máximo de prazer (*toû megéthous tōn hedonōn*) que alguém pode alcançar encontra o seu limite na remoção da dor".[477] Prazer e dor se acompanham, visto que é no esvair da dor, no empenho em removê-la, que Epicuro presume a intensificação (em magnitude) do prazer. O curar-se de uma doença ou da dor da fome ou de alguma dor na alma finda em um prazer de magnitude extraordinária. Epicuro sofria de dores crônicas de estrangúria, mas, mesmo assim, dizia experimentar uma vida prazerosa e feliz.[478] Daí que o próprio Epicuro se apresenta como um exemplo vivo de que, mesmo em meio a dores

---

[477] *Máximas principais*, III.
[478] D.L., 1959, X, §22.

intensas, é possível apegar-se à vida e ser feliz. O que ele fez constar como máxima — que "mesmo as doenças prolongadas se fazem acompanhar de uma preponderância de prazer"[479] — reproduz o cotidiano de seu viver.

Há (mesmo em uma vida presumida como saudável) uma dialética entre prazer e dor que não os separa nunca: no despontar ou florescer da dor, o prazer se esvai, ou vice-versa, de modo que é no *desequilíbrio* em favor do prazer que a vida feliz se engrandece. Desse *desequilíbrio*, é a moderação que promove a virtude do *equilíbrio* que afeta o ânimo humano perante o território da dor, que, fora de um viver afetado pelo infortúnio ou por doenças, se expande no excesso e na carência. Por um movimento próprio da natureza, mesmo num viver sofrido, há sempre uma preponderância do prazer sobre a dor. Diz Epicuro, por experiência própria, que "uma dor contínua" não se impõe a ponto de não deixar frestas de usufruto de prazer. Mesmo quando a dor, por sua duração e intensidade, vence o sentimento de prazer, a própria natureza se move no sentido de restabelecer um equilíbrio entre prazer e dor.

A respeito do prazer tido como *em movimento* e *em repouso*, houve um grande debate promovido entre epicureus e cirenaicos do qual, entretanto, temos pouco registro.[480] A questão fundamental, para Epicuro, se põe no sentido de que o prazer e a dor se dão como "movimentos naturais", em que o prazer se constitui no bem primeiro[481] para o qual a natureza tende e, por cujo *tender* ela própria promove estratégias de fuga da dor. A própria natureza é curativa, e se encarrega espontaneamente de promover, ao modo de uma estratégia ou astúcia natural o prazer e a dor. O prazer é um estado de equilíbrio natural, de modo que é no equilíbrio do ânimo humano (conforme a regra cética do "nem para mais nem para menos") que o prazer se põe como um bem extraordinário. Sob a condição do equilíbrio, Epicuro denomina o prazer de *catastemático* (em repouso); no contraposto do prazer catastemático, ele presume o prazer em movimento (*cinético*) que se desponta no contraposto da dor.

A própria natureza, entretanto, se encarrega de continuamente promover o prazer, que, de todos os bens, é o primeiro, a ponto de nos levar a conceber o prazer como o início e o fim da vida feliz. É a própria natureza

---

[479] *Máximas principais*, IV.
[480] Como ponto de partida de uma análise da questão: D.L., 1959, II, §86-88; SILVA, M.F. da, 2017, "O hedonismo na obra *Vidas e doutrinas dos filósofos ilustres* de Diógenes Laércio: os cirenaicos e Epicuro". Revista *Phoînix*, 23, 2: 83-93; ALONSO, B., 2022. "O cirenaicos e Epicuro: o hedonismo na filosofia helenística", Revista *Logos & culturas*, v.2, 1: 106-119.
[481] *Carta a Meneceu*, §129.

que nos leva a tomar o prazer como *o bem primordial* das nossas escolhas e das nossas recusas, razão pela qual são feitas sob a distinção entre o prazer e a dor, entre a vida feliz e a vida sofrida. Por isso não escolhemos qualquer prazer e, inclusive, evitamos escolher prazeres cujos efeitos promovem o desagrado e o sofrimento. Inevitavelmente ponderamos os fins e os meios em vista de boas escolhas de tal modo que em nós se desponta por natureza e por educação a necessidade de aprimorar (de afiar) as escolhas. Daí que a educação moral presumida por Epicuro comporta o exercício e o conhecimento derivados quer da experiência vivida quer da instrução filosófica que fundamentalmente consiste na promoção do uso do pensar e na capacitação (em termos de exercitação do arbítrio) em favor de boas escolhas e das boas rejeições: o bem escolher coincide com o bem rejeitar.

São, pois, dois movimentos: o que depende da espontaneidade natural e o que decorre da exercitação do arbítrio. De um ponto de vista do movimento natural, a dialética do prazer e da dor no vivente se dá como um bem visto que ambos se consorciam como estratégia natural de manutenção e preservação da vida; de um pondo de vista da exercitação do arbítrio, a dor se apresenta como um mal, que, ao ser evitado, o acolhemos como meio de acesso a um bem, e assim procedemos valendo-nos do critério dos benefícios e dos danos. Em síntese: a natureza (em se tratando da natureza humana) por si só não se basta. Ela efetivamente é curativa, mas disso não se segue que devemos ficar à sua mercê, e sim "ajudá-la" mediante, por exemplo, a produção de *fármacos* retirados quer das ciências médicas quer do éthos filosófico promotor da arte do bem viver: da vida prazerosa, serena e feliz. Por *ciências médicas*, referente aos gregos, temos que necessariamente incluir a ciência ou arte da ginástica (cuidados com o físico) e a da gastronomia (cuidados com o estômago, com o *gáster*).

Nem tudo na natureza depende de nós, mas, no que dependente devemos, por um lado, tomar ciência (conhecer-se) e, de outro, se cuidar: fazer a nossa parte. Dos principais termos da *autárkeia* (do *cuidado*), Epicuro presumiu como imperante a necessidade humana de cada um prover (e promover) a aptidão por liberdade, com o que quis dizer dar-se a condição (subjetiva) segundo a qual cada um autoriza a si mesmo a deliberar com autonomia em favor de si. Foi nessa deliberação em liberdade que Epicuro assentou a ideia da emancipação humana de tal modo que fez da autossuficiência um bem tão grandioso quanto o prazer: o primeiro é essencialmente humano, o segundo, natural. O bem da autossuficiência coincide com o desfrute da sabedoria e do gosto de escolher, por si e em favor de si, o melhor possível. É na escolha do presumido como o bem para si (não para o outro) que se dá o principal da liberdade, de modo que é na prática das escolhas e das recusas que a liberdade encontra o terreno fértil no qual se enraíza. São dois movimentos correlatos, que, entre si, se consorciam e se completam: o do despontar da liberdade na ação germinada pelo pensar.

Do pensamento nascem as opiniões que, por sua vez, fertilizam a ação e, com ela, a própria liberdade. Daí a importância da educação do pensar como pré-requisito do agir moral. É ela que promove a capacitação do arbítrio que se aprimora no exercício das escolhas e das recusas sob o critério dos benefícios e dos danos. Não há educação moral — eis o pressuposto fundamental do *éthos* epicureu — sem a promoção do espírito livre conquistado feito uma aptidão no sentido de autorizar a si mesmo a agir em conformidade com o modo de ser (que implica conhecer as pulsões naturais subjetivas) e com o modo de pensar tralhado (não por padrões ou modelos estatutário) no exercício da autonomia do arbítrio. É a partir, enfim, do exercício do pensar que o humano se emancipa, e justo porque se põe em condições de *cuidar de si*. Daí que a *autárkeia*, o cuidado de si, vem por Epicuro presumido como o meio mais extraordinário e eficiente de se desfazer da ignorância (da *amathía*), tida pelos epicureus como uma *doença* (carência de bom ânimo) que se estampa na alma. Justo por isso que a *autárkeia* vem a se constituir na primordial e maior ilustração que um ser humano pode ter, porque, sem ela, não como alguém frutificar em si mesmo a liberdade de regrar a própria vida com bom ânimo e autonomia.

9.3 – O *aseb̲é̲s* (o irreligioso) e o crente da teologia de Epicuro

Não foi contra os ditames do saber tradicional e da religião que Epicuro dirigiu sua crítica, e sim contra os que ele denominou de *aseb̲é̲s*, termo que, em Epicuro, assumiu um significado bastante peculiar. No vernáculo grego, o substantivo *sébas* expressava o *temor religioso*, a admiração, o respeito e a veneração (*sébasis*) perante o sagrado; o verbo *seb̲o̲* denotava o venerar, temer, honrar, enfim, o ser piedoso ao modo de quem respeita e honra o que é divino. *Sébas*, acrescido do alfa privativo — (*a*) *sébas* —, denota uma privação, no caso, da piedade, da veneração ou do temor religioso. Daí que o (*a*)*seb̲é̲s* faz referência ao "não piedoso", visto que a expressão (especificadamente no contexto da *Carta a Meneceu*) comporta uma designação diferenciada: ela diz, sim, respeito a uma privação da piedade, mas não, a rigor, no sentido de alguém *explicitamente* irreligioso ou descrente. Daí que não se trata exatamente de alguém que desrespeita o sentimento religioso popular, antes, é alguém que se mostra profundamente respeitoso.

São, com efeito, dois tipos de "*asebés*" referidos por Epicuro: um (como já visto), o dos que "acolhem" as crenças religiosas da maioria como se eles próprios, mesmo tendo alguma instrução, se portam como se jamais tiveram. *Acolhem* vem entre aspas em razão de nunca saíram do lugar onde o consuetudinário e a instrução da infância os colocou. Quer dizer: apesar de terem frequentado e cumprido algum tipo de instrução especializada, se mantêm no mesmo nível dos populares, dos ancestrais e do consuetudinário que os gerou; o outro tipo é o dos que acolhem as crenças da maioria, a fim de buscar vantagens para si. Epicuro, na assertiva da *Carta a Meneceu* (§123), Epicuro se vale do verbo *anairéo*, com o qual expressa o sentido de *recolher* ou *tomar para si* "as falsas opiniões (*hypolépseis pseudeîs*)" da maioria. Esta é a estratégia: o referido *asebés* se especializa nas opiniões populares, e para si as recolhe com o objetivo específico de explorar a piedade (*eusébeia*) alheia em *proveito* de seus interesses (na maioria das vezes escusos).

É esse proveito, movido por sentimentos que nada têm a ver com a reverência e a piedade, que faz dele um *asebés*, como tal um oportunista que se apresentava como guia e "educador" do povo, que, entretanto, oferece para esse mesmo povo tudo o que ele já sabe. Do tal *asebés* Epicuro viu a estampa do estelionatário: de alguém supostamente ilustrado (ou que aparenta ser, mesmo não sendo), que, por vezes, é até mesmo reconhecido como *notável*, como profeta e intérprete dos sinais da natureza e dos acontecimentos divinos (daqueles fenômenos que, prontamente, não se expõem a uma explicação plausível). A ilustração de que se valem é sorvida das fontes que dão sustento às crenças populares: as narrativas das teogonias tradicionais, fonte primordial da religiosidade grega. Por isso Epicuro os denomina, inclusive, de *physikós*, no sentido de *mytológos* (de "especialista" no logos do mito) e de *philómytos*, de "amantes dos mitos". Tais indivíduos se acercavam igualmente do movimento educador do aedos e da rapsódia, de modo que findavam por se aprimorar na "arte da sofística", tida como o bom meio de acercar-se do povo, de promover neles credulidade, concordância e adesão.

No rol da obras atribuídas por Diógenes Laércio a Epicuro, uma delas tem por título *Resumo dos escritos contra os físicos* (*Epitomḕ tōn pròs toùs physikoús*).[482] O título, por si só, indica que Epicuro escreveu não apenas um, mas vários livros a respeito da questão, dando a entender que se tratava de um tema recorrente em sua tratativas. Os *físicos* a que se refere não se reduzem aos ditos *mitólogos* ou *filómitos*, visto que com ele substantiva também os *filósofos* tradicionais que se ocuparam com o estudo da natureza. Foi, afinal, concordando e discordando deles, que Epicuro edificou sua obra a qual, em vez de *física*, optou por denominar de *physiología*[483]. Propositalmente ele quis se distinguir dos físicos tradicionais e por uma razão que se tornou o foco e o critério primordial (relativo à *canônica*) de sua investigação: o da certificação das explicações teóricas mediante evidências, de modo a tonar o logos da explanação teórica compatível com os fenômenos observáveis. Este veio a ser, de sua *physiología*, o cânone: jamais se afastar das evidências, dos fenômenos da natureza tangível, a fim de não cair em explicações e interpretações próprias dos cultores mitos. Foi esse compromisso e apego às evidências que levou Epicuro a definir o seu labor filosófico sob o conceito por referido de "genuína ciência da natureza — *physiologías gnēsíou*".[484]

Nunca foi fácil, mesmo entre os gregos, promover um salto em favor, primeiro, da civilidade, depois, do aprimoramento e elevação em humanidade. Nesse ponto, entre os gregos, Isócrates, como educador cívico, teve mais sucesso imediato que Platão, seu contemporâneo. A razão disso se deve, de um lado, à sua opção pela sofística (na senda de Protágoras e de Górgias); de outro, se deve à sua estratégia de ressuscitar (ao modo da Fênix) os valores do passado com os quais pretendia fertilizar o presente e o futuro. A sua condição de logógrafo (de escritor de discursos forenses lidos nos tribunais e nas assembleias do povo) facilitou, e muito, o seu sucesso. Como bom retórico (inclusive empenhado em moralizar a própria retórica), ele soube explorar o anseio popular no sentido de facilmente dar crédito de que ontem foi melhor que hoje, e os cidadãos antigos eram mais valiosos que os de hoje. Assentado nessa "ilusão", mediante uma retórica muito bem aceita se empenhou em reaver a memória do passado com o propósito de reabilitar a mentalidade do presente: resgatar o ser cidadão com seus valores ancestrais.

---

[482] D.L., 1959, X, § 27.
[483] *Carta a Heródoto*, § 37, 78-80.
[484] *Carta a Pítocles*, § 85-87.

Em contraste com o éthos epicureu, o desacerto (a ilusão) dessa proposta se deve ao fato de que não são os valores que qualificam os humanos, e sim o uso do arbítrio (que implica em instrução e exercício) em favor do aprimoramento da faculdade racional. O apego ao valores sem a educação do arbítrio adormece a razão e finda por promover, com alguma facilidade, a opressão e o jugo da mente humana e, com ela, a possibilidade da qualificação, transformação ou mudança. O processo educador, do ponto de vista epicureu, é contínuo, e em cada nova geração requer outros e novos investimentos em favor da instrução e da educação, e isso porque a natureza humana subjetiva nunca se reproduz do mesmo modo e sob os mesmos arranjos. Daí que a educação, mesmo que a educação (dado que a natureza humana tem também uma dimensão universal) transita, de geração em geração, valores forjados na experiência e na reflexão humana, a educação não se restringe a eles. Sempre de novo se faz necessário reconsiderar, de geração em geração, os valores ou princípios estabelecidos pela experiência e também pela inteligência humana ancestral.

A dogmatização das crenças não promove a prosperidade da mente humana e, tampouco, a humaniza; ao contrário, ela enruste a mente e embrutece o arbítrio. Por isso a necessidade de constantemente dar novo viço à inteligência, de reciclar o arbítrio e de ativar sempre de novo o exercício do juízo a fim de romper com a réplica do estabelecido. Sob esse paradigma, o novo se faz mediante criação e recriação. A liberdade é ruptura com a permanência. O presente é um outro momento da continuidade que escapa à necessidade assim que se abre para a transformação. O passado traz inevitavelmente valores reconhecidos como valiosos, os quais a maioria está sempre bem disposta a acolher e a replicar no bem viver. É esse acolhimento (que implica em escolha e rejeição) que pede por educação, por reciclagem e transformação. Não há prosperidade sem retornar, voltar a reflexão e o olhar do presente para o passado na reivindicação do novo. O passado, entretanto, que o éthos epicureu põe sob a mira da reciclagem do presente, não é primordialmente o que está fora, de posse das tradições e do consuetudinário, e sim (presumindo o fenômeno humano enquanto natureza subjetiva) o que está guardado dentro de nós: aquele que cada um carrega no depósito mnemônico da mente.

Consoante às premissas do éthos epicureu, o principal da instrução/educação humana do uso do arbítrio comporta esta lógica: a da necessidade de equacionar o uso do intelecto e o do sensível em um só projeto em razão de que, quem não aprende a *sentir* (a fazer uso dos próprios sentidos) não aprende a *pensar*. A nossa natureza racional não se desvincula da sensível e, ambas, do universo das emoções (de prazer e dor) e dos desejos de prazer que movem o gosto pela preservação e manutenção da vida. Em favor de um eficiente projeto humano educador, Epicuro prioriza, desde a infância à velhice,[485] a importância da filosofia em benefício do conhecimento de si e da natureza humana, e o aprendizado das ciências, especificadamente da *physiología* (da ciência da Natureza) da qual carecemos para fugir dos mitos e pacificar o ânimo[486]. É todo esse aprendizado que faculta a reciclagem da mente sempre eivada de "boas" opiniões e de "bons" princípios que pedem e carecem de ajuizamento em favor do bem viver. A vida humana é ativa; ela continuamente se renovada em interesses e anseios que se reproduzem na natureza humana, que, sempre de novo, se recicla e toma significados em naturezas subjetivas, particulares: naturezas nas quais o fenômeno humano se manifesta de modo explícito e intenso.

Foi pensando assim que o projeto educador promovido por Epicuro se deu no sentido de uma reforma moral não primordialmente em vista do *éthos* cívico da educação cidadã, mas do *éthos* comportamental em vista do bem viver com o que promoveu um hedonismo existencial revolucionário. Nessa direção, assim como Sócrates/Platão, Epicuro priorizou a educação da *phrónesis* (da exercitação do pensar) como principal ativo e o maior dos bens que um ser humano pode almejar em favor da vida prazerosa e feliz. Foi na educação da *phrónesis* (no manejo do intelecto enquanto exercitação do juízo) que Epicuro identificou a virtude fundamental da instrução filosófica: aquela com a qual é dada a condição da possibilidade de efetivamente tornar viável a virtude da sensatez e a da prudência como prepostos da *vida prazerosa* (*hedéos zên*) coincidente com a *vida bela* (*kalôs zên*) e com a *vida feliz* (*makaríos zên*).

9.4 – A instrução religiosa não dispensa a educação do intelecto

Cabe, enfim, observar que os filósofos tradicionais (Xenófanes, Heráclito, Parmênides, Anaxágoras, Sócrates, Platão e, enfim, Epicuro) se indispuseram contra a habitual estratégia educadora que consistia em apenas *instruir* a inteligência *sem educar* o intelecto, sem conclamar a todos, especificadamente os jovens, a filosofar, a fazer uso do próprio intelecto.

---

[485] *Carta a Meneceu*, § 122.
[486] *Máximas principais*, XI; *Carta a Pítocles*, § 85.

Foi por uma insistente requisição dos filósofos e do filosofar que se deu a transformação educadora do projeto implementado entre os gregos a partir de Licurgo. Demorou para a filosofia compartilhar espaços com as fontes tradicionais que davam sustento à educação consuetudinária. Os lamentos, por exemplo, de Xenófanes (mestre de Heráclito e de Parmênides, e principal expoente grego da colônia de Eleia) contra Homero e Hesíodo, no sentido de que eles "atribuíram aos deuses tudo o que para os homens é vergonhoso e censurável: roubos, adultérios e mentiras recíprocas",[487] demonstram uma efetiva preocupação no sentido de reverter a educação tradicional. Também Heráclito teceu severas críticas a Hesíodo, a ponto de propor, inclusive, que Homero deveria "ser expulso dos certames", competições literárias entre os jovens, assinala a mesma preocupação.[488] Platão não foi diferente; mas é falso dizer que ele recusou a presença da poesia e dos poetas tradicionais em seu projeto educador, em sua *kallipolis* concebida na *República*.

Desde tempos remotos, a estratégia educadora do consueto estabelecido sempre foi a mesma: fazer da ignorância cúmplice e colaboradora, "mitologizar" a mente, manter nela sempre as mesmas crenças como se fosse o remédio e a cura. A condenação e o exílio de Anaxágoras, bem como o assassinato de Sócrates nada tiveram a ver com justiça, e sim porque simplesmente não se submeteram à condição de intelectuais vassalos do estabelecido: daqueles que se aquietam para não *provocar* (sequer os alunos) e que se fazem *sóbrios* na reflexão teórica (como se a filosofia apenas encontrasse o seu valor em assuntos meramente técnicos), a fim de não se indispor com a mentalidade sociopolítica vigente. Na confluência com o popular e o estabelecido, na confluência do antigo e do novo, os filósofos gregos paulatinamente tomaram para si a mesma estratégia dos legisladores sedimentada por Licurgo: reconstruir o novo por meio da infância, sem, entretanto, desqualificar o antigo, ou seja, educar os filhos sem desqualificar os pais e os avós. Licurgo, inclusive, em sua legislatura, implicou a educação da infância aos pais, sobretudo, aos avós (visto que os pais estavam quase o tempo todo na labuta da guerra).

Platão encontrou em Licurgo uma extraordinária fonte de inspiração para a sua *Politeía* (cuja obra Cícero traduziu por *República*, e assim ganhou a posteridade). Platão levou a filosofia a dialogar com o con-

---

[487] DK 21 Xenófanes B 11, recolhido em Sexto Empírico. *Contra os matemáticos*. IX, 193.
[488] DK 22 Heráclito B 42, *recolhido em* Diógenes Laércio. *Vidas e doutrinas dos filósofos ilustres*. IX, 1. DK 22 Heráclito B 56 e B 57, recolhido em Hipólito, *Refutação de todas as heresias*, IX, 9 e 10.

suetudinário em vista de reformar o estabelecido. Foi nesse intuito que Platão, em seus diálogos, pôs Sócrates a confabular com os sofistas e a buscar com eles (basta conferir os diálogos *Protágoras* e *Górgias*) um saber renovado em favor do qual os próprios sofistas, reciclando-se, viessem a tomar parte. A proposição do sofista Isócrates no sentido de resgatar os valores ancestrais na fertilização do presente segue a mesma senda do ideal platônico. Epicuro, por sua vez, se confrontado a Platão, opera, dentro de outras circunstâncias e de um outro contexto político e social, mas em plano semelhante. Seu intuito, porém, foi bem mais ambicioso: enquanto Platão ideou a *Kallípolis* (a *Cidade bela* ou Cidade ideal) como exemplo e meio de qualificar a *Pólis real*, Epicuro fundou comunidades reais com as quais almejava reconstruir conceitualmente as *póleis* de seu tempo. Daí que se constitui em profundo mal-entendido acreditar que Epicuro se isolou completamente da vida política.

O conceito da *láthe biósas* foi, pela tradição, sobrevalorizado, e isso, sobretudo, pelo crédito desproporcional que se tem dado a Plutarco que nunca esteve interessado ou se dispôs a entender a filosofia de Epicuro segundo a qual a humanidade antecede a lei, ou seja, mesmo sendo um *pontifex* da religiosidade romana, não conseguiu entender que o pedaço de pão vem bem antes das algemas! A *láthe biósas* de Epicura comporta uma conotação essencialmente política e não *apolítica*. Epicuro, na fundação de sua primeira comunidade em Mitilene, não prosperou justo porque não conseguiu se assentar em meio aos estatutos políticos vigentes naquela *pólis*. Em Lâmpsaco deu certo e prosperou porque encontrou um ambiente propício e, sobretudo, indivíduos, especificadamente *jovens ricos e da elite política* (tais como Metrodoro, Polieno, Colotes, Pítocles, Leonteus, Idomeneu etc.) que lhe deram sustento humano e propiciaram infraestrutura e arrimo para prosperidade de seu feito. Todos eles, especialmente Metrodoro, envelheceram com ele e, juntos, maturaram os ideais concernentes ao *éthos* epicureu.

Nem de um ponto de vista teórico nem prático, Epicuro se fez sozinho ou sem o sustento quer da tradição filosófica quer de algum setor da vida política. Filodemos de Gadara não construiu em Herculano a monumental biblioteca destinada a Epicuro sem anteparo do poder político e econômico vigente (especialmente de Cícero e de Lúcio Calpúrnio Pisão). É interessante destacar que Diógenes de Enoanda era um rico senhor, membro saliente da elite política da cidade de Enoanda na qual mandou edificar um Pórtico em que as pedras da construção foram grafadas com as principais máximas da doutrina de Epicuro. Foram, aliás, máximas destinadas aos transeuntes, ou seja, expostas com o objetivo de popularizar a filosofia de Epicuro. *Popularizar* nunca significou entre os filósofos gregos *desqualificar* a filosofia ou o filosofar, e sim apenas tornar a sabedoria (da qual o "filósofo" vinha a ser o amigo) acessível a quem se dispusesse, em liberdade, a usufrui-la. Jamais a filosofia entre os gregos se restringiu a um assunto técnico. Por filosofia cabe, entre eles, entender uma designação (um nome) que abarcava todo o empenho humano em vista da promoção do saber sob todos os aspectos, de tal modo que, *filosofar*, para eles, bem como para Epicuro, era sinônimo de *instruir-se* ou educar-se, e além disso, humanizar-se e civilizar-se e, acima de tudo, fazer uso reflexivo do próprio intelecto.

Na tarefa do *filosofar*, Epicuro, de modo algum, rejeita os deuses da cultura e os anseios da *deisidaimonía* popular. São duas atitudes que Epicuro põe em questão: de um lado, a submissão acrítica dos que deveriam se elevar acima das crenças da maioria; de outro, a sagacidade dos espertos, daqueles que sabem tirar proveito da ingenuidade de uns e da esperteza de outros. *Esperteza* porque nem todos os que recorrem aos "mestres" do povo são ingênuos, muitos querem também tirar a sua vantagem. Não se impôs, com efeito, a Epicuro romper, de imediato, com a suposta "ignorância" popular, tampouco certificá-la como fazem os que usam dos deuses, da religião, da política e do ensino particular ou público como instrumento de opressão, e sim transformá-la (*anairõn*). Nesse ponto, Epicuro (cujo pai era o mestre-escola/educador dos filhos dos colonos de Samos) segue o mesmo roteiro da educação espartana (adotada por toda a posteridade grega) de centrar a instrução na infância em favor do futuro.

Por meio dos filhos se educam e se libertam paulatinamente os pais e, sobretudo, a futura geração. Esse, em teoria, era o propósito, que, para ser duradouro, para ter sucesso a longo prazo, implicava o cuidado de retomar, sempre de novo, de geração em geração, anseios de prosperidade humana, que, sob todos os aspectos, nunca é linear. Nenhuma geração tem sobre a outra controle, assim como os pais não têm sobre os filhos e os educadores sobre os educandos, e assim por diante, sequer sobre si mesmo. O futuro sempre se dá dentro de um outro e novo renascer em que cada nova geração não se move e se expressa a título de mera reprodução como também de reação: ao mesmo tempo que reproduz (replica e repete), reage (contraria, resiste e luta)!

REFERÊNCIAS

a) Edições e traduções referentes a Epicuro

BAILEY, Cyril. *Epicurus. The Extant Remains. With short apparatus, translation and notes* by Cyril Bailey. Hildesheim/Zürich/New York: Gerg Olms Verlag, 1989.

BALAUDÉ. Jean-François. *Lettres, maximes, sentences*. Traduction, introduction et commentaires. Paris: Librairie générale francaise, 1994.

BIGNONE, Ettore. Epicuro. *Opere*. a cura de Ettore Bignone. Roma: Laterza. 1984.

CONCHE. Marcel. Épicure. *Lettres et Maximes*. Texte établie et introduction par M. Conche. Paris: PUF, 2005.

DELATTRE, Daniel; PIGEAUD, Jackie. (org.). *Les* Épicuriens. Paris: Gallimard, 2010.

DIANO, Carlo. *Usener. Epicurea. Scritti Morali*. Testo grego a fronte. Introduzione e traduzione di Carlo Diano. Milano: Biblioteca Universitaria Rizzoli/BUR, 1987.

DIOGENES LAERTIUS. *Lives of eminent philosophers*. With an English translation by R. D. Hicks. Loeb Classical Library, 2 volumes, [1. ed., 1925], London: Harvard University Press, 1959.

DIÓGENES LAÉRCIO. *Vidas e Doutrinas dos Filósofos Ilustres*. Tradução de Mário da Gama Kury. Basília: UnB, 1988.

DIOGÉNE LAËRCE. *Vies et doctrines des philosophes de l'antiquité*, Livre X, *Épicure*, duas versões disponíveis em https://remacle.org/bloodwolf/philosophes/laerce/10epicure1.htm. Acesso em: jul. 2024. — Texto grego com tradução francesa, a primeira de M.Ch, Zevort (Paris: Carpentier, 1847) e a segunda por J.-H. Schneider (Amsterdam, 1758).

ERMARCO. *Frammenti*. Edizione, traduzione e commento a cura di Francesca Longo Aurichio. Scuola di Epicuro. Collezione di testi ercolanesi diretta da Marcello Gigante, vol. VI, Napoli: Bibliopolis, 1988.

ETIENNE, Alexandre; O'MEARA, Dominic. *La philosophie* épicurienne *sur pierre. Les fragments de Diogène d'Oenoanda*. Fribourg/Paris: Ed. Universitaires Fribourg/Ed. du Cerf, 1996.

FILODEMOS. *Agli Amici di Scuola* (P. Herc. 1005). Edizione, traduzione e commento a cura di Anna Angeli. La Scuola di Epicuro. Collezione di testi ercolanesi diretta da Marcello Gigante, vol. VII, Napoli: Bibliopolis, 1988.

LAKS, André. "Edition critique et commentée de la Vie d'Épicure dans Diogène Laërce X, 1-34". Traduction et notes par André Laks. *In*: BOLLACK, Jean; LAKS, André. Cahiers de Philologie. Etudes sur l'épicurisme antique, Lille: Press Universitaire, p. 1-118, 1976.

LORENCINI, Álvaro; CARRATORE, Enzo del. *Epicuro. Carta sobre a felicidade (a Meneceu)*. Tradução. São Paulo: Unesp, 1997.

MORAES, João Quartim de. Epicuro. *Máximas principais*. Introdução, tradução e notas. São Paulo: Loyola, 2010.

PEREIRA, Reina Marisol. "Diógenes Laércio, livro X: Epicuro - Notas Preliminares e Tradução". *Revista LaborHistórico*, Universidade Federal do Rio de Janeiro, v. 5, n. 2, p. 443-511, 2019. Disponível em: https://revistas.ufrj.br/index.php/lh/article/view/29961/17939. Acesso em: 23 jun. 2021.

RAMELLI, Ilaria. *Epicurea. Testi di Epicuro e testimonianze epicuree nella raccolta di Hermann Usener*. Texto grego e latino a fronte. Milano: Bompiani, 2002.

SMITH, Martin. *Diogenes of Oinoanda. The Epicuream inscription*. Napoli: Bibliopolis, 1993.

USENER, Hermann (ed.). [1887]. *Epicurus. Epicurea*. Stuttgart, Teubner, 1966. Disponível em: https://archive.org/details/HermannUsenerEpicurea1887/mode/2up. Acesso em: 6 jan. 2019.

b) Demais fontes e referências bibliográficas

ALIGHIERI, Dante. *La Commedia secondo l'antica vulgata*, a cura di Giorgio Petrocchi. Edizione nazionale a cura della Società Dantesca Italiana, 4 vols., Milano: Mondadori, 1966-1967.

ALONSO, Bruno. "O cirenaicos e Epicuro: o hedonismo na filosofia helenística". Revista *Logos & culturas*, Fortaleza, v. 2, n. 1, p. 106-119, 2022.

ANGELI, Anna. "Compendi, *Eklogai, Tetrapharmakos*: due capitoli di dissenso nell'Epicureismo", in *Cronaca Ercolanese*, 16, 53-66, 1986.

ARISTÓTELES. *Metafísica*, tradução de V. García Yebra. Edição trilingüe. Madrid: Gredos, 1982.

ARISTÓTELES. *Constituição de Atenas*, texto bilingüe, tradução de F. Murari Pires. São Paulo: Hucitec, 1995.

ARISTÓTELES. *Política*, bilingue, tradução de A. C. Amaral e C. Gomes. Lisboa: Veja, 1998.

ARISTÓTELES. *Ethica Nicomachea*. Edited by Ingram Bywater. Cambridge: Cambridge University Press, 2010.

BACON, Francis. *Teoría del Cielo*. Traducción, estudio preliminar y notas de Alberto Elena y Maria José Pascual. Barcelona: Altaya, 1994.

BAILEY, Cyril. *The Greek Atomists and Epicurus*. 2. ed. New York: Russell & Russell, 1964.

BOYANCÉ, Pierre. *Lucrèce et le* épicurisme. Paris: P.U.F., 1978.

BOLLACK, Jean. *La pensée du plaisir*. Épicure: *Textes moraux. Traduction et commentaires*. Paris: Éditions de Minuit, 1975.

BONAZZI, Mauro; CELLUPRICA, Vincenza. *L'eredità platonica. Studi sul platonismo da Arcesilao a Proclo*. Napoli: Bibliopolis, 2005.

BUCK, Robert. *Thrasybulus and the Athenian Democracy: the Life of an Athenian Statesman*. Stuttgart: Franz Steiner, 1998.

BRUN, Jean. *L'épicurisme*. Paris: PUF, 2003.

BRUNHARA, Rafael. "*Enárgeia* e elegia grega arcaica". *Letras Clássicas* (USP), v. 19, p. 43-54, 2015.

CAIRUS, Henrique; RIBEIRO Jr, Wilson. *Textos hipocráticos: o doente, o médico e a doença*, Rio de Janeiro: Editora Fiocruz, 2005.

CICERO. *Tusculanae disputationes*/Tusculanes. Traduction nouvelle avec notice e notes para Charles Appuhn. Paris: Garnier, 1958.

CICERO. *De termes extrêmes des biens et des maux*. 2 vols., Texte établi et traduit par Jules Martha. Cinquième tirage revu, corrigé et augmenté par Carlos Lévy. Paris: Les Belles Lettres, t. I, 5. ed., 1990; t. II, 1989.

CICERO. *De finibus bonorum et malorum*. With an english translation by Harris Rackham. Cambridge: Harvard University Press, 1999.

CICERO. *De natura deorum*. With an English translation by H. Rackham. (Loeb Classical Library). Cambridge: Harvard University Press, 2000.

CICERO. *Disputas tusculanas*. Tradução de Bruno F. Bassetto. Uberlância: Edufu, 2014.

CICERO. *Il Fato*. Introduzione, traduzione e note di Francesca Antonini, testo latino a fronte. Milano: BUR, 1994.

CICERO. Disponível em: https://www.thelatinlibrary.com/cic.html. Acesso em: 6 maio de 2019.

CLAY, Diskin. *Lucretius and Epicurus*, Ithaca and London: Cornell University Press, 1983.

CLÉMENT D'ALEXANDRIE. *Les Stromates* V. Introduction, texte critique et index par Alain de Boulluec. Traduction de Pierre Voulet, Paris: Les éditions du CERF, 1981.

CLEMENTE DE ALEXANDRIA. *Les Stromates*. Traduction française de M. de Genoude, 1839, disponível em: http://remacle.org/bloodwolf/eglise/clementa-lexandrie/table.htm. Acesso em: 4 maio 2019.

CLEMENTE DE ALEXANDRIA. *Le Pédagogue*. Introduction et notes de Henri-Irénée Marrou, traduction de Marguerite Harl, Paris: Les éditions du CERF, 1983.

CLEMENTE DE ALEXANDRIA. *Le Protréptique*. Introduction, traduction et notes de Claude Mondésert, édition revue et augmentée du texte grec avec la collaboration de André Plassart. Paris: Les éditions du CERF, 2004.

CORNFORD, Francis. *Principium Sapientiae. As origens do pensamento filosófico grego*. Tradução de Maria M. R. dos Santos. Lisboa: Gulbenkian, 1989.

COULANGES, Fustel de. *La cité antique*. Préface de François Hartog. Paris: Flammarion, 1984.

COULANGES, Fustel de. *A Cidade Antiga*. Tradução de Fernando de Aguiar. São Paulo: Martins Fontes, 1981.

DAMÁSIO, Marcos Roberto. "A *prólepsis* de Epicuro e seus significados". *Codex*, v. 6, n. 1, p. 146-181, 2018.

DENZINGUER, Heinrich. *El Magisterio de la Iglesia. Manual de los símbolos, definiciones y declaraciones de la Iglesia em materia de fe y costumbre*. Versión por Daniel Ruiz Bueno, Barcelona: Herder, 1960.

DES PLACES, Édouard. *La Religion grecque: dieux, cultes, rites e sentiment religieux dans na Grèce antique*. Paris: Picard, 1969.

DEWITT, Norman. *Epicurus and his philosophy*. 2. ed. Minneapolis: University of Minnesota, 1964.

DIELS, Herman; KRANZ, Walter. *Die Fragmente der Vorsokratiker*. 18. ed. (Unveränderter Nachdruck der 6. Auflage 1951). Zürich-Hildesheim: Weidmann, 1989.

DONÍS, Marcelino. "Epicuro y su escuela". *Fragmentos de Filosofia*, v. 4, p. 91-136, 1994. Disponível em: https://institucional.us.es/revistas/fragmentos/4/ART%206.pdf. Acesso em: 6 maio 2019.

DONÍS, Marcelino Rodriguez. "Gassendi y la teologia de Epicuro". *Revista Fragmentos de Filosofia*, v. 5, p. 179-205, 2007. Disponível em: http://institucional.us.es/revistas/fragmentos/5/ART%206.pdf. Acesso em: 9 ago. 2019.

DROZDEK, Adam. "The problem of the immortality of the soul in Epicurus", *Myrtia*, v. 25, p. 43-52, 2010. Disponível em: https://revistas.um.es/myrtia/article/view/131581/122011. Acesso em: 6 maio 2021.

DUVERNOY, Jean-François. *O Epicurismo e a sua tradição antiga*. Tradução de Lucy Magalhães. Rio de Janeiro: Zahar, 1993.

EPICTETO. *Diatribes – Entretiens*. Texte établi et traduit par Joseph Souilhé avec la collaboration d' Amand Jagu. Paris: Les Belles Lettres, 2002.

EPICTETO. *Máximas*. Tradução de Alberto Denis. Rio de Janeiro: Ed. Ouro, 1960.

ÉSQUINES. *Discours*. Texte établi et traduit par G. de Budé et V. Martin. T. I, *Contre Timarque - Sur l'Ambassade infidèle*; T. II: *Contre Ctésiphon*. 5. ed., Paris: Les Belles Lettres, 2002.

ESTRABÃO. *Geographie*, texto grego com tradução de Amédée Tardieu, Paris: Hachette, 1867. Disponível em: http://remacle.org/bloodwolf/erudits/strabon/livre12.htm. Acesso em: 4 ago. 2022.

FARRINGTON, Benjamin. *A Doutrina de Epicuro*. Tradução de Edmond Jorge. Rio de Janeiro: Zahar, 1968.

FESTUGIÈRE, André-Jean. *Liberté et Civilisation chez les Grecs*. Paris: La Revue des Jeunes, 1947.

FESTUGIÈRE, André-Jean. *Épicure et ses dieux*. 4. ed. Paris: Quadrige/PUF, 1997.

FÍLON DE ALEXANDRIA. *De opificio mundi – De l'exécution du monde*. Traduit par Roger Arnaldez. Paris: Cerf, 1961.

FITZGERALD, John; OBBINK, Dirk; HOLLAND, Glenn (ed.). *Philodemus and the New Testament World*. Leiden: Brill, 2004.

GASSENDI, Pierre. *De vita et moribus Epicuri/ Vie et moeurs d'Épicure*. 2 vols. Bilingue, traduction, introduction, anotations par Sylvie Taussig. Paris: Les Belles Lettres, 2006.

GRÉGOIRE DE NAZIANZE. *Discours* 24-26. Introduction, texte critique, traduction et notes par Justin Mossay et Guy Lafontaine, Paris: Les Éditions du CERF, 1981.

HOMERO. *Odisseia*. Texto bilingue, tradução de Trajano Vieira. São Paulo: Editora 34, 2011.

HORACE. *Odes*. Texte établie et traduit par François Villeneuve. Introduction et notes d'Odile Ricoux. 3. éd., Paris: Les belles letres, 2012.

KANT, Immanuel. *Lógica*. Tradução de Guido de Almeida. Rio de Janeiro: Tempo Brasileiro, 1992.

KIRK, Geoffrey; & RAVEN, John; SCHOFIELD, Malcom. *Os Filósofos Pré-Socráticos. História Crítica com Selecção de Textos*. Tradução de Carlos Alberto L. Fonseca. Lisboa: Gulbenkian, 1994.

LACTÂNCIO. *Instituciones divinas*. Tradução de E. Sanches Salor. Madrid: Gredos, 1990.

LE CLAY, Marcel. *Rome. Grandeur et déclin de la République*. Paris: Remi Perrin, 1990.

LONG, Anthony Arthur. Pleasure and social utility: the virtues of being Epicurean. In: FLASHAR, Hellmut; OLOF, Gigon et alii. *Aspects de la philosophie hellénistique: neuf exposés suivis de discussions*. Genève: Fondation Hardt, 1986. p. 283-316.

LUCRÉCIO. *De rerum natura/ De la nature*. Texte établi et traduit par Alfred Ernout, 2 vols. Paris: Les Belles Lettres, v.1, 1985, v.2, 1990.

MANSFELD, Jaap. "Aspects of Epicurean Theology", *Mnemosyne* (Brill: Leiden), XLVI, 2, 1993. p. 172-210.

MARX, Karl. *Différence de la philosophie de la nature chez Démocrite et* Épicure. Trad., introduction et notes para Jacques Ponnier. Bordeaux: Ducros, 1970.

MERK, Augustinus. *Novum Testamentum graece et latine*, apparatu critico instructum edidit Augustinus Merk. Editio nona. Romae: Sumptibus Pontificii Instituti Biblici, 1964.

NIETZSCHE, Friedrich. *O anticristo*. Tradução de Renato Zwick, Porto Alegre: L&PM, 2008.

OBBINK, Dirk (ed.). *Philodemus and Poetry. Poetic Theory and Practice in Lucretius, Philodemus and Horac*e, Oxford: Oxford University Press, 1995.

PESCE, Domenico. *Il pensiero stoico ed epicureo*. Scelta, traduzione dei sistemi a cura de Rodolfo Mondolfo. Intruduzione critica e commento a cura di Domenico Pesce. Firenze: La nuova Italia, 1958.

PHILODEMUS. *On Frank Criticism*. Texts and Translations. Grego-Roman Series. Edited by John T. Fitzgerald. Introduction, Translation, and notes by David Konstan, Diskin Clay, Clarence E. Glad, Johan C. Thon, and James Ware. Society of Biblical Literature. Atlanta (Georgia): Scholars Press, 2007.

PÍNDARO. *Ode Pítica*. Traduction française de Faustin Colin, de 1841. Disponível em: http://remacle.org/bloodwolf/poetes/pindare/pythiques.htm. Acesso em: 1 ago. 2019.

PLATÃO. *Platonis Opera* (Burnet, J. <1900-1907>). 5 vols. T.I tetralogias I-II continens [insunt *Euthyphro, Apologia, Crito, Phaedo, Cratylus, Theaetetus, Sophista, Politicus*], T.II tetralogias III-IV continens [insunt *Parmenides, Philebus, Symposium, Phaedrus, Alcibiades I and II, Hipparchus, Amatores*], recognoverunt brevique adnotatione critica instruxerunt W.A. Duke, W.F. Hicken, W.S.M. Nicoll, D.B. Robinson et J.C.G. Strachan. Oxford: Clarendon Press, 1995.

PLATÃO. *Dialogues*. Texto grego estabelecido por John Burnet, 1903, corrigida por Philippe Remacle, com traduçõ francesa de Victor Cousin, 13 v., 1. ed., 1822. Disponível em: http://remacle.org/bloodwolf/philosophes/platon/loisindex.htm. Acesso em: 21 jun. 2019.

PLATÃO. *Lysis, Symposium, Gorgias*. Translated by W.R.M. Lamb. Harvard: Harvard University Press, 1975.

PLATÃO. *Protágoras*, tradução de Carlos Alberto Nunes, Belém, U.F.P., 1980.

PLATÃO. *Protágoras*, tradução de Eleazar Magalhães Teixeira, Fortaleza, 1986.

PLATÃO. *Apologia de Sócrates – Sôkratous*. Mit einer Einführung, testkritischem apparat und kommentar herausgegeben von Franz Josef Weber. Padenborn: Schöningh, 1981.

PLATÃO. *La Republica*. Trad. di Franco Sartori. Classici della Filosofia. Con testo a fronte. Bari: Laterza, 1997.

PLATÃO. *Mênon*. Texto grego com tradução de Maura Iglésias. São Paulo: Loyola, 2001.

PLATÃO. *Fedro*. Testo greco a fronte. Traduzione di Piero Pucci e introduzione de Bruno Centrone. Roma/Bari: Laterza, 2005.

PLUTARCO. *Obras Morales y de Costumbres (Moralia)*, XII: *Tratados antiepicúreos: Contra Colotes. Sobre la imposibilidad de vivir placenteramente según Epicuro y De si está bien dicho lo de 'vive ocultamente'*. Introducciones, traducción y notas de Juan Francisco Martos Montiel, Madrid: Editorial Gredos, 2004.

PLUTARCO. *Oeuvres Morales. On ne peut vivre, même agréablement, em suivant la doctrine d'Épicure* (texto bilingue, com tradução francesa de Dominique Ricard. Disponível em: http://remacle.org/bloodwolf/historiens/Plutarque/epicure1.htm); *Qu'il n'est pas même possible de vivre agréablement selon la doctrine d'Épicure* (texto bilingue, com tradução francesa. de Victor. Bétolaud), de 1870. Disponível em: http://remacle.org/bloodwolf/historiens/Plutarque/epicure.htm. Acesso em: 8 jul. 2020.

PLUTARCO. *Oeuvres Morales. S'il est vrai qu'il faille mener une vie cachée* - Εἰ καλῶς εἴρηται τὸ λάθε βιώσας, texto grego com tradução francesa de Dominique Ricard, de 1844. Disponível em: http://remacle.org/bloodwolf/historiens/Plutarque/viecachee.htm. Acesso em: 21 mai. 2019.

PLUTARCO. *Oeuvres Morales. Contre l'épicurien Colotes*, texto bilingue, com tradução francesa de Dominique Ricard, de 1844. Disponível em: http://remacle.org/bloodwolf/historiens/Plutarque/colotes.htm. Acesso em: 23 jun. 2019.

PLUTARCO. *Oeuvres Morales. De l'amitié fraternelle*, texto bilingue, com tradução francesa de Victor Bétolaud, de 1870. Disponível em: http://remacle.org/bloodwolf/historiens/Plutarque/amitie.htm. Acesso em: 23 jun. 2019.

POLÍBIO. *Histórias*, Libros V-XV, Traducción y notas de Manuel Balasch Recort. Madrid: Gredos, 1981.

PRIETO, Maria Helena. *Política e Ética. Textos de Isócrates*. Introdução, tradução e notas. Lisboa: Presença, 1989.

SÊNECA, Lucio Aneu. *L'Apocoloquintose du Divin Claude*. Texte établi et traduit par René Waltz. 3e édition revue et corrige. Paris: Les Belles Lettres, 1966.

SÊNECA, Lucio. *Apocoloquintose do divino Cláudio*. VIII, 1. Tradução de Giulio Davide Leoni. São Paulo: Abril Cultural, 1980.

SEXTO EMPÍRICO. "Contre les physisiens". Traduite par Jean Grenier. *In: Oeuvres Choisies de Sextus Empiricus*. Paris: Aubier, 1948.

SEXTO EMPÍRICO. "Les esquisses pyrrhoniennes". Traduite par Genviève Goron. *In: Oeuvres Choisies de Sextus Empiricus*. Paris: Aubier, 1948.

SEXTO EMPÍRICO. *Adversus Mathematicos*. vols. 2-4. Edited by R.G. Bury. Cambridge: MA/ London: Harvard University Press/ W. Heinemann, 1971.

SEXTO EMPÍRICO. *Hipotiposes ou Institutions Pirroniennes*, texto grego com tradução Frances, Huart, de 1725. Disponível em: http://remacle.org/bloodwolf/philosophes/empiricus/table.htm. Acesso em: 15 ago. 2019.

SILVA, Markus Figueira da. "O hedonismo na obra *Vidas e doutrinas dos filósofos ilustres* de Diógenes Laércio: os cirenaicos e Epicuro". Revista *Phoînix*, v. 23, n. 2, p. 83-93, 2017.

SÓFOCLES. *Théatre di Sophocle*. T.I: *Aías/Ajax; Antigone/Antigone; Eléctra/Électre; Oidipus Tyranos/Oedipe Roi*. Traduction nouvelle avec texte, introduction et notes para Robert Pignarre. Paris: Garnier, 1958.

SÓFOCLES. *Théatre di Sophocle*. T.II: *Thachiniai/Les Trachiniennes; Philoktétes/Philoctète; Oidipous epì kolonoi/Oedipe a Colone; Ichneutai/Les Limiers*. Traduction nouvelle avec texte, introduction et notes para Robert Pignarre. Paris: Garnier, 1958.

SÓFOCLES. *Tragédies de Sophocle: Ajax, Philoctète, Antigone, Oedipe Roi, Les trachiniennes, Électre*, textos gregos com traduções francesas, dossiês e estudos disponíveis em http://remacle.org/bloodwolf/tragediens/sophocle/index.htm. Acesso em: 27 jun. 2019.

SPINELLI, Miguel. *Os Caminhos de Epicuro*. São Paulo: Loyola, 2009.

SPINELLI, Miguel. *Epicuro e as bases do epicurismo*, São Paulo: Paulus, 2013.

SPINELLI, Miguel. *Epicuro e as bases do epicurismo. II: A física de Epicuro*, São Paulo: Paulus, 2022.

TAUSSIG, Sylvie. "Introduction", in GASSENDI, P., 2006, *Vie et moeurs d'Épicure*, Paris: Les belles letres, 2006.

TUÑÓN DE LARA, Manuel. *Textos y Documentos de Historia Antigua, Media y Moderna*. Barcelona: Labor, 1984.

VEYNE, Paul. *Pão e circo: sociologia histórica de um pluralismo político*. Tradução de Lineimar Pereira Martins. São Paulo: Unesp, 2015.

XENOFONTE. *Banquet. Apologie de Socrate*. Paris: Les Belles Lettres, 1993.

c) Dicionários e Léxicos

BAILLY, Anatoly. *Dictionnaire Grec Français*. Rédigé avec le concours de E. Egger. Édition revue par L. Séchan et P. Chantraine. Paris: Hachette. 1996.

BENVENISTE, Émile. *Le vocabulaire des institutions indo-européennes*. Paris: Minuit. 1969.

CHANTRAINE, Pierre. *Dictionnaire étymologique de la langue grecque*. Paris: Klincksieck, 1984.

ERNOULT, Alfred; MEILLET, Alfred. *Dictionnaire étymologique de la langue latine -histoire des mots*. 4. ed., Paris: Klincksiek, 2001.

FARIA, Ernesto, *Dicionário escolar latino português*, 6. ed., revisão de Ruth Junqueira de Faria, Rio de Janeiro: FAE, 1994.

HUMBERT, Jean. *Syntaxe grecque*. Paris: Klincksieck, 1986.

PEREIRA, Isidro. *Dicionário grego-português e português-grego*. Braga: Apostolado da Imprensa. 1990.